阅读
无障碍本

古典名著犹如世代相传的火种，它点亮了人类的智慧和情感。
古典名著阅读无障碍本，是通过我们对古典名著的解读、注音、注释、翻译等，让广大的一般读者在阅读过程中，减少一些学习古代经典的障碍，让其在较短的时间里穿透深邃的历史时空，和古人的心灵相接、相励！

贞观政要

滕帅 李明 译注

岳麓書社·长沙

图书在版编目(CIP)数据

贞观政要/(唐)吴兢著;滕帅,李明译注．—长沙:岳麓书社,2014.1(2022.10 重印)

(古典名著阅读无障碍)

ISBN 978-7-5538-0255-8

Ⅰ.①贞…　Ⅱ.①吴…②滕…③李…　Ⅲ.①典章制度—中国—唐代②《贞观政要》—译文③《贞观政要》—注释　Ⅳ.①D691.5

中国版本图书馆 CIP 数据核字(2013)第 307267 号

ZHENGUANZHENGYAO

贞观政要

译　　注:滕　帅　李　明

责任编辑:彭卫才

责任校对:舒　舍

封面设计:吴颖辉

岳麓书社出版发行

地址:湖南省长沙市爱民路 47 号

直销电话:0731-88804152　0731-88885616

邮编:410006

版次:2014 年 1 月第 1 版

印次:2022 年 10 月第 3 次印刷

开本:890mm×1240mm　1/32

印张:14

字数:330 千字

印数:11 001—14 000

ISBN 978-7-5538-0255-8

定价:49.80 元

承印:廊坊市博林印务有限公司

如有印装质量问题,请与本社印务部联系

电话:0731-88884129

前　言

《贞观政要》是唐代史学家吴兢编著的一部政论性的史书。自此书问世，历代统治者都把它奉为治国理政的必读书目，其所呈现的有关修身、齐家、治国、平天下的成败得失和基本规律更是成为此后一千多年来君王和臣下们借鉴和效仿的对象，体现出这部书深厚的思想底蕴和巨大的实用价值。至今，该书中记述的居安思危、从谏如流、任人唯贤、善始慎终等思想仍然被许多高层领导干部和商界领袖们所津津乐道，成为当代人从历史中汲取成功经验的智慧之源。

“贞观”（627—649）是唐太宗李世民的年号，时长23年。在这期间，唐太宗正己修身、知人善用、广开言路、虚心纳谏，采取并实施了一系列开明而务实的内外政策，使唐朝出现了经济发展，社会安定，政治清明，人民富裕安康的空前繁荣景象，这就是人们所熟识的“贞观之治”。《贞观政要》正是以此为时代背景，记录和总结了唐太宗及其臣下是制订了怎样的治国方略，把握了什么样的施政要领，才造就出这一辉煌盛世的。

该书作者吴兢（670—749），汴州浚仪（今河南开封）人，生于唐高宗咸亨元年（670），逝于唐玄宗天宝八年（749）。他自幼好学，博通经史，为人正直。武则天当政时，他就因有“史才”而被推荐到史馆撰修国史。作为国家史官，吴兢继承了古代史官敢言、敢谏的优良作风，除在编撰史书时能秉笔直言以外，还曾不顾个人安危向皇帝直陈政事。唐中宗在武则天去世后无力驾驭朝政，武三思、韦后、安乐公主各派势力都在结党争权。安乐公主要废李氏太子而自立，太子因发动兵变失败而被杀，之后又把矛头指向相王李旦。在此严峻形势下，吴兢写了《上中宗皇帝疏》，劝诫中宗要明辨是非，珍惜兄弟情谊，最终保住了相王李旦，即睿宗。吴兢在唐玄宗执政时，反对其集大权于一身，群臣不敢纳谏的局面，上疏玄宗要改变赏薄罚重、不听谏言、绕开吏部自行任命官员的做法。吴兢从事修史工作长达四十余年，除《贞观政要》之外，还编写了《唐春秋》《唐书备阙记》《太宗勋史》《睿宗实录》《中宗实录》。在与刘知几撰写《武后实录》时，吴兢因不替当朝宰相张说隐讳其恶，而被贬官，留下了"吴兢不改史"的佳话。天宝年间，吴兢得以返朝，晚年还执着于著书、修史的工作。

《贞观政要》成书于唐玄宗统治时期的开元（713—741）、天宝（742—756）年间。当时的社会虽然还呈现兴盛的景象，但社会危机已逐步显现。作为一名善于洞察历史发展趋势且具责任感的史官，吴兢感到很有必要总结唐太宗君臣相得、励精图治的成功经验，为当时的帝王树立起施政的楷模，以确保大唐王朝长治久安。吴兢撰此书，是为"垂世立教"，"义在惩劝"。《贞观政要》正是基于这样一个现实的政治目的而写成的，所以它一直以其具有治国安民的重大参考价值而受到历代王朝的珍视。

贯穿《贞观政要》的核心思想是居安思危，即忧患意识。忧患意识是历史主体在社会发展转折时期或关键时期的一种清醒的防范意识和预见意识，源于自觉的危机感、紧迫感、责任感和使命感，表现为坚强意志和奋发精神。忧患意识表现出的是社会主体的一种精神自觉，是这种主体对改造世界的一种强烈的责任感和能动性。忧患意识是中华民族自古以来的精神传统之一，并非唐代才有的思想。但是，将这种思想作为治国的指导思想，确实是从唐代开始的。隋末战乱中，唐太宗目睹了强大的隋朝轰然倒塌，短命而亡，他还亲自参加了剿灭群雄、建立李唐王朝的战争，这段经历使他对王朝兴替有更深的体会。为了稳固李唐江山，唐太宗不断反思历史上的治乱问题，尤其注意吸取隋朝灭亡的教训，并逐渐形成了一种居安思危的忧患意识。因此，在处理治国问题时，他才能制定正确的方针、策略，开创出贞观之治的盛世局面。

《贞观政要》的忧患意识，首先表现在以史为治。唐太宗言，以铜为镜，可以正衣冠；以古为镜，可以知兴替；以人为镜，可以明得失。《贞观政要》记载了贞观君臣对历代亡国之因的诸多探讨，表现了他们对亡国君臣醒然兢惧的思想和心态。从前代的兴亡治乱、是非善恶当中，他们既得出了成功的治国经验，继承并予以发扬；又总结了王朝倾覆的失败教训，时刻警示和勉励自己，以避免重蹈覆辙。其次，这种忧患意识，还表现为对创业与守成难易的认真探讨，以使创业成功的贞观君臣们能够以历史为诫惧，居安思危，慎终如始，常葆大唐的繁荣昌盛。第三，这种忧患意识具体表现为一种“防微杜渐”的思想。在《贞观政要》全书之中，无不闪现着“杜渐”“防萌”的精神。因为“福祸之来，皆起于渐”。一是因为凡事微萌之时，易于防杜，也利于及早实行；二是因为微萌之事，易于为人所忽略，习渐久之，不觉其害，一旦祸害已成，则悔之不及。总之，《贞观政要》当中所体现出的治国思想和理念、具体制度和政策，几乎都是建立在居安思危的忧患意识这一基础之上的，它是《贞观政要》立书的根本，也是贞观时期统治者获得成功的不朽精髓。

《贞观政要》全书十卷四十篇，七万余言，基本上是以卷分类，分别辑录了贞观年间唐太宗李世民与魏徵、房玄龄、杜如晦等大臣的问答，大臣的诤议和奏疏等。它和《旧唐书》《新唐书》《资治通鉴》等有关贞观政事的记载相比，较为详细。第一卷有《君道》《政体》二篇，记载李唐政权建立后，李世民和魏徵等人讨论如何汲取历史教训，励精图治，巩固政权的思想和史实。第二卷有《求谏》《纳谏》等三篇，记录唐初君臣虚己外求、从谏如流的盛况，反映了唐初统治集团内部能够发表和听取不同意见，君主比较开明，君臣关系比较和谐的事实。第三卷有《择官》等三篇，记录了唐初“用人唯贤才”，知人善用，重视地方官人选等情况，提出了官不在多，宁缺勿滥的思想。第四卷有《教诫太子诸王》等四篇，记录了李世民等人教育太子诸王遵守法度，尊敬师长，知稼穑之艰难，爱护民力的言论和事迹。第五卷的《仁义》等五篇和第七卷的《崇儒学》等三篇，反映了唐初统治者尊崇儒学，重视道德教化，主张省刑慎罚，以仁义治天下的思想。第六卷有《俭约》《奢纵》等九篇，记录李世民等人节己顺民，俭约慎行，反对铺张浪费的言行。第八卷有《务农》等五篇，记录唐初统治者重视农桑、轻徭薄赋、与民休息、发展生产的言论和措施。第九卷有《征伐》《安边》二篇，记载唐初御边的武功和安边之策，以及对屡犯边境的各少数民族采取恩威并施、以德怀人的民族怀柔政策。第十卷有《慎终》等四篇，反映了李世民和魏徵等人注意防微杜渐，力求善始慎终的思想与事迹。

《贞观政要》虽然是一部集封建统治者“治国安邦”方略之大成的典籍，但其中所折射出来的希望国家稳定发展、长治久安以及民族繁荣强盛的理想，即使在今天看来，也具有进步性和现实意义。古为今用，鉴古知来，读史可以知兴替，可以辨是非，可以正人伦，可以益心智。读《贞观政要》，抚今追昔，深长思之，其引喻之精辟，议论之锋锐，语意之恳切，尤令人颇多感慨。今天，无论是各级领导者，还是普通阅读者，如能读一读《贞观政要》一书，必定能从古人的宏大智慧中获取诸多有益的成分，从而有利于个人的修养、家庭的和睦和事业的发展。

本书注译是以《四库全书》所采元代戈直集论本《贞观政要》为底本。为保持原作风貌，故将《四库全书》本《贞观政要》中的“御制《贞观政要》序”“御制读《贞观政要》”“四库全书《贞观政要》提要”“明宪宗《贞观政要》序”“《贞观政要》原序”、吴澄、郭思贞、戈直的题辞以及卷二所附的“直谏”部分，一并删除。如果文中有不当、不妥之处，敬请读者批评指正。

目　录

卷六

卷七

卷八

卷九

卷十

卷一

君道第一

导读

“君道”篇，是《贞观政要》全书的总纲，概说了古代帝王治国治民所应具备的德行操守和应遵循的原则、方法。之所以如此重视君王个人的道德操守和治国之术，是因为中国古代封建社会实行的是专制主义中央集权制度。这一制度的特点是中央服从皇帝，地方服从中央，皇帝一人总揽全国军政大权。因此，皇帝在国家兴衰中的地位和作用就显得至关重要。君主贤明，则国家兴旺，人民幸福；君主昏庸，则国家衰败，百姓遭殃。有鉴于此，历代统治者都非常重视总结君主个人的成败得失，以便资治今世，又能警示后人。此篇“君道”就是其中最为经典而完整的一例。首先，它把修身作为皇帝治国的起点和要义，称“若安天下，须先正其身”，“未闻身治而国乱者”。其次，它又把“兼听则明，偏信则暗”作为修身的不二法则，强调君主只有广开言路，听纳善言，才能使“贵臣不得壅蔽”，“下情必得上通”。第三，它肯定守业难于创业，劝诫君王要成守业之事，既要懂得“三德”（上德、次德、无德）之境界，又要践行“十思”之正道，最后方能达到无为而治，并成无不为之功。第四，文章画龙点睛，引出全篇主旨，认为君主只要能时刻保持居安思危的心态，就能跳出国家“其勃也兴焉，其亡也忽焉”的困境，实现长治久安并代代相传。时至今日，“君道”篇的现实意义仍然十分重大，无论何种地位与职业的人，正心修身都是进行日常工作或是事业打拼的重要精神源泉。在此基础之上，如果又能以宽阔的胸襟和谦卑的态度来听取不同的意见，那就能以客观的态度来审视不同的人与事物，做出正确的判断和决策。在具体实践之中，如果再能以“上德”的境界，“十思”的精神来不断修正和提升自己，以居安思危的心态来指导和警示自己，那么自己将在人生的成长与事业的奋斗中无往而不克，无往而不胜。

贞观[①]初，太宗谓侍臣曰：“为君之道，必须先存百姓。若损百姓以奉其身，犹割股[②]以啖腹[③]，腹饱而身毙。若安天下，必须先正其身，未有身正而影曲，上理而下乱者。朕每思伤其身者不在外物，皆由嗜欲以成其祸。若耽嗜滋味，玩悦声色，所欲既多，所损亦大，既妨政事，又扰生民。且复出一非理之言，万姓[④]为之解体[⑤]，怨讟[⑥]既作，离叛亦兴。朕每思此，不敢纵逸。”谏议大夫[⑦]魏徵[⑧]对曰：“古者圣哲之主，皆亦近取诸[⑨]身，故能远体诸物。昔楚聘詹何[⑩]，问其治国之要，詹何对以修身之术。楚王[⑪]又问治国何如，詹何曰：‘未闻身治而国乱者。’陛下所明，实同古义。”

注释

①贞观：唐太宗李世民（627—649）的年号。

②股：大腿。

③啖（dàn）腹：意为填饱肚子。啖，吃。

④万姓：天下百姓。

⑤解体：人心涣散。

⑥怨讟（dú）：指因怨恨而说出的诽谤之言。讟，怨恨。

⑦谏议大夫：官名。唐代谏议大夫主要职责是向皇帝进谏，

以助其明察得失。

⑧魏徵：见“任贤第三”。

⑨诸：“之于”的合音。

⑩詹何：战国时期楚国思想家。

⑪楚王：指楚庄王，春秋五霸之一。

译文

贞观初年，唐太宗对身边侍从的大臣说：“当好国君的要义是要保护、爱护百姓。如果以损害百姓利益的方式来供养自己，那就犹如割自己大腿上的肉来填饱肚子，肚子虽饱，人却死了。如果想要安定天下，就必须先端正自己的品行。世上没有身体直正而影子歪斜的事情，也没有上边治理恰当而下面出现叛乱的情况。我常想，能够损伤自己的并不是外在的东西，都是由于自身贪恋欲望而最终引发成祸患。如果一味贪食美味，沉溺于歌舞和美色，欲望就会越多，所造成的损害就会越大，那将既妨碍国家政事，又扰乱百姓生活。而且自己再说出一些不合事理的话来，就会使得民心涣散，怨声载道，叛乱尽起。每当我想到这些，就不敢有丝毫放纵与懈怠之心。”

谏议大夫魏徵回答说：“古代圣贤之君都是就近从自身的修养和行事入手，所以才能推广并体察到一切事物。从前楚庄王任用詹何，询问他治理国家的要领。詹何却用修养自身品德的方法来回答。楚庄王又问他治理国家用什么方法，詹何说：‘没听说国君身心修正而国家却发生动乱的事情。’陛下所明白的道理，实际上与古代明君圣主所讲的相一致。”

贞观二年，太宗问魏徵曰：“何谓为明君暗君？”徵曰：“君之所以明者，兼听也；其所以暗者，偏信也。《诗》云：‘先民有言，询于刍荛[①]。’昔唐、虞之理[②]，辟四门，明四目，达四聪[3]。是以圣无不照[4]，故共、鲧[5]之徒，不能塞也；靖言庸回[6]，不能惑也。秦二世[7]则隐藏其身，捐隔疏贱而偏信赵高[8]，及天下溃叛，不得闻也。梁武帝[9]偏信朱异[10]，而侯景[11]举兵向阙，竟不得知也。隋炀帝[12]偏信虞世基[13]，而诸贼攻城剽邑，亦不得知也。是故人君兼听纳下，则贵臣不得壅蔽，而下情必得上通也。”太宗甚善其言。

注释

①刍荛（chúráo）：代指割草打柴的人。刍，草；荛，柴。

②唐、虞之理：指唐尧和虞舜治理天下。唐尧、虞舜都是黄河流域优秀的部落联盟首领。唐尧，先封于陶，后封于唐，所以也称陶唐氏。虞舜，名重华，生长在虞氏部落，故称虞舜。

③辟四门，明四目，达四聪：这里指广开言路和视听。辟，开；达，通；聪，听觉灵敏。

④照：知晓。

⑤共、鲧（gǔn）：共，指共工；鲧，是禹的父亲。两人都是尧的大臣，但因共工为人邪恶，鲧又治水无功，所以都被大禹所流放。

⑥靖言庸回：回同“违”，意为奸佞小人的言行。靖言，恭维之词；庸违，小人的奸计和行为。

⑦秦二世（前230—前207）：秦始皇最小的儿子，名胡亥。

⑧赵高：秦朝宦官，秦二世时期的大奸臣。

⑨梁武帝（464—549）：名萧衍，字叔达，南兰陵（今江苏常州西北）人，南朝梁的开国皇帝。

⑩朱异（483—549）：字彦和，南朝梁吴郡钱塘（今江苏杭州南）人。由于他主张招纳东魏降将侯景而最终造成“侯景之乱”。

⑪侯景（503—552）：原东魏大将，后投靠南朝梁，不久又起兵反叛。

⑫隋炀帝（569—618）：名杨广，隋朝有名的暴君。

⑬虞世基（？—618）：字茂世，余姚人。由于他多次劝谏隋炀帝不成，又看到其他劝谏的大臣被杀，所以他就改为对隋炀帝唯命是从，百般逢迎。

译文

贞观二年，唐太宗问魏徵："什么叫圣明之君？什么叫昏庸之君？"

魏徵回答说："君主之所以圣明，是因为他能听取各方面的意见；君主之所以昏庸，是因为他偏听偏信。《诗经》说：'古人曾说过这样的话，要向割草打柴的人征询意见。'从前唐尧和虞舜治理天下，在房屋的四个方向都开有大门，用来看四方的事情，听取四方的声音。因此明君能无所不知，像共工、鲧这样的人不能蒙蔽他；奸佞小人的言行也不能迷惑他。但秦二世却把自己隐藏在深宫之中，隔绝贤臣，远离百姓，偏信赵高，到天下尽乱、百姓离叛的时候，他还不知道。梁武帝偏信朱异，到侯景叛乱并率军围攻都城的时候，他竟也不知情。隋炀帝偏信虞世基，到各路叛军攻城掠地的时候，他竟然也不知晓。由此可见，君主如果能广开言路，采纳臣下良言，那么权贵之臣就不能蒙蔽君主视听，民情民意自然也就能够传达到国君那里。"

太宗非常赞赏魏徵的这些话。

贞观十年，太宗谓侍臣曰："帝王之业，草创与守成孰难？"尚书左仆射[①]房玄龄[②]对曰："天地草昧[③]，群雄竞起，攻破乃降，战胜乃克。由此言之，草创为难。"魏徵对曰："帝王之起，必承衰乱，覆彼昏狡[④]，百姓乐推，四海归命，天授人与，乃不为难。然既得之后，志趣骄逸，百姓欲静而徭役不休，百姓凋残而侈务[⑤]不息，国之衰弊，恒由此起。以斯而言，守成则难。”太宗曰：“玄龄昔从我定天下，备尝艰苦，出万死而遇一生，所以见草创之难也。魏徵与我安天下，虑生骄逸之端，必践危亡之地，所以见守成之难也。今草创之难既已往矣，守成之难者，当思与公等慎之。”

注释

①尚书左仆射（yè）：官名。唐代尚书省长官，行宰相之职。

②房玄龄：见“任贤第三”。

③草昧：指天下混乱的状态。

④狡：残暴，凶残。

⑤侈务：过分的事务，这里指国君的骄奢。侈，过分，过度。

译文

贞观十年，唐太宗问身边的大臣：“在帝王大业之中，创业和守业相比哪一个更难？”尚书左仆射房玄龄回答说：“创业之初，天下混乱，各地豪杰纷纷崛起，只有攻破城池才能使敌人投降，只有在战争中获胜才能使敌人降伏。由此看来，还是创业艰难。”魏徵回答说：“帝王之兴起，一定是乘着前朝衰乱的机会，推翻那昏庸残暴的旧君。而后，自然会获得百姓的拥戴支持，天下人心得以归附。这正是上天授命，众人尊奉，所以创业并不算艰难。但是得天下之后，君王容易变得志趣骄傲放纵，百姓想过安宁的日子，但徭役却无休止，百姓贫困之极而国君却不停地奢华作乐，国家的衰亡常常是由此引发的。这样看来，守业更难。”太宗说：“玄龄当年跟随我平定天下，历尽艰苦，万死一生，所以他知道创业的艰难。魏徵辅佐我治理天下，忧虑一旦出现骄奢淫逸的情况，国家必将陷入危亡的境地，所以他看到守业的艰难。如今创业之难既然已成往事，守业这一难事，我应当考虑与诸位一起谨慎地对待。”

贞观十一年，特进[1]魏徵上疏曰：

“臣观自古受图[2]膺[3]运，继体守文，控御英雄，南面[4]临下，皆欲配厚德于天地，齐高明于日月，本支[5]百世，传祚[6]无穷。然而克[7]终者鲜，败亡相继，其故何哉？所以求之，失其道也。殷鉴[8]不远，可得而言。

“昔在有隋[9]，统一寰宇，甲兵强锐，三十余年，风行万里，威动殊俗[10]，一旦举而弃之，尽为他人之有。彼炀帝岂恶天下之治安，不欲社稷之长久，故行桀虐[11]，以就灭亡哉？恃其富强，不虞[12]后患。驱天下以从欲，罄[13]万物而自奉，采域中之子女，求远方之奇异。宫苑是饰，台榭是崇[14]，徭役无时，干戈不戢[15]，外示严重，内多险忌，谗邪者必受其福，忠正者莫保其生。上下相蒙，君臣道隔，民不堪命，率土[16]分崩。遂以四海之尊，殒于匹夫之手，子孙殄[17]绝，为天下笑，可不痛哉！

“圣哲乘机，拯其危溺，八柱[18]倾而复正，四维[19]弛而更张。远肃迩安[20]，不逾于期月[21]；胜残去杀，无待于百年。今宫观台榭尽居之矣；奇珍异物尽收之矣；姬姜淑媛[22]尽侍于侧矣；四海九州尽为臣妾矣。若能鉴彼之所以失，念我之所以得，日慎一日，虽休勿休[23]，焚鹿台[24]之宝衣，毁阿房之广殿，惧危亡于峻宇，思安处于卑宫，则神化潜通，无为而治，德之上也。若成功不毁，即仍其旧，除其不急，损之又损，杂茅茨于桂栋[25]，参玉砌以土阶，悦以使人，不竭其力，常念居之者逸，作之者劳，亿兆悦以子来，群生仰而遂性[26]，德之次也。若惟圣罔念[27]，不慎厥终[28]，忘缔构之艰难，谓天命之可恃，忽采椽[29]之恭俭，追雕墙之靡丽，因其基以广之，增其旧而饰之，触类而长，不知止足，人不见德，而劳役是闻，斯为下矣。譬之负薪救火，扬汤止沸，以暴易乱，与乱同道，莫可测也，后嗣何观！夫事无可观则人怨，人怨则神怒，神怒则灾害必生，灾害既生，则祸乱必作，祸乱既作，而能以身名全者鲜矣。顺天革命[30]之后，将隆七百之祚，贻厥[31]子孙，传之万叶[32]，难得易失，可不念哉！"

注释

①特进：官名，相当于正二品。

②图：河图。古代有"河图洛书"之说，封建统治者把其称之为上天安排自己进行合法统治的神意。

③膺（yīng）：承接，承当。

④南面：古代以坐北朝南为尊，这里指身居尊位。

⑤本支：指子孙。

⑥传祚：帝位相传。祚，禄位，这里指帝位。

⑦克：能够。

⑧殷鉴：指夏朝的灭亡可以作为殷朝的鉴戒。殷，指殷朝，也称商朝。

⑨有隋：即隋朝。

⑩殊俗：风俗不同的地方，借指异域。

⑪桀虐：凶残，暴虐。桀，名履癸，夏朝最后一个国君，以暴虐、荒淫而著称。

⑫虞：考虑，防范。

⑬罄：用尽，耗尽。

⑭崇：高大。

⑮戢（jí）：原意为收藏（兵器），这里引申为停止（战争）。

⑯率土："率土之滨"的省略语，指境内。

⑰殄（tiǎn）：尽，绝。

⑱八柱：传说地有八柱，用以擎天，后人引申为国家局势。

⑲四维：传说中维系大地的四条大绳。维，大绳。管子把礼、义、廉、耻作为治国的四大纲领，也称"四维"。后泛指封建的道德规范。

⑳迩（ěr）：近。

㉑期（jī）月：一整年。

㉒姬姜淑媛：品德和美貌兼具的女子。

㉓休：赞美，美好。

㉔鹿台：商纣王所建的宫苑。

㉕桂栋：桂木做的梁，代指华丽的房屋。

㉖遂性：实现自己的需要。

㉗罔念：不思为善，妄自尊大。

㉘不慎厥终：不善始善终。

㉙采椽：用栎木或柞木做的房子，形容简朴。

㉚革命：改朝换代。

㉛贻厥：流传。

㉜叶：世，代。

译文

贞观十一年，特进魏徵上书说："臣看到自古以来，凡是接受天命承接帝业的人，都要承续皇位并遵循先王的法度，驾驭英才，临南而坐，统治天下，也都希望自己的德行能与天地相配，与日月比肩，希望子孙百代不衰，帝业相传恒久。但能够善终的人的确太少，败亡之事相继发生，这是什么原因呢？探究之下，在于他们不懂得治国的原则和规律。前人的教训就在眼前，还能够作为借鉴。

“之前隋朝统一天下，兵马强壮，三十多年间声威远扬，震慑异域。然而一旦覆亡，所有一切都归他人。隋炀帝难道想破坏天下安定，不想国家长治久安，故意施行像夏桀一样的暴政，最终弄得国破人亡吗？他只是依仗国家富强，不考虑后患而已。他驱使天下百姓以满足自己的欲望，耗尽天下的财物来供自己挥霍，同时还征选全国美女以供自己享乐，掠夺域外珍宝来供自己赏玩。他的宫殿装饰华丽，楼台构筑高大，征发徭役无度，对外战争不休。隋炀帝表面上显得威严庄重，但实际上却有许多猜忌和险恶之心，奸佞谗言的人享受高官厚禄，忠心正直的人却连性命都难保。上下相互蒙蔽，君臣间离心离德，老百姓最终不堪重负，国家自然分崩离析。于是曾经统治四海的国君，最后竟然死在匹夫的手中，他的子孙也被赶尽杀绝，终被天下人所耻笑，这难道不令人痛心吗？

“圣明之君，顺应时机，拯救万民于水火，力挽国家于危亡，匡复道德之丧失。无需一年，即可使远近安定；无需百年，即可通过教化使凶恶之人不再残暴，刑杀可以尽除。今天，宫殿观阁、楼台亭榭，皇上尽已拥有；奇珍异宝，也都收藏；美女佳人，也都侍候于左右。天下百姓都已成为皇上的臣属了。如果皇上能借鉴隋朝灭亡的教训，总结我朝成功的经验，日渐谨慎，就能做到虽有功德，却不自傲自居。如果再能不忘被焚毁的鹿台宝衣，被烧毁的阿房宫殿，居住在高大的宫殿内就有对危亡的惧怕之心，居住在简陋的宫室中，却有心安理得之感，就能潜移默化与天地之道相贯通，做到无为而治，这是道德修养的最高境界。如果不损毁成功之后的东西，仍让它们保持原貌，但要免除那些不急需的供养，并减少到最低程度。即使华丽的宫室中也夹杂着简陋的房屋，玉石砌成的阶梯中掺杂泥土做成的台阶，也可以照样使用，使百姓乐于效力而又不用尽他们的力量，百姓自愿到这里来，能在敬仰君主的同时自己也称心如意，这是标准低一些的品德。如果圣人妄自尊大，不善始善终，忘记开创国家的艰难，认为自己有天命可以依仗，丢掉住陋室时的节俭之风，追求雕墙画栋的华丽，凭借原有宫殿的地基进行扩建，在旧有建筑上加以装饰。事事以此类推，不知满足，那么百姓就见不到德政，看到的只是繁重的劳役，这是最下等的道德品质。这就犹如背着干柴去救火，舀上开水去止沸，以暴政代替残暴，就跟前朝的混乱走的是同一道路，它的后果不堪设想，后世子孙怎么能把你视为榜样呢？没有可观的政绩，百姓就会心生不满，百姓不满上天就会发怒，降灾害于人间，灾害发生就会引起祸乱，祸乱一旦兴起，能同时保全性命和声誉的人就很少了。顺应天命改朝换代之后，国家就会长治久安，帝位可以传给子孙后代，乃至万世。国家大业，获得时难，失去时易，能不去考虑这个问题吗？”

是月，徵又上疏曰：

“臣闻求木之长者，必固其根本；欲流之远者，必浚其泉源；思国之安者，必积其德义。源不深而望流之远，根不固而求木之长，德不厚而思国之理，臣虽下愚，知其不可，而况于明哲乎！人君当神器[①]之重，居域中之大，将崇极天之峻，永保无疆之休[②]。不念居安思危，戒奢以俭，德不处其厚，情不胜其欲，斯亦伐根以求木茂，塞源而欲流长者也。

“凡百元首，承天景命[③]，莫不殷忧[④]而道著，功成而德衰。有善始者实繁，能克终者盖寡，岂取之易而守之难乎？昔取之而有余，今守之而不足，何也？夫在殷忧，必竭诚以待下；既得志，则纵情以傲物。竭诚则胡越[⑤]为一体，傲物则骨肉为行路[6]。虽董[7]之以严刑，震之以威怒，终苟[8]免而不怀仁，貌恭而不心服。怨不在大，可畏惟人，载舟覆舟，所宜深慎，奔车朽索，其可忽乎！

“君人者，诚能见可欲则思知足以自戒，将有作则思知止以安人，念高危则思谦冲而自牧，惧满溢则思江海下百川，乐盘游[9]则思三驱[10]以为度，忧懈怠则思慎始而敬终，虑壅蔽则思虚心以纳下，想谗邪则思正身以黜恶，恩所加则思无因喜以谬赏，罚所及则思无因怒而滥刑。总此十思，弘兹九德[11]，简[12]能而任之，择善而从之，则智者尽其谋，勇者竭其力，仁者播其惠，信者效其忠。文武争驰，君臣无事，可以尽豫游之乐，可以养松、乔之寿，鸣琴垂拱[13]，不言而化。何必劳神苦思，代下司职，役聪明之耳目，亏无为之大道哉！”

注释

①神器：指政权。

②休：福禄。

③景命：天命。

④殷忧：深忧。

⑤胡越：胡族在北，越族在南，比喻相隔遥远。

⑥行路：陌路。

⑦董：监督。

⑧苟：贪求。

⑨盘游：打猎。

⑩三驱：一年三次。

⑪九德：忠、信、敬、刚、柔、和、固、贞、顺。

⑫简：选拔。

⑬垂拱：形容不做什么事情。

译文

同月，魏徵上书说：

“臣听说要想使树木长得高大茂盛，必须牢固其根；要想使水流得深远，必须疏通源头；要想使国家安定，必须以德治国。源头之水不通畅却想让水流得远，树根不牢固却想让树木长得高大，德不仁厚却想国家安定，臣虽愚钝，却知道那是不可能的，更何况圣明的君主呢？国君掌握国家大权，拥有崇高的地位，享有无上的尊严，应该永保无尽美好的日子，如果不思考居安思危的道理，力戒骄奢，崇尚节俭，广积厚德，放任情欲而不加克制，这就像砍掉树根却希望树木茂盛，堵塞源头却想让河水流得深远一样荒谬。

“凡是古代国君，承受天命的时候，没有不因心存忧患而成就显著的，但成功之后就德行日渐衰败。开头做得好的很多，可是能坚持好到底的人却很少。这难道真是创业容易守业难吗？之前夺取天下游刃有余，现在要守住基业却力不从心，这是为什么呢？大概是因为人在忧患的时候，必然诚心诚意对待下属；一旦功成名就，就放纵私欲，轻视他人。诚心交往，即使相隔遥远的胡、越也能结为一体；轻视他人，即使是骨肉之亲也会形同陌路。即使用严酷刑法来督责百姓，用权威和愤怒去威慑百姓，最终他们只会贪求免于刑罚却不心怀对国君的恩德，外表谦恭却心存怨恨。怨恨虽不在大小，但可怕的是失去人心。人民如同载舟之水，是决定国家兴亡的重要力量，应当深思和谨慎。奔腾的马车如果用腐朽的绳子来驾驭，这样的危险怎能疏忽大意？

“作为国君，如果见到想要的东西时，就应该考虑知足常乐，用以警戒自己；在大兴土木之时，就应考虑适可而止，以使百姓安宁；一想到地位高而危险性大时，就应该保持谦虚平和，以加强自我修养；害怕骄傲自满时，就应该想到海纳百川的道理；陶

醉于打猎的欢乐时，就应该每年只有三次的限度；担心自己懈怠时，就应该想想凡事如何做才能善始善终；害怕自己受蒙蔽时，就应该思考自己如何虚怀若谷才能广纳臣下良言；担心听信谗言，就应该思考如何端正自身，以废除奸恶；施加恩宠，就应想到不能因自己的喜好而随意赏赐；执行惩罚，也要想到不能因一时的怒火而滥用刑罚。君主做到这‘十思’，就能弘扬九德之修养，选拔良才以任用，选择善言而听从，聪明人能尽献他的智谋，勇敢者能发挥他全部的力量，有仁德的人能够广施贤德，有信义的人能表现出他的忠义。文臣武将都能竞相为朝廷效力，君臣之间的关系融洽和睦，国君就可以享受巡游之乐，像神仙赤松子、王子乔一样健康长寿，鸣琴奏乐，垂衣拱袖，不做任何事就能教化天下。何必去劳心费力，替臣下做事，既劳累自己的身体，又有损于无为而治的天道呢？”

太宗手诏答曰：

“省频抗表，诚极忠款[①]，言穷切至。披览忘倦，每达宵分。非公体国情深，启沃[②]义重，岂能示以良图，匡其不及！朕闻晋武帝[③]自平吴已后，务在骄奢，不复留心治政。何曾[④]退朝谓其子劭[⑤]曰：‘吾每见主上不论经国远图，但说平生常语，此非贻厥子孙者，尔身犹可以免，’指诸孙曰：‘此等必遇乱死。’及孙绥[⑥]，果为淫刑所戮。前史美之，以为明于先见。朕意不然，谓曾之不忠，其罪大矣。夫为人臣，当进思尽忠，退思补过，将顺其美，匡救其恶，所以共为治也。曾位极台司[⑦]，名器崇重，当直辞正谏，论道佐时。今乃退有后言，进无廷诤，以为明智，不亦谬乎！危而不持，焉用彼相？公之所陈，朕闻过矣。当置之几案，事等弦、韦[⑧]。必望收彼桑榆，期之岁暮，不使康哉良哉[9]，独美于往日，若鱼若水，遂爽于当今。迟复嘉谋，犯而无隐。朕将虚襟静志，敬伫德音。”

注释

①忠款：忠诚。

②启沃：对君王的开导与启发。

③晋武帝（236—290）：名司马炎，字安世。司马昭的长子，晋朝开国皇帝。

④何曾（199—279）：字颖考，陈国阳夏（今河南太康）人，西晋太尉、太保。

⑤劭：何劭，何曾之子。晋武帝时任散骑常侍。

⑥绥：何绥，何曾之孙。晋武帝时任侍中尚书。

⑦台司：指三公等宰辅大臣。

⑧弦、韦：借指警勉自己。《韩非子·观行》中说：“西门豹之性急，故佩韦以自缓；董安于之心缓，故佩弦以自急。”韦，柔皮；弦，弓弦。

⑨康哉良哉：意为诸事安宁，君明臣良。

译文

唐太宗亲手诏书答复说：

“朕看了你多次上的奏章，十分忠诚，言无不尽，恳切之至，批阅你的奏章，常让我忘记疲倦，直到深夜。如果不是你关心国家政务，竭诚地启发和开导我，怎么能够为我提出如此中肯的建议，及时匡救我的不足呢？我听说晋武帝灭掉吴国之后，只顾骄奢淫逸，不再关心国家政治。何曾退朝回家对他儿子何劭说：‘我每天都看见皇上不谈论治理国家的长远打算，而只说一些日常事物。这不像是能把国家社稷传给子孙的国君，你这一代还可免于混乱，保全性命。’他又指着他的孙子们说：‘你们必定遇上变乱而性命不保。’后来他的孙子何绥果然遇上叛乱，被酷刑所杀。以往的史书称赞这事，说何曾有先见之明。我的看法不是这样，我认为何曾是不忠之臣且罪过很大。作为臣子，上朝时应当想着如何尽忠直言，退朝时应当想着如何弥补皇上的过失，协助国君发扬他的美德，纠正国君所犯的错误，这就是君臣同治的道理。何曾地位尊贵，权势显赫，应当直言进谏，谈论治国大道，辅佐时政。而他却在退朝后才发表言论，上朝时没有勇敢地直言规劝，说他是明智之人，难道不荒谬吗？国家有了危险却不扶持，还要这样的人有什么用？你所上书的建议，我已认真地阅读过了。我会把它们放在我的案头上，就像古代用来警勉自己的信物一样。这样，他日必有收获，等我晚年之时，国家就会更加繁荣，不会使‘康哉良哉’的盛世，只出现在过去，君臣之间鱼水一样的良好关系，也不只出现在今天。稍晚希望再看到你的佳言良策，可直言相谏，冒犯也无妨。我将虚怀静心，等待你提出的宝贵意见。”

贞观十五年，太宗谓侍臣曰：“守天下难易？”侍中①魏徵对曰：“甚难。”太宗曰：“任贤能，受谏诤，即可。何谓为难?”徵曰：“观自古帝王，在于忧危之间，则任贤受谏。及至安乐，必怀宽怠，言事者惟令兢惧，日陵月替②，以至危亡。圣人所以居安思危，正为此也。安而能惧，岂不为难?”

注释

①侍中：官名。专管纳言之事，官位极高。

②日陵月替：逐渐衰退败落。陵，日渐衰微；替，衰落。

译文

贞观十五年，唐太宗问身边的侍臣：“守江山是难还是易?”

侍中魏徵回答："很难。"唐太宗说："我选拔任用贤才，接受建议就行了，有什么难的？"魏徵说："我看自古以来的帝王，在忧患危难的时候能够任用贤才，接受忠告，等到安定快乐的时候就会松弛懈怠，直言进谏的人，只能惶惶恐恐唯命是从。这样下去国家就会逐渐衰败，直至灭亡。古代圣人之所以要居安思危，正因为如此。国家太平无事，却要国君心怀忧惧，这难道不难吗？"

政体第二

导读

《政体》篇主要阐述君王治理国家所应具备的要领，它从为君之道、君臣之道、君民之道三个层面分别论述国家兴亡发达所应具备的条件。此篇内容与《君道》篇的内容互相补充，互为表里，共同构成了《贞观政要》一书的总纲。为君之道以君王能够"居安思危"为核心，强调君王要勤于政务，不自负自夸，不仅要做到"志尚清静，以百姓之心为心"，更应当"尊天事地，敬社稷，保四国，慈爱万民，薄赋敛，轻租税"；所谓君臣之道是指作为臣子，应当"灭私徇公，坚守直道"，不应"阿旨顺情，唯唯苟过"，必须能做君王之耳目，尽臣下之义务，秉公直谏。作为君王只有广任贤良，信任百官，不妄自专断，方能使君臣相互保全，"义均一体，协力同心"；君民之道强调君舟民水的辩证关系，指出"可爱非君，可畏非民"，只有君王清净无为，百姓才能安居乐业。篇末，作者在描绘"贞观之治"时期大唐繁荣景象的同时，总结了唐太宗治理国家的宝贵经验，认为他"志在忧人，锐精为政，崇尚节俭，大布恩德"；能"从谏如流，雅好儒术，孜孜求士，务在择官，改革旧弊，兴复制度"；能"断决大事，得帝王之体”；能严明法纪，惩治贪官，驾驭皇亲国戚与世家大族，使上下畏法，百姓不受欺凌。这些文字，虽然简短，但却涵盖了治理国家的各个方面；虽然反映地是古人的治世思想，但却处处闪耀着科学与理性的光辉。今天，我们重读这一篇章，应该细细品味其中的智慧和哲理，但更应该把它们加以改造，合理地应用于现实的管理和领导工作中去，在具体的认识和实践中感受它们的价值和魅力所在。

贞观初，太宗谓萧瑀[①]曰：“朕少好弓矢，自谓能尽其妙。近得良弓十数，以示弓工。乃曰：‘皆非良材也。’朕问其故，工曰：‘木心不正，则脉理皆邪，弓虽刚劲而遣箭不直，非良弓也。’朕始悟焉。朕以弧矢定四方，用弓多矣，而犹不得其理。况朕有天下之日浅，得为理[②]之意，固未及于弓，弓犹失之，而况于理乎？”自是诏京官五品以上更宿[③]中书内省[④]，每召见，皆赐坐与语，询访外事，务知百姓利害、政教得失焉。

注释

①萧瑀：字时文，南朝梁明帝之子。贞观初年，任太子少师参与朝政。

②为理：治理。

③更宿：轮流值宿。

④中书内省：官署名。

译文

贞观初年，唐太宗对大臣萧瑀说：“朕从年轻时就喜欢弓箭，自以为懂得弓箭中的奥妙。近来得到十几把好弓，就拿给做弓的工匠看，他说：‘都不是好材料做的。’我问其中的原因，他又说：‘木料的中心不正，它的纹理就时常歪斜。这样的弓虽然刚劲有力，但射出去的箭却不直，所以不是好弓。’从这件事中我才领悟到其中的道理。我以武力平定天下，用过的弓箭非常多，但仍不懂得弓箭中的原理；更何况我得天下的时间还很短，得到治理国家的道理，肯定比不上我对弓箭掌握的知识多。我对弓箭的了解都有偏失，更何况是治理国家的要领呢？”从此以后，唐太宗就诏令五品以上的京官在中书内省轮流值宿，每次召见，唐太宗都要赐坐并与他们交谈，仔细询问外面的事，务必要了解老百姓的疾苦和国家管理、教化上的得失。

贞观元年，太宗谓黄门侍郎[①]王珪[②]曰：“中书[③]所出诏敕，颇有意见不同，或兼错失而相正以否。元置中书、门下，本拟相防过误。人之意见，每或不同，有所是非，本为公事。或有护己之短，忌闻其失，有是有非，衔[④]以为怨。或有苟避私隙，相惜颜面，知非政事，遂即施行。难违一官之小情，顿为万人之大弊。此实亡国之政，卿辈特须在意防也。隋日内外庶官，政以依违，而致祸乱，人多不能深思此理。当时皆谓祸不及身，面从背言，不以为患。后至大乱一起，家国俱丧，虽有脱身之人，纵不遭刑戮，皆辛苦仅免，甚为时论所贬黜。卿等特须灭私徇公，坚守直道，庶事相启沃，勿上下雷同也。”

注释

①黄门侍郎：门下省副长官。

②王珪：见“任贤第三”。

③中书：唐朝中央设中书省、门下省和尚书省，分管诏令草拟、审核和执行。

④衔：怀藏。

译文

贞观元年，唐太宗对黄门侍郎王珪说："中书省所草拟颁发的文告命令，门下省颇有不同意见，有时两省都有一些错误，但却可以相互纠正。本来设置中书省、门下省，就是为了相互防止发生过失。人的意见，常有不同，有肯定的也有反对的，本意都是为了公事。有的人为了掩饰自己的短处，不愿听别人指出自己的过失，一旦人家评论他的是非，就暗恨在心。有的人为了避免和别人结下私怨，就互相顾惜颜面，明知不利于国家政事，却仍马上施行。只为不违背一个官员的私情，就立刻成为损害万民的大害，这都是亡国的弊政，你们特别需要注意防范。隋朝时的内外百官，处理政事总是相互顺从而无不同意见，最终酿成祸乱，人们大多不能深思其中的道理。当时那些人都以为灾祸不会落到自己身上，当面说好话，背后说是非，不认为那是祸患。到后来天下大乱，国破家亡，虽然有逃脱的人，没有遭到刑戮，但也吃尽苦头仅免一死，还会受到世人的舆论谴责。因此你们身为大臣特别应该灭除私情，秉公办事，坚守正道，凡事互相启发，不要上下人云亦云。"

贞观二年，太宗问黄门侍郎王珪曰："近代君臣治国，多劣于前古，何也？"对曰："古之帝王为政，皆志尚清静，以百姓之心为心。近代则唯损百姓以适其欲，所任用大臣，复非经术[①]之士。汉家宰相，无不精通一经，朝廷若有疑事，皆引经决定，由是人识礼教，治致太平。近代重武轻儒，或参以法律，儒行既亏，淳风大坏。"太宗深然其言。自此百官中有学业优长，兼识政体者，多进其阶品，累加迁擢[②]焉。

注释

①经术：经学、儒术。经，指《诗》《书》《礼》《易》《春秋》等儒家经典著作。

②擢（zhuó）：提拔，选拔。

译文

贞观二年，太宗问黄门侍郎王珪说："近代帝王和大臣治理国家，多半不如古代，这什么原因呢？"王珪回答："古代帝王治理国家，大都崇尚清净无为，把百姓的心思看做自己的心思。但近代的君王却是以损害百姓的利益来满足自己的私欲，任用的大臣，也再不是饱学经史的儒学之人。汉代的宰相没有谁不精通一种经书的，朝廷要有什么解决不了的疑问，都引用经义来决断，于是，人人懂得礼教，自然天下太平。但近代却重视武功，轻视儒术，有时掺用刑律来治理国家，儒家的行为规范既然受到损害，淳朴的民风也会受到严重破坏。"太宗非常同意他的意见。从此以后，官员中凡是精通儒学，又懂治国之道的人，大都得以提升官阶品级，并多次得到升迁和提拔。

贞观三年，太宗谓侍臣曰："中书、门下，机要之司，擢才而居[①]，委任实重。诏敕如有不稳便，皆须执论。比来惟觉阿旨顺情，唯唯苟过，遂无一言谏诤者，岂是道理？若惟署诏敕、行文书而已，人谁不堪[②]？何烦简择[③]，以相委付？自今诏敕疑有不稳便，必须执言，无得妄有畏惧，知而寝默。"

注释

①居：担任。

②堪：能，足以。

③简择：选择。

译文

贞观三年，太宗对身边侍臣说："中书省与门下省，都是机要部门，是通过选拔有才能的人来行使职责的，他们的责任很重大。诏书和命令如有不妥之处，他们必须认真讨论。近来我却发现他们只会迎合我的旨意，唯唯诺诺，敷衍而过，没有一个人敢直言进谏，这是符合道理的事吗？如果官吏只会发布诏书，抄抄写写，谁还不能干？何必麻烦地去选拔官员，委以重任呢？从今以后，诏书和命令如果不妥当的地方，官吏必须直接而认真地指出，不要心存畏惧，明知不妥当还要沉默不言。"

贞观四年，太宗问萧瑀曰："隋文帝[①]何如主也？"对曰："克己复礼，勤劳思政，每一坐朝，或至日昃[②]，五品已上，引坐论事，宿卫之士，传飧[③]而食，虽性非仁明，亦是励精之主。"太宗曰："公知其一，未知其二。此人性至察而心不明。夫心暗则照有不通，至察则多疑于物。又欺孤儿寡妇以得天下[④]，恒恐群臣内怀不服，不肯信任百司，每事皆自决断，虽则劳神苦形，未能尽合于理。朝臣既知其意，亦不敢直言，宰相以下，惟即承顺而已。朕意则不然，以天下之广，四海之众，千端万绪，须合变通，皆委百司商量，宰相筹画，于事稳便，方可奏行。岂得以一日万机，独断一人之虑也。且日断十事，五条不中，中者信善，其如不中者何？以日继月，乃至累年，乖谬[⑤]既多，不亡何待？岂如广任贤良，高居深视，法令严肃，谁敢为非？"因令诸司，若诏敕颁下有未稳便者，必须执奏，不得顺旨便即施行，务尽臣下之意。

注释

①隋文帝（541—604）：杨坚，隋朝开国皇帝。

②昃（zè）：日西斜。

③飧（sūn）：饭食。

④欺孤儿寡妇以得天下：这源于杨坚的女儿是北周宣帝的皇后，宣帝死后，杨坚就废黜年幼的周静帝，自立为帝，建立隋朝。

⑤乖谬：背离常理的事情。

译文

贞观四年，太宗问大臣萧瑀说："隋文帝是一个怎样的君主？"萧瑀回答说："他能约束自己，遵从礼仪，勤于政务。每次上朝理政，都会忙到日落西山；五品以上的官吏，都要与他一起坐谈国事，负责保卫的人，也都废寝忘食，他虽然说不上仁义开明，却也算得上是一位励精图治的君王。"太宗说："你只知其一，不知其二。隋文帝性格上过于精明，但内心并不开明。心不开明就容易观察不清，过于精明则会事事多疑。加上他又是在欺负周静帝孤儿寡妇的情况下夺取江山，所以总是害怕群臣心中对他不服，因此，他不肯信任百官，事事亲自决断，虽然劳神费力，但也不可能做到事事都处理得合情合理。朝中的大臣也知道他的用意，所以不敢直言规劝。丞相以下的官吏，只是顺从旨意照章办事而已。我不能像隋文帝那样，天下如此之大，事情如此之多，千头万绪，必须变通解决。只有将政务交给百官商议，由宰相筹划，事情方能稳妥，才可以奏请皇上，下令执行。皇帝一人怎能日理万机，专断独行。如果一天处理十件政事，可能有五件事决断有错，决断正确的固然很好，但是那些决断错的会产生怎样的后果呢？日积月累，长此以往，错误必然更多，国家怎能不灭亡？哪能比得上广泛任用贤才，居高位而统揽全局，严肃法纪，这样，谁还敢胡作非为呢？”唐太宗于是下令，凡是颁布后的诏令，如有不妥，官吏必须上奏指出，不能只顺从旨意施行，务必尽到做臣子的责任。

贞观五年，太宗谓侍臣曰：“治国与养病无异也。病人觉愈，弥须将护，若有触犯，必至殒命。治国亦然，天下稍安，尤须兢慎，若便骄逸，必至丧败。今天下安危，系之于朕，故日慎一日，虽休勿休。然耳目股肱，寄于卿辈，既义均一体。宜协力同心，事有不安，可极言无隐。傥[①]君臣相疑，不能备尽肝膈[②]，实为国之大害也。”

注释

①傥：同“倘”。

②肝膈：这里比喻内心。

译文

贞观五年，唐太宗对侍臣们说：“治理国家和养病没有什么不同，病人感觉好的时候，格外需要精心调护，如果违反这样的准则，就会导致死亡。治理国家也是这样，天下稍微安定之时，国君尤其需要兢兢业业、谨慎小心，如果就此骄奢放纵，国家必然衰亡。如今天下安危，都取决于我，所以我一天比一天谨慎，即使有所成绩也不能自傲自夸。至于耳目手足的具体作用，就寄托于你们了，既然君臣是一个整体，就应当同心协力，发现事情有所不妥，就要尽量把意见讲出来，不要有所隐藏。倘若君臣互相猜疑，不能推心置腹、肝胆相照，那实在是国家的大害啊！”

贞观六年，太宗谓侍臣曰：“看古之帝王，有兴有衰，犹朝之有暮，皆为蔽其耳目，不知时政得失，忠正者不言，邪谄者日进，既不见过，所以至于灭亡。朕既在九重[①]，不能尽见天下事，故布之卿等，以为朕之耳目。莫以天下无事，四海安宁，便不存意。可爱非君，可畏非民。天子者，有道则人推而为主，无道则人弃而不用，诚可畏也。”魏徵对曰：“自古失国之主，皆为居安忘危，处治忘乱，所以不能长久。今陛下富有四海，内外清晏[②]，能留心治道，常临深履薄，国家历数[③]，自然灵长[④]。臣又闻古语云：‘君，舟也；人，水也。水能载舟，亦能覆舟。’陛下以为可畏，诚如圣旨。”

注释

① 九重：指九重深宫。

②清晏：清和平静。

③历数：国家的气运。

④灵长：广远长久。

译文

贞观六年，唐太宗对侍臣们说：“我看古代的帝王，有的兴起有的衰亡，就如同有早晨就必然有夜晚一样，这都是因为他们的耳目受到蒙蔽，不了解当时的政治得失，忠诚正直的人不敢直谏，邪恶谄谀的人却一天天得势，君主看不到自己的过失，国家自然会灭亡。我既然身居九重深宫，不可能看到天下所有的事情，所以委托诸位，作为我的耳目。万不可认为天下无事、四海安宁，就不放在心上。人民爱戴的是君主，君主敬畏的是百姓。作为天子，如果圣明有道，人们就拥戴他做国君；如果昏庸无道，人们就会废弃他。这的确非常可怕！”魏徵回应说：“古代以来的亡国之君，都是因为在安定的时候忘记了危亡，在治平的时候忘记了动乱，所以不能长治久安。如今陛下拥有天下，内外清平安定，能够留心治国的方略，经常保持如临深渊、如履薄冰一样的谨慎姿态，国运自然会长久。我又听古人说过：‘君主是船，百姓是水，水能承载船，也能把船掀翻。’陛下认为百姓的力量需要敬畏，确实讲得很对。”

贞观六年，太宗谓侍臣曰：“古人云：‘危而不持，颠而不扶，焉用彼相？’君臣之义，得不尽忠匡救乎？朕尝读书，见桀杀关龙逄[①]，汉诛晁错[②]，未尝不废书叹息。公等但能正词直谏，裨益政教，终不以犯颜忤旨，妄有诛责。朕比来临朝断决，亦有乖于律令者。公等以为小事，遂不执言。凡大事皆起于小事，小事不论，大事又将不可救，社稷倾危，莫不由此。隋主残暴，身死匹夫之手，率土[③]苍生，罕闻嗟痛。公等为朕思隋氏灭亡之事，朕为公等思龙逄、晁错之诛，君臣保全，岂不美哉！”

注释

①关龙逄（páng）：夏朝末年贤臣，因多次直谏，被夏桀所杀。

②晁错（前200—前154）：汉景帝时任御史大夫，因建议削弱地方诸侯权力而遭诸王强烈反对，被汉景帝处死。

③率土：境内。

译文

贞观六年，唐太宗对侍臣们说：“古人讲：‘国家在危急时不去支持，社稷倾覆时又不能去扶助，那要这样的人有何用？’从君臣大义来讲，臣下能不竭尽忠心匡正拯救吗？我看书时，读到夏桀杀死关龙逄、汉景帝诛杀晁错时，都禁不住放下书来叹息。你们只要能义正词严地直言劝谏，有益于政治教化，我绝不会以冒犯威严、违背旨意去滥用刑杀和责罚你们。我近来临朝处理政务，也有违背法令的地方。你们认为这是小事，就不直言相劝了。但凡大事都是从小事开始，小事不追究，大事就会恶化到不可收拾的地步，国家危亡，没有不是因此而起。隋炀帝残暴，死于匹夫之手，天下百姓当中，很少听到有人为他悲痛的。你们替我想想隋朝灭亡的教训，我为你们想想关龙逄、晁错被杀的教训，君臣都能相互保全，岂不是很好！"

贞观七年，太宗与秘书监[①]魏徵从容论自古理政得失，因曰："当今大乱之后，造次[②]不可致理。"徵曰："不然，凡人在危困，则忧死亡；忧死亡，则思理；思理，则易教。然则乱后易教，犹饥人易食也。"太宗曰："善人为邦百年，然后胜残去杀。大乱之后，将求致理，宁可造次而望乎？"徵曰："此据常人，不在圣哲。若圣哲施化，上下同心，人应如响，不疾而速，期月而可，信不为难，三年成功，犹谓其晚。"太宗以为然。封德彝[③]等对曰："三代以后，人渐浇讹，故秦任法律，汉杂霸道，皆欲理而不能，岂能理而不欲？若信魏徵所说，恐败乱国家。"徵曰："五帝、三王，不易人而理。行帝道则帝，行王道则王，在于当时所理，化之而已。考之载籍，可得而知。昔黄帝与蚩尤七十余战，其乱甚矣，既胜之后，便致太平。九黎[④]乱德，颛顼[⑤]征之，既克之后，不失其理。桀为乱虐，而汤[⑥]放之，在汤之代，即致太平。纣为无道，武王伐之，成王[⑦]之代，亦致太平。若言人渐浇讹，不及纯朴，至今应悉为鬼魅，宁可复得而教化耶？"德彝等无以难之，然咸以为不可。太宗每力行不倦，数年间，海内康宁，突厥破灭，因谓群臣曰："贞观初，人皆异论，云当今必不可行帝道、王道，惟

魏徵劝我。既从其言，不过数载，遂得华夏安宁，远戎宾服。突厥自古以来常为中国勍敌[⑧]，今酋长并带刀宿卫，部落皆袭衣冠。使我遂至于此，皆魏徵之力也。”顾谓徵曰：“玉虽有美质，在于石间，不值良工琢磨，与瓦砾不别。若遇良工，即为万代之宝。朕虽无美质，为公所切磋，劳公约朕以仁义，弘朕以道德，使朕功业至此，公亦足为良工尔。”

注释

①秘书监：秘书省长官，掌管国家经籍图书。

②造次：仓促。

③封德彝：名伦。唐初，官拜尚书右仆射。

④九黎：传说时代东方古族。

⑤颛顼（zhuān xū）（前2514—前2437）：五帝之一，是一位传说中的中国历史人物。

⑥汤：商汤，商朝开国之君。

⑦成王：周成王，周武王之子。

⑧勍（qíng）敌：强敌。

译文

贞观七年，唐太宗和秘书监魏徵漫谈古代以来治理国家的得失，就说：“如今大乱之后，不能急于实现大治。”魏徵说：“不是这样。大凡人在危难困苦的时候，就忧虑死亡，忧虑死亡就盼望天下太平；盼望天下太平就容易进行教化。因此大乱之后容易教化，正像饥饿的人容易进食一样。”太宗说：“贤明的人治理好国家需要百年之久，才能消灭残虐，废除杀戮。大乱之后，要想达到大治理，怎可在短期内做到呢？”魏徵说：“这是对一般人说的，并不包括圣贤。如果圣贤的人来施行教化，上下同心，人们就会像回声那样迅速响应，事情不求迅速也会很快推行下去，一年就见成效，看来并非难事，要说三年成功，还太晚了呢。”太宗认为有道理。封德彝等人对太宗说：“夏、商、周三代之后，人心日渐浮薄奸诈，所以秦朝专用法律治国，汉朝又杂用王道和霸道治国，都是想教化好百姓，但没有成功，怎么会是可以实现教化却又不去做呢？如果相信了魏徵的话，恐怕要败乱国家。”魏徵说：“五帝、三王治国并没有更换百姓就把他们教化好了，施行帝道就称其为帝，施行王道就称其为王，关键在于当时治理者如何施行了教化。查看古书上的记载就可以知道。从前黄帝与蚩尤作战七十多次，乱得很厉害，而打胜以后，就能很快实现了太平。九黎作乱，颛顼出兵征讨，平定以后，仍没有失去国家安定和治理。夏桀昏乱淫虐，商汤把他赶走，在汤统治时期就实现了太平。商纣王无道，周武王便起兵讨伐，到他儿子周成王继位时，也实现了太平。如果说百姓日渐浮薄奸诈，再也不会淳朴，那到现在都应该变得跟鬼魅一样了，还能再施行教化吗？”封德彝等人想不出什么话来辩驳，但仍认为魏徵的话行不通。太宗坚持推行教化，毫不懈怠，几年之间，天下安定，突厥被打败。因而太宗对群臣说：“贞观初年，人们颇有异议，认为当今肯定不能搞帝道、王道，只有魏徵劝我施行。我听了他的话，不过几年，就做到华夏安宁、外族臣服。突厥自古以来就是中原的强敌，如今突厥的首领成为我宫中的佩刀侍卫，部众也跟着穿戴中国衣冠。我能取得这样的成就，都是魏徵的功劳。”太宗又回头对魏徵说：“玉虽有美好的本质，但藏在石头里，没有好工匠去雕琢研磨，那就和瓦块碎石一样没有区别。如果遇上好的工匠，就可以成为流传万代的珍宝。我虽没有好的美玉般的本质供你雕琢研磨，但也多亏你用仁义来约束我，用道德来光大我，使我能成就这样的功业，你完全可以称得上是一位好工匠啊。”

贞观八年，太宗谓侍臣曰：“隋时百姓纵有财物，岂得保此？自朕有天下已来，存心抚养，无有所科差[①]，人人皆得营生，守其资财，即朕所赐。向使朕科唤不已，虽数资赏赐，亦不如不得。”魏徵对曰：“尧、舜在上，百姓亦云‘耕田而食，凿井而饮’，含哺鼓腹，而云‘帝何力’于其间矣。今陛下如此含养，百姓可谓日用而不知。”又奏称：“晋文公[②]出田，逐兽于砀[③]，入大泽，迷不知所出。其中有渔者，文公谓曰：‘我，若君也，道将安出？我且厚赐若。’渔者曰：‘臣愿有献。’文公曰：‘出泽而受之。’于是送出泽。文公曰：‘今子之所欲教寡人者，何也？愿受之。’渔者曰：‘鸿鹄[④]保河海，厌而徙之小泽，则有矰[⑤]丸之忧。鼋鼍[⑥]保深渊，厌而出之浅渚，必有钓射之忧。今君出兽砀，入至此，何行之太远也？’文公曰：‘善哉！’谓从者记渔者名。渔者曰：‘君何以名？君尊天事地，敬社稷，保四国，慈爱万民，薄赋敛，轻租税，臣亦与焉。君不尊天，不事地，不敬社稷，不固四海，外失礼于诸侯，内逆民心，一国流亡，渔者虽有厚赐，不得保也。’遂辞不受。”太宗曰：“卿言是也。”

注释

①科差：与下文“科唤”同义，指官府向平民征收财物或征发劳役。

②晋文公（前697—前628）：姬姓，名重耳。春秋时晋国国君，春秋五霸之一。

③砀（dàng）：地名。在今天河南夏邑东南。

④鸿鹄（hú）：指天鹅。

⑤矰（zēng）：箭。

⑥鼋鼍（yuán tuó）：动物名。鼋是一种鳖；鼍是扬子鳄。

译文

贞观八年，太宗对侍臣们说："隋朝的时候，老百姓即使拥有财物，但怎能保得住呢？自从我拥有天下以来，一心体恤百姓，没有什么差役杂税，每个人都能维持生计，守住自己的财产，这些都是我赐予他们的。当初要是我不停地加收各种赋税，即使多次赏赐资助他们，百姓还不如不要。"魏徵回答说："尧、舜时代，百姓也会说'我自己种田吃饭，凿井打水'，衣食无忧，'做皇帝的与我有什么的关系呢'。现在陛下如此关爱百姓，百姓可能不知道，认为这只是满足了日常所需。"魏徵又说："晋文公出去打猎，在砀山追赶野兽，进入沼泽，迷失方向后不知从哪里出来。沼泽中有一渔翁，文公对他说：'我是你的国君，这路该从哪里出去？如果你告诉我，我会重重地赏赐你。'打渔的人说：'我正有意见向您呈献。'文公说：'走出这个沼泽再听你说吧。'于是渔翁将晋文公送出沼泽。文公说：'现在你想对我有何指教？'渔翁回答：'鸿鹄本来就生活于大河海洋之上，如果厌烦了迁徙到小河之中，就会受到猎人弓箭的袭击危险。龟鳖原本生活在深水中，如果厌烦了跑到浅水滩中，必然会受到打渔人钓杀的危险。现在你在砀山打猎，以至于误入沼泽，为什么要走这么远呢？'文公说：'你说的太好了！'于是命令随行随从记下渔翁的姓名。渔翁说：'国君何必记下我的名字呢？只要国君尊奉天地，敬重社稷，保卫边疆，爱护百姓，减徭役，轻赋税，我也就获益了。国君要是不尊敬天地，不重视社稷，不巩固边防，外不结交诸侯，内又丧失民心，一旦国破家亡，我这个打渔人，即使拥有你丰厚的赏赐，也不能保全啊。'于是渔翁坚决推辞，不接受文公的赏赐。"太宗说："你说的很对。"

贞观九年，太宗谓侍臣曰："往昔初平京师，宫中美女珍

玩无院不满。炀帝意犹不足，征求无已，兼东西征讨，穷兵黩武[1]，百姓不堪，遂致亡灭。此皆朕所目见，故夙夜孜孜，惟欲清净，使天下无事。遂得徭役不兴，年谷丰稔[2]，百姓安乐。夫治国犹如栽树，本根不摇，则枝叶茂荣。君能清净，百姓何得不安乐乎？"

注释

①黩武：滥用武力。

②丰稔（rěn）：指庄稼成熟。

译文

贞观九年，唐太宗对侍臣们说："当年隋朝刚刚平定京城，宫中的美女、奇珍玩物，没有一个宫院不是满满的。可隋炀帝仍不满足，横征暴敛搜求不止，加上东征西讨，穷兵黩武，弄得百姓无法忍受，于是导致隋朝灭亡。这些我都亲眼所见。因此我每天从早到晚辛勤努力、毫无厌倦，只求清净无为，使天下不生事端，从而实现徭役停息，五谷丰收，百姓安居乐业。治国好比种树，只要树根不动摇，枝叶就能繁茂。君主如果能保持清净无为，百姓怎会不安居乐业呢？"

贞观十六年，太宗谓侍臣曰："或君乱于上，臣治于下；或臣乱于下，君治于上。二者苟逢，何者为甚？"特进魏徵对曰："君心治，则照见下非。诛一劝百，谁敢不畏威尽力？若昏暴于上，忠谏不从，虽百里奚[1]、伍子胥[2]之在虞、吴，不救其祸，败亡亦继。"太宗曰："必如此，齐文宣[3]昏暴，杨遵彦[4]以正道扶之得治，何也？"徵曰："遵彦弥缝暴主，救理苍生，才得免乱，亦甚危苦。与人主严明，臣下畏法，直言正谏，皆见信用，不可同年而语也。"

注释

①百里奚：字井伯，春秋时人，虞国大夫。

②伍子胥（？—前484）：名员，字子胥，春秋时吴国大夫。

③齐文宣（529—559）：北齐文宣帝，姓高，名洋。

④杨遵彦：名愔，北齐名臣。

译文

贞观十六年，太宗问侍臣："有时君主在上面昏乱，而臣子在下面治理国家；有时君主在上面治理，而臣子却在下面作乱，如果碰到这两种情况，哪一种危害更大呢？"特进魏徵回答说："君主有心治理，就能明察臣下是非得失。杀一儆百，谁敢不畏惧君主的权威而尽心效力呢？如果君主在上昏庸，不听劝谏，即使有虞国的百里奚和吴国的伍子胥那样的忠臣，也无法挽救祸患，国家败亡随之而来。"太宗说："如果必定这样，那么北齐的文宣帝昏庸残暴，大臣杨遵彦却能用正确的方法辅佐他治理好国家，这是为什么呢？"魏徵说："杨遵彦弥补暴君的过失，挽救天下百姓，才使国家免于祸乱，但也过得十分困苦。这和君主严明、臣下畏惧法律、正确的劝谏都被采纳的情况是不能相提并论的。"

贞观十九年，太宗谓侍臣曰："朕观古来帝王，骄矜而取败者，不可胜数。不能远述古昔，至如晋武平吴、隋文伐陈已后，心逾骄奢，自矜诸己，臣下不复敢言，政道因兹弛紊。朕自平定突厥、破高丽已后，兼并铁勒[①]，席卷沙漠以为州县，夷狄远服，声教益广。朕恐怀骄矜，恒自抑折，日旰[②]而食，坐以待晨。每思臣下有谠言[③]直谏，可以施于政教者，当拭目以师友待之。如此，庶几于时康道泰尔。"

注释

①铁勒：古代北方民族名，匈奴后裔。

②旰（gàn）：晚。

③谠（dǎng）言：直言。

译文

贞观十九年，太宗对身边侍臣说："我看自古以来的帝王，由于骄傲自大而自取灭亡的，真是多得数不清。且不说年代久远的，就像晋武帝灭掉吴国、隋文帝征服陈国之后，内心骄横奢侈，自认为很了得，所以臣下再不敢劝谏，国政因此松弛混乱。我自从平定突厥、打败高丽之后，又兼并铁勒，把沙漠边疆地区置于我们州县的管辖之下，可以说是外族臣服，声威和教化更加宏远。但我唯恐因此而骄傲自满，常常警戒自己，要勤于朝政，哪怕很晚才吃饭，一直工作到天明。每想起有臣下能大胆直谏，并可以实施于国家政治教化，我都会把他们当做良师益友来看待。如果能做到这样，那么国泰民安的日子就指日可待了。"

太宗自即位之始，霜旱为灾，米谷踊贵，突厥侵扰，州县骚然。帝志在忧人，锐精为政，崇尚节俭，大布恩德。是时，自京师及河东、河南、陇右，饥馑尤甚，一匹绢才得一斗米。百姓虽东西逐食，未尝嗟怨，莫不自安。至贞观三年，关中[①]丰熟，咸自归乡，竟无一人逃散。其得人心如此。加以从谏如流，雅好儒术，孜孜求士，务在择官，改革旧弊，兴复制度，每因一事，触类为善。初，息隐、海陵[②]之党，同谋害太宗者数百千人，事宁，复引居左右近侍，心术豁然，不有疑阻。时论以为能断决大事，得帝王之体。深恶官吏贪浊，有枉法受财者，必无赦免。在京流外有犯赃者，皆遣执奏，随其所犯，置以重法。由是官吏多自清谨。制驭王公、妃主之家，大姓豪猾之伍，皆畏威屏迹，无敢侵欺细人[③]。商旅野次，无复盗贼，囹圄[④]常空，马牛布野，外户不闭。又频致丰稔，米斗三四钱，行旅自京师至于岭表，自山东至于沧海，皆不赍[⑤]粮，取给于路。入山东村落，行客经过者，必厚加供待，或发时有赠遗。此皆古昔未有也。

注释

①关中：古人一般把函谷关以西地区，即今天的陕西地区称为关中。因为它西有大散关，东有函谷关，北有崤关，南有武关，故称关中。

②息隐、海陵：玄武门之变后，唐太宗封李建成为息王，谥曰隐；封李元吉为海陵王。

③细人：指平民。

④囹圄（líng yǔ）：牢狱。

⑤赍（jī）：携带。

译文

太宗刚即位的时候，国家接连发生旱灾、霜灾，粮食价格很高，再加上突厥的侵扰，许多州县不得安宁。太宗心忧百姓，精心治国理政，提倡节俭，广布恩德。当时，从京城到河东、河南、陇右一带地区，饥荒特别严重，甚至到了要一匹绢才能换一斗米的境地。百姓虽然四处寻讨食物，但无人唉声叹气，心生埋怨，而且都能安分守己。到了贞观三年，关中一带大丰收，百姓都回到了各自的家乡，竟然没有一个人逃散。太宗皇帝就是这样如此获得人心。加上太宗善于听取意见，喜好儒家之说，孜孜不倦地寻求人才，选拔任用有贤能的官吏，改革旧弊端，建立新制度，每遇到一件事就能善于总结经验，触类旁通。当初，太宗的兄弟加害于他，一同参与的人达到一千多。事情平息之后，太宗仍把他们当做近臣来任用，心胸豁达，不存戒心。当时大家称赞太宗能正确决断国家大事，有帝王的气度。太宗痛恨官吏腐败，凡是贪赃枉法的人，绝不可能赦免。在京城以外犯法贪赃的官员，太宗都会派遣专人调查上奏，根据他所犯的罪行进行严厉惩处。因此，官员大多清正廉洁，谨慎行事。太宗还对皇亲国戚、世家大族进行严格约束，使他们慑于皇帝的威严，不让欺凌百姓的事发生。商人旅客露宿野外，也不会碰上盗贼，国家的牢房常常空荡，牛马随意放养，百姓夜不闭户。又加上年年丰收，一斗米才卖三四文钱，外出无论是从京城到岭南岭西，还是从山东到沧海，都用不着准备粮食，在路途中就可随时获取。进入山东附近的村落，凡是行人经过这里，都会受到丰盛的款待，甚至离开时还有礼物相送，这些事情都是从来没有过的。

卷二

任贤第三

导读

“任贤”一词固然是“任人唯贤”的意思，但是《贞观政要》“任贤篇”所阐述的内容远远超出于此。“贞观盛世”局面的出现，当然是在圣主明君式的人物——唐太宗的统治下予以实现的，但是还应该看到，管理和运转如此庞大的封建帝国，绝非是一人之力，一人之能、一人之德所能做到的。站在唐太宗李世民背后的，实际上还有一大批这个国家的精英分子。正是由于他们的聪明才智、忠心辅佐和不懈努力，才成就了李世民千古流芳的帝王之名，造就了大唐久负盛名的贞观之治。如此多的贤才良将能够齐聚唐太宗麾下，各尽所用，各施所能，反映了唐太宗所一再强调的“为政之要，惟在得人”，“致安之本，惟在得人”的思想主张。《任贤》一篇，就分别介绍了唐太宗所用的八位贤人：房玄龄、杜如晦、王珪、李靖、虞世南、李勣、马周。他们不一定是众多贤臣中的佼佼者，但一定是唐太宗选贤任能中的典型代表者。作者通过对这八位贤能的启用和任用过程的叙述，着重展现唐太宗重贤、识贤，懂贤、爱贤，用贤、惜贤的人才思想，力图表达任用贤才需要慧眼识人的敏锐洞察力，需要敢于用人的胆识和魄力，需要容纳和接受人才的非凡气度和胸怀。在作者看来，选贤、任贤是君王成就帝业的必备才能，但要在最大程度上发挥贤臣的辅助作用，则需要明主和贤臣之间相互促动、相濡以

沫。唯有如此，才能达到任贤的最高境界，即使明主更明，贤臣更贤，如鱼得水，君臣共治。

房玄龄，齐州临淄人也。初仕隋，为隰城[①]尉。坐事[②]除名，徙上郡。太宗徇[③]地渭北，玄龄杖策谒于军门。太宗一见，便如旧识，署渭北道行军记室参军。玄龄既遇知己，遂罄竭心力。是时，贼寇每平，众人竞求金宝，玄龄独先收人物，致之幕府，及有谋臣猛将，与之潜相申结，各致死力。累授秦王府记室，兼陕东道大行台考功郎中。玄龄在秦府十余年，恒典管记。隐太子、巢刺王以玄龄及杜如晦为太宗所亲礼，甚恶之，谮[④]之高祖，由是与如晦并遭驱斥。及隐太子将有变也，太宗召玄龄、如晦，令衣道士服，潜引入阁谋议。及事平，太宗入春宫[⑤]，擢拜太子左庶子。贞观元年，迁中书令。三年，拜尚书左仆射，监修国史，封梁国公，实封一千三百户。既总任百司，虔恭夙夜，尽心竭节，不欲一物失所。闻人有善，若己有之。明达吏事，饰以文学，审定法令，意在宽平。不以求备取人，不以己长格物，随能收叙，无隔疏贱。论者称为良相焉。十三年，加太子少师。玄龄自以一居端揆[⑥]十有五年，频抗表辞位，优诏不许。十六年，进拜司空，仍总朝政，依旧监修国史。玄龄复以年老请致仕[⑦]，太宗遣使谓曰："国家久相任使，一朝忽无良相，如失两手。公若筋力不衰，无烦此让。自知衰谢，当更奏闻。"玄龄遂止。太宗又尝追思王业之艰难，佐命之匡弼，乃作《威凤赋》以自喻，因赐玄龄，其见称类如此。

注释

①隰（xí）城：地名，今山西汾阳西。

②坐事：触犯律令。

③徇：攻占。

④谮（zèn）：说别人坏话。

⑤春宫：太子居住的宫室。

⑥端揆（kuí）：指宰相。

⑦仕：辞官回家。

译文

房玄龄，齐州临淄人。最初在隋朝为官，任隰城县尉。后因犯事而被革职，流放到上郡。唐太宗攻占渭北时，房玄龄拄杖到军门拜见。太宗与他一见如故，任命他为渭北道行军记室参军。房玄龄获知遇之恩，决心竭力为太宗效命。当时，每次平定贼寇后，众人都竞相搜集财宝，只有房玄龄首先收拢人才，纳入自己幕府之中。如遇谋臣或猛将，他就会暗中与他们结交，相约遇事都要尽死力完成。之后他多次被提升，任秦王府记室，兼任陕东道大行台考功郎中。房玄龄在秦王府任职十几年，都担任记室一职。当时，隐太子李建成和巢剌王李元吉因房玄龄和杜如晦深得李世民的重用，十分嫉恨，就在唐高祖面前恶语中伤。因此，房玄龄和杜如晦一同遭到驱逐和排斥。后来，李建成快要发动叛乱的时候，李世民秘密召见房玄龄和杜如晦，让他们穿上道士的衣服，偷偷进入秦王府的密阁，共商对策。玄武门之变后，李世民入住春宫，成为太子，就请房玄龄担任太子左庶子。贞观元年，升任中书令一职。贞观三年，升任尚书左仆射，并监修国史，封为梁国公，实际封地有一千三百户。房玄龄出任管理百官的宰相后，愈加谦虚谨慎，日夜操劳，尽心竭力，力求不在政务上出现

半点闪失。他待人宽厚，听说别人有长处，就如同自己也有一样，从不嫉妒。他熟知政务，表达妥当，审定法令，总以宽大平和为目的。对待他人从不求全责备，不以自己的长处苛求别人。他还根据才能来任用人才，不分亲疏贵贱。所以，众人提及房玄龄的时候，都称他为良相。贞观十三年，他又被加封太子少师。房玄龄自认为担任宰相之职已有十五年了，所以他多次上书辞官，但太宗总是褒美嘉奖却未准许。贞观十六年，他又被封为司空，仍然总管朝政，监修国史。此后，房玄龄又以年老为由，提出辞官，唐太宗派人对他说："国家任命你担任宰相多年，你一旦辞官，就像人失去了双臂一样无力。如果你的精力允许，就不要辞让。如果哪天你真感到力不从心了，再上奏不迟。"于是，房玄龄不再要求辞职。后来，唐太宗回顾创业的艰难岁月，想到良臣的辅佐和匡救，就写下一首《威凤赋》以自喻，赐给房玄龄，由此可见太宗和房玄龄之间的深厚君臣情谊。

杜如晦[①]，京兆万年[②]人也。武德初，为秦王府兵曹参军，俄迁陕州总管府长史。时府中多英俊，被外迁者众，太宗患之。记室房玄龄曰："府僚去者虽多，盖不足惜。杜如晦聪明识达，王佐才也。若大王守藩端拱，无所用之；必欲经营四方，非此人莫可。"太宗自此弥加礼重，寄以心腹，遂奏为府属，常参谋帷幄。时军国多事，剖断如流，深为时辈所服。累除天策府从事中郎，兼文学馆学士。隐太子之败，如晦与玄龄功第一，迁拜太子右庶子。俄迁兵部尚书[③]，进封蔡国公，实封一千三百户。贞观二年，以本官检校侍中。三年，拜尚书右仆射，兼知[④]吏部选事。仍与房玄龄共掌朝政。至于台阁规模，典章文物，皆二人所定，甚获当时之誉，时称房、杜焉。

注释

①杜如晦（585—630）：字克明，唐初名相。

②京兆万年：地名，今属陕西西安。

③兵部尚书：官名，统管全国军事的行政长官。

④知：主管。

译文

杜如晦，京兆万年人。武德初年，任秦王府兵曹参军，不久就被提升为陕州总管长史。当时秦王府中人才济济，但被外调的人也非常多，李世民对此非常忧虑。记室房玄龄说："府中幕僚离开虽多，但并不都值得惋惜。可是杜如晦聪慧通达，是辅佐帝王的良才。如果您只愿做一个守住领地的藩王，不想有所作为，那么用不着他，可是如果您要统领四海，那么非用此人不可。"太宗从此对杜如晦更加以礼相待，视为心腹，并奏请调他回来做秦王府的属官，经常让他参与重大事件的谋划。当时军国大事很多，杜如晦都能迅速而妥当地进行分析决断，令众人十分佩服。之后他连任天策府从事中郎，兼任文学馆学士。在平定太子李建成的叛乱中，杜如晦和房玄龄功劳最大，杜如晦被提升为太子右庶子。不久又迁任兵部尚书，封为蔡国公，食邑一千三百户。贞观二年，他任检校侍中。贞观三年，他被拜为尚书右仆射，兼任吏部选事，仍与房玄龄共掌朝政。有关朝中机构设置、典章制度等事情，都由二人商议决定，他们深得人们赞许，被誉为是"房谋杜断"。

魏徵，巨鹿[①]人也。近徙家相州之内黄[②]。武德末，为太子洗马[③]。见太宗与隐太子阴相倾夺，每劝建成早为之谋。太宗既诛隐太子，召徵责之曰："汝离间我兄弟，何也？"众皆

为之危惧。徵慷慨自若，从容对曰："皇太子若从臣言，必无今日之祸。"太宗为之敛容，厚加礼异，擢拜谏议大夫。数引之卧内，访以政术。徵雅有经国之才，性又抗直，无所屈挠。太宗每与之言，未尝不悦。徵亦喜逢知己之主，竭其力用。又劳之曰："卿所谏前后二百余事，皆称朕意。非卿忠诚奉国，何能若是！"三年，累迁秘书监，参预朝政，深谋远算，多所弘益。太宗尝谓曰："卿罪重于中钩[④]，我任卿逾于管仲[⑤]，近代君臣相得，宁有似我于卿者乎？"六年，太宗幸九成宫，宴近臣，长孙无忌[⑥]曰："王珪、魏徵，往事息隐，臣见之若仇，不谓今者又同此宴。"太宗曰："魏徵往者实我所仇，但其尽心所事，有足嘉者。朕能擢而用之，何惭古烈？徵每犯颜切谏，不许我为非，我所以重之也。"徵再拜曰："陛下导臣使言，臣所以敢言。若陛下不受臣言，臣亦何敢犯龙鳞，触忌讳也！"太宗大悦，各赐钱十五万。七年，代王珪为侍中，累封郑国公。寻以疾乞辞所职，请为散官。太宗曰："朕拔卿于仇虏之中，任卿以枢要之职，见朕之非，未尝不谏。公独不见金之在矿，何足贵哉？良冶锻而为器，便为人所宝。朕方自比于金，以卿为良工。虽有疾，未为衰老，岂得便尔耶？"徵乃止。后复固辞，听解侍中，授以特进，仍知门下省事。十二年，太宗以诞皇孙，诏宴公卿。帝极欢，谓侍臣曰："贞观以前，从我平定天下，周旋艰险，玄龄之功无所与让。贞观之后，尽心于我，献纳忠谠，安国利人，成我今日功业，为天下所称者，惟魏徵而已。古之名臣，何以加也。"于是亲解佩刀以赐二人。庶人承乾在春宫，不修德业；魏王泰宠爱日隆，内外庶僚咸有疑议。太宗闻而恶之，谓侍臣曰："当今朝臣，忠謇[⑦]无如魏徵，我遣傅[⑧]皇太子，用绝天下之望。"十七年，遂授太子太师，知门下事如故。徵自陈有疾，太宗谓曰："太子宗社之本，须有师傅，故选中正，以为辅弼。知公疹病，可卧护之。"徵乃就职。寻遇疾。徵宅内先无正堂，太宗时欲营小殿，乃辍其材为造，五日而就。遣中使赐以布被素褥，遂其所尚。后数日，薨⑨。太宗亲临恸哭，赠司空，谥曰文贞。太宗亲为制碑文，复自书于石。特赐其家食实封九百户。太宗后尝谓侍臣曰："夫以铜为镜，可以正衣冠；以古为镜，可以知兴替；以人为镜，可以明得失。朕常保此三镜，以防己过。今魏徵殂逝⑩，遂亡一镜矣！"因泣下久之。乃诏曰："昔惟魏徵，每显予过。自其逝也，虽过莫彰。朕岂独有非于往时，而皆是于兹日？故亦庶僚苟顺，难触龙鳞者欤！所以虚己外求，披迷内省。言而不用，朕所甘心；用而不言，谁之责也？自斯已后，各悉乃诚。若有是非，直言无隐。"

注释

①巨鹿：地名，今河北平乡。

②相州：地名，今属河北临漳西南。内黄：地名，隶属今河北安阳市。

③太子洗马：官名，负责掌管书籍。

④中钩：射中衣带挂钩。

⑤管仲：（？—前645）名夷吾，颍上（今属安徽）人，史称管子。春秋时期齐国名相。齐襄公被杀之后，公子小白和公子纠争夺王位，管仲曾带兵阻止公子小白，并射中小白的带钩。后小白立国，是为齐桓公。鲍叔牙举荐管仲，齐桓公不计前嫌任命他为卿，尊为"仲父"。后来管仲助齐桓公成为春秋霸主。

⑥长孙无忌（？—659）：字辅机，河南洛阳人，唐朝的开国功臣，曾参与玄武门之变，助李世民夺得王位。

⑦謇（jiǎn）：正直。

⑧傅：教导。

⑨薨（hōng）：唐代二品以上官员之死称为薨。

⑩殂（cú）逝：死亡。

译文

魏徵，巨鹿人，前不久迁居到相州林黄。武德末年，任太子洗马。当他看到太宗同隐太子李建成在暗中相互夺权，常劝建成早做打算。太宗杀了隐太子后，把魏徵叫来责问："你为什么要离间我们兄弟？"大家当时都替他担惊受怕，而魏徵慷慨自若，从容地回答说："皇太子如果听了我的话，肯定不会有今天的杀身之祸。"太宗听了这话肃然起敬，对他格外敬重，提升他为谏议大夫，还多次把他请入卧室，向他请教治理国家的办法。魏徵很有治国的才能，性情刚直不阿，不屈不挠。太宗每次和他交谈，都很高兴。魏徵也很高兴遇到了赏识自己的明主，竭力为其效劳。太宗曾抚慰他说："你前后劝谏的二百多件事，都称我的心意，不是你忠心为国，怎能如此？"贞观三年，魏徵经多次升迁至秘书监，参预朝政，深谋远虑，对国家发展有很大贡献。太宗曾对他说："论你的罪过，比当年管仲射中齐桓公的带钩还要严重，而我对你的信任却超过了齐桓公对管仲的信任，近代君臣之间良好相处，难道还有像我和你这样的吗？"贞观六年，唐太宗驾临九成宫，设宴招待身边重臣，长孙无忌说："王珪、魏徵，过去侍奉隐太子，我看到他们就像看到仇敌一样，想不到今天能在一起参加宴会。"太宗说："魏徵过去确实是我的仇敌，但他能尽心尽力做他份内的事，这是很值得称道的。我能够提拔重用他，与古人圣贤相比，我也是毫无愧色！魏徵常不顾情面恳切劝谏，不许我做错事，所以我器重他。"魏徵拜了两拜，说："陛下开导我进行劝谏，我才敢提出意见。如果陛下不接受我的意见，我又怎敢去惹怒龙颜，触犯忌讳呢。”太宗听了很高兴，赏赐每人十五万钱。贞观七年，魏徵替代王珪任侍中，加封郑国公。不久因病请求辞去所任官职，只做个闲职散官。太宗说：“我把你从仇敌中选拔出来，委任你中枢机要的职务，每看到我有不对的地方，都要劝谏。你难道没看到埋在矿里的黄金？那有什么可贵的呢？若遇上高明的冶金工匠把它锻造成器物，就会被人们当做宝贝。因此我把自己比作黄金，把你看做是高明的冶炼工匠。你虽然有病，但还不算衰老，怎能想就此辞职呢？”魏徵听后只好作罢。后来他又坚决要辞职，太宗同意解除他侍中的职务，任为特进，仍主管门下省政务。贞观十二年，太宗因为皇孙诞生，下诏宴请公卿大臣，当时太宗极其高兴，对大臣们说：“贞观以前，跟随我平定天下，转战于艰险危难之中的人，房玄龄功劳最大，无人能比。自贞观以来，对我尽心竭力，进献忠言，安定国家，造福百姓，成就我今天的功业并被天下人所称道的人，就只有魏徵了。即使古代的名臣，也不过如此罢了。”于是亲自解下佩刀赐给他们二人。后来被废为庶人的皇太子李承乾在东宫时，不修品德，而魏王李泰越来越得到太宗宠爱，内外百官对此议论纷纷。太宗听到后非常厌恶，对身边大臣们说：“当今朝臣之中，没有比魏徵忠诚正直的了，我派他做皇太子的师傅，用来断绝天下人的想法。”贞观十七年，任命魏徵为太子太师，仍兼管门下省政事。魏徵讲自己有病，恐难胜任，太宗对他说：“太子是宗庙社稷的根本，一定要有好的老师，所以才挑选你这样忠直的人，来辅佐太子。我知道你有病，不妨卧床来教导太子。”魏徵不得已上任，但不久就患了重病，他家里原先没有正堂，太宗当时本想给自己建造一座小殿，就停下工来把材料给魏徵造正堂，五天就完工了。又派宫中的使者赐给他布被和素色的垫褥，用来顺从他的喜好。几天后，魏徵去世，太宗亲自到他的灵柩前痛

哭，追任他为司空，赐谥号文贞。太宗还亲自给他撰写碑文，并亲笔写在石碑上。又特别赏赐给他家食邑九百户。太宗后来常对身边的大臣们说："用铜作镜子，可以端正衣冠；用历史作镜子，可以知道历代的兴衰更替；用人作镜子，可以明白自己的得失。我常常保有这三面镜子，用来避免自己犯错。如今魏徵去世，我失去了一面镜子啊！"因而哭了很久。于是下诏说："过去只有魏徵，经常指责我的过错。自从他去世后，我虽有过错也没有人敢公开指出。难道我只在过去有错误，而今天全是正确的吗？恐怕还是百官苟且顺从，不敢来犯颜进谏吧！因此我再次虚心征求意见，以求保持清醒反省自身，如果你们直言劝谏而我不采用，我愿承担责任。如果我愿采纳忠言而大家又不进谏，这个责任谁来承担？从今以后，大家都要竭尽忠诚，如果我有对或不对的言行，你们要直言劝谏不要保留隐瞒。"

王珪[①]，太原祁县人也。武德中，为隐太子中允[②]，甚为建成所礼。后以连其阴谋事，流于嶲州。建成诛后，太宗即位，召拜谏议大夫。每推诚尽节，多所献纳。珪尝上封事[③]切谏，太宗谓曰："卿所论皆中朕之失，自古人君莫不欲社稷永安，然而不得者，只为不闻己过，或闻而不能改故也。今朕有所失，卿能直言，朕复闻过能改，何虑社稷之不安乎？"太宗又尝谓珪曰："卿若常居谏官，朕必永无过失。"顾待益厚。贞观元年，迁黄门侍郎，参预政事，兼太子右庶子。二年，进拜侍中。时房玄龄、魏徵、李靖、温彦博[④]、戴胄[⑤]与珪同知国政，尝因侍宴，太宗谓珪曰："卿识鉴精通，尤善谈论，自玄龄等，咸宜品藻[⑥]。又可自量孰与诸子贤。"对曰："孜孜奉国，知无不为，臣不如玄龄。每以谏诤为心，耻君不及尧、舜，臣不如魏徵。才兼文武，出将入相，臣不如李靖。敷奏详明，出纳惟允，臣不如温彦博。处繁理剧，众务必举，臣不如戴胄。至于激浊扬清，嫉恶好善，臣于数子，亦有一日之长。”太宗深然其言，群公亦各以为尽己所怀，谓之确论。

注释

①王珪（571—639）：字叔玠，唐朝四大名相之一。

②中允：官名。掌侍从、礼仪等事。

③封事：古时臣下上书奏事，防有泄露，用袋封缄，称为封事。

④温彦博（575—637）：字大临，唐朝太原祁县人，唐初名相。

⑤戴胄（？—633）：字玄胤，相州安阳（今属河南）人。唐初大臣，历迁尚书左丞、民部尚书。

⑥品藻：品评优缺点。

译文

王珪，太原祁县人。武德年间，任太子中允，太子李建成对他十分礼遇。后来被李建成阴谋作乱之事所牵连，流放到四川嶲州。李建成被杀后，太宗即位，王珪被太宗召回，官拜谏议大夫。作为臣子，王珪总是尽心竭力，所进献的许多建议都被采纳。王珪曾经秘密上书，直言劝谏，太宗就说：“你所谈论的，都能点中我的过失。自古以来，没有哪一个国君不想使自己的国家长治久安的。然而，他们都做不到，是因为他们听不到别人批评自己的过失，或是听到了也不能改正的缘故。现在我有过错，你能直言不讳，加上我能知错就改，何必担心国家不能长治久安呢？”太宗还曾经对王珪说：“你如果一直担任谏官，我必定永远没有过错。”因而更加器重厚待王珪。贞观元年，王珪官至黄门侍郎，参与国家政务，并兼任太子右庶子。贞观二年，王珪又升任侍中，与房玄龄、魏徵、李靖、温彦博、戴胄一起处理国家政务。一次，他们六人与太宗一起进宴，太宗对王珪说："你善于认识和鉴别，尤其擅长谈论和评价别人。从玄龄等人开始，你都给我评价一下，并且比照自己，看谁更加贤达。"王珪回答说："在为国兢兢业业，凡是知道的就尽力去做的方面，我比不上玄龄。总以劝谏为己任，并因陛下无法赶上尧舜而感到羞耻的方面，我比不上魏徵。文武全才，出能带兵打仗，入能胜任宰相，在这方面我不如李靖。陈述奏章能详细清楚，出入平正公允，我比不上温彦博。在处理纷繁复杂事务，做事有条有理方面，我比不上戴胄。可是在弘扬正气，惩恶扬善方面，我比起各位，也算有自己的独到之处！"太宗认为他说得很对，在座的诸位大臣也认为王珪说出了真实情况，认为他评价得恰如其分。

李靖[①]，京兆三原人也。大业末，为马邑郡丞。会高祖为太原留守，靖观察高祖，知有四方之志，因自锁上变，诣江都。至长安，道塞不通而止。高祖克京城，执靖，将斩之，靖大呼曰："公起义兵除暴乱，不欲就大事，而以私怨斩壮士乎？"太宗亦加救靖，高祖遂舍之。武德中，以平萧铣、辅公祏[②]功，历迁扬州大都督府长史[③]。太宗嗣位，召拜刑部尚书[④]。贞观二年，以本官检校[⑤]中书令[⑥]。三年，转兵部尚书，为代州行军总管，进击突厥定襄城，破之。突厥诸部落俱走碛北[⑦]，北擒隋齐王暕之子杨道政，及炀帝萧后，送于长安。突利可汗[⑧]来降，颉利可汗[⑨]仅以身遁。太宗谓曰："昔李陵[⑩]提步卒五千，不免身降匈奴，尚得名书竹帛。卿以三千轻骑，深入虏庭，克复定襄，威振北狄，实古今未有，足报往年渭水之役矣。”以功进封代国公。此后，颉利可汗大惧，四年，退保铁山[11]，遣使入朝谢罪，请举国内附。又以靖为定襄道行军总管，往迎颉利。颉利虽外请降，而心怀疑贰。诏遣鸿胪卿唐俭、摄户部尚书将军安修仁慰谕之，靖谓副将张公谨曰：“诏使到彼，虏必自宽，乃选精骑赍二十日粮，引兵自白道袭之。”公谨曰：“既许其降，诏使在彼，未宜讨击。”靖曰：“此兵机也，时不可失。”遂督军疾进。行至阴山，遇其斥候千余帐，皆俘以随军。颉利见使者甚悦，不虞官兵至也。靖前锋乘雾而行，去其牙帐七里，颉利始觉，列兵未及成阵，单马轻走，虏众因而溃散。斩万余级，杀其妻隋义成公主，俘男女十余万，斥土界自阴山至于大漠，遂灭其国。寻获颉利可汗于别部落，余众悉降。太宗大悦，顾谓侍臣曰：“朕闻主忧臣辱，主辱臣死。往者国家草创，突厥强梁，太上皇以百姓之故，称臣于颉利，朕未尝不痛心疾首，志灭匈奴，坐不安席，食不甘味。今者暂动偏师，无往不捷，单于稽颡[12]，耻其雪乎！”群臣皆称万岁。寻拜靖光禄大夫、尚书右仆射，赐实封五百户。又为西海道行军大总管，征吐谷浑[13]，大破其国。改封卫国公。及靖身亡，有诏许坟茔制度依汉卫、霍故事[14]，筑阙象突厥内燕然山、吐谷浑内碛石二山，以旌殊绩。

注释

①李靖（571—649）：字药师。隋末唐初将领，是唐朝文武兼备的著名军事家。

②萧铣（xiǎn）、辅公祏（shí）：均为隋末唐初地方割据势力首领。

③大都督府长史：唐制，总十州者为大都督。长史是大都督的首要属官。

④刑部尚书：唐制，刑部掌律令、刑法等，刑部尚书即该部长官。

⑤检校：代理。

⑥中书令：中书省长官。唐初，皇帝之下设三省，中书省掌管军国政令。

⑦碛（qì）北：古称蒙古高原大漠以北地区。

⑧突利可汗（603—631）：名阿史那什钵苾，是始毕可汗之子，东突厥小可汗。629年，其并与颉利可汗决裂，率部归唐。

⑨颉利可汗（579—634）：名咄苾，东突厥最后一任可汗。

⑩李陵：字少卿，西汉名将。

⑪铁山：今内蒙古自治区阴山北。

⑫稽颡（sǎng）：古时的一种跪拜礼。

⑬吐谷浑：我国古代西北民族之一。

⑭故事：先例，旧制。

译文

李靖，陕西三原人。隋炀帝末年，任马邑郡丞。正值高祖李渊任太原留守。李靖观察高祖，知道他有夺取天下的志向，因此就封锁守地，向朝廷上报，并准备亲赴江都向隋炀帝告发李渊。走到长安，因为道路阻塞而滞留。高祖攻克长安后，抓住了李靖，将要杀掉他的时候，李靖大声喊道："李公起义扫除暴乱，不就是想成就统一大业吗，为何现在却以个人恩怨斩杀有识之士？"太宗也极力请求，加以营救，于是高祖才赦免了他。武德年间，因平定萧铣、辅公祏的功劳，李靖升任扬州大都督府长史。太宗继位后，他被召回京城，任刑部尚书。贞观二年，以刑部尚书代理中书令。贞观三年，转任兵部尚书，兼任代州行军总管，率领军队进攻突厥，平定襄城，大破突厥，使突厥各部落逃往碛北。在这次战争中，李靖擒获了隋朝齐王杨暕的儿子杨道政以及隋炀帝的皇后萧氏，并将他们押送到长安。之后，突厥的突利可汗前来投降，而颉利可汗独自逃走。太宗说："汉代李陵率领五千步兵作战，还免不了投降匈奴，即使这样，还可名垂史册。你能仅凭三千骑兵，深入敌人腹地并平定襄城，威震北方夷狄，这样的事的确亘古未有，这样的功劳足可以弥补过去渭水之战的过失了。"由于李靖功勋显赫，唐太宗加封他为代国公。此后，颉利可汗对唐军十分恐慌，贞观四年，退到铁山一带，并派遣使者入朝谢罪，请求全国归降。太宗又任命李靖为行军总管，前往迎接颉利可汗。颉利可汗虽然表面称降，但仍怀异心。太宗派遣鸿胪卿唐俭、摄户部尚书将军安修仁奉命安抚慰问。李靖对副将张公谨说："使臣到达突厥之后，敌人必然放松警惕，你挑选精锐骑兵并带二十天的粮草，领兵从白道偷袭他们。"张公谨说："既然我们已答应受降，而且使者又在他们那里，征讨恐怕不合适吧。"李靖说道："这是用兵的大好机会，时机不容错过。"于是他率领军队迅速前进，行到阴山的时候，遇到突厥的侦查部队千余营帐，将他们俘虏后一起随军前行。颉利可汗看到唐朝使者，十分高兴，没有料到唐朝的军队也到了。李靖先头部队凭借大雾前进，距离颉利可汗的军帐七里左右才被发觉。因此突厥军队已经来不及摆好阵势了，颉利可汗只能一人骑马逃走，敌兵也因此乱作一团，四处溃逃。这一战，共斩杀敌人万余人，杀死颉利可汗的夫人隋朝义成公主，俘虏男女十多万人，疆土从阴山扩展到大漠以北，灭掉了突厥国。不久，在其他部落中擒获颉利可汗，其余部全部投降。战后，太宗十分高兴，对大臣们说："我听说国君忧虑，大臣们就会感到屈辱；国君受到屈辱，臣子就会以死雪耻。过去，国家刚刚建立的时候，突厥国势强大，太上皇因爱护百姓的原因，向颉利可汗称臣。我当时十分痛心疾首，立志要消灭匈奴，因此坐不安稳，食之无味。今天，只动用了非主

力部队，就攻无不克，使匈奴单于俯首称臣，真是雪了前耻啊！”殿上群臣齐呼万岁。不久，太宗封李靖为光禄大夫，尚书右仆射，赏赐食禄五百户。此后李靖又担任西海道行军大总管，征伐吐谷浑，大败他们。后来李靖被封为卫国公。李靖死后，太宗下诏，允许他的坟墓可以按照汉代卫青、霍去病坟墓建造的旧制进行修建，坟墓前筑起高大的石碑，象征突厥国内的燕然山和吐谷浑国的碛石山，用来表彰他卓越的功绩。

虞世南[①]，会稽余姚人也。贞观初，太宗引为上客，因开文馆，馆中号为多士，咸推世南为文学之宗。授以记室，与房玄龄对掌文翰[②]。尝命写《列女传》以装屏风，于时无本，世南暗书之，一无遗失。贞观七年，累迁秘书监。太宗每机务之隙，引之谈论，共观经史。世南虽容貌懦弱，如不胜衣，而志性抗烈，每论及古先帝王为政得失，必存规讽，多所补益。及高祖晏驾[③]，太宗执丧过礼，哀容毁悴，久替万机，文武百僚计无所出，世南每入进谏，太宗甚嘉纳之，益所亲礼。尝谓侍臣曰：“朕因暇日，每与虞世南商榷古今。朕有一言之善，世南未尝不悦；有一言之失，未尝不怅恨。其恳诚若此，朕用嘉焉。群臣皆若世南，天下何忧不治？”太宗尝称世南有五绝：一曰德行，二曰忠直，三曰博学，四曰词藻，五曰书翰。及卒，太宗举哀于别次，哭之甚恸。丧事官给，仍赐以东园秘器[④]，赠礼部尚书，谥曰文懿。太宗手敕魏王泰曰：“虞世南于我，犹一体也。拾遗补阙，无日暂忘，实当代名臣，人伦准的。吾有小善，必将顺而成之；吾有小失，必犯颜而谏之。今其云亡，石渠、东观[⑤]之中，无复人矣，痛惜岂可言耶！”未几，太宗为诗一篇，追思往古理乱之道，既而叹曰：“钟子期死，伯牙不复鼓琴。[6]朕之此篇，将何所示？”因令起居[7]褚遂良[8]诣其灵帐读讫焚之，其悲悼也若此。又令与房玄龄、长孙无忌、杜如晦、李靖等二十四人，图形于凌烟阁。

注释

①虞世南（558—638）：字伯施，唐初政治家、书法家、文学家。

②文翰：文章，也指公文信札。

③晏驾：古代称帝王死亡的讳词。

④东园秘器：皇帝赐予皇室或显臣的葬具。

⑤石渠、东观：汉代朝廷藏图书秘籍的地方，这里代指相关机构。

⑥钟子期死，伯牙不复鼓琴：史书上记载说伯牙善于鼓琴，而钟子期善于听琴。钟子期死后，伯牙不再鼓琴，因为世上无知音了。

⑦起居：唐代在门下省设起居郎，掌管记录皇帝言行起居。

⑧褚遂良（596—659）：字登善，浙江钱塘人。唐初大臣，书法家。

译文

虞世南，浙江余姚人。贞观初年，唐太宗尊他为上宾，设立文学馆，文馆中人才济济，但都推举虞世南为文学的宗师。太宗任命他为记室，与房玄龄一起掌管文字书信方面的事情。虞世南曾受命书写《列女传》用来装饰屏风，当时没有现成的文本，于是他就凭记忆默写了下来，竟没有一点差错。贞观七年，虞世南升任秘书监。太宗在处理政务之余，就召见虞世南与其谈论，共读经史。虞世南外表柔弱，但性情刚烈，每次谈论起历代帝王的政治得失，都会在言谈中寄寓规劝和讽谏，这对太宗治国很有益

处。唐高祖去世之后，太宗由于悲伤过度，面容憔悴，长久不理朝政，文武百官也无计可施。但是虞世南每次入宫进谏，太宗都很乐于接受他的意见，且对他礼敬有加。唐太宗曾对身边的侍臣说："我一有空闲就与虞世南探讨古今大事。我每有一句好的见解，虞世南就非常高兴；我每有一句错误的话，他就十分惋惜遗憾。他如此诚恳忠诚，所以我非常欣赏他。如果各位大臣都像世南那样，我哪还用得着担心天下治理不好呢？"唐太宗称赞虞世南有五绝：一是德行，二是忠直，三是博学，四是辞藻，五是书法。虞世南去世后，太宗不仅在偏殿为其哀悼，还失声痛哭。丧事费用全由国家负担，还赐给他皇室用的葬具，追封他为礼部尚书，谥号文懿。太宗在写给魏王李泰的信中说道："虞世南对于我，就像是同为一体。他为我拾遗补缺，一刻都不曾忘记，实在是当代名臣、人伦道德的榜样。过去，我有一点好的建议，他必定加以肯定并帮我实现；我有一点小的过失，他必定不怕触怒我也要直言相谏。现在他去世了，石渠、东观之中再无这样的人了，这样的悲痛怎能用语言来表达呢！"不久，唐太宗作了一首诗，追思古代治乱的道理，写成后，不仅感慨道："钟子期去世之后，伯牙不再弹琴。我写的这首诗，又拿给谁看呢？"于是唐太宗让褚遂良把诗拿到虞世南的灵帐外诵读，读完就烧掉了，可见他哀痛有多深切。后来，太宗又下令将虞世南和房玄龄、长孙无忌、杜如晦、李靖等二十四位功臣的图像，画在凌烟阁内。

李勣[①]，曹州离狐人也。本姓徐，初仕李密[②]，为左武侯大将军。密后为王世充[③]所破，拥众归国，勣犹据密旧境十郡之地。武德二年，谓长史郭孝恪曰："魏公[④]既归大唐，今此人众土地，魏公所有也。吾若上表献之，则是利主之败，自为己功，以邀富贵，是吾所耻。今宜具录州县及军人户口，总启魏公，听公自献，此则魏公之功也，不亦可乎？”乃遣使启密。使人初至，高祖闻无表，惟有启与密，甚怪之。使者以勣意闻奏，高祖方大喜曰：“徐勣感德推功，实纯臣也。”拜黎州总管，赐姓李氏，附属籍于宗正。封其父盖为济阴王，固辞王爵，乃封舒国公，授散骑常侍。寻加勣右武侯大将军。及李密反叛伏诛，勣发丧行服，备君臣之礼，表请收葬。高祖遂归其尸。于是大具威仪，三军缟素⑤，葬于黎阳山。礼成，释服而散，朝野义之。寻为窦建德⑥所攻，陷于建德，又自拔归京师。从太宗征王世充、窦建德，平之。贞观元年，拜并州都督，令行禁止，号为称职，突厥甚加畏惮。太宗谓侍臣曰：“隋炀帝不解精选贤良，镇抚边境，惟远筑长城，广屯将士，以备突厥，而情识之惑，一至于此。朕今委任李勣于并州，遂得突厥畏威远遁，塞垣安静，岂不胜数千里长城耶？”其后并州改置大都督府，又以勣为长史，累封英国公。在并州凡十六年，召拜兵部尚书，兼知政事。勣时遇暴疾，验方云须灰可以疗之，太宗自剪须为其和药。勣顿首见血，泣以陈谢。太宗曰：“吾为社稷计耳，不烦深谢。”十七年，高宗⑦居春宫，转太子詹事，加特进，仍知政事。太宗又尝宴，顾勣曰：“朕将属以孤幼，思之无越卿者。公往不遗于李密，今岂负于朕哉！”勣雪涕致辞，因啮指流血。俄沉醉，御服覆之，其见委信如此。勣每行军，用师筹算，临敌应变，动合事机。自贞观以来，讨击突厥、颉利及薛延陀⑧、高丽等，并大破之。太宗尝曰：“李靖、李勣二人，古之韩、白⑨、卫、霍岂能及也！”

注释

①李勣（jì）（594—669）：本姓徐，名世勣，字茂功，唐初大将。

②李密（582—618）：字玄邃，一字法主。京兆长安人，隋末瓦岗起义军首领。

③王世充（？—621）：隋朝新丰（今陕西西安东北）人，字行满。隋末地方割据势力首领，归唐后被仇人所杀。

④魏公：指李密。

⑤缟素：白色生绢，这指丧父。

⑥窦建德（573—621）：隋末河北起义军前期领袖，后被李世民击败，被杀。

⑦高宗：唐高宗李治（628—683），唐朝第三任皇帝（649—683 在位）。

⑧薛延陀：隋唐时期我国北方游牧民族铁勒的一支。

⑨韩、白：指韩信和白起。

译文

李勣，曹州离狐人。本姓徐，起初在李密部下做左武侯大将军。后来李密被王世充打败，于是率众归降唐朝。但李勣仍控制着以前李密所占领的 10 个郡。武德二年，李勣对长史郭孝恪说：“魏公李密既已经回顺大唐，但这些郡的人口和土地，本是魏公所有，假如我上书献给大唐，那就是利用主子的失败，来为自己邀功，以谋求富贵，我感到可耻。现在应该完整地登录州县名称和军人户口，一起报送魏公，由魏公自己来献给朝廷，那就是魏公的功劳了，这不是很好吗？”于是派使者报送李密。使者刚到长安，唐高祖听说李勣没有表奏，只有报告送给李密，感到十分不满。使者把李勣的用意上奏后，高祖才高兴地说：“李勣深感故主恩德，把功劳归送旧主，真是忠心纯正的臣子啊！”于是任命他做黎州总管，赐姓李氏，把户籍登入宗正寺管理，封他的父亲李盖为济阴王，因李盖坚决推辞，就改封舒国公，授予散骑常侍的官职。不久又加授李勣为右武侯大将军。等到李密反叛被诛，李勣为他发丧并穿上丧服，而且用完备的君臣之礼来处理丧事，还上表高祖请求为李密收葬。高祖就把李密的遗体交给他。于是他准备了规模宏大的仪仗，全军都穿上白色的丧服，将李密埋葬在黎阳山。葬礼完毕，他才脱去丧服，解散众人。朝廷上下都认为李勣是有情义的人。不久，李勣受到窦建德的攻击，被俘。之后又逃出，返回京师。又跟随太宗征讨王世充、窦建德，并把他们打败。贞观元年，李勣被任命为并州都督，他令行禁止，大家都说他称职，突厥对也是他十分畏惧。太宗对身边的大臣们说："隋炀帝不懂得精挑良将镇守边境，只知修筑长城，派大批将士进驻屯守，以防范突厥，他见识之糊涂，竟到了这种地步。如今我委任李勣镇守并州，就使突厥畏威远逃，边塞安宁了，这岂不胜过数千里的长城吗？"后来并州改设大都督府，又任命李勣为长史，加封到英国公。他在并州守了16年，召回京城后任兵部尚书，同时主持国家政事。李勣有次忽患重病，验方上说用胡须烧的灰可以治好，太宗剪下自己的胡须给他和药。李勣叩头到出血，哭着谢恩。太宗说："我这是为社稷打算，不用感谢。"贞观十七年，唐高宗居东宫为太子，太宗任命李勣为太子詹事，追加特进头衔，仍然主持国家政事。又有一次在宴席上，太宗看着李勣说："我想把年幼的太子托付给一个人，考虑下来没有比你更合适的人了。你过去没背弃李密，如今又怎么会辜负我呢！"李勣感激涕零，致辞谢恩，并把自己的手指咬出血来表示忠心。不一会李勣喝得大醉，太宗把御服盖在他身上，由此可见太宗对他的信任。李勣每次行军作战，用兵筹划，临敌应变，都能做得很确当。自贞观以来，李勣奉令讨伐突厥、颉利可汗和薛延陀、高丽等，都把他们打得大败。太宗曾说："李靖、李勣二人，就是古代的名将韩信、白起、卫青、霍去病也很难比得上啊！"

马周[①]，博州茌平人也。贞观五年，至京师，舍于中郎将[②]常何之家。时太宗令百官上书言得失，周为何陈便宜[③]二十余事，令奏之，事皆合旨。太宗怪其能，问何，何对曰："此非臣所发意，乃臣家客马周也。"太宗即日召之，未至间，凡四度遣使催促。及谒见，与语甚悦。令直门下省，授监察御史，累除中书舍人。周有机辩，能敷奏[④]，深识事端[⑤]，故动无不中。太宗尝曰："我于马周，暂时不见，则便思之。"十八年，历迁中书令，兼太子左庶子，周既职兼两宫，处事平允，甚获当时之誉。又以本官摄吏部尚书。太宗尝谓侍臣曰："周见事敏速，性甚慎至。至于论量人物，直道而言，朕比任使之，多称朕意。既写忠诚，亲附于朕，实藉此人，共康时政也。"

注释

①马周（601—648）：字宾王，唐初大臣。

②中郎将：官名。中郎将是太子府属官，掌护卫。

③便宜：指有利于国家，合乎时宜的事。

④敷奏：陈奏，向君主报告。

⑤事端：事情的原由。

译文

马周，博州茌平人。贞观五年，他到京师长安，住在中郎将常何家里。当时唐太宗要百官上书讲治国得失，马周替常何陈述了有利于国家百姓的二十多条建议，让常何上奏朝廷，结果条条都很合太宗心意。太宗很奇怪常何会有这样的才能，便问常何，常何回答说："这些并不是我想出来的，而是我家里的宾客马周写的。"太宗当天就要召见马周，在马周还没有来的这段时间里，太宗又派人催了四次。到谒见时，太宗同他谈得很高兴，于是把他安置在门下省，授予监察御史的官职，后来升迁至中书舍人。马周机敏善辩，善于陈奏，对事情了解得很清楚，所以讲的话都很符合实际。太宗曾说："马周对于我来说，一会儿不见面，就很想念他。"贞观十八年，马周一直升迁到中书令，兼任太子左庶子。他身兼朝廷和东宫的官职，处理事情公平允当，很受当时人的赞誉。后来又以中书令身份兼代吏部尚书。太宗曾对身边的大臣说："马周看问题敏捷，性格又慎重周到。至于评论人物，也能秉公直言，我近来任用他所推荐的人，多数都能符合我的心意。他既然竭尽忠诚，亲近依附于我，我定要依靠他，共同地把政事办好。"

求谏第四

导读

"求谏"是指古代君王鼓励臣下向自己提出意见，及时纠正自己的过失，进而形成良好地君臣关系，有利于君王更好地治理国家的一种行为。封建社会的君主专制制度，君王集军政大权于一身，个人的决断和得失，关乎整个国家的安危与兴亡。但是，也正如唐太宗所言："一日万机，一人听断，虽复忧劳，安能尽善?"所以，保证君主专制制度正常运转的一项必要机制就是谏官制度。谏官通过直接向皇帝提出意见，评议时政得失的方式，来向皇帝建言献策，弥补其一人决策之不足；此外，谏官还可以通过批评甚至是反对的方式，来阻止皇帝实施不利于国家和百姓的诏令，限制他胡作非为的倾向，保证君王能时刻保持头脑清醒，处理好君臣、君民、君国之间的关系。《求谏》篇恰是以此为目的，记述了唐太宗如何虚怀若谷，重视并鼓励臣下向君上直言相谏的事实。通过这样的事实，作者试图阐明以下两点：第一，善于求谏，是古代圣明君主的必备素质之一。求谏，意味着君王要有博大的胸怀，谦卑的态度，面对臣下的直言劝告甚至是反对，要能虚心接受，乐于接受，不仅要鼓励敢于向自己劝谏的大臣，还要奖励他们，示之于众，展现君王求谏、纳谏的诚心和决心。第二，求谏，是君王处理好与臣下关系的必要途径之一。求谏的目的在于纠正君王的错误，有利于国家社稷，所以君王要认识到求谏的重要性，认识到臣下只有尽忠直谏才能集思广益，匡正君王一人决断的不足。同时，君王还要理解臣下犯上进谏的不易之处，因为只有君臣之间知无不言，相互信任，才能形成明君贤臣共商国事的良好风气。

太宗威容俨肃，百僚进见者，皆失其举措。太宗知其若此，每见人奏事，必假颜色，冀闻谏诤[①]，知政教得失。贞观初，尝谓公卿曰："人欲自照，必须明镜；主欲知过，必藉忠臣。主若自贤，臣不匡正，欲不危败，岂可得乎？故君失其国，臣亦不能独全其家。至于隋炀帝暴虐，臣下钳口[②]，卒令不闻其过，遂至灭亡，虞世基等，寻亦诛死。前事不远，公等每看事有不利于人，必须极言规谏。"

注释

①谏诤：直言规劝，使人改正过错。

②钳口：因胁迫而不敢讲话。

译文

唐太宗平常面容威武严肃，来觐见的百官，见到他都会紧张地不知所措。太宗知道这一情况后，每见到有人上奏，总是做出和颜悦色的样子，希望能够听到谏诤，进而了解朝政的得失。贞观初年，太宗曾对公卿们说："人要看清自己，须有明镜；国君要想知道自己的过失，必须要借助于忠臣。君主假如自以为圣明，臣下又不去帮助和纠正，要想国家不倾危败亡，能办得到吗？所以君主丧失自己的国家，臣下也不能保全他自己的家。隋炀帝残暴淫虐，臣下都把嘴闭起来不敢讲话，最终因为听不到自己的过失而导致灭亡，虞世基等人不久也被诛杀。前事不远，你们今后每当看到事情有不利于百姓的，必须直言规劝谏诤。"

贞观元年，太宗谓侍臣曰："正主任邪臣，不能致理；正臣事邪主，亦不能致理。惟君臣相遇，有同鱼水，则海内可安。朕虽不明，幸诸公数相匡救，冀凭直言鲠议①，致天下太平。"谏议大夫王珪对曰："臣闻，木从绳则正，后从谏则圣。是故古者圣主必有争臣七人，言而不用，则相继以死。陛下开圣虑，纳刍荛②，愚臣处不讳之朝，实愿罄其狂瞽③。"太宗称善，诏令自是宰相入内平章④国计，必使谏官随入，预闻政事。有所开说，必虚己纳之。

注释

①鲠（gěng）议：刚直的议论。

②刍荛（gǔ）：割草打柴的人。这里指见识不多的人。

③罄其狂瞽（ráo）：自谦之词，这里指把愚昧之见都说出来。罄，用尽；狂瞽，愚昧无知。

④平章：共同商讨国家大事。

译文

贞观元年，唐太宗对侍臣们说："正直的君主任用了奸臣，就不可能治理好国家；忠直的臣子侍奉昏庸的君主，也不可能治理好国家。只有正直的君主和忠直的大臣一起共事，才能如鱼得水，天下安定。我虽然不算明君，幸亏你们的多次匡正补救，希望凭借你们直言劝谏，实现天下的太平。”谏议大夫王珪回答说：“我听说木材弹上墨线就能锯得笔直，君主听从规谏就能成为圣君。所以古代圣君必须设诤臣七人，劝言如不被接受，就一个接一个地以死相谏。陛下思路广开，采纳臣民忠言，我等处在不避忌讳的朝代，实在愿意把愚昧之见都讲出来。”太宗称赞他说得好，下诏规定今后宰相入宫商议国家大事，必须让谏官跟着进来，参与朝政事务。如有任何建议，皇上一定虚心采纳。

贞观二年，太宗谓侍臣曰：“明主思短而益善，暗主护短而永愚。隋炀帝好自矜夸，护短拒谏，诚亦实难犯忤。虞世基不敢直言，或恐未为深罪。昔箕子佯狂自全[①]，孔子亦称其仁。及炀帝被杀，世基合同死否?”杜如晦对曰：“天子有诤臣，虽无道，不失其天下。仲尼[②]称：‘直哉史鱼[③]，邦有道如矢，邦无道如矢。’世基岂得以炀帝无道，不纳谏诤，遂杜口无言?偷安重位，又不能辞职请退，则与箕子佯狂而去，事理不同。昔晋惠帝贾后[④]将废愍怀太子[⑤]，司空张华[⑥]竟不能苦争，阿意苟免。及赵王伦[⑦]举兵废后，遣使收华，华曰：‘将废太子日，非是无言，当不被纳用。’其使曰：‘公为三公，太子无罪被废，言既不从，何不引身而退?’华无辞以答，遂斩之，夷其三族。古人有云：‘危而不持，颠而不扶，则将焉用彼相?’故‘君子临大节而不可夺也。’张华既抗直不能成节，逊言不足全身，王臣之节固已坠矣。虞世基位居宰辅，在得言之地，竟无一言谏诤，诚亦合死。”太宗曰：“公言是也。人君必须忠良辅弼，乃得身安国宁。炀帝岂不以下无忠臣，身不闻过，恶积祸盈，灭亡斯及！若人主所行不当，臣下又无匡谏，苟在阿顺，事皆称美，则君为暗主，臣为谀臣，君暗臣谀，危亡不远。朕今志在君臣上下，各尽至公，共相切磋，以成治道。公等各宜务尽忠说，匡救朕恶，终不以直言忤意辄相责怒。”

注释

①箕子佯狂自全：箕子，名胥余，殷纣王的叔父。纣王骄奢淫逸，箕子劝谏，纣王不听，于是他披发装疯，以此来保全性命。

②仲尼：孔子的字。

③史鱼：也称“史鳅”，春秋时卫国大夫，以大公无私，耿直敢言著称。

④贾后：晋惠帝司马衷的皇后。因惠帝无能，贾后专权。

⑤愍（mǐn）怀太子：司马遹的谥号。司马遹是西晋开国皇帝司马炎的孙子，司马衷的儿子。

⑥张华：字茂先，西晋文学家，政治家。

⑦赵王伦：即司马伦，字子彝。晋司马懿第九子，晋武帝时封赵王。

译文

贞观二年，唐太宗对侍臣说：“明君因为常能想到自己的缺点而变得愈加完善，然而昏君因为常常掩饰自己的短处而变得更加愚昧。像隋炀帝，喜欢自我夸耀，掩饰自己的缺点，拒绝别人劝谏，做臣子的确很难犯颜直谏。虞世基不敢直言，或许这算不上大罪。以前商代的箕子假装发疯来保全性命，可孔子还是评价他仁义。等到隋炀帝被杀，虞世基难道就该一同去死吗？”杜如晦回答说：“君主身边有敢于直言的大臣，即使自己治国无方，也不会失去天下。孔子曾经赞扬说：‘史鱼真正直啊，国家治理好的时候他的言行像箭一样刚直，国家治理不好的时候他的言行还像箭一样刚直。’虞世基怎么能因为隋炀帝无道，不接受忠言，就闭口不提意见呢？他苟且偷安，官居高位，又不能辞职引退，这和箕子装疯离去，是完全不同的情况。过去晋惠帝的皇后贾后要废掉愍怀太子，司空张华非但不苦苦相争，反而阿谀顺应贾后，苟全性命。不久赵王伦起兵废掉贾后，派人捉拿张华，张华辩解说：‘贾后废太子的时候，不是我没有讲话，而是没有被采纳。’使者说：‘你位居三公，太子无罪却被废掉，劝谏既然不被接受，那你为什么不辞职引退呢？’张华无言以对，于是被斩杀，株连三族。古人说得好：‘危难时不去扶持，倾倒时却不支撑，这样的宰相有什么用呢？’所以‘君子面临危难却能依然坚守节操。’张华既不能靠忠直的劝谏成全自己的节操，劝谏不被采纳又不能全身而退，君臣之间的节操已不复存在。虞世基身为宰相，在该进言的时候却没有一句劝谏，他的确该死。”唐太宗说：“你说得对。君主必须有忠臣辅佐，才能够自身平安，国家太平。隋炀帝难道不是因为身边没有忠臣，听不到别人劝谏他的过失，才使得灾祸越积越大，从而致灭亡的吗？如果国君言行不当，臣下又不匡正劝谏，只是阿谀奉承，苟全性命，凡事一味称赞，那么这样的君主就是昏君，臣子就是阿谀的臣子。君主昏庸，臣子阿谀，那么国家距离灭亡就为期不远了。现在我希望君臣上下能恪尽职守，同心为公，共同协商国家大事，实现国家的长治久安。你们一定要尽忠职守，敢于直言劝谏，匡正补救我的过失，我绝不会因为你们的忠言直谏触怒了我而责备你们。”

贞观三年，太宗谓司空裴寂[①]曰：“比[②]有上书奏事，条数甚多，朕总粘之屋壁，出入观省。所以孜孜不倦者，欲尽臣下之情。每一思政理，或三更方寝。亦望公辈用心不倦，以副朕怀也。”

注释

①裴寂（570—629）：唐初大臣。字玄真，蒲州桑泉（今山西临猗西南）人。武德年间任尚书左仆射，掌握大权。贞观三年被太宗免官，放归故乡。

②比：近来。

译文

贞观三年，唐太宗对司空裴寂说：“近来有人上书奏事，条数很多，我都贴到卧室的墙壁上，出入时看看思考一下。之所以要这么孜孜不倦，是想把臣下的想法都弄清楚。我每次想到治国大事，有时要到三更以后才睡觉。我也希望你们用心不倦，以符合我的心意。”

贞观五年，太宗谓房玄龄等曰：“自古帝王多任情喜怒，喜则滥赏无功，怒则滥杀无罪。是以天下丧乱，莫不由此。朕今夙夜未尝不以此为心，恒欲公等尽情极谏。公等亦须受人谏语，岂得以人言不同己意，便即护短不纳？若不能受谏，安能谏人？”

译文

贞观五年，唐太宗对房玄龄等人说：“自古以来，帝王大都任由自己的性情高兴或发怒。高兴的时候就无功乱赏；发怒时就无罪乱杀。天下大乱，没有一个不是这样造成的。我现在日夜都把这件事挂在心上，常希望各位大臣能对我尽力劝谏。同时，你们也应当接受别人的批评意见。怎么能因为别人的意见和自己不一致，就掩饰自己的缺点而不承认、不采纳了呢？如果一个人不接受别人的批评，那他又怎么能去批评别人呢？”

贞观六年，太宗以御史大夫[①]韦挺[②]、中书侍郎杜正伦[③]、秘书少监虞世南、著作郎姚思廉[④]等上封事称旨，召而谓曰："朕历观自古人臣立忠之事，若值明主便宜尽诚规谏，至如龙逄、比干，不免孥戮[⑤]。为君不易，为臣极难。朕又闻龙可扰而驯，然喉下有逆鳞。卿等遂不避犯触，各进封事。常能如此，朕岂虑宗社之倾败！每思卿等此意，不能暂忘，故设宴为乐。"仍赐绢有差。

注释

①御史大夫：唐制，掌刑法典章，监察和纠正百官之罪恶。

②韦挺：京兆人。起初曾是太子李建成的属官。贞观初，由王珪推荐，拜御史大夫。

③杜正伦：相州（今河北南部）人。贞观初年，由魏徵举荐，任兵部员外郎，后迁中书侍郎。

④姚思廉（557—637）：字简之，唐初史学家。贞观时官至散骑常侍。

⑤孥（nú）戮：连同妻儿被杀戮。

译文

贞观六年，唐太宗因御史大夫韦挺、中书侍郎杜正伦、秘书少监虞世南、著作郎姚思廉等人所奏的事很符合自己的心意，所以召见时对他们说："我观察自古以来臣子尽忠的事迹，如果遇到圣明的君主，自然就能够诚心规谏，但如像关龙逄、比干那样的处境，就不免全家遭杀的命运。做君主不容易，做臣子也很难。我又听说龙是可以驯养的，但喉下有逆鳞。你们不要避讳触犯逆鳞，要各自上书奏事，直言劝谏。常能这样，我难道还怕宗庙社稷会倾灭覆亡吗？每想到你们一片忠心，我片刻不能忘怀，所以设宴共享欢乐。”并赏赐给每人数量不等的绢。

太常卿[①]韦挺尝上疏陈得失，太宗赐书曰：“所上意见，极是谠言，辞理可观，甚以为慰。昔齐境之难，夷吾有射钩之罪，城之役，勃鞮[②]为斩袂之仇，而小白不以为疑，重耳待之若旧。岂非各吠非主，志在无二。卿之深诚，见于斯矣。若能克全此节，则永保令名。如其怠之，可不惜也。勉励终始，垂范将来，当使后之视今，亦犹今之视古，不亦美乎？朕比不闻其过，未睹其阙[③]，赖竭忠恳，数进嘉言，用沃朕怀，一何可道！”

注释

①太常卿：官名，掌礼乐、郊庙、社稷之事。

②勃鞮（dī）：晋国人。曾奉晋献公之命去杀重耳，重耳逃走，勃鞮追上斩其衣袖。重耳成为晋文公之后，不念旧恶，仍重用勃鞮。

③阙：缺点，错误。

译文

太常卿韦挺曾经上书唐太宗，陈述治国的得失。太宗读后回书说：“你所呈上的意见极其诚恳正直，言辞和道理都很值得称道，我对此感到十分欣慰。过去齐国发生内乱，管仲曾有射中齐桓公带钩的大罪；晋国蒲城之战，勃鞮曾有斩断晋文公衣袖的仇恨。但齐桓公仍任用管仲，没有猜疑；晋文公对待勃鞮仍旧像以前一样，没有差别。这难道不是他们各自攻击非难他们主人的人，而表现出的一种没有二心的忠诚吗？你的忠诚，从这里就可以看出。如果你能一直保全这样的节操，那么你的美名就可以永远保全了。如果你在这方面懈怠了，那将是多么可惜呀。我希望你能勉励自己，善始善终，做后人的表率，应当使后人看今天所发生的事，就像今天的人看古代所发生的事一样，这难道不是很好吗？近来我没有听到别人批评我的过失，也看不到自己治理国家的缺陷，希望你们竭尽忠诚，不断地提出好的建议，用来开阔我的思路和胸怀，这样的想法怎能是一句、两句话所能表达的啊！”

贞观八年，太宗谓侍臣曰：“朕每闲居静坐，则自内省，恒恐上不称天心，下为百姓所怨。但思正人匡谏，欲令耳目外通，下无怨滞。又比见人来奏事者，多有怖慑，言语致失次第。寻常奏事，情犹如此，况欲谏诤，必当畏犯逆鳞。所以每有谏者，纵不合朕心，朕亦不以为忤。若即嗔责，深恐人怀战惧，岂肯更言！”

译文

贞观八年，唐太宗对侍臣们说：“我每当无事静坐，就自我反省。常常害怕对上不能使上天称心如意，对下被百姓所怨恨。只考虑能得到正直忠诚之人的匡救劝谏，好让我能了解外面的情况，使百姓没有积怨。此外，近来见到来上奏的人，常显得心怀恐惧，讲话也变得语无伦次。平时奏事，情况尚且如此，何况要劝谏直言我的过失，必然害怕而不敢触犯我。所以每当有人劝谏时，纵然不合我的心意，我也不责怪他们。假如立刻发怒斥责，恐怕人人心怀恐惧，岂敢再说话！”

贞观十五年，太宗问魏徵曰：“比来朝臣都不论事，何也？”徵对曰：“陛下虚心采纳，诚宜有言者。然古人云：‘未信而谏，则以为谤己；信而不谏，则谓之尸禄①。’但人之才器各有不同，懦弱之人怀忠直而不能言，疏远之人恐不信而不得言，怀禄之人虑不便身而不敢言。所以相与缄默，俯仰[②]过日。”太宗曰：“诚如卿言。朕每思之，人臣欲谏，辄惧死亡之祸，与夫赴鼎镬[③]、冒白刃，亦何异哉？故忠贞之臣，非不欲竭诚。竭诚者，乃是极难。所以禹拜昌言，岂不为此也！朕今开怀抱，纳谏诤。卿等无劳怖惧，遂不极言。”

注释

①尸禄：指空食俸禄而不做实事。

②俯仰：低头、抬头。这里引申为随便应付。

③鼎镬（huò）：古代酷刑刑具，用以烹人。

译文

贞观十五年，唐太宗问魏徵：“近来朝臣都不议论政事，这是为什么？”魏徵回答说：“陛下虚心纳谏，本来应当有进言的人。然而古人说过：‘不被信任的人劝谏，会被认为是毁谤自己；获得信任却不劝谏的，就会被称为空食俸禄而不尽职。’但是人的才能、气度，各有不同，胆小怕事的人，心存忠直但不能进谏；被疏远的人，怕不信任而无法进谏；贪恋禄位的人，怕不利于自身而不敢进谏。所以大家都沉默不言，随便应付着混日子。”太宗说：“确实像你所说。我常想，人臣要劝谏，动辄害怕有杀身之祸，这和赴鼎镬被烹杀、冒刀剑被斩杀又有什么两样？因此忠贞的臣子，并非不想竭尽忠诚，是因为竭尽忠诚实在太难了。所以夏禹听了好的意见要拜谢，难道不就是因为这个缘故吗？我如今敞开胸怀，接受直言劝谏，你们无须因为害怕就不敢尽情发言了。”

贞观十六年，太宗谓房玄龄等曰：“自知者明，信为难矣。

如属文[①]之士，伎巧之徒，皆自谓己长，他人不及。若名工文匠，商略诋诃[②]，芜词拙迹，于是乃见。由是言之，人君须得匡谏之臣，举其愆过[③]。一日万机，一人听断，虽复忧劳，安能尽善？常念魏徵随事谏正，多中朕失，如明镜鉴形，美恶必见。”因举觞[④]赐玄龄等数人勖[⑤]之。

注释

①属（zhǔ）文：撰写文章。

②商略诋诃：商讨与批评。

③愆（qiān）过：过失，过错。

④觞（shāng）：古代酒器。

⑤勖（xù）：勉励。

译文

贞观十六年，唐太宗对房玄龄等人说：“自知者明，但要做到实在是困难。这就像会写作的文士、有技巧的工匠，都自夸自己有本领，别人比不上。如果遇上著名的文士、工匠来商讨、批评，那些杂乱无章的文辞和拙劣的技艺就会显现出来。这样说来，君主须有匡救谏诤的臣子，来指出他的过错。日理万机，若单靠一个人来了解判断，即使再辛苦劳累，又怎能把每件事做得尽善尽美呢？我常想念魏徵，每遇到事情，他就会谏诤匡正，多次切中我的错误所在，就像用明镜来照人的形体，美与丑都会显现出来。”于是太宗举起杯子给房玄龄等人敬酒，勉励他们也应这样做。

贞观十七年，太宗问谏议大夫褚遂良曰：“昔舜造漆器，禹雕其俎[①]，当时谏者十有余人。食器之间，何须苦谏？”遂良对曰：“雕琢害农事，纂组[②]伤女工。首创奢淫，危亡之渐。

漆器不已，必金为之；金器不已，必玉为之。所以诤臣必谏其渐，及其满盈，无所复谏。”太宗曰：“卿言是矣。朕所为事，若有不当，或在其渐，或已将终，皆宜进谏。比见前史，或有人臣谏事，遂答云‘业已为之’，或道‘业已许之’，竟不为停改。此则危亡之祸，可反手而待也。”

注释

①俎（zǔ）：古代祭祀时放祭品的器物。

②纂（zuǎn）组：彩带，泛指精美的织锦。

译文

贞观十七年，唐太宗问谏议大夫褚遂良说：“从前虞舜制作漆器，夏禹雕饰祭器，当时劝谏的有十多人。制作器皿这样的小事，何必苦谏呢?”褚遂良回答说：“从事雕琢会妨害农耕，编织彩带会加重妇女劳作的负担。首创奢侈淫逸，就是危亡的开端。有了漆器不满足，必然要用黄金来做。有了金器还不满足，必然要用玉石来做。所以谏诤之臣必须在事情萌发的时候进谏，等到事情发展起来，问题严重了，劝谏也不起作用了。”太宗说：“你说得很对，我所做的事情，如果有不当的地方，不论是在刚开始，或是已经快做完，都应当及时进谏。近来我翻阅前朝史书，有时臣下进谏，君主就回答说‘已经做了’，或者说‘已经同意做了’，竟然不肯停止改正。这样下去，危亡的灾祸将在一反手之间就会到来。”

纳谏第五

导读

“纳谏”是指君王能够接纳臣下的进谏，它是君王求谏的结果和关键。作为贤主明君，不仅要看他能否求谏，是否有大臣向他竭力进谏，还要看他能否接纳臣下的直谏和良言，因为这是检验君王能否从臣下的劝谏中获得好的建议，纠正自身错误，改进决策和政务的最终标准。《纳谏》篇记述了唐太宗接纳臣下劝谏，修正自己言行，并鼓励臣下进谏的情况。一方面，它展现了唐太宗作为最高统治者，面对臣下的直言劝谏，不但能以自省的精神，宽厚的态度来倾听和分析臣下对他提出的意见，而且能迅速认识到自己的不足，及时改正，并对臣下勇于直谏的行为进行奖赏。这充分说明了唐太宗之所以能成为一名开明君主就是缘于他这种从谏如流的气度和魄力。另一方面，此篇重点阐述了王珪、魏徵、长孙无忌等敢于谏诤的大臣是如何借古喻今，匡正唐太宗的不佳之举的。依君臣关系来看，必须先要有犯颜进谏的忠臣，后才会有君王接纳劝言良策的圣举。因此，就作者的观点来看，纳谏的含义远不止是君王能够接纳臣下的进谏，而是指竭诚进谏的臣下与从谏如流君主之间形成的一种良性互动。从当下现实来看，且不谈君主接受臣下的意见有多难，就是普通百姓也很难接受别人的意见和建议，所以当我们听到别人向自己提出批评和建议的时候，应当想想唐太宗，一朝天子尚能如此，我们又怎能不去虚心接受呢？

贞观初，太宗与黄门侍郎王珪宴语，时有美人侍侧，本庐江王瑗①之姬也，瑗败，籍没②入宫。太宗指示珪曰：“庐江不道，贼杀其夫而纳其室，暴虐之甚，何有不亡者乎！”珪避席曰：“陛下以庐江取之为是邪，为非邪？”太宗曰：“安有杀人而取其妻，卿乃问朕是非，何也？”珪对曰：“臣闻于《管子》曰：齐桓公之郭国，问其父老[③]曰：‘郭何故亡？’父老曰：‘以其善善而恶恶也。’桓公曰：‘若子之言，乃贤君也，何至于亡？’父老曰：‘不然。郭君善善而不能用，恶恶而不能去，所以亡也。’今此妇人尚在左右，臣窃以为圣心是之。陛下若以为非，所谓知恶而不去也。”太宗大悦，称为至善，遽[④]令以美人还其亲族。

注释

①庐江王瑗：即李瑗，字德圭。唐高祖的侄子，武德初封庐江王。

②籍没：古代刑法，没收犯人财产及家人入官。

③父老：时职掌管理乡里事务的年长者。

④遽（jù）：遂，于是。

译文

贞观初年，唐太宗与黄门侍郎王珪在宴会上交谈，当时有个美人在一旁侍候。她本是庐江王李瑗的爱姬，李瑗谋反失败之后，她被籍没入宫。太宗指着她对王珪说：“庐江王荒淫无道，杀害了她的丈夫而把她占为己有。如此暴虐之极，怎会不灭亡呢？”王珪离座而起，说：“陛下认为庐江王抢取她是对还是不对呢？”太宗说：“哪有杀了人还夺人妻子的道理？你却问我是对是错，这是什么意思？”王珪回答说：“我见到《管子》书里说：齐桓公到了郭国，问那里的父老：‘郭国为什么会灭亡？’父老说：‘因为郭君善待好人而厌恶坏人。’齐桓公说：‘照你所说，他是个贤君啊，怎么会灭亡呢？’父老说：‘不是这样，郭君善待好人

却不能任用，厌恶坏人却不能予以清除，所以灭亡。’如今这个妇人还在陛下左右，所以我私下认为陛下仍然认为庐江王这样做是对的。陛下如果认为不对，那就是所谓知道邪恶而不能摒弃了。”太宗听后大为欣喜，说他讲得很对，于是马上命令把这个美人送还给她的亲族。

贞观四年，诏发卒修洛阳之乾元殿以备巡狩。给事中[①]张玄素[②]上书谏曰：

“陛下智周万物，囊括四海，令之所行，何往不应？志之所欲，何事不从？微臣窃思秦始皇之为君也，借周室之余，因六国之盛，将贻之万叶。及其子而亡，谅[③]由逞嗜奔欲，逆天害人者也。是知天下不可以力胜，神祇不可以亲恃。惟当弘俭约，薄赋敛，慎终始，可以永固。

“方今承百王之末，属凋弊之余，必欲节之以礼制，陛下宜以身为先。东都未有幸期，即令补葺[④]；诸王今并出藩，又须营构。兴发数多，岂疲人之所望？其不可一也。陛下初平东都之始，层楼广殿，皆令撤毁，天下翕然[⑤]，同心倾仰。岂有初则恶其侈靡，今乃袭其雕丽？其不可二也。每承音旨，未即巡幸，此乃事不急之务，成虚费之劳。国无兼年之积，何用两都之好？劳役过度，怨讟将起。其不可三也。百姓承乱离之后，财力凋尽，天恩含育，粗见存立，饥寒犹切，生计未安，三五年间，未能复旧。奈何营未幸之都，而夺疲人之力？其不可四也。昔汉高祖将都洛阳，娄敬[⑥]一言，即日西驾。岂不知地惟土中，贡赋所均，但以形胜不如关内也。伏惟陛下化凋弊之人，革浇漓[⑦]之俗，为日尚浅，未甚淳和，斟酌事宜，讵[⑧]可东幸？其不可五也。

"臣尝见隋室初造此殿，楹栋宏壮，大木非近道所有，多自豫章采来，二千人拽一柱，其下施毂，皆以生铁为之，中间若用木轮，动即火出。略计一柱，已用数十万，则余费又过倍于此。臣闻阿房成，秦人散；章华⑨就，楚众离；乾元⑩毕工，隋人解体。且以陛下今时功力，何如隋日？承凋残之后，役疮痍之人，费亿万之功，袭百王之弊，以此言之，恐甚于炀帝远矣。深愿陛下思之，无为由余⑪所笑，则天下幸甚矣。"

太宗谓玄素曰："卿以我不如炀帝，何如桀、纣？"对曰："若此殿卒兴，所谓同归于乱。"太宗叹曰："我不思量，遂至于此。"顾谓房玄龄曰："今玄素上表，洛阳实亦未宜修造，后必事理须行，露坐亦复何苦？所有作役，宜即停之。然以卑干尊，古来不易，非其忠直，安能如此？且众人之唯唯，不如一士之谔谔⑫。可赐绢五百匹。"魏徵叹曰："张公遂有回天之力，可谓仁人之言，其利博哉！"

注释

①给事中：官名。唐代门下省的要职，具体负责审议封驳诏敕奏章，如有异议可直接涂改后奏还。

②张玄素：唐蒲州虞乡（今山西永济）人，唐太宗时著名谏臣。

③谅：确实。

④补葺（qì）：修缮。

⑤翕（xī）然：形容和顺、安定。

⑥娄敬：汉高祖刘帮的重要谋士之一。

⑦浇漓：多指社会风气浮薄不厚。

⑧讵（jù）：岂，怎。

⑨章华：即章华宫，楚灵王修建的巨大宫殿。

⑩乾元：即隋朝在洛阳修建的乾元殿。

⑪由余：春秋时期，帮助秦穆公成为霸主的大臣之一。

⑫谔谔（è）：直言争辩的样子。

译文

贞观四年，唐太宗下诏征发士兵在洛阳修缮乾元殿，以作巡游的行宫。给事中张玄素上书劝谏说：

“陛下您见识广博，可谓囊括四海之地。诏令所传达到的地方，哪里会不响应执行？志向所要达到的事情，哪一件能不从心所欲？臣私下考虑，秦始皇做君王，一直想凭借周朝王室的余威，承袭之前六国的旺盛之气，将基业千秋万代地传下去。可是到他儿子的时候国家就灭亡了，确实是由于他放纵自己的贪欲，违背上天旨意，并残害百姓的结果。由此可以看出，统治天下不能单凭武力征服，信奉神灵也不能一味地加以依靠。只有弘扬勤俭节约，减轻赋税，慎始慎终，才可以永保江山的稳固。

“如今我们刚刚结束百王纷乱的局面，属于民生凋敝的时期，一定要用礼制来节制欲望，陛下更应该从自身先做起。巡行东都洛阳的日期还未定，就下令修缮行宫，而且现在也是诸位亲王一起出行，拱卫国家的时期，也都需要修建官邸。兴建土木和征发劳役太多，哪能是疲劳的百姓所期望的呢？这是不能修葺乾元殿的第一个理由。陛下当初平定东都洛阳，凡是奢华的宫殿，都下令拆毁，所以天下安定，百姓同心敬仰陛下。哪有开始憎恶隋朝的奢侈，现在又承袭它的华丽的呢？这是不能做的第二点理由。常常听到陛下要去洛阳的旨意，但都没有立即巡行，说明修葺行宫不是当务之急，反而会成为白白浪费劳力的事情。现在国库还不足两年的储备，哪用得着把两个都城都修建的那么好？劳役过重，百姓就会心生怨恨。这是不能做的第三点理由。百姓在遭受大乱之后，财力损失殆尽，幸亏获得陛下的天恩抚育，才看到百姓刚刚能够安身立命，但是他们仍然饥寒交迫，生计不能安定下来，这样的情况，即使三五年之内也不能恢复如前。这又怎能去营建陛下还没确定去巡行的东都并去掠夺那些疲惫百姓的劳力呢？这是陛下不可为的第四点理由。过去汉高祖刘邦要在洛阳建都，大臣娄敬进言说这样做不可行，刘邦当天就起驾返回长安。难道他不知道洛阳地处全国中心，是各地进献贡赋最方便的地方吗？只因为洛阳在地势上不如关内而已！我认为陛下教化凋敝的百姓，革除浮薄的旧俗，时间还短，还没有达到特别的淳朴、和谐，所以凡事都应仔细考虑，怎么可以去巡行并营建东都洛阳呢？这是陛下不该做的第五点理由。

“我曾经看到隋朝建造这座宫殿的时候，楹柱和栋梁都非常宏伟壮丽，所用的大木材都不是附近所出产的，大多都是从豫章一带运来的。运送一根柱子就要用两千人来拉，柱子下面安装轮子用以滑动，轮子都是用生铁铸成，中间如果使用木轮，一滑动起来就会起火。粗略一算，一根柱子的运送就要耗费数十万钱，而其他的费用更是多倍于这一数字。我听说阿房宫建成了，秦国就人心离散了；章华宫修成了，楚国民心就散乱了；乾元宫修完了，隋朝也就随之灭亡了。况且以陛下今天所拥有的国力，怎能比得上当时的隋朝？国家从凋零破败中建立起来，劳役原来就遭受苦难的百姓，耗费亿万财力，承袭百王纷乱时的弊病，从这方面来说，恐怕比隋炀帝还要昏庸。我恳切地希望陛下能来考虑这件事，不要做被由余嘲笑的事，那便是国家的大幸。”

太宗对张玄素说：“你认为我不如隋炀帝，那跟夏桀、商纣王相比呢？”玄素回答说：“如果这座宫殿最终得以修建，那么就与他们一样，都会导致天下大乱。”太宗感叹说：“我没有认真加以考虑，所以才导致这样的结果。”太宗转过头来对房玄龄说道：“看今天玄素的上书，洛阳的宫殿实在不应该修建，如果之后有事必须去洛阳，即使是坐在露天野外又算得上什么苦事呢？所有征发的赋役，都应该马上停止。然而地位卑微的人敢于干预地位尊贵的人，自古以来都不容易，如果没有忠心正直的心怀，又怎能做得到呢？况且许多人都唯唯诺诺，还不如一个人的耿言直言，我要赏赐玄素绢五百匹。”魏徵感叹地说：“张公的话真是有回天之力啊，可谓是很有仁心的话，这对国家和百姓的好处真是很大啊！”

太宗有一骏马，特爱之，恒于宫中养饲，无病而暴死。太宗怒养马宫人，将杀之。皇后[①]谏曰：“昔齐景公[②]以马死杀人，晏子[③]请数其罪云：‘尔养马而死，尔罪一也。使公以马杀人，百姓闻之，必怨吾君，尔罪二也。诸侯闻之，必轻吾国，尔罪三也。’公乃释罪。陛下尝读书见此事，岂忘之邪？”太宗意乃解。又谓房玄龄曰：“皇后庶事[④]相启沃，极有利益尔。”

注释

①皇后：即长孙皇后（601—636），出身官宦之家。13 岁嫁给李世民为妻，唐朝建立后她被册封秦王妃，李世民登基后，被立为皇后。

②齐景公：春秋时齐国国君，名杵臼。

③晏子：春秋时齐国大夫，字平仲。他爱国忧民，敢于直谏。

④庶事：平常的事务。

译文

唐太宗有一匹好马，特别喜爱，一直养在宫中，有一天这匹马没有生病就突然死掉了。太宗对养马的宫人很生气，要杀掉他。长孙皇后劝谏说："过去齐景公因为马死而要杀人，晏子请求列数养马人的罪状，说：'你养的马死了，这是你第一条罪。让国君因马杀人，百姓知道后，必定怨恨我们的国君，这是你第二条罪。诸侯知道了，必定轻视我们齐国，这是你第三条罪。'齐景公听完后就赦免了养马人的罪。陛下读书时曾经读到过这件事情，难道忘记了吗？"太宗听了这话才平息了怒气。他又对房玄龄说："皇后在很多事情上启发开导我，对我很有好处。"

贞观七年，太宗将幸九成宫[①]，散骑常侍姚思廉进谏曰："陛下高居紫极[②]，宁济苍生，应须以欲从人，不可以人从欲。然则离宫游幸，此秦皇、汉武之事，故非尧、舜、禹、汤之所为也。"言甚切至。太宗谕之曰："朕有气疾[③]，热便顿剧，故非情好游幸，甚嘉卿意。"因赐帛五十段。

注释

①九成宫：即隋朝的仁寿宫，位于今天陕西天台山。

②紫极：皇位。

③气疾：呼吸系统的疾病。

译文

贞观七年，太宗要巡幸九成宫，散骑常侍姚思廉进谏说："陛下身居帝王之高位，要安抚天下百姓，就应该让自己的欲望顺从于天下百姓的需要，而不能让百姓的需要都来顺从你一个人的欲望。离开皇宫到处游玩，这是秦始皇、汉武帝他们经常做的事，不是尧、舜、禹、汤这些明君的所作所为。"姚思廉说的言辞诚恳激切。太宗听后解释说："我患有呼吸方面的疾病，天气热了，病痛就要加剧。所以并不是我的本性喜欢到处巡游，但是，我还是十分感谢你的诚意。"因此赏赐给姚思廉五十匹丝帛。

贞观三年，李大亮[①]为凉州都督，尝有台使[②]至州境，见有名鹰，讽[③]大亮献之。大亮密表曰："陛下久绝畋猎，而使者求鹰。若是陛下之意，深乖[④]昔旨；如其自擅，便是使非其人。"太宗下书曰："以卿兼资文武，志怀贞确，故委藩牧[⑤]，当兹重寄。比在州镇，声绩远彰，念此忠勤，岂忘寤寐？使遣献鹰，遂不曲顺，论今引古，远献直言。披露腹心，非常恳到，览用嘉叹，不能已已，有臣若此，朕复何忧！宜守此诚，终始若一。《诗》云：'靖恭尔位，好是正直。神之听之，介尔景福。'古人称一言之重，侔[⑥]于千金，卿之所言，深足贵矣。今赐卿金壶瓶、金碗各一枚，虽无千镒[⑦]之重，是朕自用之物。卿立志方直，竭节至公，处职当官，每副所委，方大任使，以申重寄。公事之闲，宜观典籍。兼赐卿荀悦[⑧]《汉纪》一部，此书叙致简要，论议深博，极为政之体，尽君臣之义，今以赐卿，宜加寻阅。"

注释

①李大亮（586—645）：京兆泾阳人，唐朝开国功臣。贞观八年，领兵征讨吐谷浑，拜右卫大将军。

②台使：指朝廷的使者。

③讽：含蓄地建议。

④乖：违背。

⑤藩牧：守卫边关。

⑥侔（móu）：相等，齐。

⑦镒（yì）：古代重量单位，二十两或二十四两为一镒。

⑧荀悦（148—209）：东汉末年政论家、史学家。字仲豫，颍川颍阴（今河南许昌）人。汉献帝因《汉书》繁重难读，命他用编年体改写，于是依照《左传》体裁，撰成《汉纪》二十篇。

译文

贞观三年，李大亮任凉州都督，有一位朝廷使臣来到凉州，见到当地有名的雄鹰，就向李大亮委婉地表示可以把此鹰献给唐太宗。李大亮向唐太宗密奏说："陛下很久没有打猎了，现在却派使者前来索要名鹰。如果这是陛下的意思，那就是违背了陛下过去的旨意；如果是使臣擅自主张，那就是陛下用错人了。"唐太宗回复说："因为你文武双全，又志向坚定，所以派你镇守边关，委以重任。近年来你镇守凉州，成绩显著，声威远扬，一想到你的忠诚和勤劳，我日夜不能忘记。使者索要名鹰，你却没有曲意顺从，而是借古鉴今，在那么远的地方向我进谏。真可谓披肝沥胆，诚恳之极，读过之后，十分感叹，心情不能自已。有你这样的臣子，我还担忧什么呢？希望你能保持这份真诚，始终如一。《诗经》说：'恭谨地奉守好你的职位，喜爱忠诚正直的人。神灵得知，会赐予洪福。'古人也说，一句有分量的话价值千两黄金。你的一番话，也十分可贵。现在我赐给你金壶瓶、金碗各一只，虽然没有千镒之重，但这是我平时自己所用的东西。你立志正直，竭心为公。所担任的官职，都符合我对你的委托和信任。现在给你以更大的责任，来表示我对你的重托。你在处理公务之余，可以读一读古代的典籍。我再赐给你一部荀悦写的《汉纪》，这本书叙述简要，议论深刻，全面阐述了治理国家的方法、规范，以及君臣之间的关系，现在我把它赐给你，希望你认真地阅读。"

贞观八年，陕县[①]丞皇甫德参上书忤[②]旨，太宗以为讪谤。侍中魏徵进言曰："昔贾谊[③]当汉文帝[④]上书云云'可为痛哭者一，可为长叹息者六。'自古上书，率多激切。若不激切，则不能起人主之心。激切即似讪谤，惟陛下详其可否。"太宗曰：

“非公无能道此者。”令赐德参帛二十段。

注释

①陕县：今河南陕县。

②忤（wǔ）：因抵触而生怒气。

③贾谊（前200—前168）：西汉政论家、文学家，洛阳人。汉文帝时被任为博士。他曾多次上书，批评时政。

④汉文帝（前202—前157）：姓刘名恒，刘邦第四子。

译文

贞观八年，陕县丞皇甫德参上书触怒了唐太宗，太宗认为这是毁谤。侍中魏徵进言说：“从前贾谊在给汉文帝上书时说到‘可以为帝王痛哭的事有一件，可以为帝王长叹息的事有六件’。自古以来上书奏事，往往言辞很激烈、恳切，如果不激切，就不能打动君王的心。言辞激切就近似毁谤，希望陛下仔细考察他的意见是对还是不对”太宗说：“只有你能讲出这样中肯的话来。”于是下令赏赐给皇甫德参帛二十段。

贞观十五年，遣使诣西域立叶护可汗[①]，未还，又令人多赍金帛，历诸国市马。魏徵谏曰：“今发使以立可汗为名，可汗未定立，即诣诸国市马，彼必以为意在市马，不为专立可汗。可汗得立，则不甚怀恩，不得立，则生深怨。诸蕃闻之，且不重中国。但使彼国安宁，则诸国之马，不求自至。昔汉文帝有献千里马者，曰：‘吾吉行[②]日三十，凶行[③]日五十，鸾舆[④]在前，属车在后，吾独乘千里马，将安之乎？’乃偿其道里所费而返之。又光武[⑤]有献千里马及宝剑者，马以驾鼓车，剑以赐骑士。今陛下凡所施为，皆邈过三王之上，奈何至此欲为孝文、光武之下乎？又魏文帝[⑥]求市西域大珠，苏则[⑦]曰：

‘若陛下惠及四海，则不求自至，求而得之，不足贵也’陛下纵不能慕汉文之高行，可不畏苏则之正言耶？”太宗遽令止之。

注释

①叶护可汗：叶护，突厥大臣的号。

②吉行：指皇帝巡行各地或举行祭祀活动。

③凶行：指出兵打仗。

④鸾舆：皇帝仪仗中的旗载于车上，在皇帝起驾前首先出行，称为鸾舆。

⑤光武：东汉光武帝刘秀。

⑥魏文帝：即曹丕。

⑦苏则：字文师，扶风（今陕西乾县西）人，在魏做侍中，敢于直谏。

译文

贞观十五年，太宗派遣使者到西域封立叶护可汗，使者还没回来，太宗又准备派人携带大量金帛到西域各国去买马。魏徵劝谏说：“现在派的使者是以封立可汗为名义去的，可汗尚未封立，就到各国去买马。突厥人一定认为我们的目的是买马，而不是去专程封立可汗的。假如可汗被封立了，他们也不会对陛下感恩；如果封立不成，他们则会心生怨恨。西域各国听说这件事，也会看不起大唐。只要能使西域各国安定，那么各国的好马用不着去买，就会自动送来。从前汉文帝时，有人献千里马。文帝说：‘我巡幸时每天行进三十里，打仗时每天行进五十里，仪仗走在我的前面，副车跟在我的后面，我单独骑一匹千里马，能走到哪里去呢？’于是给了献马人一些路费，让他回去了。汉光武帝时，有人献千里马和宝剑，光武帝则让千里马拉载战鼓，宝剑赐给手下的骑士。今天陛下的所作所为，远远超过夏禹、商汤和周文王、武王，怎么在这件事情上的见识，却在汉文帝、汉光武帝之下呢？魏文帝曾寻求购买西域的大珍珠，苏则劝谏说：‘如果陛下的恩惠遍布四海，这些东西不用追求，自然会到来。能买得到的东西，就不足珍贵了。’陛下纵使不仰慕汉文帝的崇高德行，难道也不畏惧苏则的正直言论吗？”于是，太宗立即下令停止买马。

贞观十七年，太子右庶子高季辅[1]上疏陈得失。特赐钟乳[2]一剂，谓曰：“卿进药石之言，故以药石相报。”

注释

①高季辅（596—654）：名冯，字季辅，德州（今河北景县）人，唐朝宰相。

②钟乳：即钟乳石，可作药用。

译文

贞观十七年，太子右庶子高季辅上书评论朝政得失。太宗特意赐给他钟乳石一剂，并对他说：“你向我进献像药石一样的谏言，所以我也用药石来报答你。”

贞观十八年，太宗谓长孙无忌等曰：“夫人臣之对帝王，多顺从而不逆，甘言以取容。朕今发问，不得有隐，宜以次言朕过失。”长孙无忌、唐俭[1]等皆曰：“陛下圣化道致太平，以臣观之，不见其失。”黄门侍郎刘洎[2]对曰：“陛下拨乱创业，实功高万古，诚如无忌等言。然顷有人上书，辞理不称者，或对面穷诘，无不惭退。恐非奖进言者。”太宗曰：“此言是也，当为卿改之。”

注释

①唐俭（579—656）：字茂约，并州晋阳（今山西太原）人。凌烟阁二十四功臣之一。

②刘洎（jì）：字思道，荆州江陵人。官至治书侍御史、黄门侍郎。他敢于谏诤，却因褚遂良诬陷而被冤杀。

译文

贞观十八年，唐太宗对长孙无忌等人说："臣子对帝王，多是顺从而不悖逆，多用甜言美语来讨皇上欢心。我今天提问，你们不准隐瞒己见，要一一说出我的过失来。"长孙无忌、唐俭等人都说："陛下圣德教化，以致天下太平，据我们看来，看不出有什么过失。"黄门侍郎刘洎回答说："陛下拨乱创业，确实功高万古，正如无忌等人所说。但不久前有人上书，遇到言辞内容不合陛下心意的，有时就当面追问到底，导致上书言事的人无不羞惭而退。这恐怕不是在鼓励进言的人吧。"太宗说："你说的对，我一定接受你的意见改正错误。"

太宗尝怒苑西监[①]穆裕，命于朝堂斩之。时高宗[②]为皇太子，遽犯颜进谏，太宗意乃解。司徒长孙无忌曰："自古太子之谏，或乘间从容而言。今陛下发天威之怒，太子申犯颜之谏，诚古今未有。"太宗曰："夫人久相与处，自然染习。自朕御天下，虚心正直，即有魏徵朝夕进谏。自徵云亡，刘洎、岑文本[③]、马周、褚遂良等继之。皇太子幼在朕膝前，每见朕心说谏者，因染以成性，故有今日之谏。"

注释

①苑西监：唐时掌宫苑之官。

②高宗：即太宗之子李治。起初封为晋王，贞观十七年立为

皇太子。

③岑文本：字景仁，邓州（今河南伏牛山以南）人。唐朝宰相。

译文

太宗曾对苑西监穆裕大为恼火，下令将他在朝堂上斩首。当时高宗为皇太子，不惜冒犯太宗，上前进谏，才使太宗怒气消解。司徒长孙无忌说："自古以来，太子总是找适当的机会委婉进谏，今天陛下大发天威，太子却能犯颜直谏，这是古今没有的。"太宗说："人在一起相处久了，习气上自然会相互侵染。自从我统治天下以来，虚心接纳正直的意见，才有魏徵不分早晚地随时进谏。自从魏徵死后，又有刘洎、岑文本、马周、褚遂良等继续进谏。皇太子从小在我身边，常见我听到进谏后心情愉悦，因此养成了喜欢纳谏、进谏的习性，所以才有今天的进谏。"

卷三

君臣鉴戒第六

导读

《君臣鉴戒》篇所阐述的核心内容仍然是君臣关系，但其角度却是从古往今来为君为臣的经验教训出发，其目的是用来劝诫和警示当下的君臣，要以古为鉴戒，实现君臣相契合，不要重蹈前人的覆辙。因为君臣之间本来就是“本同治乱，共安危”的关系，如果“君失其国，臣亦不能独全其家”。作为君主首先要以古代亡国之君为鉴戒，时刻不忘夏桀、商纣之暴虐，秦朝灭亡之教训，警醒自己要心怀危惧，戒除骄奢，纳用忠良，广开言路。其次，君主要懂得君臣本为一体的道理，即“君为元首，臣作股肱，齐契同心，合而成体”。要做到这一点，最重要的就要掌握“君使臣以礼，臣事君以忠”的原则。第三，君主要善于用臣。一方面，君主要“疑人不用，用人不疑”，只有对贤臣忠良倍加信任，才能以礼待臣，发挥臣下的最大能力。如果君主轻信流言，则容易被小人误导，致使贤臣受辱，君臣相隔。另一方面，君主要善于用臣。关于这一点，要掌握“委大臣以大体，责小臣以小事”的原则，使大臣和小臣各司其职，各尽其位，决不能“小臣委以大事，大臣责以小罪”。第四，作为臣下，要尽忠职守，不顾个人安危，敢于直谏，匡正君主的过失。唯有如此，君臣之间才能做到相濡以沫，寄同鱼水，相互砥砺，实现国家的长治久安。

贞观三年，太宗谓侍臣曰：“君臣本同治乱，共安危，若主纳忠谏，臣进直言，斯故君臣合契，古来所重。若君自贤，臣不匡正，欲不危亡，不可得也。君失其国，臣亦不能独全其家。至如隋炀帝暴虐，臣下钳口，卒令不闻其过，遂至灭亡，虞世基等寻亦诛死。前事不远，朕与卿等可得不慎，无为后所嗤！”

译文

贞观三年，唐太宗对侍臣说：“君臣之间本应该共同经历治理与混乱，安定和危险。如果君主能接受忠言，臣子能够直言进谏，那么君臣之间就会非常默契，这是自古以来治国所推重的。如果君主贤明，而臣子却不匡正辅佐，想要不亡国，是不可能的。君主要是失去了国家，臣子也就不能独自保全自己的家族。像隋炀帝，他为人非常暴虐，臣下不敢进言，这使他听不到自己的过失，于是导致国破家亡，大臣虞世基等人不久也被诛杀。这件事距离我们并不远，我和各位大臣不能不谨慎啊，绝不能被后人所耻笑。”

贞观四年，太宗论隋日。魏徵对曰：“臣往在隋朝，曾闻有盗发，炀帝令於士澄①捕逐。但有疑似，苦加拷掠，枉承贼者二千余人，并令同日斩决。大理丞②张元济怪之，试寻其状。乃有六七人，盗发之日，先禁他所，被放才出，亦遭推勘③，不胜苦痛，自诬行盗。元济因此更事究寻，二千人内惟九人逗遛不明。官人有谙识者，就九人内四人非贼。有司以炀帝已令斩决，遂不执奏，并杀之。”太宗曰：“非是炀帝无道，臣下亦不尽心。须相匡谏，不避诛戮，岂得惟行谄佞，苟求悦誉？君臣如此，何得不败？朕赖公等共相辅佐，遂令囹圄④空虚。愿公等善始克终，恒如今日！”

注释

①於士澄：原为隋将，后来降唐。

②大理丞：大理，大理寺，即最高司法机构。大理丞，隋时大理寺的副职。

③推勘：审问。

④囹圄（líng yǔ）：监狱。

译文

贞观四年，唐太宗谈论隋朝统治的时候，魏徵对答说：“我过去在隋朝，曾听说有盗窃案发生，隋炀帝派於士澄追捕。只要发现可疑的人，就苦苦拷打，被迫含冤承认自己是盗贼的有二千多人，隋炀帝下令在同一天斩决他们。大理丞张元济感到奇怪，试查有关案件的文书，竟发现有六七人在盗窃案发生的那天，原先就关押在别的地方，盗案发生后才放出来，可也被审问拷打，因为受不了痛苦，委屈承认偷盗。张元济因此进一步勘察推究，这二千人中只有九个人当时行踪不清楚。官吏中有熟悉这些人的，证明九个人里有四个不是盗贼。有关部门因为隋炀帝已下令斩决，就不把真相上奏，并把这两千人都杀了。”太宗说：“这不仅是隋炀帝暴虐无道，臣下们也不尽心办事。他们应当匡正谏诤，不怕有杀身之祸，怎能一味谄媚奉迎，只求讨皇上的欢心和赞誉。隋朝君臣都是这样，怎么能不失败？我依靠你们共同辅佐，就能使监狱空无一人。希望你们能善始善终，常像今天一样。”

贞观六年，太宗谓侍臣曰：“朕闻周、秦初得天下，其事不异。然周则惟善是务，积功累德，所以能保八百之基。秦乃

恣其奢淫，好行刑罚，不过二世而灭。岂非为善者福祚延长，为恶者降年不永[1]？朕又闻桀、纣帝王也，以匹夫比之，则以为辱；颜、闵[2]匹夫也，以帝王比之，则以为荣。此亦帝王深耻也。朕每将此事以为鉴戒，常恐不逮，为人所笑。”魏徵对曰：“臣闻鲁哀公[3]谓孔子曰：‘有人好忘者，移宅乃忘其妻。’孔子曰：‘又有好忘甚于此者，丘见桀、纣之君乃忘其身。’愿陛下每以此为虑，庶免后人笑尔。”

注释

①降年不永：指上天赐给人的寿命不能长久。

②颜、闵：指孔子的弟子颜回和闵损，二人均以德行著称。

③鲁哀公：姬姓，名将，春秋诸侯国鲁国君主之一。

译文

贞观六年，唐太宗对侍臣说：“我听说周朝与秦朝刚得到天下的时候，治理国家的方法没有不同。但是周朝推行仁政，积累功德，所以能够保住自己的基业八百年不变。而秦朝恣意妄为，骄奢淫逸，好施刑罚，不到两代帝王就灭亡了。这难道不是行善可以延长福禄，作恶的年寿不长吗？我又听夏桀、商纣是帝王，但与百姓相比，我却为他们羞耻，颜回、闵损是普通百姓，但与帝王相比，我却以他们为荣。这也是帝王应该感到羞惭的事。我时常用这些事来告诫自己，常担心自己的德行赶不上颜回、闵损，因而被人耻笑。”魏徵说：“臣听说鲁哀公曾对孔子说：‘有个人很健忘，一搬家就把自己的妻子给忘了。’孔子说：‘还有比这个人更健忘的，我看桀、纣这些君主，把自己都给忘了。’希望陛下以此为戒，以免被后人耻笑。”

贞观十四年，太宗以高昌[1]平，召侍臣赐宴于两仪殿，谓房玄龄曰："高昌若不失臣礼，岂至灭亡？朕平此一国，甚怀危惧，惟当戒骄逸以自防，纳忠謇[②]以自正。黜邪佞，用贤良，不以小人之言而议君子，以此慎守，庶几于获安也。"魏徵进曰："臣观古来帝王拨乱创业，必自戒慎，采刍荛之议，从忠谠之言。天下既安，则恣情肆欲，甘乐谄谀，恶闻正谏。张子房，汉王计画[③]之臣，及高祖为天子，将废嫡立庶[④]，子房曰：'今日之事，非口舌所能争也。'终不敢复有开说。况陛下功德之盛，以汉祖方之，彼不足准。即位十有五年，圣德光被，今又平殄高昌。屡以安危系意，方欲纳用忠良，开直言之路，天下幸甚。昔齐桓公与管仲、鲍叔牙[⑤]、宁戚[⑥]四人饮，桓公谓叔牙曰：'盍[⑦]起为寡人寿乎？'叔牙奉觞而起曰：'愿公无忘出在莒时，使管仲无忘束缚于鲁时，使宁戚无忘饭牛车下时。'桓公避席而谢曰：'寡人与二大夫能无忘夫子之言，则社稷不危矣！'"太宗谓徵曰："朕必不敢忘布衣时，公不得忘叔牙之为人也。"

注释

①高昌：西域古国名。

②謇（jiǎn）：正直。

③计画：谋划。

④废嫡立庶：指刘邦要废掉妻生的太子盈，另立妾生的赵王如意为太子。

⑤鲍叔牙：鲍叔牙，春秋时齐国大夫，以知人善交著称。

⑥宁戚：卫国人，春秋时齐国大夫。宁戚出身贫穷，以为商人赶车喂牛为生。但他胸有大志，设法主动接近齐桓公，以唱歌引起桓公的注意，并表达自己的志向。之后被齐桓公破格重用。

⑦盍（hé）：为什么不。

译文

贞观十四年，唐太宗因为平定了高昌，在两仪殿招待各位大臣。席间，唐太宗对房玄龄说："高昌如果不丧失作为臣子的礼节，怎么会遭到灭亡呢？我平定了这个国家，是心怀畏惧的，现在我只能戒掉骄奢淫逸来自我防范，接纳忠言来纠正自己的错误。罢免奸邪谄媚的人，任用贤良的人，不以小人的言论来评论君子。用这些方法来守护基业，或许可以使国家获得安定。"魏徵进言说："我观察自古以来帝王们平乱创业的时候，都能警戒自己，听从百姓的意见，采纳忠直的谏言。待天下太平之后，他们就开始穷奢极欲，只喜欢听谄媚讨好的话，厌恶正直的劝谏。张良是汉高祖的谋臣，高祖称帝后，想废掉嫡出的太子另立庶出的公子，张良说：'这件事不是凭借口舌之言可以争辩的。'所以之后张良就再也不敢开口劝说高祖。况且陛下目前功德这样卓著，与汉高祖相比，他不足以与您媲美。陛下即位已有十五年，圣德广播，现在又平定了高昌，您经常把国家的安危系于心上，采纳忠言，广开言路，真是国家的大幸。过去齐桓公和管仲、鲍叔牙、宁戚四个人一起饮酒，齐桓公对鲍叔牙说：'为什么不起来向寡人敬酒祝寿呢？'鲍叔牙举起酒杯站立着说：'愿主公不忘当年在莒国流亡时的情形；愿管仲不忘在鲁国被囚禁的情形；愿宁戚不忘当年在车下喂牛时的情形。'齐桓公听后，站起来答谢说：'我和管仲、宁戚如果能不忘你这番话，那么国家就不会有灭亡危险了。'"唐太宗对魏徵说："我一定不会忘记自己身为平民的时候，你也一定不要忘记鲍叔牙的为人。"

贞观十四年，特进魏徵上疏曰：

"臣闻君为元首[①]，臣作股肱，齐契同心，合而成体，体或不备，未有成人。然则首虽尊高，必资手足以成体；君虽明哲，必藉股肱以致治。《礼》云：‘民以君为心，君以民为体，心庄则体舒，心肃则容敬。’《书》云：‘元首明哉！股肱良哉！庶士康哉！’‘元首丛脞[2]哉！股肱惰哉！万事堕哉！’然则委弃股肱，独任胸臆，具体成理，非所闻也。

“夫君臣相遇，自古为难。以石投水[3]，千载一合，以水投石，无时不有。其能开至公之道，申天下之用，内尽心膂[4]，外竭股肱，和若盐梅[5]，固同金石者，非惟高位厚秩，在于礼之而已。昔周文王游于凤凰之墟，袜系解，顾左右莫可使者，乃自结之。岂周文之朝尽为俊乂[6]，圣明之代独无君子者哉？但知与不知，礼与不礼耳！是以伊尹[7]，有莘[8]之媵[9]臣；韩信，项氏之亡命。殷汤致礼，定王业于南巢，汉祖登坛，成帝功于垓下。若夏桀不弃于伊尹，项羽垂恩于韩信，宁肯败已成之国为灭亡之虏乎？又微子，骨肉也，受茅土于宋，箕子，良臣也，陈《洪范》[10]于周，仲尼称其仁，莫有非之者。《礼记》称：‘鲁穆公[11]问于子思[12]曰：“为旧君反服，古欤？”子思曰：“古之君子，进人以礼，退人以礼，故有旧君反服之礼也。今之君子，进人若将加诸膝，退人若将队诸泉。毋为戎首，不亦善乎，又何反服之礼之有？”’齐景公问于晏子曰：‘忠臣之事君如之何？’晏子对曰：‘有难不死，出亡不送。’公曰：‘裂地以封之，疏爵而待之，有难不死，出亡不送，何也？’晏子曰：‘言而见用，终身无难，臣何死焉？谏而见纳，终身不亡，臣何送焉？若言不见用，有难而死，是妄死也；谏不见纳，出亡而送，是诈忠也。’《春秋左氏传》[13]曰：‘崔杼[14]弑齐庄公，晏子立于崔氏之门外，其人曰：“死乎？”曰：“独吾君也乎哉！吾死也？”曰：“行乎？”曰：“吾罪也乎哉！吾亡也？故君为社稷死，则死之；为社稷亡，则亡之。若为己死，为己亡，非其亲昵，谁敢任之?”门启而入，枕尸股而哭，兴，三踊而出。’孟子曰：‘君视臣如手足，臣视君如腹心；君视臣如犬马，臣视君如国人；君视臣如粪土，臣视君如寇仇。’虽臣之事君无二志，至于去就之节，当缘恩之厚薄，然则为人主者，安可以无礼于下哉？

“窃观在朝群臣，当主枢机之寄者，或地邻秦、晋，或业与经纶[15]，并立事立功，皆一时之选，处之衡轴[16]，为任重矣。任之虽重，信之未笃，则人或自疑。人或自疑，则心怀苟且。心怀苟且，则节义不立。节义不立，则名教不兴。名教不兴，而可与固太平之基，保七百之祚，未之有也。又闻国家重惜功臣，不念旧恶，方之前圣，一无所间。然但宽于大事，急于小罪，临时责怒，未免爱憎之心，不可以为政。君严其禁，臣或犯之，况上启其源，下必有甚，川壅而溃，其伤必多，欲使凡百黎元，何所措其手足？此则君开一源，下生百端之变，无不乱者也。《礼记》曰：‘爱而知其恶，憎而知其善。’若憎而不知其善，则为善者必惧；爱而不知其恶，则为恶者实繁。《诗》曰：‘君子如怒，乱庶遄沮[17]。’然则古人之震怒，将以惩恶，当今之威罚，所以长奸。此非唐、虞之心也，非禹、汤之事也。《书》曰：‘抚我则后[18]，虐我则仇。’荀卿子[19]曰：‘君，舟也，民，水也。水所以载舟，亦所以覆舟。’故孔子曰：‘鱼失水则死，水失鱼犹为水也。’故唐、虞战战栗栗，日慎一日。安可不深思之乎？安可不熟虑之乎？

“夫委大臣以大体[20]，责小臣以小事，为国之常也，为治之道也。今委之以职，则重大臣而轻小臣；至于有事，则信小臣而疑大臣。信其所轻，疑其所重，将求至治，岂可得乎？又政贵有恒，不求屡易。今或责小臣以大体，或责大臣以小事，小臣乘非所据，大臣失其所守，大臣或以小过获罪，小臣或以大体受罚。职非其位，罚非其辜[21]，欲其无私，求其尽力，不亦难乎？小臣不可委以大事，大臣不可责以小罪。任以大官，求其细过，刀笔之吏，顺旨承风，舞文弄法，曲成其罪。自陈也，则以为心不伏辜；不言也，则以为所犯皆实。进退惟咎，莫能自明，则苟求免祸。大臣苟免，则谲诈萌生。谲诈萌生，则矫伪成俗。矫伪成俗，则不可以臻至理矣。

“又委任大臣，欲其尽力，每官有所避忌不言，则为不尽。若举得其人，何嫌于故旧。若举非其任，何贵于疏远。待之不尽诚信，何以责其忠恕哉！臣虽或有失之，君亦未为得也。夫上之不信于下，必以为下无可信矣。若必下无可信，则上亦有可疑矣。《礼》曰：‘上人疑，则百姓惑。下难知，则君长劳。’上下相疑，则不可以言至理矣。当今群臣之内，远在一方，流言三至而不投杼[22]者，臣窃思度，未见其人。夫以四海之广，士庶之众，岂无一二可信之人哉？盖信之则无不可，疑之则无可信者，岂独臣之过乎？夫以一介庸夫结为交友，以身相许，死且不渝，况君臣契合，寄同鱼水。若君为尧、舜，臣为稷、契[23]，岂有遇小事则变志，见小利则易心哉！此虽下之立忠未有明著，亦由上怀不信，待之过薄之所致也。岂君使臣以礼，臣事君以忠乎！以陛下之圣明，以当今之功业，诚能博求时俊，上下同心，则三皇可追而四，五帝可俯而六矣。夏、殷、周、汉，夫何足数！”

太宗深嘉纳之。

注释

①元首：这里指人的头。

②丛脞（cuǒ）：细碎，这里指无雄才大略。

③以石投水：石投水中，顺水而流，借喻君臣关系协调、契合，十分难得。

④心膂（lǚ）：心思和精力。

⑤和若盐梅：比喻君臣关系融洽。盐、梅都是古代调味品。

⑥俊乂（yì）：有才德的人。

⑦伊尹：商初大臣。名伊，尹为官名。一说名挚。传说他是奴隶出身，原为有莘氏女的陪嫁之臣。汤用为“小臣”，后来任以国政，助汤灭夏。

⑧有莘：古代国名，在今河南开封陈留东。

⑨媵（yìng）：陪送出嫁。

⑩《洪范》：《尚书》中的一篇。有人认为这是箕子向周武王陈述的“天地之大法”。

⑪鲁穆公：春秋诸侯国鲁国的第二十九任国君。

⑫子思：名孔伋，字子思，孔子之孙。

⑬《春秋左氏传》：简称《左传》，是我国现存最早的一部编年体史书。相传是春秋末年左丘明为解释孔子的《春秋》而作。

⑭崔杼：春秋时齐国大夫。

⑮经纶：这里指处理国家大事。

⑯衡轴：这里指中枢岗位。

⑰乱庶遄（chuán）沮：祸乱就会迅速终止。庶，差不多；遄，快。沮，终止。

⑱后：古代帝王。

⑲荀卿子：即荀况，号卿。

⑳大体：重要的，关系大局的。

㉑辜：罪。

㉒投杼：抛下织布用的梭子。这里比喻谣言众多，足以动摇人的看法。

㉓稷、契：稷，姬姓，名弃，传说是周的始祖，掌管农事。契，传说中商的始祖，曾助禹治水有功，被舜任为司徒，掌管教化。

译文

贞观十四年，特进魏徵上书说：

“为臣听说国君就像是人的头脑，臣下就像是人的四肢，两者只有相互配合、同心协力，才能构成一个人的整体。缺少任何一部分，都不能算是一个完整的人。头脑虽然尊贵重要，但必须凭借四肢的配合，才能成为一个整体。国君虽然英明，但必须依靠大臣的辅佐才能把国家治理好。《礼记》上说：‘百姓把国君看成是自己的心，国君把百姓看成是自己的身体，内心端正，身体方能舒畅健康，内心肃穆，面容才会恭敬。’《书经》上说：‘国君英明！大臣贤良！百姓安康！’又说：‘国君无能，大臣懒惰，万事不成！’所以，像国君抛开大臣，仅凭独断专行就能把国家治理得很好的事情，我从来没有听说过。

“君臣之间相互知遇，自古以来就是一件难事。就像把石头投进水中，让石头顺水而流，千年才能碰上一回；而让水顺石而流，则时刻都在发生。君臣能够秉持公正的道义，让天下的人才各尽其用，国君在内尽心尽力，臣下在外竭力辅佐，二者之间关系如果能像汤中的盐梅一样融和，像金石一样坚固，就不仅仅是靠高官厚禄所能达到的，而在于以礼相待。过去周文王游凤凰台时，系袜的带子开了，他环顾左右，认为没有一个能加以使唤的，就自己把袜带系好了。难道周文王的朝臣全都贤良，而今天的圣明时代反倒没有君子了吗？只不过是君王知遇或不知遇臣下，礼待或不礼待臣下罢了。伊尹是有莘国的陪嫁之臣，韩信是从项羽手下逃亡的大将。商汤礼遇伊尹，所以能在南巢成就了王业；汉高祖登坛拜韩信为大将，于是在垓下成就了帝功。如果夏桀不嫌弃伊尹，项羽施恩于韩信，难道会丧失已经建成的国家而做亡国之奴吗？还有微子，他是商纣王的骨肉同胞，武王灭商以后受封于宋；箕子也是商纣王时的良臣，却向周武王陈述了《洪范》名篇，孔子称赞他的仁德，没有人不赞成。《礼记》上说：‘鲁穆公问子思：“被放逐的朝臣，仍为原来的君主服丧，古来有这种情况吗？”子思说：“古代的君主，用人时以礼相待，辞退时也以礼相待，所以有被辞退的臣子为原君主服丧的礼仪。然而现在的君主，用人时恨不得把他搂放在膝盖上，辞退时恨不能推他下深渊。不兴兵讨伐他就不错了，哪里还谈得上什么服丧之礼？”’齐景公问晏子：‘忠臣是如何侍奉君主的？’晏子说：‘君主有难不为他去死，君主流亡不为他送行。’齐景公说：‘君主为臣子分封土地，加官晋爵，而君主有难臣下不为他去死，君主流亡臣下也不相送，这是为什么呢？’晏子说：‘如果忠臣的建议被采纳，君主就会终身无难，忠臣何必去死呢？如果忠臣的规劝被接受，君主就会终身太平，臣子又何必为他送行呢？如果忠言不被采纳，君主有难而臣下赴死，这是妄死；如果臣子不进献良言，等君主逃亡而去相送，那是伪装的忠诚。’《春秋左氏传》上说：‘崔杼杀死了齐庄公，晏子站在崔府大门外，他的随从问他：“齐庄公死了吗？”晏子说：“难道只是我的君主死了吗，我也死了。”那人又问：“你要逃亡吗？”晏子说：“是我的罪吗？我要逃亡。如果君主是为国家而死，那我就和他一起去死，如果君主是为国家而逃亡，我也陪他一起逃亡。如果君主为了自己的私利而死，为了自己的私利而逃亡，如果不是他亲近的人，谁敢为他痛哭，为他而死呢？”于是开门而入，抱着齐庄公的尸体痛哭，然后又站起来顿足三次就大步离开了。’孟子说：‘君主把臣子看成手足，臣子就会视君主如心腹；君主把臣子视为犬马，臣子就会把君主视做路人；君主把臣子视为粪土，臣子就会把君主视做仇敌。’虽然臣子对待君主应当没有二心，但在决定去留的名节上，应当以君主对臣子恩德的厚薄而定，然而作为君主，怎么可以对臣下无礼呢？

“我私下观察在朝中的大臣们，有的是身居要职的大臣，有的是在西北地区担任过边防的重臣，有的是在朝廷参与国家大事的要员。他们都曾建功立业，功勋卓著，都是当代优秀的人才，让他们担任国家要职，责任非常重大。朝廷委以他们重任，但又对他们的信任不深，这样就会使人有时产生疑虑。有疑虑就会怀有得过且过的态度。心怀有得过且过的态度，就树立不起忠君报国的节义。树立不起节义，纲常名教就不能振兴。名教不能振兴，而想巩固基业的太平，保住七百年的大唐国运，是不可能的事。我又听说国家爱惜功臣，不计较他们过去的错误，这与以前圣明的国君所做的没有什么区别。但是陛下对大事宽大，对小过错反而严厉处理，随时发怒责备，免不了是爱憎之心的体现，但这样是不能处理好朝政的。国君法令严厉，还有些臣子敢于触犯，更何况身居高位的人带头违犯，下面的人就更加不可收拾了。就像河水冲垮堤坝，泛滥成灾，伤害的人一定很多。那黎民百姓又该怎么办呢？这就是说，国君开启了一项弊端，下面就会生出一百个弊端，这样一来，天下就没有不乱的地方。《礼记》上说：‘喜欢一个人要知道他的缺点，憎恨一个人要知道他的优点。’如果憎恨一个人就抹杀了他的优点，那么做善事的人一定会产生恐惧情绪；如果喜爱一个人就包庇他的缺点，那么做坏事的人就会越来越多。《诗经》上说：‘国君如果发起怒来，作乱者就会很快收敛。’然而，古人的震怒，是为了惩处邪恶的人，当下的严厉惩罚，却助长了奸邪的风气。这不是尧、舜那样的明主的本意，也不是禹、汤那样的贤君所应该做的事。《尚书》中说：‘抚爱我的人就是我的国君，残暴地对待我的人就是我的仇人。’

荀子说：‘君主是船，百姓是水。水可以载船，也可以覆船。’所以孔子说：‘鱼失去了水就会死，水里没有了鱼还是水。’所以，尧、舜这样圣明的君主总是战战兢兢，一天比一天谨慎。对于这样的道理，怎么能不深思？怎么能不熟虑呢？

“让大臣负责国家大事，让小臣负责具体的小事，这是治国的常理，也是处理政务的正确方法。现在委任职权时，却是重视大臣而轻视小臣，遇到事情时，又轻信小臣而怀疑大臣。这是信任自己所轻视的而怀疑自己所重视的。这种做法，要想求得天下的大治，怎么能够实现呢？再者，朝政贵在稳定持久，不能经常改变。现在有时责令小臣办大事，有时又责令大臣去管理小事，小臣处在他不该占据的位置，而大臣又失去他应当担当的职责。大臣或者因为小过错而获罪，小臣或者因为大事故而受罚。职责和职位不相符合，所惩罚的事情，不属于他们各自的职责。要求他们没有私心，竭尽全力，岂不是很难吗？小臣不可以委以大事，对大臣不能因为小过错就加以治罪。给予很高的职位，追究细小的错误，于是那些刀笔小吏就会顺着陛下的旨意，舞文弄墨，让臣下蒙冤受罪。大臣为自己辩解表白，就认为他是不肯服罪；不辩解表白，就认为所犯罪行都是事实。真是进退两难，自己不能辩明冤屈，于是只好苟且免祸。大臣苟且免祸就会谲诈萌生，谲诈萌生就会虚伪成风，虚伪成风就不能实现天下大治了啊！

“朝廷委任大臣，都是想让他们竭尽全力，但每当大臣却有所避讳不敢直言的时候，这就叫未尽全力。如果举荐的官员得当，即使是故人旧友又有什么关系。如果举荐的官员不得当，即使关系疏远又有什么可贵。对待大臣不给予充分的信任，又怎能要求他们行忠恕之道呢？臣子虽然有时会犯过错，但国君也不能如此对待臣下。皇上既然不信任臣下，那么必然认为臣下无可信之处。如果臣下都不值得信任，那么皇上必然也有让人怀疑的地方。《礼记》上说：‘地位高的人相互猜疑，那么百姓就会感到困惑；对臣下不了解，那么国君就会常常忧心劳累。’国君与臣下之间互相猜疑，就谈不上实现天下大治了。如今诸位大臣之中，远在一方，能经历三番五次的谣言却不信以为真的人，据我所知还未曾有过。我国疆域辽阔，人口众多，难道连一两个值得信赖的人都没有吗？用信任的态度去选择人，就没有绝对不能用的人；用怀疑的态度去选择人，就选不到信得过的人，难道这只是臣子单独的过失吗？即使普通人，一旦结为朋友，都可以用生命来许诺，至死不渝，更何况君臣之间相互契合，如同鱼水的关系呢？如果国君像尧、舜那样，臣子像稷、契一样，怎么会有遇到小的事情就改变志向，碰到小的利益就变心的道理呢？这虽然是有臣下忠心不足的原因，但也有国君心怀不信任、对待臣下过于苛刻的缘故。这怎么谈得上君以礼待臣、臣以忠事君呢？凭借陛下的圣明和当今的功业，要是能诚恳广泛地寻求贤能的人，君臣同心同德，那么三皇就可以追加为四皇，五帝往下就能增为六帝。夏、商、周、汉，又算得了什么！”

太宗十分赞许并采纳了这一意见。

贞观十六年，太宗问特进魏徵曰：“朕克己为政，仰企前烈。至于积德、累仁、丰功、厚利，四者常以为称首，朕皆庶几自勉。人苦不能自见，不知朕之所行，何等优劣？”徵对曰：“德、仁、功、利，陛下兼而行之。然则内平祸乱，外除戎狄，是陛下之功。安诸黎元，各有生业，是陛下之利。由此言之，功利居多，惟德与仁，愿陛下自强不息，必可致也。”

译文

贞观十六年，太宗问特进魏徵："我克己奉公，一心处理政事，仰慕并希望达到前任的功业。至于聚积美德、累加仁义、建立功业、为民谋利，这四个方面我都认为是首要的事情，我经常用它们来勉励自己。可是人都苦于不能觉察自己的过失，不知这四个方面，我做得好还是不好？"魏徵回答说："德、仁、功、利四个方面，陛下都在做。对内平定祸乱，对外征服戎狄，这都是陛下的功劳。安抚百姓，使他们各有生计，这是陛下为他们谋的利益。从这方面看，陛下的功利占了多数，只是德与仁这两方面，希望陛下自强不息，必定可以做到。"

贞观十七年，太宗谓侍臣曰："自古草创之主，至于子孙多乱，何也？"司空房玄龄曰："此为幼主生长深宫，少居富贵，未尝识人间情伪，治国安危，所以为政多乱。"太宗曰："公意推过于主，朕则归咎于臣。夫功臣子弟多无才行，藉祖父资荫遂处大官，德义不修，奢纵是好。主既幼弱，臣又不才，颠而不扶，岂能无乱？隋炀帝录宇文述在藩之功，擢化及[①]于高位，不思报效，翻行弑逆。此非臣下之过欤？朕发此言，欲公等戒勖子弟，使无愆过，即家国之庆也。"太宗又曰："化及与玄感，即隋大臣受恩深者子孙，皆反，其故何也？"岑文本对曰："君子乃能怀德荷恩，玄感[②]、化及之徒，并小人也。古人所以贵君子而贱小人。"太宗曰："然。"

注释

①化及：即宇文化及。隋朝宰相宇文述之子。武德初年，杀隋炀帝于江都。

②玄感：即杨玄感。隋朝宰相杨素之子，曾为大将。大业九

年，起兵反叛。

译文

贞观十七年，唐太宗对侍从的大臣们说："从古以来，开创国家基业的君主，到他子孙的时候就往往发生祸乱，这是什么缘故？"司空房玄龄说："这是因为幼主生长在深宫之内，从小过着富贵生活，并不知道民间事情的真伪和治理国家的安危之道，所以当政后就容易发生祸乱。"太宗说："你的意思是把过失推到君主身上，我则要把它归罪于臣下。那些功臣子弟多数无才无德，靠祖父、父亲的功勋和爵位就做上大官，不修美德与仁义，只爱奢侈放纵。君主既然幼弱，臣下又没有才能，遇到国家有倾覆的危险却不能匡正扶持，怎能不发生祸乱？隋炀帝记取宇文述在自己当晋王时的功劳，所以把他的儿子宇文化及提升到高官显位，可是宇文化及不考虑如何报效，反而叛逆弑君。这难道不是臣下的罪过吗？我讲这话，希望你们训诫勉励自己的子弟，使他们不要违法犯罪，就是家庭和国家值得庆幸的了。"太宗又说："宇文化及和杨玄感，都是隋朝大臣中深受皇恩者的子孙，可后来他们都谋反了，这是什么缘故？"岑文本回答说："君子才能够感恩戴德，杨玄感、宇文化及之流，都是小人。这就是古人看重君子而鄙视小人的原因。"太宗说："你说得对！"

择官第七

导读

"择官"，不仅仅是选择官吏，还涉及皇帝如何选拔和录用贤才，如何认识有才之人，如何量才授职授官，如何设置和精简官僚机构，如何亲贤臣远小人等多个方面。《择官》全篇都贯穿

一个鲜明的主题，即“致安之本，惟在得人”。作者以鲜活的事例，富有哲思的语言分别阐述了重才求才、选才用才、爱才管才的思想。唐太宗作为一国之君，日理万机，日夜不怠。自身的贤明与前代的用人得失使他充分认识到寻找和选拔优秀的人才来担任国家官员的重要性和紧迫性。所以文中无论是唐太宗要求臣下举荐人才还是从下级官吏中擢选贤才，都体现了他对人才的渴求和重视。然而择官最重要的一步就是选才用才，然而想要尽快地辨明并获得真才，必须借用两条路径。一是由仿照两汉取人，由州县征召具有德行之人，上贡朝廷入用；二是从地方官员，如刺史或县令中进行考核、选拔，品行和政绩兼具者方能进入中央机构。同时，作者也强调，“用人弥须慎择”，“太平之时，必须才行具兼，始可任用”。最后，作者认为，不是贤才任用之后就万事大吉了，作为国君，还应当爱才管才，发挥他们最大的作用。国君对待人才，不仅要“因其材以取之，审其能以任之，用其所长，掩其所短”，还要引导贤臣“处六正之道，不行六邪之术”。君主只有赏罚分明，公平仁义，实事求是，方能“进忠良，推不肖”，实现“不化而教”，“天下至理”。《择官》篇中许多择人用人的观念对当下社会的借鉴意义是很大的，如果能真正理解和掌握文中择官的思想和原则，那么必将大大提升我们自己识人、知人、用人的技巧和水平。

贞观元年，太宗谓房玄龄等曰：“致治之本，惟在于审。量才授职，务省官员。故《书》称：‘任官惟贤才。’又云：‘官不必备，惟其人。’若得其善者，虽少亦足矣；其不善者，纵多亦奚为[①]？古人亦以官不得其才，比于画地作饼，不可食也。《诗》曰：‘谋夫孔多[②]，是用不就。’又孔子曰：‘官事不摄[③]，焉得俭？’且‘千羊之皮，不如一狐之腋。’此皆载在经典，不能具道。当须更并省官员，使得各当所任，则无为而治矣。卿宜详思此理，量定庶官员位。”玄龄等由是所置文武总六百四十员。太宗从之，因谓玄龄曰：“自此倘有乐工杂类，假使术逾侪辈[4]者，只可特赐钱帛以赏其能，必不可超授官爵，与夫朝贤君子比肩而立，同坐而食，遣诸衣冠[5]以为耻累。”

注释

①奚为：奚，疑问词。奚为即有何用处。

②孔多：很多。

③摄：代理。

④侪（chái）辈：同辈。

⑤衣冠：古代士以上带冠，衣冠在这里借指官员、士大夫阶层。

译文

贞观元年，唐太宗对房玄龄等人说：“治理国家的根本在于能审察官吏。要根据人的能力大小授予官职，务必精减官员人数。所以《尚书》说：‘只选取贤良和有才能的人做官。’《尚书》还说：‘官员不在多，而在于任用得当。’如果任用了好官，尽管人数不多也足够任用了；如果任用了不好的官，人数再多又有什么用呢？古人说不根据才能选择官员，就像在地上画饼，不能充饥一样。《诗经》有句话：‘谋划者中庸人多了，事情就不能办成。’而且孔子也说：‘官员不能身兼两职，怎谈得上精简节约呢？’孔子还说：‘一千只羊的皮，不如一只狐狸的腋下之毛。’这些名言都记载在经典上，不能一一说尽。现在应当进一步省减官员，使他们能各自担当起所任官职的责任，那么国家就可以无为而治了。你应该仔细考虑一下这个问题，衡量并制定官员的职位和职责。”房玄龄等人于是拟定出文武官员共六百四十人，唐太宗表示同意，并对房玄龄说："从今以后，如果有一些乐工及其他杂务人员，他们的能力超过了同辈的，只可以赏赐给他们钱财丝帛来奖赏他们的技能，但一定不能超员授予他们官职。从而让他们和朝廷的贤臣君子并肩而站，同桌而食，使士大夫们感到羞耻。"

贞观二年，太宗谓房玄龄、杜如晦曰："公为仆射[①]，当助朕忧劳，广开耳目，求访贤哲。比闻公等听受辞讼，日有数百。此则读符牒[②]不暇，安能助朕求贤哉?"因敕尚书省，细碎务皆付左右丞[③]，惟冤滞大事合闻奏者，关于仆射。

注释

①仆射：唐时负责行政的尚书省最高长官，左、右仆射各一人。

②符牒：公文。

③左右丞：唐代尚书省仆射之下的官职。

译文

贞观二年，唐太宗对房玄龄、杜如晦说："你们身为仆射，应帮助我排忧解难，广开耳目，求访贤能之人。听说你们处理的诉讼文件有数百之多。这样整天阅读公文都应接不暇，怎能有时间帮助我寻访贤才呢?"于是唐太宗下令尚书省把细碎的事情交给左右丞处理，只有滞留未申的疑难冤案才能交给仆射处理。

贞观二年，太宗谓侍臣曰："朕每夜恒思百姓间事，或至夜半不寐。惟恐都督[①]、刺史[②]堪养百姓与否。故于屏风上录其姓名，坐卧恒看，在官如有善事，亦具列于名下。朕居深宫之中，视听不能及远，所委者惟都督、刺史，此辈实治乱所系，尤须得人。”

注释

①都督：掌督诸州兵、马、甲、械、粮廪等。

②刺史：官名。隋初罢郡，以州统县，州的长官称刺史。

译文

贞观二年，唐太宗对侍从的大臣们说：“我每天夜里总考虑着百姓的事情，有时到半夜还睡不着，就是担心都督、刺史能否安抚好百姓。所以在屏风上记下他们的姓名，坐着躺下都可看到，如果他们在任上做了好事，也都记录在他们的姓名之下。我住在深宫之中，看到的和听到的都不能涉及很远，所依靠的就是这些都督和刺史。这些地方长官确实关系到国家的治理或是动乱，特别需要选择优秀的人去担当。”

贞观二年，太宗谓右仆射封德彝曰：“致安之本，惟在得人。比来命卿举贤，未尝有所推荐。天下事重，卿宜分朕忧劳，卿既不言，朕将安寄？”对曰：“臣愚岂敢不尽情，但今未见有奇才异能。”太宗曰：“前代明王使人如器，皆取士于当时，不借才于异代。岂得待梦傅说[1]，逢吕尚[2]，然后为政乎？且何代无贤，但患遗而不知耳！”德彝惭赧[3]而退。

注释

①傅（yuè）说：商代贤臣。

②吕尚：本姓姜，名望，又称姜子牙。周代贤臣。

③赧（nǎn）：因羞愧而脸红。

译文

贞观二年，唐太宗对右仆射封德彝说：“安定国家的根本，在于得到有贤能的人。近来我让你向我推荐人才，却不见你有所

举荐。治理天下事关重大，你应当替我分忧解难，你们不向我进言举荐贤才，那我又能去依靠谁呢？”封德彝回答说：“臣下愚钝，怎么敢不尽心尽力，只是现在还没有发现具有很高才能的人。”唐太宗说：“过去，圣明的君主使用人才，宛如使用器皿一样各取所用，都是选拔当代的人才，不向其他朝代去借用。难道我们一定要等到梦到傅说，遇到吕尚这样的贤才才能去治理国家吗？况且哪个朝代没有贤才，只担心是遗漏了或是不知道吧！”封德彝听后羞愧地退了下去。

贞观三年，太宗谓吏部尚书杜如晦曰：“比见吏部择人，惟取其言词刀笔，不悉其景行[①]。数年之后，恶迹始彰，虽加刑戮，而百姓已受其弊。如何可获善人？”如晦对曰：“两汉取人，皆行著乡闾[②]，州郡贡之，然后入用，故当时号为多士。今每年选集，向数千人，厚貌饰词，不可知悉，选司但配其阶品而已。铨简之理[③]，实所未精，所以不能得才。”太宗乃将依汉时法令，本州辟召，会功臣等将行世封事，遂止。

注释

①景行：高尚的德行。

②乡闾：即乡里。

③铨（quán）简之理：选补官员的规章制度。

译文

贞观三年，唐太宗对吏部尚书杜如晦说：“我近来看到吏部选择官员，只看口才文笔是否出众，而不看他的道德品行。几年后，这些人的劣迹逐渐败露，虽然对他们进行了惩罚，但是老百姓已经深受伤害。那么，如何才能够选拔到优秀的官员呢？”杜如晦说：“西汉和东汉选拔官员，都以美德闻名于乡里，然后州郡推荐给朝廷，最后才被任用，所以当时号称人才济济。现在每年所选的人才，多达数千人，这些人外表谨慎忠厚、言语巧加掩饰，不可能很全面地了解他们。吏部只能做到授予他们品级和职位而已。选补官员的规章制度，实在不够完善，所以不能得到真正的人才。”太宗于是打算依照两汉时的法令，改由各州郡举荐德才兼备的人，但因为诸功臣等人将要实行世袭封官授爵制，这件事就停止了。

贞观六年，太宗谓魏徵曰：“古人云，王者须为官择人，不可造次[①]即用。朕今行一事，则为天下所观；出一言，则为天下所听。用得正人，为善者皆劝；误用恶人，不善者竞进。赏当其劳，无功者自退；罚当其罪，为恶者戒惧。故知赏罚不可轻行，用人弥须慎择。”徵对曰：“知人之事，自古为难，故考绩黜陟[②]，察其善恶。今欲求人，必须审访其行。若知其善，然后用之，设令此人不能济事，只是才力不及，不为大害。误用恶人，假令强干，为害极多。但乱世惟求其才，不顾其行。太平之时，必须才行俱兼，始可任用。”

注释

① 造次：鲁莽，轻率。

② 黜陟（chù zhì）：指人才的进退或官职的升降。

译文

贞观六年，唐太宗对魏徵说：“古人说过，君主必须根据官职来选择合适的人，不能轻率任用。我现在做一件事，就被天下人看到；说一句话，就被天下人听到。任用了正直的人，品质好的人都会得到劝勉；错用了坏人，品质坏的人就会争相钻营求利。奖赏和功绩相称，没有功劳的人就会自动退避；惩罚和罪恶相称，坏人就有所戒惧。由此可知赏罚绝不可以随意使用，用人更需要慎重选择。”魏徵回答说：“知人善任这件事，从古以来就很难，所以在考核劳绩、决定贬降还是升迁时，要观察他的善恶。如今想求得人才，必须仔细察访他的品行。如果了解到他真有好的品行，然后才可任用。假如此人不会办事，只是才力不够，还没有什么大的害处。错用了坏人，假使他能力强，会办事，那为害就太多了。但在乱世可以只求有才能，不管品行。太平时候，必须才能、品行都好，方可任用。”

贞观十一年，侍御史[1]马周上疏曰：“治天下者以人为本，欲令百姓安乐，惟在刺史、县令。县令既众，不可皆贤，若每州得良刺史，则合境苏息。天下刺史悉称圣意，则陛下可端拱岩廊之上，百姓不虑不安。自古郡守、县令，皆妙选贤德，欲有迁擢为将相，必先试以临人，或从二千石[2]入为丞相及司徒、太尉[3]者。朝廷必不可独重内臣，外刺史、县令，遂轻其选。所以百姓未安，殆由于此。”太宗因谓侍臣曰：“刺史朕当自简择；县令诏京官五品已上，各举一人。”

注释

① 侍御史：御史台中的官员，主管审讯案件，弹劾百官。

② 二千石：汉时称郡守的俸禄为二千石，因此以后都称郡守为“二千石”。

③ 太尉：辅佐皇帝处置军政要事，掌握兵权。

译文

贞观十一年，侍御史马周上疏说：“人才是治理好天下的根本。要想让百姓安居乐业，关键是选好刺史和县令。县令那么多，不可能都是贤能，如果每个州都能有一个好的刺史，那么整个州就可以安定繁荣了。如果全州的刺史都符合皇上的心意，那么陛下就可以高枕无忧，百姓就不必忧虑不能安居乐业了。自古以来，郡守、县令都是精心挑选德才兼备的人担任，想要提拔为将军或宰相的，一定先让他们做一段时间的地方官进行考察，或者从州郡官员直接升任宰相、司徒或太尉。朝廷千万不要只注重中央内部大臣的选拔，忽视刺史和县令这两级官员，从而轻率决定他们的选拔。百姓不能安居乐业，恐怕与此有关。”于是太宗对侍臣说：“刺史应由我亲自挑选，县令应由在京五品以上的官员每人推荐一个。”

贞观十一年，治书侍御史刘洎以为左右丞宜特加精简，上疏曰：“臣闻尚书万机，实为政本，伏寻此选，授任诚难。是以八座比于文昌[①]，二丞方于管辖，爰至曹郎[②]，上应列宿，苟非称职，窃位兴讥。伏见比来尚书省诏敕稽停，文案壅滞，臣诚庸劣，请述其源。贞观之初，未有令、仆，于时省务繁杂，倍多于今。而左丞戴胄、右丞魏徵并晓达吏方，质性平直，事应弹举，无所回避，陛下又假以恩慈，自然肃物。百司匪懈，抑此之由。及杜正伦续任右丞，颇亦厉下。比者纲维不举，并为勋亲在位，器非其任，功势相倾。凡在官僚，未循公道，虽欲自强，先惧嚣谤。所以郎中予夺，惟事咨禀；尚书依违[③]，不能断决。或纠弹闻奏，故事稽延，案虽理穷，仍更盘下。去无程限，来不责迟，一经出手，便涉年载。或希旨失情，或避嫌抑理。勾司以案成为事了，不究是非；尚书用便僻[④]为奉公，莫论当否。互相姑息，惟事弥缝。且选众授能，非才莫举，天工人代，焉可妄加？至于懿戚元勋，但宜优其礼秩，或年高及耄，或积病智昏，既无益于时宜，当置之以闲

逸。久妨贤路，殊为不可。将救兹弊，且宜精简尚书左右丞及左右郎中。如并得人，自然纲维备举，亦当矫正趋竞，岂惟息其稽滞哉！”疏奏，寻以洎为尚书左丞。

注释

①文昌：星官名。

②曹郎：官名，即部曹，指部属各司的官员。

③依违：犹豫不决，模棱两可。

④便僻：谄媚逢迎。

译文

贞观十一年，治书侍御史刘洎认为尚书左、右丞的人选应当特别精心选拔，他上疏说：“臣知道尚书省日理万机，是施政的中枢部门，寻找和选拔适当的人来担任，确实很难。所以左、右仆射和六部长官好比是天上文昌官内的众星，左右二丞好像是锁管和车辖，这些官员以及下至曹郎，也与上天的星宿相应，如果不能称职，就会引起窃居要职讥评。我近来看到尚书省内诏书敕令不能迅速执行，文书案卷堆积不能及时处理，我虽然庸劣无能，但也请让我讲一讲造成这种现象的原因。贞观初年，没有任命尚书令和左右仆射，当时尚书省里公务繁杂，比今天还多一倍，左丞戴胄、右丞魏徵，都通晓管理和处理政务的方法，而且他们品性公平正直，凡遇到应当弹劾举报的问题，从不回避。陛下给予他们信任和爱护，自然能整肃纲纪。各个部门之所以不敢懈怠，就是用人得当的缘故。到杜正伦继任右丞，也能够对下面严格要求。近来之所以纲纪不整，都是由于功臣国戚占据了重要职位，他们既无才能胜任，又依仗功勋互相倾轧。其他官僚，也不能秉公办事，即使想振作自己，又会先畏惧流言毁谤。所以郎中定夺事情，凡事都向上级请示；尚书也模棱两可，不能决断，有些纠察弹劾的案件应该上奏，却故意拖延，案件虽然已经处理清楚，仍然再次盘问下属。公文发出去没期限，回复来迟了也不指责，事情一经交办，就拖上成年累月。有的只迎合圣上的旨意而不考虑是否和实情相符，有的为了避免嫌疑而不管是否符合常理。办案的部门只求尽快结案，却不追究是非；尚书把逢迎谄媚作为办公的标准，不管对错。互相姑息，有了问题就极力掩盖弥和。而且官职应该从众人中选拔有才能的授予，没有才能就不应举荐，官员是代上天办事，怎能随便授予官位？至于皇亲国戚和元勋功臣，只能给他们优厚的礼遇，他们有的年高岁老，有的久病智衰，既然在当前已做不出贡献，就应让他们尽享休闲和安逸。让他们长期在位妨碍选拔贤能的途径，这是极不恰当的。为纠正这类弊端，应先精心挑选官员。尚书左、右丞和左、右郎中，如果都能任用称职的人，自然纲纪确立，还能纠正那种奔走争官做的歪风，这岂止是解决办事拖延的问题啊！”奏章送了上去，不久便委任刘洎做尚书左丞。

贞观十三年，太宗谓侍臣曰：“朕闻太平后必有大乱，大乱后必有太平。大乱之后，即是太平之运也。能安天下者，惟在用得贤才。公等既不知贤，朕又不可遍识，日复一日，无得人之理。今欲令人自举，于事何如?”魏徵对曰：“知人者智，自知者明。知人既以为难，自知诚亦不易。且愚暗之人，皆矜能伐善，恐长浇竞之风，不可令其自举。”

译文

贞观十三年，唐太宗对侍臣说：“我听说，太平之后必然天下大乱，大乱之后，必然又回归太平。大乱之后，就是太平的气运了。要想使国家安定，只有任用贤才。你们既然不知道贤才，

我又不可能一一加以考察，日复一日，就得不到贤才治理国家了。现在我下令让人才自我推荐，你们看怎么样呢？”魏徵回答说：“了解别人的人聪明，了解自己的人明智。了解别人难，了解自己就更不容易。并且愚昧无知的人，都依仗自己的本事欺压比自己强的人。这样恐怕会助长竞逐名利的不良风气，我认为陛下不可以下令让人自荐。”

贞观十四年，特进魏徵上疏曰：

“臣闻知臣莫若君，知子莫若父。父不能知其子，则无以睦一家；君不能知其臣，则无以齐万国。万国咸宁，一人有庆，必藉忠良作弼，俊乂在官，则庶绩其凝，无为而化矣。故尧、舜、文、武见称前载，咸以知人则哲，多士盈朝，元、凯[①]翼巍巍之功，周、召[②]光焕乎之美。然则四岳、九官、五臣、十乱[③]，岂惟生之于曩代[④]，而独无于当今者哉？在乎求与不求，好与不好耳！何以言之？夫美玉明珠，孔翠犀象，大宛之马，西旅之獒，或无足也，或无情也，生于八荒之表，途遥万里之外，重译入贡，道路不绝者，何哉？盖由乎中国之所好也。况从仕者怀君之荣，食君之禄，率之以义，将何往而不至哉？臣以为与之为孝，则可使同乎曾参、子骞[⑤]矣；与之为忠，则可使同乎龙逄、比干矣；与之为信，则可使同乎尾生、展禽矣；与之为廉，则可使同乎伯夷、叔齐矣。

“然而今之群臣，罕能贞白卓异者，盖求之不切，励之未精故也。若勖之以公忠，期之以远大，各有职分，得行其道；贵则观其所举，富则观其所养，居则观其所好，习[⑥]则观其所言，穷则观其所不受，贱则观其所不为；因其材以取之，审其能以任之，用其所长，掩其所短；进之以六正，戒之以六邪，则不严而自励，不劝而自勉矣。故《说苑》[7]曰：‘人臣之行，有六正六邪。行六正则荣，犯六邪则辱。何谓六正？一曰萌芽未动，形兆未见，昭然独见存亡之机，得失之要，预禁乎未然之前，使主超然立乎显荣之处，如此者，圣臣也。二曰虚心尽意，日进善道，勉主以礼义，谕主以长策，将顺其美，匡救其恶，如此者，良臣也。三曰夙兴夜寐，进贤不懈，数称往古之行事，以厉主意，如此者，忠臣也。四曰明察成败，早防而救之，塞其间，绝其源，转祸以为福，使君终以无忧，如此者，智臣也。五曰守文奉法，任官职事，不受赠遗，辞禄让赐，饮食节俭，如此者，贞臣也。六曰家国昏乱，所为不谀，敢犯主之严颜，面言主之过失，如此者，直臣也。是谓六正。何谓六邪？一曰安官贪禄，不务公事，与世浮沉，左右观望，如此者，具臣[8]也，二曰主所言皆曰善，主所为皆曰可，隐而求主之所好而进之，以快主之耳目，偷合苟容[9]，与主为乐，不顾其后害，如此者，谀臣也。三曰内实险诐[10]，外貌小谨，巧言令色，妒善嫉贤，所欲进，则明其美、隐其恶，所欲退，则明其过、匿其美，使主赏罚不当，号令不行，如此者，奸臣也。四曰智足以饰非，辩足以行说，内离骨肉之亲，外构朝廷之乱，如此者，谗臣也。五曰专权擅势，以轻为重，私门成党，以富其家，擅矫主命，以自贵显，如此者，贼臣也。六曰谄主以佞邪，陷主于不义，朋党比周，以蔽主明，使白黑无别，是非无间，使主恶布于境内，闻于四邻，如此者，亡国之臣也。是谓六邪。贤臣处六正之道，不行六邪之术，故上安而下治。生则见乐，死则见思，此人臣之术也。’《礼记》曰：‘权衡诚悬，不可欺以轻重。绳墨诚陈，不可欺以曲直。规矩诚设，不可欺以方圆。君子审礼，不可诬以奸诈。’然则臣之情伪，知

之不难矣。又设礼以待之，执法以御之，为善者蒙赏，为恶者受罚，安敢不企及乎？安敢不尽力乎？

“国家思欲进忠良，退不肖，十有余载矣，徒闻其语，不见其人，何哉？盖言之是也，行之非也。言之是，则出乎公道，行之非，则涉乎邪径。是非相乱，好恶相攻。所爱虽有罪，不及于刑；所恶虽无辜，不免于罚。此所谓爱之欲其生，恶之欲其死者也。或以小恶弃大善，或以小过忘大功。此所谓君之赏不可以无功求，君之罚不可以有罪免者也。赏不以劝善，罚不以惩恶，而望邪正不惑，其可得乎？若赏不遗疏远，罚不阿亲贵，以公平为规矩，以仁义为准绳，考事以正其名，循名以求其实，则邪正莫隐，善恶自分。然后取其实，不尚其华，处其厚，不居其薄，则不言而化，期月而可知矣。若徒爱美锦，而不为民择官，有至公之言，无至公之实，爱而不知其恶，憎而遂忘其善，徇私情以近邪佞，背公道而远忠良，则虽夙夜不怠，劳神苦思，将求至理，不可得也。”

书奏，甚嘉纳之。

注释

①元、凯：八元、八凯，传说是舜的贤臣。

②周、召：周，周公，名旦，周武王之弟。召，召公，名奭，为周太保。二人曾辅佐周成王。

③四岳、九官、五臣、十乱：都指古代传说中的贤臣。

④曩（náng）代：从前的朝代。

⑤曾参、子骞：曾参，字子舆。子骞，姓闵名损。二人都是孔子的弟子，以孝著称。

⑥习：亲近。

⑦《说苑》：西汉刘向撰，是一部富有文学意味的重要文献，

内容多哲理深刻的格言警句。

⑧具臣：白吃饭的大臣。

⑨偷合苟容：装样子迎合讨好别人。

⑩险诐（bì）：邪恶不正。

译文

贞观十四年，特进魏徵上疏说：

“我听说，了解臣子莫若君主，了解孩子莫若父亲。父亲不了解自己的孩子，就无法使家庭和睦；君主不了解自己的臣子，就不能治理好国家。而要使天下太平，国君无忧无患，那就要有忠臣辅佐。贤臣在朝就会政绩卓越，做到无为而治了。所以尧、舜、文王、武王能名存史册，他们都有知人之明，所以众多贤能才会聚于朝廷。八元、八凯帮助舜建立了赫赫功业，周公、召公辅佐周成王成就一代辉煌帝业。难道‘四岳’‘九官’‘五臣’‘十乱’这样的贤臣，只能生活在前朝，而唯独当今没有吗？这只是在于国君求与不求、喜好与不喜好而已。为什么这样说呢？像那些美玉明珠、孔雀翡翠、犀牛大象、大宛的宝马、西域的獒犬，它们或是没有手足，或是没有感情，出产在蛮荒的地方，离这里有万里之远，而且经过多次翻译进贡到中国，道路上的人还络绎不绝，这是为什么呢？是因为中原的人喜好它们罢了。况且做官的人都想着君主所给予的荣华，享受君主赐予的俸禄，如果君主用仁义去引导他们，还有什么事情做不成呢？我认为如果用孝悌来教导他们，那么就可以使他们成为像曾参、子骞那样孝子；如果用忠义来教导他们，就可以使他们成为像龙逄和比干那样的忠臣；如果用信义来教导他们，就可以使他们成为像尾生、展禽一样的义士；如果用廉洁来教导他们，就可以使他们成为像伯夷、叔齐一样的廉正之人。

“然而今天的群臣之中，很少有正直清白、才能出众的人，

恐怕是因为朝廷求贤之心不急切，没有认真激励他们的缘故。如果用公正忠诚去要求他们，用远大抱负去激励他们，让他们各尽其职，各自施展他们的主张。身处高位时就要看他们举荐的人才，家境富裕时就要看他们蓄养的门客，闲居时看他们的喜好，亲近时要看他们说的话，穷困时要看他们的气节，卑贱时要看他们的德行。根据他们的才能选拔他们，考察他们的能力才任用他们，发挥他们的长处，克服他们的短处，用‘六正’去勉励他们，用‘六邪’去警戒他们。那么，即使不严格要求他们，他们也会自我激励，不用刻意劝勉，他们也会自己努力。因此汉代刘向在《说苑》中说：‘臣下的行为，有为六正六邪之说。行六正是臣下的光荣，犯六邪则是臣下的耻辱。什么是六正呢？一是当事情的端倪还未萌生，各种征兆还不显著的时候，臣下能够明显而独到地预见得失存亡的利害，使君主免于祸患，永保江山稳固，这样的臣子，是圣臣。二是虚心进谏，不断提出好的建议，勉励君主实行礼义，向君主进好言献良策，避免君主犯错误，这样的臣子，是良臣。三是废寝忘食，不断地为朝廷举荐贤才，不断用古代圣贤的事迹来勉励君主，这样的臣子，是忠臣。四是明察成败，能及早地断预防或补救，堵塞漏洞，根绝祸源，转祸为福，使君主高枕无忧，这样的臣下，是智臣。五是奉公守法，尽职尽责，不收贿赂，谦让节俭，这样的臣子，是贞臣。六是国家混乱，不阿谀奉承，敢犯言直谏，当面指出君主的过错，这样的臣子，是直臣。以上就是所说的六正。那么六邪是什么呢？一是贪得无厌，不务正事，随波逐流，没有立场，这样的臣子，是具臣。二是认为君主说的话都是好的，君主的行为都是对的，私下投君主之所好并加以逢迎，以此来取悦君主耳目声色之乐，趋炎附势，助长君主的逸乐，不顾严重后果，这样的臣子，是谀臣。三是内心阴险，外表拘谨，巧言令色，嫉贤妒能，只要他想提拔谁，就只说好话，隐瞒过失，要想排挤谁，就夸大他的缺点，掩盖他的优点，致使君王赏罚不明，诏令不被执行，这样的臣子，是奸臣。四是凭着自己的机巧辩才，掩过饰非，对内离间骨肉之情，对外制造朝廷混乱，这样的臣子，是谗臣。五是专权仗势，以轻为重，私结友党，聚敛财富，假借君主诏令，以实现自己显赫地位的目的，这样的臣子，是贼臣。六是用奸邪向君主献媚，陷君主于不仁不义之境地，私结朋党，蒙蔽君主，使他不辨黑白，不明是非，致使国君不仅恶名传遍国内，还远播周围邻国，这样的臣子，是亡国之臣。这就是所说的六邪。如果贤臣做到六正，避免六邪，那么上就会使朝廷获得安宁，下就会使国家得到治理。生时为百姓所爱戴，死后被人追忆怀念，这就是为臣之道。'《礼记》还说：'秤杆一提，就不可能在轻重上受到欺骗；绳墨一拉，就不会在曲直上受到欺骗；规矩一比，就不会在方圆上感到困惑。君子懂得各种礼仪规范，就不会被奸诈所诬陷。'这样，臣子的忠奸真伪，就不难辨别。如果朝廷能够对他们以礼相待，以法约束，行善的能够加以褒奖，作恶的能够处以刑罚，谁还敢不求上进？谁还敢不尽心尽力呢？

"朝廷想要提携忠良的大臣，贬斥不贤的大臣，已经有十几年了，但是为什么只是听到这样的说法，而没见到这样的人，这是为什么？大概是因为说的正确，做的不对吧。说得对是出于公道，而做的不对就涉及邪道了。这样，就会是非混乱，好恶相攻。自己喜欢的人即使有罪，也不会受到处罚，自己不喜欢的人即使清白无辜，也总会受到惩罚。这就是所谓的'喜欢他就会让他生存，憎恨他就会将其置于死地'。或者因为小的恶行而忘记大的善行，或者因小的过失而忽略大的功劳。这就是所谓的'君主的赏赐不能给无功的人，君主的刑罚不能漏掉有罪的人'。奖赏不能劝勉大家为善，惩罚不能禁止一些人作恶，却希望达到邪正分明，这怎么能实现呢？如果赏赐时不忘被疏远的臣子，处罚时不庇护亲近的人，做到以公平为规矩，以仁义为准绳，考察事实来辨别名分，按照名分来考订事实，那么邪恶就会无处藏身，善恶自然分明。录取有真才实干的人，不要那些浮夸的；录用宅心仁厚的，不要那些浅薄的。这样，就会达到不言而教化天下的目的，而且不用一个月就能看出效果。如果只看重外在仪表，而不去为百姓选拔好的官员，只有至公的言辞，没有至公的事实；如果喜欢臣下，就对他们的缺点视而不见，厌恶他们，就忘记他们善的品行；徇私情而亲近奸邪的臣子，背离公道而疏远忠臣良将。这样，即使日夜辛劳，费神苦想，希望求得天下大治，是不能得到的。”

看过奏书后，唐太宗欣然接受。

贞观二十一年，太宗在翠微宫，授司农卿[1]李纬户部尚书。房玄龄是时留守京城。会有自京师来者，太宗问曰：“玄龄闻李纬拜尚书，如何？”对曰：“但云‘李纬大好髭须[2]’，更无他语。”由是改授洛州刺史。

注释

①司农卿：唐时掌粮食储备等事的官职。

②髭（zī）须：胡子。

译文

贞观二十一年，唐太宗在翠微宫加授司农卿李纬为户部尚书。房玄龄当时留守在京城任职。恰巧有个官员从京城来，唐太宗问他：“房玄龄听说李纬出任尚书之后，有什么意见呢？”那个官员回答：“只听到房玄龄说‘李纬特别喜欢留胡须’，再没有其他评语。”唐太宗听后，改任李纬为洛州刺史。

封建第八

导读

“封建”，即封建制，也称分封制，是君王或者中央王朝把土地及土地上的人口，分封给皇族、功臣、贵族作为领地，以建立诸侯国来扩大统治，巩固政权的制度。分封制起源于西周，最初对巩固周王朝的统治起到了重要作用，但随着诸侯国日益强大，开始呈现出摆脱中央政权统治的趋势，逐渐出现了地方反抗中央，诸侯之间相互争霸的局面。春秋战国就是这分封制弊端发展到极致的阶段。秦朝建立后，吸取西周灭亡的教训，开始加强中央集权，实施了“废分封，置郡县”的措施。汉代之后，加强中央集权成为历史的趋势，但有关国家是否应该兼顾实施分封的争论还在继续。唐朝建立初期，也遇到了这样的争论。贞观元年，唐太宗实施世袭刺史制，旨在分封李氏宗亲和诸位功臣，但以礼部侍郎李百药和中书舍人马周为代表的官员表示反对，并以周、秦、汉、隋几个朝代的历史兴衰为例证，说明实施分封制的弊端：第一，分封日久，容易造成地方诸侯尾大不掉之势，威胁中央皇权；第二，与分封制相伴随的是世袭制，这容易造成世袭官僚骄奢淫逸，不思进取，形成上不能事君，下不能爱民的混乱状况。在李百药看来，要根据时代和形势的变化来采取不同的制度，不能“情忘古今，理蔽浇淳，欲以百王之季，行三代之法”，否则那就是属于刻舟求剑、胶柱鼓瑟的行为。所以，李百药和马周建议唐太宗不要以分封、世袭的方式封邦建国，而要以科举考试、选贤任能的方式管理国家。

贞观元年，封中书令房玄龄为邗国公，兵部尚书杜如晦为蔡国公，吏部尚书长孙无忌为齐国公，并为第一等，食邑实封一千三百户。皇从父[①]淮安王神通[②]上言：“义旗初起，臣率兵先至，今玄龄等刀笔之人，功居第一，臣窃不服。”太宗曰：“国家大事，惟赏与罚。赏当其劳，无功者自退；罚当其罪，为恶者咸惧。则知赏罚不可轻行也。今计勋行赏，玄龄等有筹谋帷幄、画定社稷之功，所以汉之萧何，虽无汗马，指踪推毂[③]，故得功居第一。叔父于国至亲，诚无爱惜，但以不可缘私滥与勋臣同赏矣。”由是诸功臣自相谓曰：“陛下以至公，赏不私其亲，吾属何可妄诉。”初，高祖举宗正籍，弟侄、再从、三从[④]孩童已上封王者数十人。至是，太宗谓群臣曰：“自两汉已降，惟封子及兄弟，其疏远者，非有大功，如汉之贾、泽[⑤]，并不得受封。若一切封王，多给力役，乃至劳苦万姓，以养己之亲属。”于是宗室先封郡王其间无功者，皆降为县公。

注释

①从父：父亲的兄弟，即伯父、叔父。

②神通（？—630）：名寿，字神通，唐高祖李渊的从弟。

③指踪推毂（gǔ）：即运筹谋划，协助决策。

④再从、三从：次于至亲而同祖的亲属关系叫从；同曾祖的亲属关系叫再从；同高祖的亲属关系叫三从。

⑤贾、泽：指汉高祖从兄弟刘贾，从祖昆弟刘泽。刘贾曾被封为荆王，刘泽被封为燕王，并为将军有功。

译文

贞观元年，唐太宗封中书令房玄龄为邗国公，兵部尚书杜如晦为蔡国公，吏部尚书长孙无忌为齐国公，官品都列为一等，享受一千三百户的俸禄。太宗的叔父淮安王李神通上奏说：“反隋义旗刚举的时候，我便带兵率先响应，现在房玄龄这些舞文弄墨的人，却身居第一功位，我心中不服。”太宗说：“国家大事，要做好赏罚。赏赐要他的功劳相当，无功的人自然退避不争；惩罚与过错相当，做恶的人才会感到畏惧。由此可知，赏罚不能轻率施行。如今论功行赏，房玄龄等有运筹帷幄、安定社稷的功勋，就像汉代的萧何一样，虽然没有汗马战功，但能制定策略、推荐贤能，所以应该功居第一。叔父是国家至亲，要封赏我当然无所吝惜，但不能因为亲私关系就随意把你与功臣们同样封赏！”因此，功臣们相互议论说：“陛下秉公封赏，不偏袒亲属，我们怎么会妄加申诉呢？”当初，高祖把同宗子弟和三代之内的旁系弟侄分封为王的有几十人。太宗对臣下们说：“从两汉以来，皇帝只封儿子和兄弟，其他关系比较疏远的，除非有大的功劳，如汉代的刘贾、刘泽那样，否则一律不得受封。如果所有的宗室都封王，就会给他们配给许多仆役，那样就是劳苦百姓，来供养自己的亲属。”于是把郡王宗室中没有功劳的都降封为县公。

贞观十一年，太宗以周封子弟，八百余年，秦罢诸侯，二世而灭，吕后[①]欲危刘氏，终赖宗室获安，封建亲贤，当是子孙长久之道。乃定制，以子弟荆州都督荆王元景、安州都督吴王恪等二十一人，又以功臣司空赵州刺史长孙无忌、尚书左仆射宋州刺史房玄龄等一十四人，并为世袭刺史。礼部侍郎李百药[②]奏论驳世封事曰：

“臣闻经国庇民，王者之常制；尊主安上，人情之大方[③]。思闻治定之规，以弘长世之业，万古不易，百虑同归。然命历有赊促[④]之殊，邦家有治乱之异，遐观载籍，论之详矣。咸云周过其数，秦不及期，存亡之理，在于郡国。周氏以鉴夏、殷之长久，遵皇王之并建，维城磐石，深根固本，虽王纲弛废，而枝干相持，故使逆节不生，宗祀不绝。秦氏背师古之训，弃先王之道，剪华恃险，罢侯置守，子弟无尺土之邑，兆庶罕共治之忧，故一夫号呼而七庙隳祀[5]。”

注释

①吕后（前241—前180）：名雉，汉高祖刘邦的皇后。

②李百药（565—648）：字重规，定州安平（今属河北）人，唐朝史学家。

③大方：准则。

④赊促：长短。

⑤隳祀（huī sì）：毁坏，坍塌。

译文

贞观十一年，太宗认为周朝实行分封诸侯的制度，执掌江山八百余年，秦朝废除了分封制度，只经历了两代就灭亡了。汉代吕后想篡夺汉室天下，最后靠刘姓宗室的力量获得安定。分封同姓诸侯为王应该能使子孙保全江山长久。于是定下制度，分封子弟荆州都督荆王李元景、安州都督吴王李恪等二十一人为王，分封功臣司空赵州刺史长孙无忌、尚书左仆射宋州刺史房玄龄等十四人为世袭刺史。礼部侍郎李百药上书表示反对分封制度，他说：

“臣听说治理国家造福百姓，是历代帝王的一贯做法。尊重皇上使他高枕无忧，这是百姓应遵守的准则。考虑安定国家的方策，以开辟未来大业，这是所有帝王万古不变的想法。然而，王朝的命运有长有短，国家有治有乱，认真考察历代的典籍，对这个问题已经论述得很详细。人们都说周朝的统治超过了它应该有的命数，秦的统治还没达到它应该享有的年限，国家存亡的原因，是由于是否分封诸侯。周朝借鉴夏殷统治长久的经验，遵循前代君主好的治国方针，正是各个诸侯国稳如磐石地拱卫国家，才使江山根基深厚。即使纲纪废弛了，还有诸侯国像树枝护卫树干一样扶持着皇室，所以叛乱才不会发生，宗庙祭祀才不会断绝。秦朝违背了师法古人的原则，舍弃了先王的统治方法；倚仗华山一带的险要地形，废除诸侯，只设置郡守。结果子孙没有一寸土地的封邑，亿万百姓很少有共同治理天下的忧患意识，所以当一人高呼起义时，秦朝就迅速灭亡了。”

“臣以为自古皇王，君临宇内，莫不受命上玄[①]，册名帝录，缔构遇兴王之运，殷忧属启圣之期。虽魏武携养之资[②]，汉高徒役之贱，非止意有觊觎[③]，推之亦不能去也。若其狱讼不归，菁华已竭，虽帝尧之光被四表，大舜之上齐七政，非止情存揖让，守之亦不可焉。以放勋、重华[④]之德，尚不能克昌厥后，是知祚之长短，必在于天时，政或兴衰，有关于人事。隆周卜世三十，卜年七百，虽沦胥之道斯极，而文、武之器尚存，斯龟鼎之祚，已悬定于杳冥也。至使南征不返，东迁避逼，禋祀阙如[⑤]，郊畿[⑥]不守，此乃陵夷[⑦]之渐，有累于封建焉。暴秦运距闰余，数终百六[⑧]，受命之主，德异禹、汤，继世之君，才非启、诵，借使李斯、王绾[⑨]之辈咸开四履，将闾、子婴[⑩]之徒俱启千乘，岂能逆帝子之勃兴，抗龙颜之基命者也！

“然则得失成败，各有由焉。而著述之家，多守常辙，莫不情忘今古，理蔽浇淳[⑪]，欲以百王之季，行三代之法，天下五服[⑫]之内，尽封诸侯，王畿千里之间，俱为采地。是则以结绳之化行虞、夏之朝，用象刑之典治刘、曹之末，纪纲弛紊，断可知焉。锲船求剑，未见其可；胶柱成文[⑬]，弥多所惑。徒知问鼎请隧[⑭]，有惧霸王之师；白马素车[⑮]，无复藩维[⑯]之援。不悟望夷之衅，未堪羿、浞之灾[⑰]；既罹高贵之殃，宁异申、缯之酷。此乃钦明昏乱，自革安危，固非守宰公侯，以成兴废。且数世之后，王室浸微，始自藩屏，化为仇敌。家殊俗，国异政，强陵弱，众暴寡，疆场彼此，干戈侵伐。狐骀之役，女子尽髽[18]；崤陵之师，只轮不反。斯盖略举一隅，其余不可胜数。陆士衡[19]方规规然云：'嗣王委其九鼎，凶族据其天邑，天下晏然，以治待乱。'何斯言之谬也！而设官分职，任贤使能，以循良之才，膺共治之寄，刺举分竹[20]，何世无人。至使地或呈祥，天不爱宝，民称父母，政比神明。曹元首[21]方区区然称："与人共其乐者人必忧其忧，与人同其安者人必拯其危。"岂容以为侯伯则同其安危，任之牧宰则殊其忧乐？何斯言之妄也！"

注释

①上玄：上天。

②魏武携养之资：指魏武帝曹操的父亲曹嵩是汉中常侍曹腾的养子。

③觊觎（jì yú）：非分的希望或企图。

④放勋、重华：尧帝，号放勋。重华，即虞舜。

⑤禋（yīn）祀阙如：指祭祀无人。

⑥郊畿（jī）：泛指疆土。

⑦陵夷：由盛到衰。

⑧百六：灾难。

⑨李斯、王绾：均为秦朝宰相。

⑩将闾、子婴：将闾是秦公子，秦二世胡亥的兄弟。子婴，嬴姓，名子婴，末代秦王。

⑪浇淳：浮薄的风气破坏了淳朴的风气。

⑫五服：古代王畿外围地区由近到远分为侯服、甸服、绥服、要服、荒服，合成五服。

⑬胶柱成文：意同“胶柱鼓瑟”，比喻固执拘泥，不知变通。

⑭问鼎请隧：指图谋天下。鼎是国家权力的象征，问鼎是指楚庄王图谋王位；隧，是天子的葬礼，请隧是指晋文王请求死后可以用葬天子的礼仪。

⑮白马素车：驾白马，乘素车，指实行丧礼。这里指刘邦破秦军进入武关，在霸上派人说服秦将子婴投降。之后子婴白马素车，呈送天子玉玺投降。刘邦随后进入秦都咸阳。

⑯藩维：诸侯的藩国。

⑰羿、浞（zhuó）之灾：指后羿代夏政，寒浞杀后羿自立为帝。

⑱髽（zhuā）：古代妇女服丧时用麻扎成的发髻。

⑲陆士衡（261—303）：即陆机，西晋吴郡（今江苏苏州）人，三国吴丞相陆逊之孙。

⑳刺举：指谓检举奸恶，举荐有功。分竹：给予作为权力象征的竹使符，谓封官授权。

㉑曹元首：三国时魏人，曾作《六代论》。

译文

“臣认为，自古以来帝王统治天下，没有哪个不是受命于天，列姓名于帝王名录之中的。他们缔造国家正是乘着王者兴起的时运，他们遭遇忧愁也正是处于启发圣明的阶段。虽然魏武帝曹操出身养子，汉高祖刘邦出身徒役，即使他们不想夺取天下，推掉也是不可能的。如果百姓民心不归，精华已尽，即使有帝尧光芒四海一样的德行，有大舜日月同辉般的功绩，也是他们不存心让位，守住帝位也是不可能的事。以唐尧、虞舜那样的美德，尚不能使他们的子孙继承帝位。由此可知，国家命数的长短，一定在于天命，政治的兴衰，与人的治理有关。周代的统治算起来，已经历三十多代七百余年。虽然最后沦落到极点，但文王、武王开国时的政权还存在，由此可见帝业命运，早已在冥冥之中注定了。至于后来周昭王南巡不返，周平王被迫迁都洛邑，躲避犬戎的逼迫，周王朝祭祀无人，失去镇守的国土，这都是由盛到衰的征兆，是由于分封制所累积的祸患所造成的。暴虐秦朝的运数也时日不多，气运终遭灾难。秦始皇也是受命于天的君主，他的才德却与禹、汤相去甚远，后来的继承者，才能也远远比不上夏启和周成王。即使有李斯、王绾这样的功臣开拓疆土，并将闾、子婴诸子弟广受封土，列为诸侯，又怎能抗拒汉高祖刘邦的兴起，阻止刘邦开创帝业的天命呢？

然而，得失成败各有其本身的原因，而写书的人大多墨守成规，分辨不出古今之间的差别，遮蔽了事物发展的规律，用浮薄之风取代了淳朴之气。想在众多朝代之后，依然实行夏、商、周三代的制度，将天下五服之内的国土全部分封给诸侯，千里王畿的土地也都分给卿大夫做封地。这是要在虞舜、夏禹的时代实行上古结绳记事的古老方法，在汉魏时期推行远古的象刑法典，这样会造成纪纲松弛，可想而知。刻舟求剑是行不通的，胶柱鼓瑟更是令人多生疑虑。大家只知道楚庄王和晋文公想图谋统治天下，但惧怕其他诸侯霸王的军队；秦王子婴白马素车投降汉高祖时，没有诸侯出来援助。同时却没能真正领悟望夷宫秦二世被弑的事件，不能明白夏朝后羿、寒浞所带来的灾难；魏朝的高贵乡公遭遇杀身之祸，难道与周幽王被申侯与缯侯勾结犬戎所杀有什么不同吗？这都是因为帝王自己昏乱，把自身由太平引向覆亡，并不是实行郡县制或是分封制所造成的兴废。几代之后，皇室逐渐衰微，原来作为屏障的诸侯，都变成了仇敌。家庭变了风俗，国家变了朝政，以强凌弱，以众侵寡，彼此攻城夺地，干戈相见。狐骀之战使邾国妇女全部以用麻束发送葬；崤陵之战，秦军全军覆没，连一只车轮也未能返回秦国。这里只略举数例，其余的不可胜数。陆士衡却一本正经地写道：‘继位的国君即使放弃政权而出逃，凶恶的外族占据了京城，但只要天下安定，终究化乱世为太平。’这话真是荒谬至极。实行郡县制，设官分职，任用贤能，用贤良的人才，担负起共同治理国家的重任，用人加官，哪个朝代没有贤良的人才？这样就会使土地呈现祥瑞、上天赐予宝物，百姓就会称颂国君为人民的父母，把朝廷奉为神明。而曹元首却说什么：‘与他人能共享其乐的，人必为他分担忧愁；与他人能共享安逸的，人必能在危难中拯救他。’怎么能说分封诸侯就能让他们共同承担安危，而任命刺史、县官，就不能与国君共同忧乐了呢？这是何等荒谬啊！”

“封君列国，藉其门资，忘其先业之艰难，轻其自然之崇贵，莫不世增淫虐，代益骄侈。离宫别馆，切汉凌云，或刑人力而将尽，或召诸侯而共乐。陈灵则君臣悖礼，共侮徵舒[①]；卫宣则父子聚麀，终诛寿、朔。乃云为己思治，岂若是乎？内外群官，选自朝廷，擢士庶以任之，澄水镜以鉴之，年劳优其阶品，考绩明其黜陟。进取事切，砥砺情深，或俸禄不入私门[②]，妻子不之官舍[③]。班条之贵，食不举火[④]；剖符之重，居惟饮水[⑤]。南阳太守，弊布裹身；莱芜县长，凝尘生甑。专云为利图物，何其爽欤！总而言之，爵非世及，用贤之路斯广；民无定主，附下之情不固。此乃愚智所辨，安可惑哉？至如灭国弑君，乱常干纪，春秋二百年间，略无宁岁。次睢咸秩，遂用玉帛之君[⑥]；鲁道有荡，每等衣裳之会。纵使西汉哀、平之际，东洛桓、灵之时，下吏淫暴，必不至此。为政之理，可以一言蔽焉。

“伏惟陛下握纪御天，膺期启圣，救亿兆之焚溺，扫氛祲于寰区。创业垂统，配二仪以立德；发号施令，妙万物而为言。独照神衷，永怀前古，将复五等而修旧制，建万国以亲诸侯。窃以汉、魏以还，余风之弊未尽；勋、华既往，至公之道斯乖。况晋氏失驭，宇县崩离；后魏乘时，华夷杂处。重以关河分阻，吴、楚悬隔，习文者学长短纵横之术，习武者尽干戈战争之心，毕为狙诈之阶，弥长浇浮之俗。开皇[7]在运，因藉外家。驱御群英，任雄猜之数；坐移明运，非克定之功。年逾二纪，民不见德。及大业嗣立，世道交丧，一人一物，扫地将尽，虽天纵神武，削平寇虐，兵威不息，劳止未康。”

注释

①共侮徵舒：据《左传》载，陈灵公与孔宁、仪行父均与夏姬私通。三人曾在夏姬家饮酒，陈灵公指着夏姬的儿子徵舒对仪行父说：“他长得像你。”仪行父回答：“也像君王。”故称“共侮徵舒”。

②俸禄不入私门：指后汉时豫章太守杨秉，为官清廉，计日受禄，余俸不入私门。

③妻子不之官舍：指后汉巨鹿太守魏霸、颍川太守何并，为官不带妻儿。

④食不举火：指东汉冀州刺史左雄办公时经常吃干粮，舍不得用柴火烧饭。

⑤居惟饮水：指晋吴太守邓攸，上任时自己带米，不受俸禄，只饮当地的水而已。

⑥次睢咸秩，遂用玉帛之君：鲁僖公十九年，宋襄公派邾文公到睢水祭祀，将鄫国的国君杀死做了祭品。

⑦开皇：隋文帝杨坚的年号，历时 20 年（581—600）。

译文

“被分封的列国诸侯，无不凭借他们的门第和资历，忘掉祖先创业的艰辛，轻视他们天生以来就享有的荣华富贵，一代比一代更加骄奢淫逸。他们修筑的离宫别馆，雄伟高大，有的人耗尽了民资民力，有的人邀请其他诸侯共同玩乐。夏朝大臣陈灵违背君臣之礼，和臣下一起侮辱皇子徵舒。卫宣公违背父子之道，纳子之妻，最终将两个儿子寿和朔杀死。还说自己想治理好国家，难道就是这个样子？如果内外百官，都是由朝廷选拔，挑选出的士大夫都由百姓来任用，用明鉴之人来鉴定和审核他们，按照任职年限和政绩来决定他们官职的升降。那么人们的进取之心就会日益迫切，并经常自我激励。有的只拿俸禄，其余分文不取；有的只身赴任，不带妻儿。有的人因为柴薪昂贵，索性就吃干饭；有的深感职责重大，自己携带米粮上任。羊续官为南阳太守，却布衣裹身，范丹身为莱芜县令却家贫如洗。如果说做官都是为了贪图利禄，为什么他们就这样清廉呢？总而言之，只要爵位俸禄不是世袭，任用贤才的渠道就会很宽广；百姓要是没有一个固定的国君，依附于下的感情就不巩固。这个道理是聪明的人和愚昧的人都明白，怎么会迷惑不解呢？至于像灭国弑君、败坏纲纪一类的事，在春秋二百年间从来就没有断过。宋襄公到睢水祭祀，就杀掉小国国君做祭品；鲁国的道路平坦广阔，鲁庄公夫人姜氏不还是私自与齐侯幽会。纵然是西汉哀帝、平帝年间，东汉桓帝、灵帝之时，下层官吏的荒淫无道也不会到这种程度。治理国家的道理，用一句话就可以概括了。

“陛下手握纲纪，掌管天下，顺应时机，开创帝业，拯救亿万百姓于水火之中，扫除邪气凶灾于四海之内。陛下开创大业，传承后代，可以与天地立德相媲美；发布号召，施行政令，言行顺应万物之理。圣上思虑独到，永远缅怀古代先贤。如今将恢复

'公、侯、伯、子、男'五等爵位，以遵循古代制度，建立众多的诸侯国来分封子弟、封赏诸侯。臣下认为自从汉、魏以来，流弊未歇，从尧、舜时代以后，至公之道就已经背离很远了。何况晋代失去权柄，国家分崩离析，后魏趁机兴起，致使华夏民族与异族杂居。再加上南北分治，有吴、楚之地相隔，文人还在学习长短纵横之术，习武的人都怀有干戈杀伐之心。这些都是阴险狡诈的由来，滋长了虚假不淳朴的风气。隋文帝之所以幸运，是因为他是后周外戚，驾驭群英，玩弄权术，篡周自立，坐享其成，并不是靠征战得来的天下。他的统治二十多年，百姓没有看见他的恩德。等到隋炀帝即位，世道败坏、道德沦丧，当时的人才，几乎全都被摧残殆尽。虽然他天赋神勇，能平定四方叛乱，但连年用兵不止，使百姓疲弊，不能获得安宁。"

"自陛下仰顺圣慈，嗣膺宝历，情深致治，综核前王。虽至道无名，言象所纪，略陈梗概，安所庶几。爱敬蒸蒸，劳而不倦，大舜之孝也。访安内竖，亲尝御膳，文王之德也。每宪司谳罪[①]，尚书奏狱，大小必察，枉直咸举，以断趾之法，易大辟[②]之刑，仁心隐恻，贯彻幽显，大禹之泣辜也。正色直言，虚心受纳，不简鄙讷，无弃刍荛，帝尧之求谏也。弘奖名教，劝励学徒，既擢明经于青紫[③]，将升硕儒于卿相，圣人之善诱也。群臣以宫中暑湿，寝膳或乖，请移御高明，营一小阁，遂惜十家之产，竟抑子来之愿，不吝阴阳之感，以安卑陋之居。顷岁霜俭，普天饥馑，丧乱甫尔[④]，仓廪空虚。圣情矜愍，勤加赈恤，竟无一人流离道路，犹且食惟藜藿，乐彻簨簴[⑤]，言必凄动，貌成癯[⑥]瘦。公旦喜于重译，文命矜其即叙。陛下每见四夷款附，万里归仁，必退思进省，凝神动虑，恐妄劳中国，以求远方，不藉万古之英声，以存一时之茂实[⑦]。心切忧劳，志绝游幸，每旦视朝，听受无倦，智周于万物，道济于天下。罢朝之后，引进名臣，讨论是非，备尽肝膈，惟及政事，更无异辞。才日昃，必命才学之士，赐以清闲，高谈典籍，杂以文咏，间以玄言，乙夜忘疲，中宵不寐。此之四道，独迈往初，斯实生民以来，一人而已。弘兹风化，昭示四方，信可以期月之间，弥纶天壤。而淳粹尚阻，浮诡未移，此由习之久，难以卒变。请待斫[⑧]雕成器，以质代文，刑措之教一行，登封之礼云毕，然后定疆理之制，议山河之赏，未为晚焉。《易》称：“天地盈虚，与时消息，况于人乎？”美哉斯言也。”

注释

①宪司谳（yàn）罪：掌握司法的官吏审查案件。

②大辟：杀头的死刑。

③擢明经于青紫：通过科举考试选拔官吏。明经，科举的一科；青紫，本为古时公卿绶带的颜色，这里代指官位。

④甫尔：初始。

⑤簨簴（zhuàn jù）：古代悬挂钟鼓的木架。

⑥癯（qú）：瘦。

⑦茂实：盛美的伟业。

⑧斫（zhuó）：劈、砍。

译文

“自从陛下顺应太上皇的旨意，继承大统，将全部精力用于治理国家，统观前代君王的经验得失。虽然陛下至善之道不能用语言来形容，但就某些具体的表现来说，也可以粗略地陈述梗概，说出一二。陛下爱敬父母，对待他们操劳侍奉不知疲倦，这

是大舜一样的孝道。陛下亲自进宫询问太上皇起居，亲自为太上皇品尝饭菜，这是周文王的德行。陛下每当御史审查案件，尚书呈报刑狱，无论案件大小必定亲自审查，无论是非曲直都要亲历而为。用断趾的刑法代替斩刑，可见陛下的仁爱与恻隐之心，响彻阴阳两界，这是大禹见罪人而流泪的襟怀。陛下表情庄重、言行率直，虚心纳谏，不怠慢鄙俗之言，不轻视山野之民，像帝尧一样乐于接受意见。陛下推崇礼教，鼓励求学，通过科举考试选拔官员，并将大儒任命为卿相，像圣人一样地循循善诱。群臣们曾认为夏天宫中湿热，不利于食宿，就请陛下在宽敞明亮的高处，建造一座小阁。陛下却珍惜相当于普通百姓十户资产的费用，而抑止了臣下们的心愿，不顾及自身的冷热，安于简陋的居所。最近几年，因遇霜灾而粮食歉收，饥荒四起。但国家大乱初平，仓库空虚。陛下怜惜百姓，不断开粮仓拯济灾民，使全国没有一个人流离失所，而您自己却只吃粗劣的饭菜，并停止音乐歌舞活动，说话都凄切颤动，容貌日渐消瘦。当年周公因为越裳国不远万里前来朝贡而欣喜，夏禹也因为西戎前来归顺而感到自豪。陛下每当看到四方夷族纷纷臣服，万里迢迢归顺仁德之君，都会退而反省，认真考虑，唯恐是妄自辛劳了中原的百姓去追求远方的臣服和贡品，不想凭借万古的英名，来保存当下一时的丰功伟业。陛下为国事忧心操劳，坚决停止了一切巡行玩乐。每天清早上朝理政，毫无倦意地听取接纳百官的诤谏，对各项事务都考虑周到，道义惠及天下。退朝之后，还要与重臣一起讨论政教得失，言谈出于肺腑，只涉及政事，其余一概不谈。午后太阳偏西，必定下令才学之士进宫，共享清闲，与他们畅谈典籍，有时吟诗作赋，有时谈论玄学，以至到二更时分还不疲倦，到了半夜还不睡觉。在这四个方面，陛下已经超越了历史上的圣贤，当居首位了。弘扬这样的风气教化，昭示四方百姓，相信定能在很短的时间遍及天下。而现在淳朴的德行之所以受到阻碍，浮夸诡诈的风气之所以没有去除，是因为积习太久，很难一下子改变。请耐心等待璞玉雕琢成器，质朴取代浮华，刑法不再使用、教化大行天下，登上泰山、举行封禅的大典进行完毕，然后再去制定划分疆域、治理天下的制度，讨论诸侯土地的分封问题，也为时不晚。《周易》说：‘天地盈虚，随时间的推移而变化，更何况人事呢？’这句话说得多好啊！”

中书舍人马周又上疏曰：

“伏见诏书令宗室勋贤作镇藩部，贻厥子孙，嗣守其政，非有大故，无或黜免。臣窃惟陛下封植之者，诚爱之重之，欲其绪裔承守，与国无疆，可使世官也。何则？以尧、舜之父，犹有朱、均之子。况下此以还，而欲以父取儿，恐失之远矣。倘有孩童嗣职，万一骄逸，则兆庶被其殃，而国家受其败。政欲绝之也，则子文之治犹在；政欲留之也，而栾黡[①]之恶已彰。与其毒害于见存之百姓，则宁使割恩于已亡之一臣，明矣。然则向之所谓爱之者，乃适所以伤之也。臣谓宜赋以茅土，畴其户邑，必有材行，随器方授，则翰翮[②]非强，亦可以获免尤累[③]。昔汉光武不任功臣以吏事，所以终全其世者，良由得其术也。愿陛下深思其宜，使夫得奉大恩，而子孙终其福禄也。”

太宗并嘉纳其言。于是竟罢子弟及功臣世袭刺史。

注释

①栾黡（yǎn）：晋国大夫栾武子之子。

②翰翮（hé）：羽翼，这里指才能。

③尤累：过失。

译文

中书舍人马周又上疏说：

“我见陛下下诏让王公贵族和有功的大臣都做镇守藩国的部首，并且可以传位给子孙，世袭他们的爵位，没有大的变故，不得罢免。我私下认为陛下所分封的人，确实是爱护、重视他们，让他们的王位得到世袭，与国家一样万寿无疆，世世代代做官。为什么要这样呢？像尧、舜这样圣明的君王，尚且有丹朱、商均这样无能的儿子，何况在尧、舜之下的人，要根据父辈的功德来推举儿子，那恐相差的太远了。如果是个孩童就继承父辈的官职，万一之后骄奢放纵了，不仅百姓遭殃，国家也会遭受衰败。如果取消他的封国和官位，而其先祖的功业还在；如果保留他的封国和官位，而他本人已经罪恶昭彰。与其让这些人毒害现在活着的百姓，还不如断恩割爱一个已故的功臣，这才是明智的做法。如此一来，过去对他们所谓的爱护，恰恰成了对他们的伤害。所以，臣下认为应该对宗亲和功臣只赐予土地作为封邑就足够了；他们的子孙中确实有才能的，可根据其才能授予官职，那么就算其能力不强，也可以免除过失。过去汉光武帝不让功臣担任官职，所以功臣们才得以保全名节性命，实在是因为他们方法得当啊。望陛下深思，使宗亲和功臣能够蒙受陛下的大恩，同时使其后代也能终生享受福禄。”

太宗皇帝非常赞许并接纳了这些意见，于是下令废除了子弟及功臣世袭刺史的制度。

卷四

太子诸王定分第九

导读

此篇主要记录了唐朝名臣马周和褚遂良向唐太宗进言，讨论如何确定太子和诸王名分的事情。太子在中国古代是一人之下，万人之上的储君，是将来要继承皇位，统治万民的人物。但是也正是因为太子只有一人，而且将来必定会君临天下，所以自古以来，无论哪个朝代的皇子之间，都会因为争夺皇太子的名位而勾心斗角，甚至是举国叛乱，相互残杀。因此，在君主专制中央集权制度下的古代中国，如何保证君王继承的合法性、稳定性和连续性是古代帝王和中央群臣所必须要考虑的重要问题。它不仅关系到皇亲国戚内部关系的协调和有序，还关系到整个国家的稳定与统一。为此，《太子诸王定分》篇主张尽早确立太子和诸王的名分，使太子和诸王之间名分有别，等级有序。作为君王，可以对庶子诸王施以恩宠，但绝不能施恩太多，否则必定引起太子与其之间的猜忌与畏惧之心。对待庶子诸王，君王则需要寻访名师，多加教育和辅佐，使他们懂得忠、孝、恭、俭的礼仪之道，不做有违于名分之外的事情。因此，只有做到早定名分、遵循礼仪、扶正诸王，才能断绝诸王的非分之想，避免发生兄弟阋于墙的惨剧，保持皇族内部的稳固，最终保证国家的长治久安。正如褚遂良所言："如不能明立定分，遂使当亲者疏，当尊者卑，则佞巧之徒承机而动，私恩害公，或志乱国。"

贞观七年，授吴王恪齐州都督。太宗谓侍臣曰："父子之情，岂不欲常相见耶？但家国事殊，须出作藩屏。且令其早有定分，绝觊觎之心，我百年后，使其兄弟无危亡之患也。"

译文

贞观七年，唐太宗封吴王李恪为齐州都督。唐太宗对侍臣们说："就父子之间的感情来讲，哪有不想经常相见的呢？但家事国事有所不同，必须让他们到封国去担当大任，作为保卫国家的屏障。并且要让他们及早的拥有一定的名分，断绝他们对太子地位的野心。这样，我去世之后，也能让他们兄弟之间没有危亡的祸患。"

贞观十一年，侍御史马周上疏曰："汉、晋以来，诸王皆为树置失宜，不预立定分，以至于灭亡。人主熟知其然，但溺于私爱，故前车既覆而后车不改辙也。今诸王承宠遇之恩有过厚者，臣之愚虑，不惟虑其恃恩骄矜也。昔魏武帝宠树陈思[①]，及文帝即位，防守禁闭，有同狱囚，以先帝加恩太多，故嗣王从而畏之也。此则武帝之宠陈思，适所以苦之也。且帝子何患不富贵，身食大国，封户不少，好衣美食之外，更何所须？而每年别加优赐，曾无纪极。俚语曰：'贫不学俭，富不学奢。'言自然也。今陛下以大圣创业，岂惟处置见在子弟而已，当须制长久之法，使万代遵行。"疏奏，太宗甚嘉之，赐物百段。

注释

①陈思：即陈思王曹植（192—232）。曹操第三子，因聪明多才，备受曹操宠爱，一度想要立他为太子。但曹丕继位后，曹植备受猜忌，最终郁郁而死。

译文

贞观十一年，侍御史马周上书说："汉、晋以来，所分封的诸王都因为分封的爵位不当，没有预先确立名分，才会有灭亡的灾祸。国君们大都很清楚这种情况，但沉溺于私爱，因而没有吸取'前车之鉴，后车之覆'的教训。现在诸王当中，有的过于受宠，我担心的不仅仅是他们倚仗宠爱而骄奢自大。从前魏武帝曹操宠爱陈思王曹植，到文帝曹丕即位后，对陈思王监视禁闭，犹如监狱里的囚犯，这是正是由于先皇对他施恩太多，所以继位的国君就对他有所畏惧了。这说明魏武帝宠爱陈思王，反而害苦了他。况且，皇帝的儿子何愁不富贵，身封大国，食邑户数不少，衣食无愁，还需要什么呢？而且陛下每年还另外给予他们优厚的赏赐，全无规定限制。俗话说：'穷了不用学节俭，富了不用学奢侈。'这是自然而然的道理。如今陛下开创帝业，难道仅仅是安置好现在的子弟吗？陛下现在应该制定长远的规章制度，让万世遵照执行。"疏奏呈上后，太宗相当赞赏，于是赏赐马周绢帛百段。

贞观十三年，谏议大夫褚遂良以每日特给魏王泰府料物，有逾于皇太子，上疏谏曰："昔圣人制礼，尊嫡卑庶。谓之储君，道亚霄极，甚为崇重，用物不计，泉货财帛，与王者共之。庶子体卑，不得为例，所以塞嫌疑之渐，除祸乱之源。而先王必本于人情，然后制法，知有国家，必有嫡庶。然庶子虽爱，不得超越嫡子，正礼特须尊崇。如不能明立定分，遂使当亲者疏，当尊者卑，则佞巧之徒承机而动，私恩害公，或至乱国。伏惟陛下功超万古，道冠百王，发施号令，为世作法。一日万机，或未尽美，臣职谏诤，无容静默。伏见储君料物，翻少魏王，朝野见闻，不以为是。臣闻《传》曰：‘爱子教以义方。’忠、孝、恭、俭，义方之谓。昔汉窦太后及景帝并不识义方之理，遂骄恣梁孝王①，封四十余城，苑方三百里，大营宫室，复道弥望，积财镪巨万计，出警入跸②，小不得意，发病而死。宣帝亦骄恣淮阳王③，几至于败，赖其辅以退让之臣，仅乃获免。且魏王既新出阁，伏愿恒存礼训，妙择师傅，示其成败。既敦之以节俭，又劝之以文学。惟忠惟孝，因而奖之道德齐礼，乃为良器。此所谓圣人之教，不肃而成者也。”太宗深纳其言。

注释

①梁孝王：汉文帝与窦太后所生，名武，谥曰孝。

②出警入跸（bì）：帝王出称警，入称跸。出警入跸泛指帝王的仪仗和护卫。

③淮阳王：名钦，汉宣帝的庶子。

译文

贞观十三年，谏议大夫褚遂良因为每天供给魏王李泰府上的东西超过了太子，于是向唐太宗进谏说：“古代圣人制定的礼义，是尊重嫡子，抑制庶子。皇太子作为储君，其高贵仅次于国君，应当十分尊崇和重视，所用的物品也应不加限制，钱财货物，也可以与国君共同分享。庶子地位低下，不得与太子享受同样多的俸禄，这主要是用来防止嫌疑，根除祸乱的根源。可是古代圣王是以人之常情为基础来制定国家法律的，知道有国有家，就必然有嫡庶之分。庶子虽然也值得疼爱，但不得超过嫡长子，因为嫡长子的地位必须获得特别的尊崇。如果不能明确地确立他们各自的名分，就会造成应当亲近的人却被疏远，应当尊敬的人却被轻视的情况。这样，谄媚取巧之徒就会乘机活动，以个人恩怨危害国家，有时甚至会造成国家大乱。陛下功业超越万古，德行盖过百王，颁布的政策诏令也会成为后世学习的典章。陛下日理万机，或许有时未必完善，但臣下的职责就是谏诤，不容许沉默不言。臣下看到供奉给太子的物品比魏王还少，朝野上下听说之后，都觉得做得不妥。我听说《左传》上说：‘爱护子女，要用礼义来教导他们。’‘忠、孝、恭、俭’，这是做人的正道。过去汉代窦太后和汉景帝不懂得这个道理，于是娇宠梁孝王，封给他四十余座城池，封地达到方圆三百余里。梁孝王骄纵奢侈，大肆修建宫室，建造的楼阁复道举目可见，积聚的钱财数以万计，出入时的警戒和仪仗规模都如同帝王一般，但此后稍遇不如意的事情，竟然就发病而死。汉宣帝也娇惯淮阳王，几乎造成国家的覆亡，幸亏仰仗谦逊之臣的辅佐，才免于灾难。况且，魏王刚到封地就任，希望皇上经常用礼义加以训导，选择良师来辅导他，用国家兴亡成败的道理来启示他；既要他接受礼义方面的教导，又接受文章学问的熏陶。尽忠尽孝，就要予以奖励；用道德来引导他，用礼义来约束他，必然能使他成为有用的人才。这就是我们所说的‘圣人的教化，不需疾言厉色就能使人成才’。”太宗诚恳地接受了他的意见。

贞观十六年，太宗谓侍臣曰：“当今国家何事最急？各为我言之。”尚书右仆射高士廉曰：“养百姓最急。”黄门侍郎刘洎曰：“抚四夷急。”中书侍郎岑文本曰：“《传》称：‘道之以德，齐之以礼。’由斯而言，礼义为急。”谏议大夫褚遂良曰：“即日四方仰德，不敢为非，但太子、诸王，须有定分，陛下宜为万代法以遗子孙，此最当今日之急。”太宗曰：“此言是也。朕年将五十，已觉衰怠。既以长子守器东宫，诸弟及庶子数将四十，心常忧虑在此耳。但自古嫡庶无良，何尝不倾败家国。公等为朕搜访贤德，以辅储宫，爰及诸王，咸求正士。且官人事王，不宜岁久。岁久则分义情深，非意窥窬[1]，多由此作，其王府官僚，勿令过四考[2]。”

注释

①窥窬（yú）：窥视帝位。

②四考：四次考核。唐代官员每年考核一次，四次考核，意味着任职四年。

译文

贞观十六年，太宗对侍臣们说：“当今国家哪些事情最为迫切？请你们每个人对我说一说。”尚书右仆射高士廉说：“使百姓休养生息最为重要。”黄门侍郎刘洎说：“安抚四方的少数民族最为急迫。”中书侍郎岑文本说：“《左传》上说：‘用道德来引导他们，用礼仪来规范他们。’从这方面来说，礼义最为紧迫。”谏议大夫褚遂良说：“当今天下都仰慕陛下的恩德，谁也不敢胡作非为。但太子、诸王，都必须确定各自的名分，陛下应该制定一个万代可行法制，以留给子孙，这是当今最为紧迫的事情。”太宗说：“这话说得对。我快五十岁了，已经感觉精力衰弱怠倦。现在既然已经立长子为东宫太子，而我的弟兄和庶子将近四十人，我常常为此担忧。但自古以来，无论是嫡长子还是庶子，如果没有贤良的辅佐，都难免倾家败国。你们得为我寻访有才德的人，来辅佐太子，宗室诸王，也都需要正直之士来辅佐。不过侍奉诸王的官员，时间不宜过长。时间一久，他们就会加深感情，谋篡帝位，大多非分之想都是由此产生。所以，诸王府的官员，任期不能超过四年。”

尊敬师傅第十

导读

尊师重道，古已有之。无论是普通百姓，还是帝王将相，老师在人的成德成才的过程中都起着至关重要的作用。对于普通百姓而言，老师的好坏与否直接关系到他们个人的成长和命运，但对于太子和诸王来讲，师傅的好坏还直接关系到国家的治乱兴衰。有鉴于此，《尊敬师傅》篇记录了唐太宗和诸位大臣们探讨为何要重视尊敬师傅以及怎样尊敬师傅的问题，以求太子和诸王们能通过师傅的教导而达到迅速成长的目的。太子的师傅在其任职过程中，实际上扮演着三种角色。一是榜样，太子的师傅一般都是贤德兼备的重臣，他们的一言一行，言传身教都将对太子的成长起到耳濡目染的作用；二是教师，太子师傅传授太子礼乐之教，诗书之文，治国之策，使太子能才德具备，将来有能力继承皇位，统治天下；三是辅臣，太子师傅亦师亦友亦臣，在传道授业的同时也辅佐太子处理日常政务，是太子的智囊和谋臣。因此，尊敬师傅关乎太子的切身成长，也关乎国家的前途命运。那么如何尊敬师傅呢？其一，设置辅导太子的官职，如太师、太傅、太保的“三师”之位，使师傅的教授名正而言顺；其二，要制定太子与师傅相处的礼仪制度，对师傅礼敬有加；其三，要使太子有充足的时间接受师傅的教导，不使师傅之名和师傅之位虚衔空设。当然，本篇的目的仍是教育太子，强调太子从小长于深宫之中，没有草创国家的实践环境和经历。因此，要使太子将来能克服骄奢淫逸的恶习，具备良好的道德品质，形成处理朝政、

管理国家的能力，就必须借助师傅的力量，没有其他捷径可走。

贞观三年，太子少师李纲[①]有脚疾，不堪践履。太宗赐步舆，令三卫[②]举入东宫，诏皇太子引上殿，亲拜之，大见崇重。纲为太子陈君臣父子之道，问寝侍膳之方，理顺辞直，听者忘倦。太子尝商略古来君臣名教，竭忠尽节之事，纲懔然曰："托六尺之孤，寄百里之命，古人以为难，纲以为易。"每吐论发言，皆辞色慷慨，有不可夺之志，太子未尝不耸然礼敬。

注释

①李纲：字文纪，观州人。他曾当过隋唐两朝三个太子的师傅。贞观初，拜为太子少师。

②三卫：唐制，东宫六率府分为上、中、下三等，掌宿卫之事，称为三卫。

译文

贞观三年，太子少师李纲患有脚痛的疾病，不能穿鞋走路。于是唐太宗赏赐给他一顶轿子，并命令侍卫抬他进入东宫，还下诏命令皇太子亲自迎接他上殿，亲自行礼作揖，以示对他的敬重。李纲为太子讲述君臣父子之间的礼仪，以及问候起居方面的礼节。他讲得道理明畅，言语直白，让听者都忘记了疲倦。太子曾经与李纲商讨自古以来君臣之间的伦理纲常，以及效忠尽节的事情，李纲正气凛然地说："受托于先王，身负辅佐储君的使命，古人认为这件事很困难，臣却认为十分容易。"每次发表言论，李纲面色严肃，言语激昂，透露出一种不可动摇的意志，太子因而每次都肃然起敬。

贞观六年，诏曰："朕比寻讨经史，明王圣帝曷尝无师傅哉？前所进令遂不睹三师[①]之位，意将未可，何以然？黄帝学大颠，颛顼学录图，尧学尹寿，舜学务成昭，禹学西王国，汤学威子伯，文王学子期，武王学虢叔[②]。前代圣王，未遭此师，则功业不著乎天下，名誉不传乎载籍。况朕接百王之末，智不同圣人，其无师傅，安可以临兆民者哉？《诗》不云乎：'不愆[③]不忘，率由旧章。'夫不学，则不明古道，而能政致太平者，未之有也。可即著令，置三师之位。"

注释

①三师：北魏以后称太师、太傅、太保为"三师"，品级列正一品，但仅为虚衔。三师是古代于天子坐而论道或辅导太子的官员。

②虢（guó）叔：又称虢公，周武王的叔叔。

③愆（qiān）：过失，差错。

译文

贞观六年，唐太宗下诏说："我近来研读经史，知道凡是古代英明的帝王，哪一个不是没有师傅的呢？先前呈上来待批的诏令竟没设三师的职位，我认为不妥，为什么呢？昔日，黄帝向大颠求教，颛顼向录图问学，尧以尹寿为师，舜向成昭学习，禹在西王国求学，汤学威子伯，文王学子期，武王学虢叔。前代圣明的君王，如果没有遇到这些名师的教导，他们的功绩就不能广布天下，自己的声名也不能载入史册。何况我在百王之后统治天下，才智与圣人有所差别，要是没有师傅，怎么能够统率天下百姓呢？《诗经》上不是说：'要想不犯错误不忘教训，都必须从前人的规章制度入手。'不学习，就不能明白古时治国的道理。像现在这样没有名师的教导就能统领天下，获得太平的，历史上还未有过啊！应马上发布诏令，设立三师的职位。"

贞观八年，太宗谓侍臣曰："上智之人，自无所染，但中智之人无恒，从教而变，况太子师保[1]，古难其选。成王幼小，周、召为保傅。左右皆贤，日闻雅训，足以长仁益德，使为圣君。秦之胡亥，用赵高作傅，教以刑法，及其嗣位，诛功臣，杀亲族，酷暴不已，旋踵而亡。故知人之善恶，诚由近习。朕今为太子、诸王精选师傅，令其式瞻[2]礼度，有所裨益。公等可访正直忠信者，各举三两人。"

注释

①师保：古代辅导天子和太子、诸侯子弟的官员，有太师、太保、太傅等，统称为师保或保傅。

②式瞻：瞻仰效法。

译文

贞观八年，唐太宗对侍从的大臣们说："智慧高明的人，当然不会受周围环境的熏染，但智慧中等的人就不稳定了，他们会随着教育而发生改变。况且太子的师傅，自古就很难挑选。周成王即位时年纪幼小，周公、召公做他的太保太傅，左右都是贤人，每天他都能听到有益的教诲，这足以增长他的仁义道德，使他成为圣君。秦二世胡亥，任用赵高做师傅，赵高教他用刑的法制，因此胡亥继位后，就诛戮功臣，屠杀亲族，残酷暴虐到了极点，结果秦国很快就灭亡了。由此可知人的善恶确实受身边人的影响。我如今要给太子、诸王精心挑选师傅，让他们耳濡目染礼仪法度，对自身的修养有所裨益。诸位大臣，你们可求访正直忠信的人，各自推荐两到三个人。"

贞观十一年，以礼部尚书王珪兼为魏王师。太宗谓尚书左仆射房玄龄曰："古来帝子，生于深宫，及其成人，无不骄逸，是以倾覆相踵，少能自济。我今严教子弟，欲皆得安全。王珪，我久驱使，甚知刚直，志存忠孝，选为子师。卿宜语泰，每对王珪，如见我面，宜加尊敬，不得懈怠。”珪亦以师道自处，时议善之也。

译文

贞观十一年，太宗任命礼部尚书王珪兼任魏王的老师。唐太宗对尚书左仆射房玄龄说：“自古以来的帝王之子，生长于深宫之中，等到他们长大成人，没有一个不是骄奢淫逸的，因此相继灭亡，很少有能够自强自立的。我现在严格教育子弟，希望他们都能够保全自己。王珪是我长期任用的人，我非常了解他刚直的个性，他心存忠孝，因此可以选择他来担任太子的老师。你应该告诉魏王李泰，每次见到王珪，就如同见到我一样，应该倍加尊敬，不能懈怠。”王珪也认为应该以为师之道来要求自己，获得了当时舆论的好评。

贞观十七年，太宗谓司徒长孙无忌、司空房玄龄曰：“三师以德道人者也。若师体卑，太子无所取则①。”于是诏令撰太子接三师仪注②。太子出殿门迎，先拜三师，三师答拜，每门让三师。三师坐，太子乃坐。与三师书，前名惶恐，后名惶恐再拜。

注释

①则：效法。

②仪注：制度，仪节。

译文

贞观十七年，唐太宗对司徒长孙无忌、司空房玄龄说：“三师是以德行来教导别人的。如果三师的身份卑下，太子就没有学习的榜样。”于是下诏，让人制定太子接待三师的礼仪制度。太子要走出殿门迎接师父，先礼拜三师，然后三师答拜，每当过门时要让三师在前。三师坐下后，太子才能坐。写给三师的书信，前边称“惶恐”，后边再写上“惶恐再拜”四个字。

贞观十八年，高宗初立为皇太子，尚未尊贤重道，太宗又尝令太子居寝殿之侧，绝不往东宫。散骑常侍刘洎上书曰：

“臣闻郊迎四方，孟侯[①]所以成德，齿学[②]三让，元良由是作贞[③]。斯皆屈主祀之尊，申下交之义。故得刍言咸荐，睿问旁通，不出轩庭，坐知天壤，率由兹道，永固鸿基者焉。至若生乎深宫之中，长乎妇人之手，未曾识忧惧，无由晓风雅。虽复神机不测，天纵生知，而开物成务，终由外奖。匪夫崇彼干籥[④]，听兹谣颂，何以辨章庶类，甄核彝伦[⑤]？历考圣贤，咸资琢玉。是故周储上哲，师望、奭[⑥]而加裕；汉嗣深仁，引园、绮而昭德。原夫太子，宗祧是系，善恶之际，兴亡斯在，不勤于始，将悔于终。是以晁错上书，令通政术，贾谊献策，务知礼教。窃惟皇太子玉裕挺生[⑦]，金声夙振，明允笃诚之美，孝友仁义之方，皆挺自天姿，非劳审谕，固以华夷仰德，翔泳希风[⑧]矣。然则寝门视膳，已表于三朝，艺宫论道，宜弘于四术。虽富于春秋，饬躬有渐，实恐岁月易往，堕业兴讥，取适晏安，言从此始，臣以愚短，幸参侍从，思广储明，暂愿闻彻，不敢曲陈故事，切请以圣德言之。”

注释

①孟侯：指太子。

②齿学：指太子入学。

③元良由是作贞：太子由此能养成正直的作风。元良，太子

的代称。

④干籥（yuè）：指礼乐教化。干，乐舞用的盾牌和雉羽。籥，一种管乐器。

⑤甄核彝伦：分清道理。甄核，甄别。彝伦，伦常。

⑥望、奭（shì）：太公望和召公。奭，召公的名。

⑦玉裕挺生：形容资质杰出，如玉一般挺拔而生。

⑧翔泳希风：上下钦慕他的风节。翔泳，本指飞鸟和游鱼。这里引申为上上下下的人；希，钦慕，羡慕。

译文

贞观十八年，高宗刚被立为太子时，还没有学会尊贤重道，太宗又曾经命令太子居住在自己寝宫的旁边，并且不准太子住到东宫去。散骑常侍刘洎上书说：

"我听说太子要学会迎接四方诸侯，才能成就德名；通过学习懂得礼义'三让'的准则，太子才能养成正直的作风。这些都是委屈君主的礼节，展现君主能与臣下结交的仁义。所以君王才能听到百姓的声音，通过睿智的询问以求触类旁通，虽然足不出户，却能知道天下大事。只要遵循这种办法，才可以使国家大业永远得到巩固。如果生于深宫之中，又在妇人手中长大，从未经历过忧患恐惧，也不懂得教化规范。即使圣智莫测，生性聪明，然而要成就大业，终需外力的协助。如果不重视礼乐的教化，不学习诗歌辞赋，那他凭什么去辨别万物，分清道理？考察历代成就圣王的过程，就像雕琢玉器一样。周朝的储君虽然天资贤明，但仍以太公、召公为师，才能增加他的才德；汉朝的嗣君非常仁义，但还需要引园、绮里奇等四位贤人彰显他的仁德。太子维系着国家和宗庙的兴亡，国家的命运与他的善恶息息相关。如果一开始就不勤于教育，最终必定追悔莫及。所以晁错上书，是为了要求太子通晓治国方略；贾谊进献策论，是想让太子辨明礼教。

臣私下认为，皇太子天资聪明、德性仁和，具备明察、笃厚、诚信的美德，又有忠孝仁义的品质，这些来自他的天性，而不需要师傅费神地对太子进行开导，这足以让四海之内敬仰他的美德，上下都钦慕他的风节。太子在陛下身边侍奉寝食的孝心，已经展现在一日三次的朝见上；在谈论艺术和治国之道方面，也应该博通《诗》《书》《礼》《乐》这四门学问。太子虽然年轻，修身养性也是日有所进，但我实在担心岁月易逝，荒废了他的学业和事业，引起讥讽和非议，如果贪图安逸的生活，那么非议的言论就会马上出现。臣下见识浅薄，有幸侍奉太子，想要使他思虑广阔，蓄养明德，不久的将来能闻名四方。我不敢故意妄谈旧事，只是希望以陛下的圣明为例来说明。”

“伏惟陛下诞睿[①]膺图，登庸[②]历试。多才多艺，道著于匡时；允文允武，功成于纂祀[③]。万方即叙[④]，九围[⑤]清晏。尚且虽休勿休，日慎一日，求异闻于振古，劳睿思于当年。乙夜观书，事高汉帝；马上披卷，勤过魏王。陛下自励如此，而令太子优游弃日，不习图书，臣所未谕一也。加以暂屏机务，即寓雕虫[⑥]。纡宝思于天文，则长河韬映；摛[⑦]玉华于仙札[⑧]，则流霞成彩。固以锱铢万代[⑨]，冠冕百王，屈、宋[⑩]不足以升堂，钟、张[⑪]何阶于入室。陛下自好如此，而太子悠然静处，不寻篇翰，臣所未谕二也。陛下备该众妙，独秀寰中，犹晦天聪，俯询凡识。听朝之隙，引见群官，降以温颜，访以今古，故得朝廷是非，闾里好恶，凡有巨细，必关闻听。陛下自行如此，而令太子久趋入侍，不接正人，臣所未谕三也。陛下若谓无益，则何事劳神；若谓有成，则宜申贻厥。蔑而不急，未见其可。伏愿俯推睿范，训及储君，授以良书，娱之嘉客。朝披经史，观成败于前踪；晚接宾游，访得失于当代。间以书札，继以篇章，则日闻所未闻，日见所未见。副德愈光，群生之福也。”

注释

①诞睿：天生睿智。

②登庸：登上帝位。

③纂祀：继承帝王大业。

④即叙：就绪。

⑤九围：九州。

⑥雕虫：指写作诗文辞赋。

⑦摛（chī）：舒展。

⑧仙札：皇帝的文书。

⑨锱铢万代：使历代文章黯然失色。锱铢，旧制锱为一两的四分之一，铢为一两的二十四分之一。比喻极其微小的数量，这里指渺小。

⑩屈、宋：屈原（前340—前278），战国末期楚国著名辞赋家。宋玉，相传是屈原的学生，是继屈原之后的楚辞大家。

⑪钟、张：钟繇（151—230），三国时魏书法家。张芝（？—约192），东汉书法家。

译文

“陛下天生睿智、蒙受天命，荣登帝位、身经百战。多才多艺，匡补时弊；文武双才，建功立业。万方有序，天下太平。况且陛下即使受到赞美，也不自以为可以赞美，一日比一日谨慎，从历史兴亡中获得新知，像当年那样终日劳神苦思于政务。陛下夜夜阅读典籍，比汉武帝还卓著；在马上阅览经史，比魏武帝还勤勉。陛下能自我鞭策，如此勤奋，可却让太子整日悠闲，荒废

时间，不修习书文，这是臣下第一个不明白的地方。另外，陛下一搁下政务，马上投入文学写作。文章构思之妙，使长河顿失光彩，书法结构之精，宛若霞飞成彩。因此称得上万世稀有之作，盖过历代帝王，即使屈原、宋玉都不足以相比，钟繇、张芝也难以入室。陛下能够如此，而太子却悠然自处，无所事事，不修习书文，这是我第二个不明白的地方。陛下博采众长，亘古未有，虚怀若谷，不耻下问，朝会之余，接见百官，和颜悦色，广闻博取，询问古今之理。所以能知道朝政得失，民间百姓的好恶，事不论大小，都必须亲自过问。陛下身体力行，却让太子长久地陪伴自己左右，不接触正人君子，这是臣第三个不明白的地方。陛下如果认为这些没有好处，为何还对此事费尽心思呢？如果认为这些有益，那就应该加以申明，为子孙做出榜样。陛下轻视此事，不急于处理，恐怕是不行的。臣希望陛下推广您的风范，教诫太子，用好书教授他，使他与有才能的人交往。使太子能在早晨披阅经史，探索前朝成败的经验；晚上接待宾客，考察当代朝政的得失。有时间经常写文章，那么太子就会每天都能听到从未听到的事，看到从未看到的事。他的德行就会愈加广大完美，这将是百姓的洪福。”

“窃以良娣之选[①]，遍于中国。仰惟圣旨，本求典内[②]，冀防微，慎远虑，臣下所知。暨乎征简人物，则与聘纳相违，监抚二周，未近一士。愚谓内既如彼，外亦宜然者，恐招物议，谓陛下重内而轻外也。古之太子，问安而退，所以广敬于君父；异宫而处，所以分别于嫌疑。今太子一侍天闱，动移旬朔[③]，师傅已下，无由接见。假令供奉有隙，暂还东朝，拜谒既疏，且事俯仰，规谏之道，固所未暇。陛下不可以亲教，宫寀[④]无因以进言，虽有具寮，竟将何补？

“伏愿俯循前躅[⑤]，稍抑下流，弘远大之规，展师友之义，则离徽克茂，帝图斯广，凡在黎元，孰不庆赖！太子温良恭俭，聪明睿哲，含灵所悉，臣岂不知，而浅识勤勤，思效愚忠者，愿沧溟益润，日月增华也。”

太宗乃令洎与岑文本、马周递日往东宫，与皇太子谈论。

注释

①良娣之选：为太子选妾。

②典内：掌管宫廷内务。

③旬朔：十天或一个月。

④宫寀（cǎi）：太子宫内的属官。

⑤前躅（zhú）：前人的典范。躅，迹。

译文

“臣认为太子嫔妃的选择，遍及全国。而了解陛下的圣意，在于寻找出掌管好太子官内事务的人，希望能够防微杜渐，慎重做好长远打算，这些是臣所能理解的。至于为太子选拔辅佐的人才，就跟聘娶太子嫔妃有所不同了，太子已经监国抚军两年，却没有接近过一个贤士。臣认为选取内官的妃嫔都如此重视，那么选拔外朝的人才也应该如此。否则恐怕招致非议，说陛下重内轻外。古代的太子，向皇上问安后就退回，从而更加孝敬君父；皇上和太子居住在不同的地方，是为了避免嫌疑。现在太子侍奉陛下，动辄十多天，太师、太傅等人都无暇接见。即使太子在侍奉的空隙时间，暂时回到东宫，拜访和接见官员的机会也很少。只能例行公事，对规谏之事无暇顾及。陛下不能亲自教导太子，官员又没有机会进言，虽然配备的官职，但有什么用呢？

“臣恳请陛下教导太子遵循前人的足迹，稍微放弃一些不重要的事，以弘扬远大的志向，发展与师友之间的情谊。那么太子的才德就会日加旺盛，宏图帝业将会更加宽大，普天之下的百姓，有谁会不庆幸信赖呢！太子性情温和，谦逊节俭，聪明睿智，尽人皆知，对此，臣怎么会不知道呢？我才识疏浅，但希望仿效古代忠臣，愿为沧海添一滴水，给日月增一丝光华。”

唐太宗于是下诏命令刘洎、岑文本、马周轮流到东宫，与皇太子谈论经世治国之道。

教诫太子诸王第十一

导读

几乎所有的封建王朝都逃不出“其兴也勃焉，其亡也忽焉”的历史周期律，所以评价一个王朝的强大与兴盛，往往不是看立国之君的贤明与否，更多地是看这个朝代一共有多少位圣主明君，能持续多久的统治。因此，作为当朝皇帝，除了勤于政务，统御天下外，就是要培养和教育自己的后代，选择能够胜任王位的储君。正是由于这一当下的教育和选择直接影响了整个王朝未来的兴盛或是兴盛能否延续，所以历代君主都重视对太子诸王的教育和教导。《教诫太子诸王》篇承续前篇教育太子诸王的主旨，主要记录了唐太宗和诸大臣总结王朝兴衰的历史教训，警示和训诫太子诸王，要以前朝的经验为借鉴，戒除骄奢，加强自身修养，既要知礼度，又要存友爱，时刻保持洁身自省的精神，以防微杜渐，励志成才。由于太子诸王“生而富贵，不知疾苦”，因而不知生活之困苦，处世之艰难，所以必须要“拣择贤才，为汝师友，须受其谏诤，勿得自专”。这是要从师友引导的角度来弥补太子诸王们实践经验不足的缺陷，让他们不自我专断，摈弃错误的习惯和观念，从而达到正心修身的目的。更为重要的是，唐太宗教导太子诸王要以克修德行为上，正所谓“知人之立身，所贵者惟在德行，何必要论荣贵”，所以太子诸王必须使“善事日闻，勿纵欲肆情”，时刻不忘“有国家者，其兴也必由于积善，其亡也必由于积恶”的道理。

贞观七年，太宗谓太子左庶子[①]于志宁[②]、杜正伦曰：“卿等辅导太子，常须为说百姓间利害事。朕年十八，犹在民间，百姓艰难，无不谙练。及居帝位，每商量处置，或时有乖疏[③]，得人谏诤，方始觉悟。若无忠谏者为说，何由行得好事？况太子生长深宫，百姓艰难，都不闻见乎！且人主安危所系，不可辄为骄纵。但出敕云，有谏者即斩，必知天下士庶无敢更发直言。故克己励精，容纳谏诤，卿等常须以此意共其谈说。每见有不是事，宜极言切谏，令有所裨益也。”

注释

①庶子：官名。太子属官。

②于志宁（588—665）：唐初大臣。字仲谧，京兆高陵（今属陕西）人。

③乖疏：违背礼义，出现疏漏。

译文

贞观七年，唐太宗对太子左庶子于志宁、杜正伦说：“你们辅导太子，平常应该为他讲述百姓生活在民间的疾苦。我十八岁时还在民间，对百姓的艰难困苦非常清楚。登上帝位后，每逢商议事情如何处理的时候，有时还会出现疏漏，由于得到他人的谏诤，才有所醒悟。如果没有忠心的人对我直言进谏，我如何能做到为百姓办好事呢？何况太子长期生长在深宫之中，甚至都看不见、听不到百姓的艰难困苦。而且君主是关系到天下安危的人，更不能动辄就骄奢放纵。只要发个敕命，治罪大胆谏诤的人，那么天下官员百姓肯定没有人敢直言了。所以要克制私欲，励精图治，容纳别人的忠言直谏。你们应该经常把这些道理讲给太子听，每当看到他有做得不对的地方，应该勇敢直谏，使他能有所获益。”

贞观十八年，太宗谓侍臣曰：“古有胎教世子[①]，朕则不暇。但近自建立太子，遇物必有诲谕。见其临食将饭，谓曰：‘汝知饭乎？’对曰：‘不知。’曰：‘凡稼穑艰难，皆出人力，不夺其时，常有此饭。’见其乘马，又谓曰：‘汝知马乎？’对曰：‘不知。’曰：‘能代人劳苦者也，以时消息[②]，不尽其力，则可以常有马也。’见其乘舟，又谓曰：‘汝知舟乎？’对曰：‘不知。’曰：‘舟所以比人君，水所以比黎庶，水能载舟，亦能覆舟。尔方为人主，可不畏惧！’见其休于曲木之下，又谓曰：‘汝知此树乎？’对曰：‘不知。’曰：‘此木虽曲，得绳则正，为人君虽无道，受谏则圣。此傅说所言，可以自鉴。’”

注释

①古有胎教世子：相传周文王之母，为人端庄，很有德操。在怀孕期间，“目不视恶色，耳不听淫声，口不出傲言”。生下文王后，文王聪敏异常。人称文王之母能胎教。

②消息：指消长、生灭、盛衰。这里指有劳有逸。

译文

贞观十八年，唐太宗对侍从大臣说：“古时有胎教世子的说法，我却没有时间考虑这事。但最近自设立太子以来，遇到事情都要对他教诲晓谕。看见他准备吃饭，便问他：‘你知道饭是怎样来的吗？’太子回答说：‘不知道。’我说：‘凡是播种、收获等农事都很艰难辛苦，这些活儿全靠农民努力耕种。只有不去占用他们劳作的时间，才会常有这样的饭吃。'看到他骑马，又问他：'你知道马是用来干什么的吗？'太子回答说：'不知道。'我说：'这是能够替人代劳的东西，要使它既劳作又得到休息，不耗尽它的气力，这样就可以常有马骑。'看到他乘船，又问他：'你知道船是怎样运行的吗？'太子回答说：'不知道。'我说：'船好比君主，水好比是百姓，水能浮载船，也能倾覆船，你不久将做君主了，对这样的道理怎能不感到畏惧呢？'我看到他在弯曲的树下休息，又问他：'你了解这棵树吗？'太子回答说：'不了解。'我说：'这树虽然弯曲，但打上墨线就可以加工成平正的木材了。做君主的虽然有时难免会做出一些荒唐的事，但是虚心接受谏诤就可以变得圣明，这是傅说讲的道理，可以对照自己的行为作为鉴戒。'"

贞观七年，太宗谓侍中魏徵曰："自古侯王能自保全者甚少，皆由生长富贵，好尚骄逸，多不解亲君子远小人故尔。朕所有子弟欲使见前言往行，冀其以为规范。"因命徵录古来帝王子弟成败事，名为《自古诸侯王善恶录》，以赐诸王。其序曰：

"观夫膺期受命，握图御宇，咸建懿亲[①]，藩屏王室，布在方策，可得而言。自轩[②]分二十五子，舜举一十六族，爰历周、汉，以逮陈、隋，分裂山河，大启磐石者众矣。或保乂王家[③]，与时升降；或失其土宇，不祀忽诸。然考其隆替，察其兴灭，功成名立，咸资始封之君，国丧身亡，多因继体之后。其故何哉？始封之君，时逢草昧，见王业之艰阻，知父兄之忧勤，是以在上不骄，夙夜匪懈，或设醴[④]以求贤，或吐飧[⑤]而接士。故甘忠言之逆耳，得百姓之欢心，树至德于生前，流遗爱于身后。暨夫子孙继体，多属隆平，生自深宫之中，长居妇人之手，不以高危为忧惧，岂知稼穑之艰难？昵近小人，疏远君子，绸缪哲妇[6]，傲狠明德，犯义悖礼，淫荒无度，不遵曲宪，僭差越等。恃一顾之权宠，便怀匹嫡之心；矜一事之微劳，遂有无厌之望。弃忠贞之正路，蹈奸宄[7]之迷途。愎谏违卜[8]，往而不返。虽梁孝、齐冏之勋庸，淮南、东阿之才俊，摧摩霄之逸翮，成穷辙之涸鳞，弃桓、文之大功，就梁、董之显戮。垂为炯戒[9]，可不惜乎！皇帝以圣哲之资，拯倾危之运，耀七德以清六合，总万国而朝百灵，怀柔四荒，亲睦九族，念华萼[10]于《棠棣》[11]，寄维城于宗子。心乎爱矣，靡日不思，爰命下臣，考览载籍，博求鉴镜，贻厥孙谋。臣辄竭愚诚，稽诸前训。凡为藩为翰，有国有家者，其兴也必由于积善，其亡也皆在于积恶。故知善不积不足以成名，恶不积不足以灭身。然则祸福无门，吉凶由己，惟人所召，岂徒言哉！今录自古诸王行事得失，分其善恶，各为一篇，名曰《诸王善恶录》，欲使见善思齐，足以扬名不朽；闻恶能改，庶得免乎大过。从善则有誉，改过则无咎。兴亡是系，可不勉欤！”

太宗览而称善，谓诸王曰：“此宜置于座右，用为立身之本。”

注释

①懿亲：至亲。

②轩：轩辕氏，即黄帝。

③保乂王家：保国安邦。

④醴（lǐ）：一种甜酒。

⑤吐飧（sūn）：传说周公一饭之间，三次停下来，以接待宾客。比喻求贤殷切。

⑥绸缪哲妇：迷恋美色。

⑦奸宄（guǐ）：犯法作乱之人。

⑧愎谏违卜：刚愎自用，不听劝谏，违反天意，坚持错误。卜，占卜。

⑨炯戒：明显的鉴戒。

⑩华萼（è）：也称“花萼”，托在花瓣下方的一圈绿色小片。花萼相承，比喻兄弟之爱。

⑪《棠棣》：《诗经》中一首申述兄弟应该互相友爱的诗。

译文

贞观七年，太宗对侍中魏徵说：“自古以来，君王能够自我保全的很少，这都是由于他们从小生长在富贵的环境中，骄傲懒惰，贪图个人享受，不了解亲近君子、疏远小人的道理。我想让所有的子女都能够见识古人的言行，希望他们以此作为自己的行为规范。”于是命令魏徵辑录古代帝王子弟成功与失败的实例，编成《自古诸侯王善恶录》，把它赠送给各个王子。序中写道：

“看那些接受天命、统治天下的君王，没有一个不是分封自己的宗亲，来守卫王室的。这些都记载于史册，可以拿来讨论研究。自黄帝分封二十五子，舜帝任命八元、八凯十六位贤臣，经过周朝、汉代，直到陈代、隋朝，分裂河山，大动国家根基的为数算是不少了。这些被分封的诸侯有的得以保全，随时代变迁而沉浮；有的失去封地，瞬间亡族灭家。然而考察他们的兴衰成败，那些功成名就的，都是开国时受封的王侯；国破家亡的，大都是后世继位的子孙。原因何在呢？建国时分封的王侯，经历乱世，知道王国创建的艰难，知道父兄为建立国家所付出的辛勤劳苦，所以即使在位时也不骄纵，不论白天夜晚，从不懈怠政务。有的像汉代楚元王那样设醴酒招待贤人，有的像周公那样不顾吃饭来招贤纳士。所以，他们能够听取逆耳忠言，深得百姓的欢心，生前道德高尚，死后也能万古流芳。到了子孙继承王位的时候，天下太平兴盛，他们从小深居宫中，备受妇人呵护长大，从不忧惧处于高位的危险，哪里还能知道老百姓的苦乐呢？亲近小人，疏远君子，宠爱美妾，轻视道德，违背礼法，胡作非为，藐视法令，不顾身份。自恃皇帝的恩宠，就萌生抗击嫡子的野心；倚仗一事的细微功劳，便生出无穷的欲望。他们不遵循忠贞的正道，误入为非作歹的歧途。武断专横，违背天命，迷而不返。虽然有汉代梁孝王刘武、晋代齐王司马冏那样的功勋，有汉代淮南王刘安、曹魏东阿王曹植那样的才华，也不免摧折凌云健翅，沦为涸辙之鱼。丢弃齐桓公、晋文公那样的丰功伟业，落得梁冀、董卓那样斩首示众的下场，成为后世的鉴戒，能不可惜吗？皇上以圣人般的天赋，挽救危亡，功耀千秋，廓清宇宙，统一中原，民众拥戴，安抚四方，亲睦九族。吟诵《棠棣》之诗来增进兄弟之情，把维系宗庙的责任系于子孙。爱子之情，没有一天不思念的。于是命令下臣，考证历代历史记载，用来作为行为处事的标准，交与子孙。我尽自己的愚忠，收集古代遗训。凡诸侯君王有国有家者，他们的兴盛都是从不断地做善事开始的，他们的衰亡也是从不断地作恶引起的。所以从中可知，不积善不足以成就一个人的声名，不积恶不至于让自己灭亡。可是祸与福都没有定数，一个人吉凶的关键在于自己，是自己造成的，这仅仅是空话而已吗？现在我收录自古以来各个帝王做事的得失情况，根据善恶不同分类，各为一篇，书名叫做《诸王善恶录》，目的是想使太子和诸王子看到好的地方就不断修正自己，可以扬名百代，永垂不朽；看到不好的地方就及时加以改正，免得造成更大的错误。跟从善的东西就能获得赞誉，改正过错就没有什么灾难。这些东西都关系着国家的兴亡，岂能不以此共勉呢？”

太宗看了大加赞赏，对诸王说：“此书应放在你们座位的右边，用作你们立身处世的根本。”

贞观十年，太宗谓荆王元景、汉王元昌、吴王恪、魏王泰等曰：“自汉已来，帝弟帝子，受茅土、居荣贵者甚众，惟东平①及河间王②最有令名，得保其禄位，如楚王玮③之徒，覆亡非一，并为生长富贵，好自骄逸所致。汝等鉴诫，宜熟思之。拣择贤才，为汝师友，须受其谏诤，勿得自专。我闻以德服物，信非虚说。比尝梦中见一人云虞舜，我不觉竦然敬异，岂不为仰其德也！向若梦见桀、纣，必应斫之。桀、纣虽是天子，今若相唤作桀、纣，人必大怒。颜回、闵子骞④、郭林宗、黄叔度⑤，虽是布衣，今若相称赞道类此四贤，必当大喜。故知人之立身，所贵者惟在德行，何必要论荣贵。汝等位列藩王，家食实封，更能克修德行，岂不具美也？且君子小人本无常，行善事则为君子，行恶事则为小人，当须自克励，使善事日闻，勿纵欲肆情，自陷刑戮。”

注释

①东平：即东平王刘苍，汉光武帝之子。好经书，有智思，文称典雅。明帝问他处家何事最乐，他答道：“为善最乐。”

②河间王：刘德，汉景帝之子。以博学有德著称。

③楚王玮：晋武帝之子，曾掌兵权，刚狠好杀，犯罪被斩首。

④颜回、闵子骞：二人都是孔子的学生，以德行著称。

⑤林宗、黄叔度：二人都是后汉时的高尚之士。

译文

贞观十年，唐太宗对荆王元景、汉王元昌、吴王恪、魏王泰等王子们说：“从汉代以来，帝王的兄弟儿子处于荣华富贵之中的很多，唯有东汉的东平王和西汉的河间王名声最好，能够保全自己的禄位。如西晋的楚王司马玮这等奸佞之人，国灭身亡的不止一个，这都是因为他们生长于富贵之中，骄傲自大、好逸恶劳造成的。你们应当引以为戒，深思熟虑。我挑选贤良之人，作为你们的师友，你们必须听从他们的规劝，不要擅作主张，自以为是。我听说只有德行才能使人信服，相信这都不是信口乱说。我不久前曾梦见一个叫做虞舜的人，不禁肃然起敬，这难道不是因为我敬仰他品德的缘故吗？要是梦见桀、纣，我一定会感到愤慨而砍死他。桀、纣虽然是天子，要是今天称某人为桀、纣，他一定会十分生气。颜回、闵子骞、郭林宗、黄叔度等人，虽然是普通老百姓，今天要是大家称赞某人像这四个贤人一样，那么他一定会十分高兴。可见，一个人立身处世，可贵的是德行，哪用得着谈及富贵呢？你们位列王公，衣食有封地食邑作保障，要是再能加强德行修养，那岂不更加完善了吗？况且君子小人本来就不是永远固定不变的。做善事就是君子，做恶事就是小人。你们应当自我克制、自我勉励，使人们每天都能听到你们的善行善事，不要放纵自己的私欲，使自己陷入刑戮之中。”

贞观十年，太宗谓房玄龄曰：“朕历观前代拨乱创业之主，生长民间，皆识达情伪，罕至于败亡。逮乎继世守文之君，生而富贵，不知疾苦，动至夷灭[①]。朕少小以来，经营多难，备知天下之事，犹恐有所不逮。至于荆王诸弟，生自深宫，识不及远，安能念此哉？朕每一食，便念稼穑之艰难；每一衣，则思纺绩之辛苦，诸弟何能学朕乎？选良佐以为藩弼[②]，庶其习近善人，得免于愆过尔。”

注释

①夷灭：灭亡。

②藩弼：教导、辅助。

译文

贞观十年，唐太宗对房玄龄说："我看历代平乱创业的帝王，都生长在民间，都通情达理，能识别人情真假，少有导致败亡的。到了后来继承王位的君主，生下来就享受荣华富贵，不知道人间疾苦，导致国家动乱灭亡。我从小以来，经历了很多艰难险阻，知道天下很多的事情，但仍然害怕自己还有做得不够的地方。至于像荆王他们这些人，从小在深宫中长大，见识短浅，哪能想到这些问题呢？我每天一吃饭，就要想到耕种的艰难，每天一穿衣，就想到纺线的辛苦，我那些王子兄弟能学我吗？选一些贤良的人作为他们的老师，使他们的习惯与品德能接近高尚的人，这样才能使他们少犯错误。"

贞观十一年，太宗谓吴王恪曰："父之爱子，人之常情，非待教训而知也。子能忠孝则善矣。若不遵诲诱，忘弃礼法，必自致刑戮，父虽爱之，将如之何？昔汉武帝既崩，昭帝嗣立，燕王旦素骄纵，诪张[1]不服，霍光遣一折简诛之，则身死国除。夫为臣子不得不慎。"

注释

①诪（zhōu）张：欺诳，狂妄。

译文

贞观十一年，太宗对吴王恪说："父亲疼爱子女，这是人之常情，是不通过教育就可以知道的。儿子能尽忠尽孝就对了。若儿子不遵循教诲，废弃礼法，必然自招惩罚。到那时，父亲即使疼爱他，又有什么办法呢？从前，汉武帝驾崩之后，昭帝继位，燕王刘旦向来自高自大，放纵不服。霍光辅佐昭帝，用皇帝的一纸御书就诛杀了他，使他身亡国灭。所以作为臣子的不得不谨慎行事。”

贞观中，皇子年小者多授以都督、刺史，谏议大夫褚遂良上疏谏曰：“昔两汉以郡国治人，除郡以外，分立诸子，割土封疆，杂用周制。皇唐郡县，粗依秦法。皇子幼年，或授刺史。陛下岂不以王之骨肉，镇扞四方，圣人造制，道高前古？臣愚见有小未尽。何者？刺史师帅，人仰以安。得一善人，部内苏息；遇一不善人，阖州劳弊。是以人君爱恤百姓，常为择贤。或称河润九里，京师蒙福；或与人兴咏，生为立祠。汉宣帝云：‘与我共理者，惟良二千石乎！’如臣愚见，陛下子内年齿尚幼，未堪临民者，请且留京师，教以经学。一则畏天之威，不敢犯禁；二则观见朝仪，自然成立。因此积习，自知为人，审堪临州，然后遣出。臣谨按汉明、章、和三帝，能友爱子弟，自兹以降，以为准的。封立诸王，虽各有土，年尚幼小者，各留京师，训以礼法，垂以恩惠。讫三帝世，诸王数十百人，惟二王稍恶，自余皆冲和深粹。惟陛下详察。”太宗嘉纳其言。

译文

贞观年间，年龄小的皇子都被授以都督、刺史的爵位。谏议大夫褚遂良上疏进谏说：“过去两汉都用郡国的方法治理国家，除郡国外，还分封诸子，割地封爵，杂用了周代的制度。现在我们唐代采用郡县制，沿用的是秦的体制。皇子年龄尚小，有的就授以刺史的爵位。陛下难道是想用骨肉亲情来安定四方，认为圣人创设的制度，比前人的还要高明吗？但是我认为这种方法有一些不完善的地方。为什么呢？刺史和都督，都是百姓得以安宁的依靠。这些职位若遇上好人担任，那么辖境之内就太平安乐；如果遇到一个不好的人来管理，整个州县就会民生凋敝。所以皇上爱抚体恤百姓，常常选择贤能的人。有的刺史被称赞是如同河流一样泽被一方，就连京城也蒙受他的恩惠；有的刺史被百姓歌颂赞美，并且立下生祠纪念。汉宣帝说：‘与我一同治理国家的，惟有贤良的太守啊！’按我的想法，陛下皇子中年龄尚小，还不能统领百姓的，请暂时留在京城，用经学教导他们。一则使他们畏惧天子的威严，不敢违法乱纪；二则使他们观摩学习朝廷的仪式，自然地成长自立。时间长了，自然养成习惯，懂得为人处世的方法。能符合条件的，再派遣他们到州郡任职。我认为汉明帝、汉章帝、汉和帝三个帝王，能够友爱子弟，此后，后世都把他们作为榜样。他们封立的诸王虽然各有封地，但是年纪小的就会留在京城，用礼法训诫他们，用恩惠抚慰他们。从帝王三代来看，诸王数百人当中，只有两个王稍微不好，其余的性格都正直谦和，希望陛下详察。”太宗赞成并且采纳了褚遂良的言论。

规谏太子第十二

导读

《规谏太子》篇主要记录了唐太宗选择贤臣来规劝、直谏李承乾的过程。李承乾是唐太宗的嫡长子，由于其年幼时就聪明伶俐，深得太宗欢喜，所以年仅 8 岁时就被立为太子。之后，唐太宗选择了当朝德高望重的大臣作为老师来严格教导，希望他能迅速成长为一名优秀的储君。但李承乾却自恃太子之名，沉溺于声色犬马之中，不但奢侈无度，且荒废学业，最终因政变阴谋，被废黜致死。本篇的主旨有三，一是展现唐太宗关心太子的成长和教育，重视国家未来发展的思想。唐太宗不仅亲自为太子挑选师傅，还时刻关注他们教育太子的方法和成效，体现了唐太宗对太子教育的慎重和严格。其二是展现了太子的诸位师傅尽忠职守，冒死进谏太子的忠贞品质。李百药、孔颖达、张玄素、于志宁等大臣，在教育和规谏太子的过程中，引经据典，以古为鉴，谆谆教诲，耿直忘私，不仅获得太宗的支持和褒奖，更成为后世教导太子的典范。其三，展现了太子承乾拒绝规谏，肆意骄奢，执迷不悟的错误行径，以此来警示之后的太子，不要因“善小而不为，恶小而不去”，而应当防微杜渐，居安思危，日慎一日。否则，只能是心神渐乱，德性渐失，英名尽去，最后落得被废黜的下场。

贞观五年，李百药为太子右庶子，时太子承乾[①]颇留意典坟[②]，然闲宴之后，嬉戏过度。百药作《赞道赋》以讽焉，其词曰：

“下臣侧闻先圣之格言，尝览载籍之遗则，伊天地之玄造，洎皇王之建国，曰人纪与人纲[③]，资立言与立德。履之则率性成道，违之则罔念作忒[④]。望兴废如从钧[⑤]，视吉凶如纠纆[⑥]。至乃受图膺箓，握镜君临。因万物之思化，以百姓而为心。体大仪之潜运，阅往古于来今。尽为善于乙夜，惜勤劳于寸阴。故能释层冰于瀚海，变寒谷于蹛林[⑦]。总人灵以胥悦，极穹壤而怀音。

“赫矣圣唐，大哉灵命；时维大始，运钟上圣。天纵皇储，固本居正；机悟宏远，神姿凝映。顾三善[⑧]而必弘。祇四德[⑨]

而为行。每趋庭而闻礼，常问寝而资敬。奉圣训以周旋，诞天文之明命。迈观乔而望梓[⑩]，即元龟与明镜。自大道云革，礼教斯起，以正君臣，以笃父子。君臣之礼，父子之亲，尽情义以兼极，谅弘道之在人。岂夏启与周诵，亦丹朱与商均。既雕且琢，温故知新。惟忠与敬，曰孝与仁。则可以下光四海，上烛三辰。昔三王之教子，兼四时以齿学；将交发于中外，乃先之以礼乐。乐以移风易俗，礼以安上化人。非有悦于钟鼓，将宣志以和神。宁有怀于玉帛，将克己而庇身。生于深宫之中，处于群后之上，未深思于王业，不自珍于匕鬯[⑪]。谓富贵之自然，恃崇高以矜尚，必恣骄狠，动愆礼让，轻师傅而慢礼仪，狎奸谄而纵淫放。前星之耀遽隐，少阳[⑫]之道斯谅。虽天下之为家，蹈夷俭之非一。或以才而见升，或见谗而受黜。足可以省厥休咎[⑬]，观其得失。请粗略而陈之，觊披文而相质[⑭]。"

注释

①承乾：字高明，太宗长子。因生于承乾殿，故得此名。贞观初立为皇太子。贞观十七年，承乾谋反事发，被废。

②典坟：指《三坟》《五典》，是夏商之前的古文献。这里代指各种古籍。

③人纪与人纲：立身处世的道德规范。

④忒（tè）：差错。

⑤钧：上天。

⑥纠纆（mò）：绳索。这里引申为缠绕连接。

⑦蹛（dài）林：祭祀的地方。

⑧三善：指臣事君，子事父，幼事长的三种道德规范。

⑨祗（zhī）四德：敬元、亨、利、贞四种德行。

⑩迈观乔而望梓：遵行父子之道。迈，行。乔梓，乔木高，

梓木低，比喻父位尊，子位低，后以“乔梓”比喻父子。

⑪匕鬯（chàng）：指帝王基业或是国家政权。

⑫少阳：东宫，太子居所，后代指太子。

⑬休咎：吉与凶，祸与福。

⑭披文：分析文辞。相质：观察实质。

译文

贞观五年，李百药为太子右庶子。当时太子承乾对《三坟》《五典》这些古代典籍很感兴趣，可是闲饮宴乐之后，却游乐过度。于是李百药作《赞道赋》来进行讽谏规劝，里面写道：

“臣听说过古代圣贤遗留下来的格言，也曾经看过记载在典籍上的遗训。从开天辟地，到帝王建国立邦，都是依靠人伦纲纪，来帮助君主树立言行和功德。执行这样的法则就能依附本性成就大道，违背了它就会思想混乱，作恶酿祸。看待国家的兴亡如同顺从上天的旨意，观察人事的吉凶如同绳索的缠绕纠结。现在我们大唐帝国承受天命，秉承清明大道，君临天下。应根据事物变化的规律办事，以老百姓的利益为根本。体察天地运行的规律，仔细地研读古往今来的历史。尽力为天下多做好事，哪怕工作到很晚；珍惜辛勤劳动的时间，哪怕是短暂的光阴。这样才能融化浩瀚海洋中的坚冰，将阴冷的山谷变成祭祀的秋林。让生灵万民欢乐，让天地都沐浴您的恩宠。

“赫赫盛唐，上承天命；开创帝业，遇到圣明的贤人。上天确定你作为皇位的继承人，巩固国家的根本，居于正位；心地聪颖，光彩照人。看到三善之事必定予以弘扬，敬重四德并身体力行，每次拜谒父王都要听取有关礼仪的教训，经常向君父问安用来表示尊敬。按照圣训待人接物，使圣人的旨意发扬光大，遵行父子之道，以此作为自己行事的准则和借鉴。自从大道变革，礼教兴起，就使君臣之道得以端正，使父与子之情更加笃厚。君臣之间的礼义，父子之间的亲情，充满了情义并达到了极点，但能否弘扬大道，完全在于个人。怎能说夏启、周诵与丹朱、商均是一样的呢？你要精雕细琢，温故知新，只要拥有忠、敬、孝、仁，下照四海，上耀日月星三辰。过去三王教育子女，按四季交替之法让太子顺序就学；将要让太子出宫就位，都是先用礼乐来教育他们。乐用来改变风俗，礼用来安定统治、教化大众。学习音乐并非是喜欢钟鼓之音，而是用它来表明志向，使心神安宁。学习礼法难道是想要得到玉帛吗？只是为了用其来克制自己的贪欲而让自己得以保全。太子生长在宫廷之中，地位处于诸侯之上，如果不认真思考帝王的基业得之不易，就不会去珍惜，认为富贵天定，自高自大，必然产生骄横，从而使行为违背礼节，产生像轻视师傅、怠慢礼仪、亲近奸佞谄媚之人而放纵淫乱等可耻的行为。如果这样，那么太子的光芒就会隐没，德行也会受到影响。虽然太子以天下为家，但所处的安危情况却不一样。有的会因为德才兼备而升登帝位，有的却可能因为诬陷而遭到废黜。这就完全可以从中看出吉凶祸福，悟出得失成败。让我粗略地陈述一下过去的历史，希望从中得到一些分析和考察。”

“在宗周之积德，乃执契[①]而膺期；赖昌、发而作贰，启七百之鸿基。逮扶苏之副秦，非有亏于闻望，以长嫡之隆重，监偏师于亭障。始祸则金以寒离[②]，厥妖则火不炎上[③]；既树置之违道，见宗祀之遄丧。伊汉氏之长世，固明两之递作。高惑戚而宠赵[④]，以天下而为谑。惠结皓而因良，致羽翼于寥廓。景有惭于邓子，成从理之淫虐；终生患于强吴，由发怒于争博。彻居储两，时犹幼冲，防衰年之绝议，识亚夫之矜功，故能恢弘祖业，绍三代之遗风。据[⑤]开博望，其名未融。哀时命之奇舛，遇谗贼于江充，虽备兵以诛乱，竟背义而凶终。宣嗣[6]好儒，大猷行阐，嗟被尤于德教，美发言于忠謇。始闻道于匡、韦[7]，终获戾于恭、显[8]。太孙杂艺，虽异定陶，驰道不绝，抑惟小善。犹见重于通人，当传芳于前典。中兴上嗣，明、章济济，俱达时政，咸通经礼，极至情于敬爱，惇友于于兄弟，是以固东海之遗堂，因西周之继体。五官[9]在魏，无闻德音。或受讥于妲己，且自悦于从禽。虽才高而学富，竟取累于荒淫。暨贻厥于明皇[10]，构崇基于三世。得秦帝之奢侈，亚汉武之才艺。遂驱役于群臣，亦无救于凋弊。中抚[11]宽爱，相表多奇。重桃符[12]而致惑，纳巨鹿[13]之明规。竟能扫江表[14]之氛秽，举要荒而见羁。惠[15]处东朝，察其遗迹。在圣德其如初，实御床之可惜。悼愍怀[16]之云废，遇烈风之吹沙。尽性灵之狎艺，亦自败于凶邪。安能奉其粢盛[17]，承此邦家!”

注释

①执契：把握契机。

②金以寒离：古人认为金性寒，表示疏远。这里指废掉太子。

③火不炎上：指太子被杀。

④赵：指赵王如意。

⑤据：刘据（前128—前91），卫子夫为汉武帝生下的长子，又称卫太子。汉武帝在巫蛊之乱中被江充、苏文等佞臣蒙蔽，刘据起兵反抗后兵败逃亡，而后因拒绝被捕受辱而自尽。

⑥宣嗣：汉宣帝的太子，汉元帝。

⑦匡、韦：指匡衡和韦玄成。匡衡，字稚圭，西汉经学家，以说《诗》著称。元帝时位至丞相。韦玄成，字少翁，鲁国邹县人，汉元帝时拜御史大夫，代丞相。

⑧恭、显：指弘恭和石显。弘恭，西汉沛（郡治今安徽濉溪

县）人，青年时被处腐刑，为中黄门，不久选为中尚书。汉宣帝为加强皇权，任用宦官曲掌机要，他被任为中书令。汉元帝时，继续予以重用，权倾一时。石显，字君房，济南（今章丘县西）人，年轻时因犯法受腐刑。因善于逢迎，被汉元帝任用，封尚书仆射，在任期间，专权祸国。

⑨五官：魏文帝曹丕即位前曾任五官中郎将。

⑩明皇：指魏文帝曹叡（204—239），字元仲，魏国的第二位皇帝。

⑪中抚：指晋武帝司马炎。他是司马昭长子，曾任中抚军。

⑫桃符：晋武帝司马炎之弟齐王司马攸的小名。

⑬巨鹿：指裴秀，字季彦，魏晋期间河东闻喜（今山西省闻喜县）人，西晋大臣。晋朝时任光禄大夫、司空，封巨鹿郡公。

⑭江表：长江以南地区。

⑮惠：晋惠帝司马衷，司马炎第三子。

⑯愍怀：司马遹（278—300），字熙祖，西晋武帝司马炎之孙，晋惠帝司马衷之子。

⑰粢（zī）盛：奉祀宗庙。

译文

“周代以德服人，于是能把握时机承受天命。依靠文王、武王开创了七百年的宏伟基业。等到扶苏做了秦国的太子，他的名望并未受到贬损，但仍然以嫡长子的重要身份，被派往边塞监军。祸患由此产生，太子被疏远，灾难降临，太子被杀害。秦朝在秦二世时违背了正道，国家基业很快就遭到灭亡。汉代统治久远，实则是因为君王与太子相继而起的缘故。汉高祖被戚夫人迷惑而宠爱其子赵王，竟把国家大事视同玩笑。惠帝用张良的计策结交商山四皓，使得自己羽翼丰满得以翱翔九天之上。汉景帝正因为侍奉父皇不如宠臣邓通，造成了邓通的淫乱暴虐，从而终生

以强大的吴国为忧患，并因为博弈的争执错杀了吴太子。汉武帝刘彻为太子时，年纪尚幼，就能提出君主到晚年要防备大臣因专权而非议朝政，并看出周亚夫居功自傲。因此他能够扩大祖宗的基业，继承高祖、文帝、景帝三代的遗风。武帝为太子刘据设立博望苑广交宾客，名望尚未张显。可叹的是他的命运不济，遇到谗臣江充的诽谤，虽然诛杀了引起内乱的江充，但也因背叛的罪名被迫自杀。汉元帝喜爱儒术，大道得以昌明。感叹他因为施行道德教化而被指责，赞赏他所发表的意见忠诚正直。起初任用匡衡、韦玄成为丞相，使他能够闻取治国正道，但他有因为任用弘恭、石显，深受连累。汉元帝太子成帝的才艺虽然不及元帝庶子定陶，但他入宫时不敢穿越御道，不失为一些小的优点。仍然得到当时贤者的辅助，从而流芳史册。汉光武帝中兴，传承帝业，汉明帝、汉章帝勤勉治国，都善于政务，精通儒家经典和礼仪，真情的敬爱上下，对待兄弟也是友爱敦厚。因此能稳固东海王的遗业，继承西周的政治体制。魏文帝曹丕为魏世子时，没有听到他好的德行。不是因为喜爱美女而遭到别人指责，就是放纵于打猎游玩。虽然才能高、学问好，但却被自己的荒淫所牵连。到他传位给儿子魏明帝时，明帝在御花园中建筑土山长达三年。他有秦始皇那样的奢侈，却无汉武帝那样的才艺。于是驱使群臣去服劳役，却不能拯救民生的凋敝。晋武帝司马炎宽厚仁德，相貌奇伟。其父虽然当初因为重视其弟司马攸，而为立世子之事产生疑惑，但又最终接受了大臣裴秀的规劝，立司马炎为世子。最后司马炎终于取代魏国平定东吴，一统天下。晋惠帝为太子时，观察他的言行，其品行还和原来一样的昏愚，继承帝位实在让人感到痛惜。我伤悼晋惠王的长子愍怀被废掉太子之位，如同狂风吹沙般容易。但是他却因此自暴自弃，将聪明才智全都用于嬉戏，面对奸佞小人而自毁前程。这样的人又怎么能够保其祖业，担当国家重任!”

“惟圣上之慈爱，训义方[1]于至道。同论政于汉幄[2]，修致戒[3]于京鄗。鄙《韩子》之所赐，重经术以为宝。咨政理之美恶，亦文身之黼藻[4]。庶有择于愚夫，惭乞言于遗老。致庶绩于咸宁，先得人而为盛。帝尧以则哲垂谟，文王以多士兴咏。取之于正人，鉴之于灵镜。量其器能，审其检行。必宜度机而分职，不可违方以从政。若其惑于听受，暗于知人，则有道者咸屈，无用者必伸。谗谀竞进以求媚，玩好不召而自臻。直言正谏，以忠信而获罪；卖官鬻狱[5]，以货贿而见亲。于是亏我王度，斁我彝伦。九鼎遇奸回而远逝，万姓望抚我而归仁。盖造化之至育，惟人灵之为贵。狱讼不理，有生死之异途，冤结不伸，乖阴阳之和气。士之通塞，属之以深文；命之修短，悬之于酷吏。是故帝尧画像，陈恤隐之言；夏禹泣辜，尽哀矜之志。因取象于《大壮》，乃峻宇而雕墙。将瑶台以琼室，岂画栋以虹梁。或凌云以遐观，或通天而纳凉。极醉饱而刑人力，命痿蹶而受身殃。是以言惜十家之产，汉帝以昭俭而垂裕；虽成百里之囿，周文以子来而克昌。彼嘉会而礼通，重旨酒[6]之为德。至忘归而受祉，在齐圣而温克[7]。若其酗蕾以致昏，酖湎而成忒，痛殷受与灌夫[8]，亦亡身而丧国。是以伊尹以酣歌而作戒，周公以乱邦而贻则。咨幽闲之令淑，实好逑于君子。辞玉辇而割爱，固班姬之所耻；脱簪珥而思愆，亦宣姜之为美。乃有祸晋之骊姬，丧周之褒姒。尽妖妍于图画，极凶悖于人理。倾城倾国，思昭示于后王；丽质冶容，宜永鉴于前史。复有蒐狩之礼[9]，弛射之场，不节之以正义，必自致于禽荒。匪外形之疲极，亦中心而发狂。夫高深不惧，胥靡之徒；轕绁[10]为娱，小竖之事。以宗社之崇重，持先王之名器，与鹰犬而并驱，凌艰险而逸辔。马有衔橛之理，兽骇不存之地，犹有靦[11]于获多，独无情而内愧？”

注释

①义方：做事应遵守的规矩和法度。

②汉幄：指汉朝。

③致戒：指典章法度。

④黼（fǔ）藻：修饰后趋于完美。

⑤鬻（yù）狱：因受贿而枉断司法。

⑥旨酒：美酒。

⑦齐圣而温克：聪明睿智而自持谦恭。

⑧殷受与灌夫：殷受，即商纣王，他曾以酒为池，以肉为林，终至亡国。灌夫，西汉人，字仲孺，初以勇武闻名，为人刚直不阿，好饮酒骂人，终因酒后不敬而被族诛。

⑨蒐（sōu）狩之礼：古代狩猎的规章制度。

⑩鞲绁（gōu xiè）：鞲以蹲鹰，绁以牵狗。借指纨袴子弟放浪游乐的生活。

⑪靦（miǎn）：羞愧。

译文

“当今圣上慈祥仁爱，用最高的道德准则来教诫子弟。如同汉朝设五经博士教授子弟，周朝周公旦设立制度辅佐称王一样。对晋元帝好用刑法，赐太子以《韩非子》表示鄙视，看重儒家的经世致用之术将它作为治国的法宝。学习儒学，可以了解政事的得失，也可以提高自身的修养；既要从老百姓那里接受意见，也要向遗老旧臣虚心征求谏言。要想朝政处理得当，天下安定，最关键的是得人才。尧帝懂得知人善任而成为世代的楷模，文王广揽贤才而为世人赞颂。从正人君子中选取人才，然后用慧眼来加以鉴别对照。衡量他们的才能，检验他们的德行。必须根据其人之实际情况来确定职位，不可以违背原则。如果被偏听迷惑，不能正确地了解人，那么有道行的人必然会受到压抑，没有才德的人必然能得到显贵。奸谗之人竞相去献媚讨好来寻求宠幸，玩乐之物不招自来。正直忠谏的人，可能因为他的忠心而招致罪过；卖官徇私之人，可能因为贿赂而得以亲近。这就会毁坏法度，败坏人伦。国家遇到奸臣就要遭到灭亡，黎民百姓都希望得到安抚而愿意归顺仁义之人。天地生育的万种生灵，只有人最为宝贵。诉讼判断不合理，就会有生、死两种不同的结果；冤情得不到伸张，就会违背阴阳之气的调和。贤才是否被任用，决定于苛责的法度；百姓生命的长短，全维系在酷吏的手上。所以尧帝画五刑图像的目的，是为了表示圣人的恻隐之心；夏禹对着囚犯哭泣，表现了天子对百姓的哀怜之情。根据《大壮》卦象的启发，于是建造楼宇亭台、雕梁画栋。像桀那样做瑶台，像纣王那样做琼室，岂止是雕梁画栋呢？魏文帝修建凌云台远望，汉武帝修建通天台纳凉。穷奢极欲而使黎民遭受苦难，也使自己身体病弱，殃及性命。所以汉文帝听说造露台要耗费十家人的家产而罢手，以昭示俭约而为后世立下楷模；周文王虽然修建成了方圆百里的园苑，却因为老百姓的自愿帮助而更加强大。至于美好的宴会应用礼来加强往来，喜欢美酒也应注重酒德。酒酣忘返却能得福的境界，在于自身的聪明和自制。如果沉溺于酒色，因酗酒而酿成错误，就会像殷纣与灌夫那样因酒妄为、国亡身死，令人感到痛惜。所以伊尹以酣歌为名作出禁酒的训诫，周公因为酒能使国家混乱，而确立了禁酒的法则。温婉贤淑的女子，实在是君子的美好伴侣。班姬因割舍宠爱，谢绝与汉帝同车游览；宣姜的美德，是拔掉簪子，劝诫皇上不要沉溺女色，贻误朝政。但也有让晋国发生内乱的骊姬，让周幽王丧命的褒姒。这些人比图画中描绘的还要妖艳，但行为却穷凶极恶，违背纲常伦理。所以遇到倾城倾国的美女，就应该接受历史的教训；看到天生丽质的女子，应该以前代因女色亡国的历史为借鉴。至于狩猎驰射，如果不用道义加以节制，也必然导致沉迷其中。这样不但会使形体疲惫，还会使内心放纵失常。对高山深谷都不害怕，这是无知囚徒；以放鹰驱犬为乐，那是僮仆所为。太子身系宗庙社稷，担负着先王传下来的治国重任，却与打猎的鹰犬并驾齐驱，翻越危险之地策马飞奔。而马也有失前蹄的时候，连野兽也会为没有生存之地而变得恐慌好斗，难道还因为猎获野兽数量少而感到羞愧，却不因为自己的无情虐杀感到内疚吗？”

“以小臣之愚鄙，忝[①]不赀[②]之恩荣。擢无庸于草泽，齿[③]陋质于簪缨。遇大道行而两仪[④]泰，喜元良[⑤]会而万国贞。以监抚之多暇，每讲论而肃成。仰惟神之敏速，叹将圣之聪明。自礼贤于秋实[⑥]，足归道于春卿[⑦]。芳年淑景，时和气清。华殿邃兮帘帏静，灌木森兮风云轻，花飘香兮动笑日，娇莺啭兮相哀鸣。以物华之繁靡，尚绝思于将迎。犹允蹈[⑧]而不倦，极耽玩以研精。命庸才以载笔，谢摛藻于天庭。异洞箫之娱侍，殊飞盖之缘情。阙雅言以赞德，思报恩以轻生。敢下拜而稽首，愿永树于风声。奉皇灵之遐寿，冠振古之鸿名。”

太宗见而遣使谓百药曰：“朕于皇太子处见卿所作赋，述古来储贰[⑨]事以诫太子，甚是典要。朕选卿以辅弼太子，正为此事，大称所委，但须善始令终耳。”因赐厩马一匹，彩物三百段。

注释

①忝：谦词，表示愧对做某事。

②不赀（zī）：不可计数。

③齿：录用。

④两仪：天地。

⑤元良：太子的代称。

⑥秋实：比喻人的德行成就。

⑦春卿：指礼部长官。

⑧允蹈：遵循，恪守。

⑨储贰：储副，太子。

译文

“臣见识短小浅陋，有愧于陛下无量的隆恩。皇上从草野之中把我这没有才能的人提拔上来，鄙陋之躯竟然冠饰簪缨，位列朝班。我有幸遇到大道即行且国泰民安，欣喜与太子年富力强，四海归正。太子在做监抚的空闲时间，每每在书房讨论学问。非常仰慕您如神的敏捷，赞叹您如圣的聪慧。如果想要在道德方面有所成就，就要在礼仪方面归于道德。盛时美景，时和气清。宫殿深邃，帘帷清净；灌木苍盛，飞云轻绕；花香四溢，笑语盈盈；莺歌燕舞，互相和鸣。面对如此繁华的景物，您竟无心留恋。仍然能做到恪守德行孜孜不倦，沉迷于学问而精于钻研。让我这不才之人执笔作文，写这篇《赞道赋》进献给朝廷。这不同于文帝时王褒上的《洞箫赋》，是侍奉汉元帝娱乐的，也不同于曹植“清夜游西园，飞盖相追随”的情趣。我不擅长用优美的言辞来赞美太子高尚的德行，只是想不惜牺牲自己的生命来报答陛下的知遇之恩。请允许我下拜稽首，愿太子英名永树。努力侍奉皇上，美名千古流传。”

太宗看了这篇辞赋后，派遣使者对李百药说："我在皇太子居住的地方看到了你所作的辞赋，叙述古往今来储君的事迹来告诫太子，十分简明得当。我选用你来辅佐太子，正是为此。委任给你的工作，你做得很称职，但必须要善始善终。"于是赏赐百药御马一匹，彩帛三百段。

贞观中，太子承乾数亏礼度，侈纵日甚，太子左庶子于志宁撰《谏苑》二十卷讽之。是时太子右庶子孔颖达[1]每犯颜进谏。承乾乳母遂安夫人谓颖达曰："太子长成，何宜屡得面折？"对曰："蒙国厚恩，死无所恨。"谏诤愈切。承乾令撰《孝经义疏》，颖达又因文见意，愈广规谏之道。太宗并嘉纳之，二人各赐帛五百匹，黄金一斤，以励承乾之意。

注释

①孔颖达（574—648）：唐经学家。字仲远，冀州衡水（今属河北）人。

译文

贞观年间，太子承乾屡次违反礼仪法度，一天比一天奢侈放纵。太子左庶子于志宁撰写了《谏苑》共二十卷对他进行劝谏。当时太子右庶子孔颖达也经常冒犯威严进行谏诤。承乾的乳母遂安夫人对孔颖达说："太子已长大成人，怎好屡次当面指责他？"孔颖达回答："臣蒙受国家的厚恩，即使死也没有怨恨。"于是谏诤得愈加激切。承乾命孔颖达撰写《孝经义疏》，孔颖达又通过经文表达自己的意见，获得了更多的劝谏机会。太宗对两人的做法都很称赏，赏赐两位大臣帛各五百匹，黄金各一斤。

贞观十三年，太子右庶子张玄素以承乾颇以游畋[1]废学，上书谏曰：

“臣闻皇天无亲，惟德是辅，苟违天道，人神同弃。然古三驱[②]之礼，非欲教杀，将为百姓除害，故汤罗一面，天下归仁。今苑内娱猎，虽名异游畋，若行之无恒，终亏雅度。且傅说曰：‘学不师古，匪说攸闻。’然则弘道在于学古，学古必资师训。既奉恩诏，令孔颖达侍讲，望数存顾问，以补万一。仍博选有名行学士，兼朝夕侍奉。览圣人之遗教，察既往之行事，日知其所不足，月无忘其所能。此则尽善尽美，夏启、周诵焉足言哉！夫为人上者，未有不求其善，但以性不胜情，耽惑成乱。耽惑既甚，忠言尽塞，所以臣下苟顺，君道渐亏。古人有言：‘勿以小恶而不去，小善而不为。’故知祸福之来，皆起于渐。殿下地居储贰，当须广树嘉猷[③]。既有好畋之淫，何以主斯匕鬯[④]？慎终如始，犹恐渐衰，始尚不慎，终将安保！”

注释

①游畋（tián）：游猎。

②三驱：古代君王游猎，须让开一面，三面驱赶，以示好生之德。

③嘉猷：治国的良策。这里指良好的德行。

④匕鬯（chàng）：原为祭祀之物，后代指宗庙社稷。

译文

贞观十三年，太子右庶子张玄素因为太子李承乾喜欢打猎，荒废了学业，于是上书进谏，他说：

“臣听说老天不会偏私，只会辅佐有德之人。如果违背了天道，不管是人还是神都会抛弃他。古代打猎规定有‘三驱’的礼治，并不是要人杀生，只是为老百姓除害而已。所以商汤撤除捕捉野兽的四面网，只用一面，如此仁义之举终于使百姓归附。如今您在御苑之内打猎，虽然名义上不同于在野外游猎，但是如果放纵无度，终究有伤您的儒雅气度。况且商代贤相傅说曾说：‘学习上不师法古代圣贤，这是闻所未闻的。’因此要弘扬道性必须学习古礼，学习古礼必须依靠师傅的教诲。现在我既然奉旨教太子读书，让孔颖达讲授学问，是希望您能询问古代的事迹和学问，以弥补学问的不足。另外再选一些博学多才之士，朝夕侍奉太子。阅读圣人的遗训，体察前朝治理国家的得失，每天都能发现自己不足的地方，每月都能不忘记自己所学的东西。这样就尽善尽美了，那么像夏启、周诵这样的太子又何足称道呢！作为君主，没有谁不追求善美的，只是因为有时理智难以胜过感情，沉溺惶惑才造成了昏乱。如果沉溺惶惑过于厉害，就会堵塞全部忠言，从而使臣下苟且偷生、投其所好，损害为君之道。古人曾说：‘不要因为过失小就不加以改正，也不要因为善事小就不愿去做。’应该知道，祸福都是渐渐产生的。您身为皇储，应该树立良好的德行。如果养成嗜爱打猎的癖好，将来怎能担当起主持国事的重任呢？谨慎从事，善始善终，尚且担心会逐渐慢慢懈怠，何况一开始就不谨慎，最终又如何去保持呢！”

承乾不纳。玄素又上书谏曰：

“臣闻称皇子入学而齿胄[①]者，欲令太子知君臣、父子、尊卑、长幼之道。然君臣之义，父子之亲，尊卑之序，长幼之节，用之方寸[②]之内，弘之四海之外者，皆因行以远闻，假言以光被。伏惟殿下，睿质已隆，尚须学文以饰其表。窃见孔颖达、赵弘智[③]等，非惟宿德鸿儒，亦兼达政要。望令数得侍讲，开释物理，览古论今，增辉睿德。至如骑射畋游，酣歌妓玩，苟悦耳目，终秽心神。渐染既久，必移情性。古人有言：‘心为万事主，动而无节即乱。’恐殿下败德之源，在于此矣。”

承乾览书愈怒，谓玄素曰：“庶子患风狂耶?”

注释

①齿胄：指太子与诸位公卿之子入学都以年龄为序，不以皇子为上。

②方寸：指内心。

③赵弘智（572—653）：河南新安人，学通三礼、史记、汉书。贞观中，累迁黄门侍郎，兼弘文馆学士。

译文

李承乾不采纳张玄素的意见，于是张玄素又上书说：

“臣听说皇子入学按年龄长幼排序，这样是为了使太子知晓君臣、父子、尊卑、长幼之间的道理。然而君臣之间的礼义，父子之间的亲情，尊卑之间的等级，长幼之间的秩序，要从内心去奉行，并使它们广布于天下，都要依靠自身的行为使其闻名久远，凭借言辞使其广泛传播。殿下已经长大成人，且天资聪慧，但仍需要学习知识以提高自身修养。我认为孔颖达、赵弘智等人，不仅是当今鸿儒，具有很高的德行修养，而且他们通晓政务之道。希望您时常听他们授课，让他们讲授人情物理，谈古论今，以增添您的睿智。至于骑马射击、音乐美女之类的逸乐，只会满足一时的耳目之娱，终将会扰乱心神。如果过多沉溺其中，必将改变您的性情。古人曾说：‘心是万事的主宰，如果心无节制地骚动，必然会产生祸乱。’我是害怕这些逸乐会成为败坏殿下德性的根源啊！”

李承乾看了奏书，更加愤怒，对张玄素说：“你是得了疯病吗?”

十四年，太宗知玄素在东宫频有进谏，擢授银青光禄大夫，行太子左庶子。时承乾尝于宫中击鼓，声闻于外，玄素叩阁请见，极言切谏。乃出宫内鼓对玄素毁之，遣户奴伺玄素早朝，阴以马楇击之，殆至于死。是时承乾好营造亭观，穷极奢侈，费用日广。玄素上书谏曰：

“臣以愚蔽，窃位两宫，在臣有江海之润，于国无秋毫之益，是用必竭愚诚，思尽臣节者也。伏惟储君之寄，荷戴殊重，如其积德不弘，何以嗣守成业？圣上以殿下亲则父子，事兼家国，所应用物不为节限。恩旨未逾六旬，用物已过七万，骄奢之极，孰云过此？龙楼之下，惟聚工匠；望苑之内，不睹贤良。今言孝敬，则阙侍膳问竖之礼[①]；语恭顺，则违君父慈训之方；求风声，则无学古好道之实；观举措，则有因缘诛戮之罪。宫臣正士，未尝在侧，群邪淫巧，昵近深宫。爱好者皆游伎杂色，施与者并图画雕镂。在外瞻仰，已有此失；居中隐密，宁可胜计哉！宣猷[②]禁门，不异阛阓[③]，朝入暮出，恶声渐远。右庶子赵弘智经明行修，当今善士，臣每请望数召进，与之谈论，庶广徽猷[④]。令旨反有猜嫌，谓臣妄相推引。从善如流，尚恐不逮；饰非拒谏，必是招损。古人云：‘苦药利病，苦口利行。’伏愿居安思危，日慎一日。”

书入，承乾大怒，遣刺客将加屠害，俄属宫废。

注释

①侍膳问竖之礼：伺候父皇饮食和问安的礼节。

②宣猷（yóu）：发布政令。

③阛阓（huán huì）：泛指市区街巷。

④徽猷：美善之道。

译文

贞观十四年，唐太宗得知张玄素在太子东宫频频进谏，于是授予他银青光禄大夫，兼任太子左庶子。一次李承乾在宫中击鼓作乐，声音传至宫外，张玄素敲宫门求见太子，极力劝谏。太子气急败坏，把宫中的鼓拿出来，当着张玄素的面毁掉。后来他又派奴仆趁张玄素上早朝的时候，暗中用马鞭袭击他，差点把他打死。那时李承乾喜好营造楼阁，穷奢极欲，耗费一天一天增加。张玄素又上书进谏说：

“我身性愚钝，却担当朝廷和东宫的要职，皇恩浩荡，而我却对国家没有一丝一毫的贡献。所以臣一定要尽职尽忠，想要尽到人臣的责任。太子的使命，责任十分重大，如果积德不深厚，又怎么能担当守护祖宗基业的大任呢？圣上与您是父子之亲，您的言行于家于国关系重大，所以对您的日常费用没有限制。圣上圣旨颁布不到六十天，而殿下所用财物的费用已经超过七万，骄奢至极，到了无以复加的地步。太子的宫殿之下聚集了无数工匠，但内苑之中却不见贤才良臣半点踪影。论孝敬，殿下有违晚辈向长辈问寒问暖的礼节；论恭顺，殿下则与慈父的训导背离；论名声，殿下没有学习古道的事实；论行为，殿下又凭借权势滥施刑罪。正直的人没在身边，而哗众取宠的弄臣却不离左右。您喜欢的不外乎是声色犬马，所赏赐的都是图画雕刻。表面上，殿下已有如此多的过失，内在的隐患可能已经不可胜数了。宣布法令的宫门无异于街市，形形色色的人早晚出入其中，殿下的坏名声已经传播得很广了。右庶子赵弘智精通经术，德行高尚，是当今贤才。我常常劝告殿下，希望经常召见他，与他谈论经术，以增进您的美德。如今殿下却对他猜疑嫌弃，认为臣是妄加举荐人才。一个人即使从善如流，恐怕还达不到至善的境界；如果是掩饰过错，拒绝进谏，必然会招致损失。古人曾说：‘良药苦口利

于病，忠言逆耳利于行。’希望殿下居安思危，日慎一日啊。”

奏书送入东宫，李承乾看后大怒，想派刺客加害张玄素。但不久李承乾的太子之位就被废黜了。

贞观十四年，太子詹事于志宁，以太子承乾广造宫室，奢侈过度，耽好声乐，上书谏曰：

“臣闻克俭节用，实弘道之源；崇侈恣情，乃败德之本。是以凌云概日，戎人于是致讥；峻宇雕墙，《夏书》以之作诫。昔赵盾匡晋，吕望师周，或劝之以节财，或谏之以厚敛。莫不尽忠以佐国，竭诚以奉君，欲使茂实[1]播于无穷，英声被乎物听[2]。咸著简策，用为美谈。且今所居东宫，隋日营建，睹之者尚讥其侈，见之者犹叹甚华。何容于此中更有修造，财帛日费，土木不停，穷斤斧之工，极磨砻之妙？且丁匠官奴入内，比者曾无复监。此等或兄犯国章，或弟罹王法，往来御苑，出入禁闱，钳凿缘其身，槌杵在其手。监门本防非虑，宿卫以备不虞，直长[3]既自不知，千牛[4]又复不见。爪牙在外，厮役在内，所司何以自安，臣下岂容无惧？

“又郑、卫之乐，古谓淫声。昔朝歌之乡，回车者墨翟[5]；夹谷之会，挥剑者孔丘。先圣既以为非，通贤将以为失。顷闻宫内，屡有鼓声，大乐伎儿，入便不出。闻之者股栗，言之者心战。往年口敕[6]，伏请重寻，圣旨殷勤，明诫恳切。在于殿下，不可不思；至于微臣，不得无惧。

“臣自驱驰宫阙，已积岁时，犬马尚解识恩，木石犹能知感，臣所有管见，敢不尽言。如鉴以丹诚，则臣有生路；若责其忤旨，则臣是罪人。但悦意取容，臧孙[7]方以疾疢[8]；犯颜逆耳，《春秋》比之药石。伏愿停工巧之作，罢久役之人，绝郑、卫之音，斥群小之辈。则三善允备，万国作贞矣。”

承乾览书不悦。

注释

①茂实：盛名的美德。

②物听：众人的言论。

③直长：官名。唐代殿中省所辖各供奉机构，均设此官，为奉御等主官的辅佐。

④千牛：唐朝禁军。

⑤墨翟（dí）（约前468—前376）：墨子，名翟，鲁国人（今山东省滕州市），墨家学派的创始人。

⑥口敕：帝王的口头诏令。

⑦臧孙：春秋时鲁国大夫，短小多智，号称“圣人”。

⑧疢疢（chèn）：热病。泛指疾病。

译文

贞观十四年，太子詹事于志宁因太子李承乾大造宫室，奢侈无度，又沉溺于声色犬马，于是上书进谏：

“臣听说克制节俭，是弘扬德性的根本；穷奢极致，是败坏品德的根源。所以秦穆公夸耀自己的宫殿入云蔽日，遭到西戎人的耻笑；高楼雕墙，《夏书》将它作为国家危亡的警戒。过去赵盾匡扶晋灵公，姜太公辅佐周文王，或者劝告他们节约财物，或者建议他们免征重税。无不尽忠竭力为国效劳、为君分忧，希望使他们的功业能流传无穷，英名广播；载入史册，成为千古美谈。今天殿下居住的东宫，是隋代所建，看到的人都指责它过于奢侈，感叹它过于富丽堂皇了。为什么还要再修宫室，天天浪费资财，大兴土木，极尽雕琢精妙？而且如此多的工匠出入东宫，又没人监视。他们有的兄长犯过国法，有的其弟受到王法制裁，却可以自由出入于东宫禁地，他们有的携带钢钳钢凿，有的手持铁锤钢杵。门卫本来是防御安全的，宿卫是防止意外发生的。但这种情况，不仅直长不知道，禁卫官也看不见。武官们在宫外，官奴们在官内，负责禁卫的部门怎么能够安心，又怎么不让我感到恐惧忧虑呢？

“另外，郑国、卫国的音乐，自古以来就被认为是亡国的靡靡之音。过去墨子经过商代的朝歌，由于地名不符合他的‘非乐’思想，便驾车返回；鲁定公与齐侯会于夹谷，孔子挥剑斩杀乐舞的侏儒。古代圣人都认为歌舞失去礼法，是大逆不道的，通达的贤者也认为听靡靡之音是一种过失。而如今的东宫，时常传出寻欢作乐的鼓乐声，歌伎舞伎只见进不见出。听到这件事的人都不寒而栗，说起这件事的人都胆战心惊。往年陛下对太子的教谕，请您重新温习。圣旨对此事一再叮嘱，反复告诫。殿下对这些不能不有所深思，对于我来说也不能不感到害怕。

“臣自从承蒙圣恩，为朝廷效劳已有多年。犬马尚且知道感恩，木石尚且能够感知情义；臣有浅显的见识，怎敢不去竭尽所能进言？如果臣能承蒙您的明察，看到我的忠诚，那么我就有了生路；如果您认为臣违抗旨意，那么臣就罪名难逃。阿谀逢迎来取悦他人，鲁国大夫臧仲武将它比作疾病；冒犯尊严，逆耳忠言，《春秋》里面将它比作良药。希望殿下停止营造宫殿，释放那些久做劳役的人，不听郑卫之音，斥退卑鄙小人。这样，就会使臣事君、子事父、幼事长这三种善行完备了，天下万国也将归于中正。”

李承乾看过奏书很不高兴。

十五年，承乾以务农之时，召驾士等役，不许分番，人怀怨苦。又私引突厥群竖入宫。志宁上书谏曰：

“臣闻上天盖高，日月光其德；明君至圣，辅佐赞其功。是以周诵升储，见匡毛、毕；汉盈居震，取资黄、绮。姬旦抗法于伯禽，贾生陈事于文帝，咸殷勤于端士，皆恳切于正人。历代贤君，莫不丁宁于太子者，良以地膺上嗣，位处储君。善则率土沾其恩，恶则海内罹其祸。近闻仆寺、司驭、驾士、兽医，始自春初，讫兹夏晚，常居内役，不放分番。或家有尊亲，阙于温清[①]；或室有幼弱，绝于抚养。春既废其耕垦，夏又妨其播殖。事乖存育，恐致怨嗟。倘闻天听，后悔何及？又突厥达哥支等，咸是人面兽心，岂得以礼义期，不可以仁信待。心则未识于忠孝，言则莫辩其是非，近之有损于英声，昵之无益于盛德。引之入阁，人皆惊骇，岂臣庸识，独用不安？殿下必须上副至尊圣情，下允黎元本望，不可轻微恶而不避，无容略小善而不为。理敦[②]杜渐之方，须有防萌之术。屏退不肖，狎近贤良。如此则善道日隆，德音自远。”

承乾大怒，遣刺客张师政、纥干承基就舍杀之。是时丁母忧[③]，起复为詹事。二人潜入其第，见志宁寝处苫庐，竟不忍而止。及承乾败，太宗知其事，深勉劳之。

注释

①温清（qìng）：指侍奉父母之礼。

②敦：治理。

③丁母忧：遭逢母亲丧事。古代遇到父母丧事称“丁忧”。

译文

贞观十五年，李承乾在百姓农忙之时，摊派杂役，不许他们轮流换班，臣民无不心怀怨恨，苦不堪言，后来他私自将突厥童仆带入宫中，于是于志宁上书进谏说：

“臣听说苍天高远，日月显耀它的德行；君王圣明，臣下匡

扶他的功业。所以周朝姬诵升为太子，有毛叔、郑毕公的鼎力辅佐；西汉的刘盈位居太子，得到夏黄公、绮里季等四位贤士的帮助。周公旦用世子应遵循的法度来要求伯禽；汉代贾谊多次上书文帝谈论国家大事，他们都是品德高尚的贤臣，真诚正直的人。历代的君王无不再三叮嘱太子，因为太子身为王储，将来要担当继承帝业的大任。太子贤明，那么老百姓都会感谢他的恩德；太子作恶，那么就会殃及万民。现在，我听说仆寺、司驭、驾士、兽医等人，从初春到夏末，长期居住在宫内服役，不让他们换班休息。他们中有的人家中双亲尚在，但是却因此得不到应有的侍奉；有的人家中有幼小的儿女，也因此得不到父亲的照顾抚育。这样做既荒废了他们的春耕，又妨碍了他们的夏种。这事关百姓生存抚育，久而久之恐怕遭到怨言。如果民怨传到圣上耳中，只怕殿下悔之晚矣。另外，突厥达哥支等人，都是人面兽心，怎么能够用仁义诚信来期望和对待他们？他们的本心不知忠孝，言行不辨是非，接近他们会败坏您的英名，宠信他们也无益于增加您的盛德。现在把他们带入宫中，没有人不惊恐万分，岂止是我一个人的见识平庸，独自忧虑？殿下做事应该上不辜负父王的期待，下不辜负黎民百姓的仰望，勿以小恶而为之，勿以小善而不为。您理应遵守防微杜渐的原则，有防止恶行萌生的方法。斥退小人，任用忠良。如果能做到这样，那么美德就能日渐昌盛，美名也会自然远扬。”

李承乾看后大怒，派刺客张师政、纥干承基到于志宁家刺杀他。当时于志宁正在为母守丧，期限未到，就被任命为太子詹事。两个刺客偷偷潜入于府，看见他睡着草苫，枕着土块，为亡亲服丧，最终不忍心下手。等到后来李承乾劣迹败露，唐太宗得知于志宁的事迹，勉励慰劳了他。

卷五

仁义第十三

导读

《仁义》篇主要记述了唐太宗以“仁义”作为治理国家的基本原则。中国汉代以后的封建王朝，大都以儒家学说作为治理国家的基本思想。“仁义”是儒家的重要伦理范畴，其本意为仁爱与正义。早在《礼记·曲礼上》就曾记载，“道德仁义，非礼不成”。而战国时的孟子对此更是推重。此后，汉代儒学家董仲舒继承其学说，将“仁义”发展为传统道德的最高准则。太宗认为，用仁义治国，才是治理国家的根本之道，国家气运才会长久。本篇紧紧围绕李唐王朝长治久安这个中心展开，论述了唐太宗对广修仁义的一些基本观点：“古来帝王以仁义为治者，国祚延长”，“林深则鸟栖，水广则鱼游，仁义积则物自归之”，甚至认为“行仁义则灾害不生”。不过，虽然唐太宗认为治国之道要依赖“仁义”，但也要辅之以“威信”。正所谓治国之道，一张一弛，一刚一柔，刚柔并济，张弛有度。

贞观元年，太宗曰：“朕看古来帝王以仁义为治者，国祚延长，任法御人者，虽救弊于一时，败亡亦促。既见前王成事，足是元龟[①]。今欲专以仁义诚信为治。望革近代之浇薄[②]也。”黄门侍郎王珪对曰：“天下凋丧日久，陛下承其余弊，弘道移风，万代之福。但非贤不理，惟在得人。”太宗曰：“朕思贤之情，岂舍梦寐！”给事中杜正伦进曰：“世必有才，随时听用，岂待梦傅说，逢吕尚，然后为治乎？”太宗深纳其言。

注释

①元龟：大龟，古代用以占卜。引申为借鉴。

②浇薄：刻薄狡诈的社会风气。

译文

贞观元年，太宗说：“我看古代的帝王，凡是以仁义治理国家的，都国运久远。用严刑酷法统治人民的，虽然能挽救一时的弊端，但离国家灭亡也就不远了。既然我们看到了前代帝王成败的例子，就可以把它们作为治理国家的借鉴。现在，我们要以诚信、仁义作为治理国家的方针，希望这有助于铲除近代的虚伪之风。”黄门侍郎王珪回答说：“天下的仁义道德衰败已经很久了，陛下在天下积弊之时治理国家，弘扬古代圣贤的遗风，实在是万民之福。但没有贤才是治理不好国家的，关键在于用人得当。”太宗说：“我求贤若渴，即使夜晚做梦都念念不忘。”给事中杜正伦说：“哪个时代都有人才，随时等候陛下的发掘任用，难道要等梦到傅说，遇到吕尚，然后才能治理天下吗？”太宗十分赞赏他的话。

贞观二年，太宗谓侍臣曰：“朕谓乱离之后，风俗难移，比观百姓渐知廉耻，官民奉法，盗贼日稀，故知人无常俗，但政有治乱耳。是以为国之道，必须抚之以仁义，示之以威信，因人之心，去其苛刻，不作异端，自然安静，公等宜共行斯事也。”

译文

贞观二年，唐太宗对侍从的大臣们说："我原来认为在离乱之后，民间的风俗习惯会很难改变，近来我发现百姓逐渐懂得了廉洁和羞耻，官员庶民都能遵守法纪，盗贼一天比一天少，我才知道民间没有一成不变的风俗习惯，只是施政有治理和混乱的区别。所以，治理国家，必须用仁义来抚慰百姓，同时还要显示出朝廷的威信，顺应民心，废除苛刻的法令，不做背离道义的事情，这样社会自然会平定安静。你们应该共同来做好这件事。"

贞观四年，房玄龄奏言："今阅武库甲仗，胜隋日远矣。"太宗曰："饬兵备寇虽是要事，然朕唯欲卿等存心理道，务尽忠贞，使百姓安乐，便是朕之甲仗。隋炀帝岂为甲仗不足，以至灭亡？正由仁义不修，而群下怨叛故也。宜识此心。"

译文

贞观四年，房玄龄上奏说："最近，臣检查武器库里的铠甲兵器，发现已远远超过隋朝了。"唐太宗说："整修兵器防御寇乱，虽然是紧要的事情，但我要求你们把更多的心思用于治国的策略，各自务必竭尽忠贞，使老百姓安居乐业，这才是我真正要的铠甲兵器。隋炀帝难道是因为铠甲兵器不足，才遭到灭亡的吗？正是由于他不修仁义，群臣才会怨恨叛离他。你们应该理解我的心思啊！"

贞观十三年，太宗谓侍臣曰："林深则鸟栖，水广则鱼游，仁义积则物自归之。人皆知畏避灾害，不知行仁义则灾害不生。夫仁义之道，当思之在心，常令相继，若斯须懈怠，去之已远。犹如饮食资身，恒令腹饱，乃可存其性命。"王珪顿首

曰："陛下能知此言，天下幸甚！"

译文

贞观十三年，唐太宗对侍从的大臣们说："树林茂密了就有飞鸟栖息，江水广阔了就有鱼儿游弋，多施仁义百姓自然会归顺。人们都知道恐惧而躲避灾害，却不知施行仁义，灾害就不会产生。仁义之道，一刻也不能忘记，我们要不断地将仁义推行下去，如有片刻懈怠，就会远离仁义之道。这就好比用饮食来滋养身体，要让肚子经常吃饱，才能够维持生命。"王珪叩头说："陛下能知道这些道理，真是天下的大幸啊！"

论忠义第十四

导读

《论忠义》篇主要记载了各朝代贤臣名相对封建君主竭诚效忠的事迹以及唐太宗对各位忠臣义士的高度重视和垂爱之情。从一般意义上讲，"君使臣以礼，臣事君以忠"，是君臣之关系的基本原则，但《论忠义》篇的意义却不止于此。在古代封建王朝，没有近代国家的概念，有的是"朕即国家，国家即朕"的思想，臣下对皇帝尽忠，其实就是对国家和民族尽忠，这在当时是合为一体，不可分割的。就本质上讲，这跟我们现在尽忠爱国是同样的含义和道理。因此，今天我们去理解古代的"忠义"不能狭隘的只认为那是封建臣子向皇帝尽愚忠的行为，或是封建君王愚弄臣下、加强自己统治的手段，而是应当客观地看待，把握其中的精髓和优秀之处，如誓死报国的勇气、从一而终的坚贞、尽忠职守的责任。另外，阅读此篇，必须把握两点。第一，唐太宗对前代和当代的忠臣义士极为推崇，体现了他对儒家忠义思想和树立效仿典范的重视，这其中固然有统治的需要，但更重要的对传统道德和价值观念的建构和塑造，即主张世人应该各司其位，恪尽职守，从而有利于社会秩序的稳定。第二，全篇虽然列举了数段臣子们竭诚尽忠的事迹，体现了他们坚贞不屈的忠诚，但与忠诚不可分割的，是臣子们对所侍君王深深的情义。因为共处一朝，曾为君臣，且受皇恩，所以不能背叛，这正是中国古代忠诚观所具有的特点，即忠贞不二的信念是建立在深厚的情感和对等的观念基础上的。

冯立[①]，武德中为东宫率[②]，甚被隐太子亲遇。太子之死也，左右多逃散，立叹曰："岂有生受其恩，而死逃其难！"于是率兵犯玄武门，苦战，杀屯营将军敬君弘。谓其徒曰："微以报太子矣。"遂解兵遁于野。俄而来请罪，太宗数之曰："汝昨者出兵来战，大杀伤吾兵，将何以逃死？"立饮泣而对曰："立出身事主，期之效命，当战之日，无所顾惮。"因歔欷[③]悲不自胜，太宗慰勉之，授左屯卫中郎将。立谓所亲曰："逢莫大之恩幸而获免，终当以死奉答。"未几，突厥至便桥，率数百骑与虏战于咸阳，杀获甚众，所向皆披靡，太宗闻而嘉叹之。时有齐王元吉府左车骑谢叔方率府兵与立合军拒战，及杀敬君弘、中郎将吕衡，王师不振，秦府护军尉尉迟敬德乃持元吉首以示之，叔方下马号泣，拜辞而遁。明日出首，太宗曰："义士也。"命释之，授右翊卫郎将。

注释

①冯立：同州冯翊县（今陕西大荔县）人。有武艺，略懂文书。太子李建成的亲信，任翊卫车骑将军。

②东宫率：唐制，在东宫掌兵仗宿卫的官职。

③歔欷（xū xī）：抽噎，悲泣。

译文

冯立，唐武德年间任东宫率，深受太子李建成的厚待，太子死后，他以前的随从有很多都逃走了，冯立感叹道："怎能在太子活着的时候受他的恩惠，太子死后各自逃走避难的道理？"于是率兵在玄武门与秦王李世民的军队苦战，杀死屯营将军敬君弘，然后对手下随从说："总算可以稍微报答太子了。"然后解散军队逃于山野之中。不久，冯立回朝向太宗李世民请罪，太宗责问他说："你先前带兵来和我的军队作战，杀伤我许多兵将，你如何能够逃过这项死罪？"冯立哭着回答："我冯立生来侍奉太子，希望能够为他效命，所以当时战斗的时候，我就什么也不顾忌了。"说完悲痛不已，太宗好言安慰他，并封他为左屯卫中郎将，冯立对他的亲信说："得到皇上莫大的恩惠，免我一死，我一定要以死报答圣上。"不久，突厥进犯渭河便桥，冯立率数百余名骑兵与突厥兵大战于咸阳，杀死和俘虏许多敌人，所到之处无人能敌。太宗听说后大加赞叹。玄武门之变时，齐王李元吉府上左车骑谢叔方率府兵与冯立一同作战，当他们杀了敬君弘、中郎将吕衡后，秦王军队士气低沉，秦王府护军尉尉迟敬德就拿李元吉的人头让谢叔方看，谢叔方下马大哭，然后拜辞逃离。第二天，谢叔方便来自首，太宗说："真是义士。"命令左右释放他，并封他为右翊卫郎将。

贞观元年，太宗尝从容言及隋亡之事，慨然叹曰："姚思廉不惧兵刃，以明大节，求诸古人，亦何以加也！"思廉时在洛阳，因寄物三百段，并遗其书曰："想卿忠节之风，故有斯赠。"初，大业末，思廉为隋代王侑[①]侍读，及义旗克京城时，代王府僚多骇散，惟思廉侍王，不离其侧。兵士将升殿，思廉厉声谓曰："唐公[②]举义兵，本匡王室，卿等不宜无礼于王！"众服其言，于是稍却，布列阶下。须臾，高祖至，闻而义之，许其扶代王侑至顺阳阁下，思廉泣拜而去。见者咸叹曰："忠烈之士，仁者有勇，此之谓乎！"

注释

①代王侑：即隋恭帝（605—619），隋炀帝孙，李渊攻入长安后拥立他为帝。在位半年，武德二年去世，年仅15岁。

②唐公：唐高祖起初的封号。

译文

贞观元年，太宗曾经谈论到隋朝灭亡的事情，感慨地说："姚思廉不顾及生命危亡，用来表明臣子应有的节操，即使拿古人与他相比，也没有人能超过他。"当时姚思廉正在洛阳，太宗寄给他三百段丝帛，并附信说："想着你忠孝大节的风骨，因此有这些馈赠。"隋朝末年，姚思廉担任隋朝代王杨侑的侍读，等到起义军攻克京城时，代王府的许多幕僚都逃散了。只有姚思廉侍奉代王，不离左右。兵士要到殿上捉拿代王，思廉严厉地说道："唐公举义兵，本意在于匡复王室，你等在代王面前不得无礼！"众人敬服他的言行，稍稍退后，排列在殿堂的台阶下。没过多久，高祖来了，听了别人的讲述后认为他很忠义，允许他搀扶代王杨侑到顺阳阁，思廉哭泣着拜谢而去。看到这一情景的人都感叹地说："真是一位忠义之士！人们说仁义的人有勇气，不就是说的他吗？"

贞观二年，将葬故息隐王建成、海陵王元吉，尚书右丞魏徵与黄门侍郎王珪请预陪送。上表曰："臣等昔受命太上，委质东宫，出入龙楼，垂将一纪。前宫结衅宗社，得罪人神，臣

等不能死亡，甘从夷戮[①]，负其罪戾，置录周行[②]，徒竭生涯，将何上报？陛下德光四海，道冠前王，陟冈[③]有感，追怀棠棣[④]，明社稷之大义，申骨肉之深恩，卜葬二王，远期有日。臣等永惟畴昔，忝曰旧臣，丧君有君，虽展事君之礼；宿草将列，未申送往之哀。瞻望九原，义深凡百，望于葬日，送至墓所。”太宗义而许之，于是宫府旧僚吏，尽令送葬。

注释

①夷戮：被杀死。

②周行：指朝官。

③陟冈：《诗·魏风·陟岵》：“陟彼冈兮，瞻望兄兮。”后以“陟冈”为怀念兄弟的典故。

④棠棣：指兄弟之情。

译文

贞观二年，唐太宗将要埋葬息隐王建成、海陵王元吉，尚书右丞魏徵与黄门侍郎王珪请求陪灵送葬，他向太宗上书说：“我等受命于太上皇，在东宫做事，出入东宫将近十二年。前太子结党叛乱，有悖于宗庙社稷，得罪了百姓和神灵，我们都甘愿受罚受死，担负罪过，但却没有如愿。陛下既往不咎，反而赐予官职，臣等怎样才能报答呢？陛下德义广播，道义超过历代国君，不忘兄弟之情，能够明晓国家大义，展示骨肉间的深情，卜定日期安葬二王，长远的期望必定指日可待。臣等常想念过去，是二王的旧臣，旧君死后又侍奉新君，虽然已施行了侍奉新君的礼节，而旧君的坟上长满了野草，我们还没表达送葬的哀思。瞻望墓地，情义深于常人，希望在安葬的当天，我们能送二王的灵柩到墓地。”太宗认为他们很重君臣情义，允许了他们。于是二王宫中的官吏都可以去送葬。

贞观五年，太宗谓侍臣曰："忠臣烈士，何代无之，公等知隋朝谁为忠贞？"王珪曰："臣闻太常丞元善达在京留守，见群贼纵横，遂转骑远诣江都，谏炀帝，令还京师。既不受其言，后更涕泣极谏，炀帝怒，乃远使追兵，身死瘴疠[①]之地。有虎贲郎中[②]独孤盛在江都宿卫，宇文化及起逆，盛惟一身，抗拒而死。"太宗曰："屈突通[③]为隋将，共国家战于潼关，闻京城陷，乃引兵东走。义兵追及于桃林，朕遣其家人往招慰，遽杀其奴。又遣其子往，乃云：'我蒙隋家驱使，已事两帝，今者吾死节之秋，汝旧于我家为父子，今则于我家为仇雠。'因射之，其子避走，所领士卒多溃散。通惟一身，向东南恸哭尽哀，曰：'臣荷国恩，任当将帅，智力俱尽，致此败亡，非臣不竭诚于国。'言尽，追兵擒之。太上皇授其官，每托疾固辞。此之忠节，足可嘉尚。"因敕所司，采访大业中直谏被诛者子孙闻奏。

注释

①瘴疠（zhàng lì）之地：湿热疫病地区。

②虎贲郎中：在皇帝身边担任卫戍的官员。

③屈突通（557—628）：长安人，隋唐时期名将，凌烟阁二十四功臣之一。隋炀帝南巡江都，委其镇守长安。高祖起兵入关，屈突通坚守潼关，兵败被俘，后降唐，任兵部尚书，封蒋国公。

译文

贞观五年，太宗对侍臣们说："忠臣烈士，哪一个朝代没有呢？你们知道隋朝谁是忠孝贞良的人？"王珪说："我听说太常丞元善达留守京城，见群贼乘机叛乱，于是到江都，向隋炀帝进谏，让他还师京城。隋炀帝不听劝告，元善痛哭极力劝谏，炀帝大怒，于是派遣他到边塞从军，最后死在瘴疠横行的地方。还有虎贲郎中独孤盛在江都作卫士，当宇文化及起兵叛逆时，只有独孤盛一人拼力反抗，直到战死。”太宗说：“屈突通为隋将，在潼关作战，听说京城陷落，便领兵向东逃窜。当我们的军队追到桃林的时候，我派遣他的家仆前去招安，他就杀掉了家仆。后来我们又派遣他儿子去，他却说：‘我蒙受隋朝任用，已经侍奉两代帝王。现在是我以死保全节的时候，你我过去是父子关系，现在却是仇敌。’于是拿箭射他儿子，他的儿子只好避开逃走。最后他所带领的士兵大都逃走了，只剩他一人。屈突通向东南方向大声痛哭着说：‘我承受国恩，担当统帅，智谋与力量都用完了。导致今天的失败，不是我对国家不忠诚。’话刚说完，追兵士就擒住了他。太上皇授给他官职，每次他都托病拒绝了。这种忠义操守，实在值得嘉奖。”于是下令有关部门，查访在隋炀帝大业年间因敢于直谏而被杀的大臣们的子孙，上奏朝廷。

贞观六年，授左光禄大夫陈叔达礼部尚书，因谓曰：“武德中，公曾进直言于太上皇，明朕有克定大功，不可黜退云。朕本性刚烈，若有抑挫，恐不胜忧愤，以致疾毙之危。今赏公忠謇，有此迁授。”叔达对曰：“臣以隋氏父子自相诛戮，以致灭亡，岂容目睹覆车，不改前辙？臣所以竭诚进谏。”太宗曰：“朕知公非独为朕一人，实为社稷之计。”

译文

贞观六年，唐太宗加封左光禄大夫陈叔达为礼部尚书，对他说：“武德年间，你曾向太上皇直言进谏，申明我有打败敌人平定疆土的功劳，不能罢免我等等。我本性刚烈，如碰到挫折，恐怕承受不起忧愤之情，从而导致疾病终至死亡。今天为了表彰你的忠心正直，所以升迁你。”陈叔达回答说：“我认为隋朝父子自相残害，是导致灭亡的灾祸，我那时怎能容许眼看车要倾覆，而不管后车不改前辙呢？这正是我极力进谏的原因。”太宗说：“我知道你并不是为我一个人，而是为了整个国家大计。”

贞观八年，先是桂州都督李弘节以清慎闻，及身殁后，其家卖珠。太宗闻之，乃宣于朝曰：“此人生平，宰相皆言其清，今日既然，所举者岂得无罪？必当深理之，不可舍也。”侍中魏徵承间[①]言曰：“陛下生平言此人浊，未见受财之所，今闻其卖珠，将罪举者，臣不知所谓。自圣朝以来，为国尽忠，清贞慎守，终始不渝，屈突通、张道源[②]而已。通子三人来选，有一匹羸马[③]，道源儿子不能存立，未见一言及之。今弘节为国立功，前后大蒙赏赉，居官殁后，不言贪残，妻子卖珠，未为有罪。审其清者，无所存问，疑其浊者，旁责举人，虽云疾恶不疑，是亦好善不笃[④]。臣窃思度，未见其可，恐有识闻之，必生横议。”太宗抚掌曰：“造次不思，遂有此语，方知谈不容易。并勿问之。其屈突通、张道源儿子，宜各与一官。”

注释

①承间：抓住空隙。

②张道源：并州祁县人。官至大理卿，以清廉、谨慎闻名，死时家中只有余粟二斛。

③羸马：病弱的马。

④不笃：不诚实敦厚。

译文

贞观八年，桂州都督李弘节以清廉谨慎闻名，李弘节死后，他的家属却出卖珠宝。太宗听了这件事，在朝廷上说：“此人在

世的时候，宰相都说他清廉，今天既然这样，那么推举他的人怎能没有罪过呢？必须好好地查证追究，不可放过。”侍中魏徵趁机会对太宗说道：“陛下一直说这人为官不清，但也没有看到他接受财物。现在听说他的妻子卖珠宝，又要治他的罪。我不知道这是什么原因。自圣朝以来，为国尽忠，清廉谨慎，始终不渝的，只有屈突通、张道源两人而已。屈突通三个儿子来京城应考，只有一匹不好的马，张道源的儿子穷得无法维持生计，没有见陛下有一句话谈到他们。现在弘节为国家立下汗马功劳，前后受过许多奖赏，弘节死后，并没有什么关于他贪污受贿、残害百姓的言论，妻子卖掉珠宝首饰，并没有什么罪过。明知清廉的，从来没有关心慰问过；怀疑有贪污行为的，就连举荐的人都要受到责备，虽然说痛恨邪恶没有什么过错，但是喜好善行却也不见得诚心深厚。我暗暗思量这种做法，没有见到其中可以值得称道的，我担心有见识的人听到这些事，必然产生许多不好的议论。”太宗听了拍手称赞道：“是我匆忙没有认真思考，现在才知道一个人要不说错话非常不容易呀。不要追究李弘节的事了。屈突通、张道源的儿子，都应该各授予一个官职。”

贞观八年，太宗将发诸道[①]黜陟使[②]，畿内道[③]未有其人，太宗亲定，问于房玄龄等曰：“此道事最重，谁可充使？”右仆射李靖曰：“畿内事大，非魏徵莫可。”太宗作色曰：“朕今欲向九成宫，亦非小，宁可遣魏徵出使？朕每行不欲与其相离者，适为其见朕是非得失。公等能正朕不？何因辄有所言，大非道理。”乃即令李靖充使。

注释

①诸道：唐朝分天下为十道：一曰关内，二曰河南，三曰河

东，四曰河北，五曰山南，六曰陇右，七曰淮南，八曰江南，九曰剑南，十曰岭南。

②黜陟（chù zhì）使：皇帝特派到各道巡查的官员，主要负责考察百官，严明奖惩，并询访民间疾苦，赈济穷乏。

③畿（jī）内道：唐建都的地方，即关内道。

译文

贞观八年，太宗准备派遣各道黜陟使，唯独关内道这个地方没有找到合适的人选，太宗决定亲自确定，就问房玄龄："这个地方的事务最为重要，谁可以担当这一重任。"右仆射李靖说："关内道的事务重大，只有魏徵才行。"太宗严肃地说："我要到九成宫，这也不是小事，怎么可以派遣魏徵出使？我每次出行都不想与魏徵分开，实在是因为他看到我的是非得失。你们能够匡正我的错误吗？说出这样的话来，太没有道理了。"于是命令李靖担任关内道黜陟使。

贞观九年，萧瑀为尚书左仆射。尝因宴集，太宗谓房玄龄曰："武德六年已后，太上皇有废立之心，我当此日，不为兄弟所容，实有功高不赏之惧[①]。萧瑀不可以厚利诱之，不可以刑戮惧之，真社稷臣也。"乃赐诗曰："疾风知劲草，板荡[②]识诚臣。"瑀拜谢曰："臣特蒙诫训，许臣以忠谅，虽死之日，犹生之年。"

注释

①功高不赏之惧：指惧怕功劳巨大，无法赏赐，反被加害。

②板荡：出自《诗经·大雅》，其中有《板》《荡》两篇，写当时政治黑暗，人民生活贫苦，后来"板荡"便被用来形容天下大乱，局势动荡不安。

译文

贞观九年，萧瑀担任尚书左仆射。一次，与一些大臣宴饮时，太宗对房玄龄说："武德六年以后，太上皇有废黜太子李建成而立我为太子的打算。我当时不被兄弟们所容纳，的确有功劳巨大但不获赏赐的恐惧。萧瑀这个人不能用厚利引诱他，不能用刑罚威胁他，真是国家的人才啊。"于是赐诗写道："大风能够知晓劲草的品格，患难能够考验大臣的忠心。"萧瑀拜谢说："承蒙陛下的训诫，给予臣忠贞诚信的评价，臣虽死去，也犹如活着。"

贞观十一年，太宗行至汉太尉杨震[①]墓，伤其以忠非命，亲为文以祭之。房玄龄进曰："杨震虽当年夭枉[②]，数百年后方遇圣明，停舆驻跸[③]，亲降神作，可谓虽死犹生，没而不朽。不觉助伯起幸赖欣跃于九泉之下矣。伏读天文，且感且慰，凡百君子，焉敢不勖励名节，知为善之有效！"

注释

①杨震（59—124）：东汉弘农华阴（今属陕西）人，字伯起。少好学，博览群书，当时称为"关西孔子"。历任荆州刺史、涿郡太守、司徒、太尉等职。他曾多次上书切谏，后被诬自杀。

②夭枉：短命早死。

③停舆驻跸（bì）：帝王出行在途中停留或暂住。舆，跸，指帝王出行的车驾。

译文

贞观十一年，太宗行至汉太尉杨震墓，哀伤他的为国尽忠却死于非命，亲自撰文祭奠他。房玄龄进言说："杨震当年死得冤枉，数百年后才遇到英明的圣主，圣主为他停车驻足，亲赐御文，可以说是虽死犹生，永垂不朽了。臣不禁为杨震能在九泉之下幸遇天恩而欢欣雀跃。拜读陛下的祭文，既感动，又欣慰。凡是有德行节操的君子，怎敢不勉励名节，认识到做善事终有好报。”

贞观十一年，太宗谓侍臣曰：“狄人[①]杀卫懿公[②]，尽食其肉，独留其肝。懿公之臣弘演[③]呼天大哭，自出其肝，而内懿公之肝于其腹中。今觅此人，恐不可得。”特进魏徵对曰：“昔豫让为智伯[④]报仇，欲刺赵襄子[⑤]，襄子执而获之，谓之曰：‘子昔事范、中行氏[⑥]乎？智伯尽灭之，子乃委质智伯，不为报仇；今即为智伯报仇，何也？’让答曰：‘臣昔事范、中行，范、中行以众人遇我，我以众人报之。智伯以国士遇我，我以国士报之。’在君礼之而已。亦何谓无人焉？”

注释

①狄人：我国北方游牧民族。

②卫懿公：名赤，卫惠公之子，卫康叔十代孙，卫都朝歌人。嗜好养鹤，人称“鹤将军”。公元前660年北狄入侵卫国，兵败被杀。

③弘演：春秋时期卫国大夫，很被国君器重。

④智伯：名瑶，号襄子，晋智宣子之后，为韩、赵、魏所灭。文中提到的豫让是智伯之臣。

⑤赵襄子：名无恤，晋赵简子之后。

⑥范、中行氏：春秋时，晋有范氏、中行氏、智氏、韩氏、魏氏、赵氏，称为六卿。春秋末年，六卿日强，各据采地，互相攻伐。

译文

贞观十一年，太宗对侍臣们说：“夷狄杀掉卫懿公，吃掉他身上所有的肉，只留下他的心肝。懿公的臣子弘演呼天抢地的大

哭，用刀取出自己的心肝，而把懿公的心肝藏在自己的腹中，今天要找到这样的人，恐怕不容易了。”特进魏徵回答说：“古代豫让为智伯报仇，想刺杀赵襄子，襄子抓获了他，对他说：‘你曾经在范氏、中行氏的名下做臣子，可是智伯把他们全杀光了，你于是投身智伯，你不为你的主人报仇，现在却要为智伯报仇，这是为什么呢?’豫让回答说：‘我辅佐范氏和中行氏时，他们像对待普通人那样对待我，所以我用普通人报答人的方法报答他。智伯用对待贤士的礼节对待我，当然我也要以贤士的方式报答他。’这关键是看国君对臣子的态度，怎么能说这样的忠臣现在就没有了呢?”

贞观十二年，太宗幸蒲州，因诏曰：“隋故鹰击郎将尧君素[①]，往在大业，受任河东，固守忠义，克终臣节。虽桀犬吠尧[②]，有乖倒戈之志，疾风劲草，实表岁寒之心。爰践兹境，追怀往事，宜锡宠命，以申劝奖。可追赠蒲州刺史，仍访其子孙以闻。”

注释

①尧君素：魏郡人。隋炀帝继位后，他任鹰击郎将。等到天下大乱时，唯独尧君素所率部队完整无缺。后来屈突通守河东，败后诱尧君素投降，君素指斥屈突通不义，其妻来劝，又引弓将她射死。后被左右所害。

②桀犬吠尧：桀为夏代暴君，他养的狗也会向尧这样圣明之君狂吠，因为它只听命于自己的主子，不问谁善谁恶。

译文

贞观十二年，太宗游幸蒲州，下诏说：“隋朝已故鹰击郎将尧君素，大业年间受命守护黄河以东的地区，他恪守忠义，尽忠臣节。虽然各为其主，违背了弃恶投明的做法，但他像疾风之中的劲草，表现出了在困境之中坚韧不拔的精神。如今我来到此地，追忆往事，应该特赐恩宠，以表示对忠臣的勉励。可追封他为蒲州刺史，并寻访调查他子孙的下落，呈报上来。

贞观十二年，太宗谓中书侍郎岑文本曰："梁、陈名臣，有谁可称？复有子弟堪招引否？"文本奏言：'隋师入陈[①]，百司奔散，莫有留者，惟尚书仆射袁宪独在其主之傍。王世充[②]将受隋禅，群僚表请劝进，宪子国子司业[③]承家，托疾独不署名。此之父子，足称忠烈。承家弟承序，今为建昌令，清贞雅操，实继先风。"由是召拜晋王友[④]，兼令侍读，寻授弘文馆学士。

注释

①隋师入陈：指589年隋文帝攻灭南朝陈。

②王世充（？—621）：隋末割据者之一。隋炀帝被杀后，他拥越王杨侗为帝，得以专权。之后废杨侗，自立称帝，国号郑。后降唐，被仇家所杀。

③国子司业：学官名。国子监的一种官职。

④晋王友：晋王的室友。晋王，即唐高宗李治。

译文

贞观十二年，唐太宗对中书侍郎岑文本说："梁、陈两朝有名望的大臣，有谁可以值得称道？他们还有子弟可以推荐任用吗？"岑文本启奏道："隋军攻入陈朝时，陈朝百官逃奔散离，没有留下来的，只有尚书仆射袁宪独自留在他的主子身边。王世充将要接受隋越王杨侗的禅让，百官纷纷上表劝他当皇帝，只有袁宪的儿子国子司业袁承家借口有病未在劝进表上签名。这样的父子，足可称为忠烈。袁承家的弟弟袁承序，现在做建昌县令，为官清廉，情操雅正，真能继承父兄的风骨。”于是召进袁承序任命为晋王友，并叫他陪侍指导晋王读书，不久又升他为弘文馆学士。

贞观十五年，诏曰：“朕听朝之暇，观前史，每览前贤佐时，忠臣徇国，何尝不想见其人，废书钦叹！至于近代以来，年岁非远，然其胤绪[①]，或当见存，纵未能显加旌表[②]，无容弃之遐裔[③]。其周、隋二代名臣及忠节子孙，有贞观已来犯罪配流者，宜令所司具录奏闻。”于是多从矜宥[④]。

注释

①胤（yìn）绪：后代，后嗣。

②旌表：旧时对所谓忠孝节义之人，用立牌坊、赐匾额等方式加以表彰叫做“旌表”。

③遐裔：僻远之地。

④矜宥（yòu）：怜悯宽宥。

译文

贞观十五年，唐太宗下诏说：“我处理朝政的空闲时间，阅读前朝史书，每看到古代的贤臣辅助国家，忠义的臣子以死为国效命，我何尝不想与他们相见，然而只能掩卷叹息！近代以来，时间距离现在还不算久远，他们的后代有的可能还在世，即使不能对他们隆重地加以表彰，也不应该把他们遗弃在边远的地方。周、隋两代名臣和以忠尽节的臣子的后代，在贞观以后犯了罪被流放发配的，命令负责管辖他们的人把情况整理呈报上来。”于是对这些人采取了宽大的处理。

贞观十九年，太宗攻辽东[1]安市城，高丽[2]人众皆死战，诏令耨萨延寿[3]、惠真等降，众止其城下以招之，城中坚守不动。每见帝幡旗，必乘城鼓噪。帝怒甚，诏江夏王道宗筑土山，以攻其城，竟不能克。太宗将旋师，嘉安市城主坚守臣节，赐绢三百匹，以劝励事君者。

注释

①辽东：今辽东辽阳。

②高丽：隋唐时期把今天的朝鲜、韩国称为“高丽”。

③耨（nòu）萨延寿：耨萨是高丽部落酋长名。延寿，即高延寿。

译文

贞观十九年，唐太宗进攻辽东安市城，据守此城的高丽军民拼死战斗，太宗诏令先以投降的高丽酋长耨萨延寿、高惠真等人到城下去招降他们，城中的高丽军民却坚守不动。每次看见太宗的旗帜，就登城鼓噪呐喊。太宗非常恼怒，命令江夏王李道宗在城边筑造土山来攻城，却仍不能攻克。太宗快要退兵时，赞赏安市城的守将坚守臣子的气节，赏赐给他们绢三百匹，用来勉励竭忠侍奉君主的人。

孝友第十五

导读

孝友，即孝顺父母，友爱兄弟的意思。忠、孝历来被古人视为道德标准的最高境界。《孝友》篇记述了房玄龄、虞世南、韩王元嘉、霍王元轨等人的忠孝仁义的事迹以及唐太宗对他们大加赞扬和赏赐的言行，集中体现了古代帝王“以孝治天下”的治国

理念。其实，无论君子涵养德性，或是官员施政临民，都应重视孝友之德。孟子说："人人亲其亲，长其长，而天下平。"又说："尧舜之道，孝弟而已矣。"显然，孟子把"孝友之德"看作是实施他"仁政"学说的必要条件，认为实现"孝友之德"则人心存仁，甚至可以实现无为而治。因为实践孝悌之德，人的心性必然纯和温厚。日常生活中，能孝顺父母，或与兄长友好相处的人，他的言行举止也自然循规蹈矩，合情合理，不致有冒犯的举动和暴力的倾向。推而广之，当然更不会违反国法，从事欺下犯上的活动。就当下来看，孝友之德已成为中国传统文化的重要组成部分，它是维系家庭稳定和社会安定的重要纽带，也是践行"修身、齐家"的重要标准。

司空房玄龄事继母，能以色养[①]，恭谨过人。其母病，请医人至门，必迎拜垂泣。及居丧，尤甚柴毁[②]。太宗命散骑常侍刘洎就加宽譬[③]，遗寝床、粥食、盐菜。

注释

①色养：顺承脸色，态度亲切。。

②柴毁：面容憔悴、骨瘦如柴的样子。

③宽譬：宽慰，劝解。

译文

司空房玄龄侍奉继母，能顺承继母的脸色，恭敬谦谨的态度超过一般人。继母生病时，他每次请大夫上门，一定会流泪迎拜。在居丧期间，房玄龄更是悲伤过度，骨瘦如柴。太宗叫散骑常侍刘洎前往安慰劝解，并送去寝床、粥食和盐菜。

虞世南，初仕隋，历起居舍人[①]。宇文化及杀逆之际，其兄世基时为内史侍郎，将被诛，世南抱持号泣，请以身代死，化及竟不纳。世南自此哀毁骨立者数载，时人称重焉。

注释

①起居舍人：隋制，负责记录帝王言行的官职。

译文

虞世南，起初在隋朝做官，担任起居舍人。当宇文化及杀死隋炀帝的时候，他的哥哥虞世基任内史侍郎，也要被一同诛杀。见到这种情况，虞世南抱着哥哥号啕痛哭，一再请求让自己代替哥哥去死，宇文化及却不同意。从此以后的好几年，虞世南都因悲伤过度而骨瘦如柴，当时的人都很尊重和推崇他。

韩王元嘉[①]，贞观初，为潞州刺史。时年十五，在州闻太妃[②]有疾，便涕泣不食，及至京师发丧，哀毁过礼。太宗嘉其至性，屡慰勉之。元嘉闺门修整，有类寒素士大夫，与其弟鲁哀王灵夔[③]甚相友爱，兄弟集见，如布衣之礼。其修身洁己，内外如一，当代诸王莫能及者。

注释

①元嘉：唐高祖第十一子。少年好学，藏书万卷。

②太妃：韩王李元嘉之母。

③灵夔（kuí）：唐高祖第十九子。韩王李元嘉的同母弟弟。

译文

韩王李元嘉，在贞观初年，任潞州刺史。当时他十五岁，在潞州听说他的母亲生病，于是痛哭流涕，不能饮食，后来到京城为母发丧，悲伤超过了丧礼的限度。唐太宗称赞他至情至性，屡次安慰劝勉他。李元嘉治家严谨朴素，像寒门士大夫的家一样，他和弟弟鲁哀王李灵夔手足情深，每次兄弟相见，都行普通百姓一样的礼节。他这样洁身自好，内外如一，当时诸王没有人能比得上。

霍王元轨[①]，武德中，初封为吴王。贞观七年，为寿州刺史，属高祖崩，去职，毁瘠过礼。自后常衣布服，示有终身之戚。太宗尝问侍臣曰："朕子弟孰贤？"侍中魏徵对曰："臣愚暗，不尽知其能，惟吴王数与臣言，臣未尝不自失。"太宗曰："卿以为前代谁比？"徵曰："经学文雅，亦汉之间、平，至如孝行，乃古之曾、闵也。"由是宠遇弥厚，因令妻徵女焉。

注释

①元轨：唐高祖第十四子。好读书，多才艺。

译文

霍王李元轨，在武德年间，被封为吴王。贞观七年，任寿州刺史，唐高祖死后，他放弃了官职，居丧时因哀伤过度而身体消瘦，超过了礼法的规定。此后他常常穿粗布衣服，以此表示对高祖的终身悲戚。唐太宗曾经问侍臣："我的子弟之中，谁最贤德？"魏徵回答说："臣愚钝，不能完全了解他们。只有吴王和臣谈的几次话，每次都让我自愧不如。"唐太宗说："你认为可以把他和前代的哪位贤人相比呢？"魏徵说："论经通礼仪，博学文雅，他相当于汉代河间献王刘德，东平宪王刘苍。若论孝道，他可与古代的曾参、闵子骞相媲美。"从此，唐太宗对霍王更加宠爱信任，并把魏徵的女儿嫁给了他。

贞观中，有突厥史行昌直玄武门，食而舍肉，人问其故，曰："归以奉母。"太宗闻而叹曰："仁孝之性，岂隔华夷？"赐尚乘[①]马一匹，诏令给其母肉料。

注释

① 尚乘：即尚乘局，官署名。专门管理皇家马匹的部门。

译文

贞观年间，有个突厥人史行昌在玄武门做看守，吃饭时留下肉不吃，别人问他什么原因，他说："带回家去侍奉母亲。"唐太宗听到这事后感叹地说："仁孝之本性，哪里分华夏和四夷？"于是赐他一匹皇上养的马，还下令为他母亲送去肉食。

公平第十六

导读

所谓公平，是指处理事情合情合理，不偏袒任何一方。这是一种待人原则和处世态度。古人崇尚公平，尤其表现在为政之中。《尚书·洪范》中就写道："无偏无党，王道荡荡；无党无偏，王道平平"。意谓做到公平无私，就能使王道广远、平坦，顺利推行。《公平》篇意在论述国君处理政务，必须公平公正。君王处事不公正，奸邪之人就会有机可乘，正直之人难免蒙受冤屈；君王处事公正，则人心归顺统一，久而久之，社会风气就会焕然一新。那么君王如何做到公平公正呢？最重要的就是要以道德教化来治理天下，道德教化实行的好，人就心地纯正，无奸邪之念；以道德仁义为根本，则刑罚可免，实现无为而治。其次，君王要严于律己，从自身做起，不能以一己之私和个人好恶对待人和事，乃至践踏公平和法律。正如唐太宗所言："故知君人者，以天下为心，无私于物。"作为君王，不能"爱之者，罪虽重而强为之辞；恶之者，过虽小而深探其意"。其三，君王要实现至公之道，很重要的一方面就是要做到用人公平。在推举人才方面要敢于“内举不避亲，外举不避仇”；在任用人才上，君王不仅要表扬善行，厌恶恶行，近君子而远小人，还要善于任用贤人，斥退小人，否则国家不会昌盛。最后，在实现君王和臣下的公正和公平关系上，主张臣下要能直言进谏，竭诚尽忠，但君王也要能“乐闻逆耳之言，犯颜之诤，亲忠臣，厚谏士”。只有君臣上下无私，君臣同心同德，才能保全其身，远避灭亡，才能功成事立，长运久远。

太宗初即位，中书令房玄龄奏言：“秦府旧左右未得官者，并怨前宫及齐府[①]左右处分之先己。”太宗曰：“古称至公者，盖谓平恕[②]无私。丹朱、商均，子也，而尧、舜废之。管叔、蔡叔，兄弟也，而周公诛之。故知君人者，以天下为公，无私于物。昔诸葛孔明，小国之相，犹曰‘吾心如称，不能为人作轻重’，况我今理大国乎？朕与公等衣食出于百姓，此则人力已奉于上，而上恩未被于下，今所以择贤才者，盖为求安百姓也。用人但问堪否，岂以新故异情？凡一面尚且相亲，况旧人而顿忘也！才若不堪，亦岂以旧人而先用？今不论其能不能，而直言其嗟怨，岂是至公之道耶？”

注释

①前宫及齐府：指前太子李建成的东宫和齐王李元吉的齐王府。

②平恕：公平正义，宽厚仁慈。

译文

唐太宗刚即位时，中书令房玄龄上奏说：“原在秦王府中供职且没有封官的人，都埋怨陛下，说前太子宫和齐王府的部下都比他们早获得了官职。”太宗说：“古代所谓的大公无私，是指宽容公正而无私心。丹朱、商均是尧、舜的儿子，而尧、舜却因为他们没有才德而废黜了他们；管叔、蔡叔是周公的兄弟，而周公却因他们参与叛乱而把他们杀掉。由此可知，作为治理百姓的君主，要以天下为公，不存偏私之心。从前诸葛孔明，只是蜀国的丞相，他还说‘我的心就像秤一样公平，不能因人而轻重有别’。何况我如今治理一个泱泱大国呢？我们的衣食都出自百姓，这就是说，百姓的人力已奉献给了朝廷，而我们的恩泽却没有施予民间，如今朝廷之所以要选择贤才，就是要使百姓安居乐业。用人只问是否有能力胜任，怎能因亲疏、新旧关系而区别对待呢？凡是见过一面的人尚且感到亲近，何况是旧的下属，怎会一下子就忘掉呢？如果才能不堪胜任，怎能因为是旧的下属就优先任用呢？如今你们不谈论他们能不能胜任，而只说他们有怨言，这难道是符合大公无私的原则吗？”

贞观元年，有上封事者，请秦府旧兵并授以武职，追入宿卫。太宗谓曰：“朕以天下为家，不能私于一物，惟有才行是任，岂以新旧为差？况古人云：‘兵犹火也，弗戢[①]将自焚。’汝之此意，非益政理。”

注释

①戢（jí）：收敛，引申为停止战争。

译文

贞观元年，有人上书请求把秦府旧兵都授予武职，补充进宫中做侍卫。太宗说：“我以天下为家，不能偏私于一人。只要有才能德行的人就会任用，怎能因为新旧关系而有所分别呢？况且古人说：‘士兵就像火一样，不控制就会把自己烧死。’你的提议，对治理国家没有益处。”

贞观元年，吏部尚书长孙无忌尝被召，不解佩刀入东上阁门，出阁门后，监门校尉始觉。尚书右仆射封德彝议，以监门校尉不觉，罪当死，无忌误带刀入，徒二年，罚铜二十斤。太宗从之。大理少卿戴胄驳曰："校尉不觉，无忌带刀入内，同为误耳。夫臣子之于尊极，不得称误，准律云：'供御汤药、饮食、舟船，误不如法者，皆死。'陛下若录其功，非宪司所决；若当据法，罚铜未为得理。"太宗曰："法者非朕一人之法，乃天下之法，何得以无忌国之亲戚，便欲挠法耶?"更令定议。德彝执议如初，太宗将从其议，胄又驳奏曰："校尉缘无忌以致罪，于法当轻，若论其过误，则为情一也，而生死顿殊，敢以固请。"太宗乃免校尉之死。

是时，朝廷大开选举，或有诈伪阶资者，太宗令其自首，不首，罪至于死。俄有诈伪者事泄，胄据法断流以奏之。太宗曰："朕初下敕，不首者死，今断从法，是示天下以不信矣。"胄曰："陛下当即杀之，非臣所及，既付所司，臣不敢亏法。"太宗曰："卿自守法，而令朕失信耶?"胄曰："法者国家所以布大信于天下，言者当时喜怒之所发耳。陛下发一朝之忿，而许杀之，既知不可，而置之以法，此乃忍小忿而存大信，臣窃为陛下惜之。"太宗曰："朕法有所失，卿能正之，朕复何忧也!"

译文

贞观元年，吏部尚书长孙无忌曾经被皇帝召见，不解下腰间的佩刀，向东走上阁门，走出阁门之后，监门校尉才发现。尚书右仆射封德彝认为，由于监门校尉没有觉察，按罪应处死；无忌失误，带刀进殿，应判刑两年，罚铜二十斤。太宗听从了他的建议。大理少卿戴胄反驳道："校尉没有察觉，无忌带刀进入，同样是失误。但臣子对于皇上，不能用疏忽来开脱罪责。按照律法上讲：‘供给皇上汤药、饮食、舟船，因失误而违反法律的，都应当死。’皇上如果要看重他原来的功劳，从轻处理，这就不是司法部门所能够决定的；如果按照律法来顶，罚铜不符合法理。”太宗说：“法律，不是我一人的法律，是天下的法律，怎么能够因为无忌是皇亲国戚，就要破坏法律呢？”于是下令重新定罪。封德彝仍坚持他原来的想法，太宗又打算听从他的建议，戴胄又驳斥说：“校尉因为无忌的缘故以招致罪害，按照法律当从轻处理，如果论他们的过失，情节是相同的，然而判刑却有生与死这么大的差别，所以我才敢坚持地请求改判。”太宗于是免除了校尉的死罪。

当时，朝廷大力开展选择察举的活动，有伪造级别和资历的人，太宗命令他们自首，不自首的人，一旦查出就判死罪。有个伪造的人事情败露，戴胄根据法律判他流放，并上奏太宗。太宗说：“我当初下命令说，不自首的判死罪，如今你根据法律来判作流放，这是向天下人展示我不守信用。”戴胄说：“如果陛下当时就把他杀了，那臣就干预不了了，既然已经交付司法部门处理，我不敢不按照法来执行。”太宗说：“你自己守法，却让我失信于天下吗？”戴胄说：“法律是国家用来向天下人传播大信用的，言语命令，只是说话时的喜怒表现而已。皇上当时为发泄一时的愤恨，而许诺要杀掉伪造的人。既然知道不能那么做，才又将他放到司法部门来解决，这是陛下忍耐小的愤恨而存留大的信用的体现，臣私下为皇上珍惜这种精神。”太宗说：“我执法有失误的地方，你能够纠正它，我还有什么可以担忧呢？”

贞观二年，太宗谓房玄龄等曰：“朕比见隋代遗老，咸称高颎[①]善为相者，遂观其本传，可谓公平正直，尤识治体，隋室安危，系其存没。炀帝无道，枉见诛夷，何尝不想见此人，废书钦叹！又汉、魏已来，诸葛亮为丞相，亦甚平直，尝表废廖立、李严于南中，立闻亮卒，泣曰：'吾其左衽[②]矣！'严闻亮卒，发病而死。故陈寿[③]称：'亮之为政，开诚心，布公道，尽忠益时者，虽仇必赏；犯法怠慢者，虽亲必罚。'卿等岂可不企慕及之？朕今每慕前代帝王之善者，卿等亦可慕宰相之贤者，若如是，则荣名高位，可以长守。"玄龄对曰："臣闻理国要道，在于公平正直，故《尚书》云：'无偏无党，王道荡荡。无党无偏，王道平平。'又孔子称'举直错诸枉，则民服'。今圣虑所尚，诚足以极政教之源，尽至公之要，囊括区宇，化成天下。"太宗曰："此直朕之所怀，岂有与卿等言之而不行也？"

注释

①高颎（jiǒng）（？—607）：隋朝渤海蓨（今河北景县）人，一名敏，字昭玄。炀帝即位后，任太常卿。后因议论朝政，为人告发，被炀帝诛杀。

②左衽：衣襟向左掩。少数民族服装的前襟向左，不同于中原一带人民的右衽。此后引申为国家灭亡，外族入主。

③陈寿（233—297）：西晋史学家。字承祚，安汉（今四川南充北）人。晋朝时，历任著作郎、治书侍御史。晋灭吴后，集合三国时官私著作，著成《三国志》，还编有《蜀相诸葛亮集》等书。

译文

贞观二年，唐太宗对房玄龄等人说："我近来见到隋代的旧臣遗老，都称赞高颎善于做宰相，于是我就去翻阅他的传记。此人真可说是公平正直，尤其懂得治国之道。隋室的安危，跟他的生死关系密切。可惜遇到隋炀帝这样的无道昏君，却被冤枉诛杀了。我何尝不想见到这样的人，不由得放下书来对他钦仰、叹息。再者，汉、魏以来，诸葛亮做丞相，也非常公平正直，他曾经上表把廖立、李严罢官放逐到南中，后来廖立听到诸葛亮逝世，哭着说：‘我们大概要亡国了！’李严听到诸葛亮逝世，发病而死。所以陈寿说：‘诸葛亮执政，推诚布公，只要是尽忠为国的，即使是仇人，也一定会给予奖赏；凡是违犯法纪玩忽职守的人，即使是最亲近的人，也必须进行惩罚。’你们难道不仰慕学习他们吗？我如今常仰慕前代那些贤德的帝王，你们也应该仰慕那些贤德的宰相，如果能这样做，那么荣耀的名声和高贵的地位，就可以长久保持了。”房玄龄对答说：“臣听说治理国家的关键，在于公平正直，所以《尚书》说：‘不结党营私，王道就浩浩荡荡，不结党营私，王道就平平坦坦。’此外，孔子还说：‘举用正直的人而废弃邪恶的人，百姓就心服归顺。’如今圣上推崇的治国原则，确实体现了政治教化的根本，详尽地体现了至公无私的要义，可以用来囊括宇内，教化天下。”太宗说：“这正是我所想的，但我怎能只对你们说说而不去实行呢？”

长乐公主①，文德皇后②所生也。贞观六年将出降③，敕所司资送，倍于长公主④。魏徵奏言：“昔汉明帝欲封其子，帝曰：‘朕子岂得同于先帝子乎？可半楚、淮阳王⑤。’前史以为美谈。天子姊妹为长公主，天子之女为公主，既加长字，良以尊于公主也，情虽有殊，义无等别。若令公主之礼有过长公主，理恐不可，实愿陛下思之。”太宗称善。乃以其言告后，后叹曰：“尝闻陛下敬重魏徵，殊未知其故，而今闻其谏，乃能以义制人主之情，真社稷臣矣！妾与陛下结发为夫妻，曲蒙礼敬，情义深重，每将有言，必俟颜色，尚不敢轻犯威严，况在臣下，情疏礼隔？故韩非谓之说难，东方朔[6]称其不易，良有以也。忠言逆耳而利于行，有国有家者深所要急，纳之则世治，杜之则政乱，诚愿陛下详之，则天下幸甚！”因请遣中使赍帛五百匹，诣徵宅以赐之。

注释

①长乐公主：太宗第五女，封长乐郡。

②文德皇后：太宗文德顺圣皇后长孙氏。

③出降：出嫁。

④长公主：皇帝的妹妹或皇女尊崇者的封号。这里指高祖之女永嘉长公主。

⑤楚、淮阳王：汉光武帝刘秀的儿子。

⑥东方朔（前154—前93）：本姓张，字曼倩，西汉著名政治家、辞赋家。汉武帝时，为太中大夫，精通文史，足智多谋。

译文

长乐公主是太宗文德皇后所生。贞观六年将要出嫁，太宗敕令有关部门给她陪送的财礼，比长公主出嫁时高出一倍。魏徵上奏说：“以前东汉明帝准备封赏他的儿子，说：‘我的儿子怎么能跟先帝的儿子享受同等的待遇呢？可以参照先帝之子楚王、淮阳王的一半去封赏他。’以前的史学典籍以此作为美谈。现在皇帝的姊妹称为长公主，女儿称为公主，既然在前面多了一个长字，那么就说明要比公主的身份尊贵，虽然在感情上不尽相同，可是道理却是一样的，没有什么差别。如果公主的出嫁礼节逾越了长公主，道理上恐怕是不妥的，希望陛下能再仔细考虑。”太宗十分赞同。于是将这些话告诉了皇后，皇后听完赞叹道：“曾经听说您对魏徵十分敬重，只是不知道是什么原因。现在听到他进谏的这番话，可见他能够用义理来抑制帝王的私欲，真是国家的忠臣啊！我和陛下结发做了夫妻，承蒙陛下的敬重礼待，情深意重，每当有话要说的时候，也要察言观色，尚且不敢轻易触怒您的威严，何况作为臣下，和陛下情谊疏远、礼仪相隔呢？因此韩非子将此称为‘说难’，东方朔将其称为‘不易’，真的是非常有道理的。忠言逆耳利于行，对于拥有家国的人来说是最重要的事。如果能采纳这些忠言，国家就能长治久安；如果杜绝这些忠言，政局就会混乱不堪，我希望陛下能够仔细体会其中的含义，那就是天下的大幸了。”于是，文德皇后请求太宗派遣宫中使者带五百匹锦帛送到魏徵家中赏赐他。

刑部尚书①张亮坐谋反下狱，诏令百官议之，多言亮当诛，惟殿中少监李道裕奏亮反形未具，明其无罪。太宗既盛怒，竟杀之。俄而刑部侍郎②有阙，令宰相妙择其人，累奏不可。太宗曰：“吾已得其人矣。往者李道裕议张亮云‘反形未具’，可谓公平矣。当时虽不用其言，至今追悔。”遂授道裕刑部侍郎。

注释

①刑部尚书：尚书省刑部的长官。

②刑部侍郎：尚书省刑部副长官。

译文

刑部尚书张亮因谋反罪被关进监狱，唐太宗诏令百官商议惩处他的办法，许多人都说张亮该杀，只有殿中少监李道裕上奏说张亮谋反的证据不足，应赦免其无罪。但唐太宗当时正处在盛怒之下，竟把张亮给杀掉了。不久，刑部侍郎空缺，唐太宗让宰相精心选择称职的人，可宰相多次上奏推荐人才，唐太宗都没有同意。太宗说：“我已找到合适的人了，先前李道裕在拟议处置张亮的办法时，说‘他谋反证据不足’，可见此人很公平。我当时没有采用他的意见，至今仍后悔不已。”于是就任命李道裕为刑部侍郎。

贞观初，太宗谓侍臣曰：“朕今孜孜求士，欲专心政道，闻有好人，则抽擢驱使。而议者多称‘彼者皆宰臣亲故’，但公等至公，行事勿避此言，便为形迹。古人‘内举不避亲，外举不避仇’，而为举得其真贤故也。但能举用得才，虽是子弟及有仇嫌，不得不举。”

译文

贞观初年，唐太宗对侍臣说：“我现在孜孜不倦地寻找贤才，想要把心思都用在治理国家政治上，一听说哪里有贤能的人才，就提拔任用。但人们还是议论纷纷，说‘那些官员都是朝廷重臣的亲戚、朋友’。但是你们秉公无私，做事不需要避讳这些话，可以不受拘束地行动。古人说，‘推举人才对内不避亲，对外不避仇’，就是为了推举真正贤才的缘故。只要是能举荐真正的贤才，即使是自己的子弟或仇人，也不能不推举。”

贞观十一年，时屡有阉宦充外使，妄有奏，事发，太宗怒。魏徵进曰：“阉竖虽微，狎近[①]左右，时有言语，轻而易信，浸润之谮，为患特深。今日之明，必无此虑，为子孙教，不可不杜绝其源。”太宗曰：“非卿，朕安得闻此语？自今已后，充使宜停。”魏徵因上疏曰：

“臣闻为人君者，在乎善善而恶恶，近君子而远小人。善善明，则君子进矣；恶恶著，则小人退矣。近君子，则朝无粃政；远小人，则听不私邪。小人非无小善，君子非无小过。君子小过，盖白玉之微瑕；小人小善，乃铅刀之一割。铅刀一割，良工之所不重，小善不足以掩众恶也；白玉微瑕，善贾之所不弃，小疵不足以妨大美也。善小人之小善，谓之善善，恶君子之小过，谓之恶恶，此则蒿兰同嗅[2]，玉石不分，屈原所以沉江，卞和所以泣血者也。既识玉石之分，又辨蒿兰之臭，善善而不能进，恶恶而不能去，此郭氏所以为墟，史鱼所以遗恨[3]也。”

注释

①狎近：习熟亲近。

②蒿兰同嗅：蒿，蒿草，有臭味。兰，草名，有香味；蒿兰同嗅比喻香臭不分，好坏不辨。

③史鱼所以遗恨：春秋时卫国大夫史鱼临死前因未能规劝君王进贤而抱恨，因此以陈尸窗边来警醒卫灵公。

译文

贞观十一年，当时常有宦官外出担任使者，他们欺瞒朝廷，胡乱上报情况，事情败露后，唐太宗非常生气。魏徵说：“宦官虽然卑微，但他们侍奉在天子左右，有时说的话，很容易使天子相信，那些日积月累的坏话，会造成很大的危害。现在陛下圣明，可以无此顾虑，可是为了子孙后代，不可不断绝这种祸患。”唐太宗说：“不是你，我怎么会听到如此中肯的意见呢？从今以后，宦官不可再担任使者。”魏徵因而上书说：

“臣听说国君贵在能表扬善事，贬斥劣迹，亲近君子，远离小人。如果善事得到发扬，那么君子就会为国效劳；贬斥劣迹，那么小人就会自行隐退。亲近君子，那么朝廷不会有劣政，远离小人，则不会偏听奸恶之言。小人并非没有一点小的优点，君子并非没有小小的差错。君子小小的过失，是白玉上的瑕疵。小人

那小小的优点，则如铅刀割一下的效果。铅刀割一次的效果，是不会被能工巧匠所看重的，因为这小小的优点不足以掩盖大的缺点。白玉微瑕，精明的商人不会嫌弃，小小的斑点不会妨碍白玉整体的美丽。赞扬小人的优点，就认为这是喜欢好人好事；贬斥君子的过失，就认为这是厌恶坏人坏事，这如同认为蒿草和兰花的香味一致，把白玉和顽石不加区分一样，这也是屈原投江自尽，卞和哭得眼里流血的原因。如果能认识美玉和石头的差别，区分蒿草和兰花的气味，但是喜欢好人而不能任用，讨厌恶人又不能驱逐，这正是历史上郭国之所以被齐国所灭、史鱼之所以遗恨而尸谏的原因。”

“陛下聪明神武，天姿英睿，志存泛爱，引纳多途，好善而不甚择人，疾恶而未能远佞。又出言无隐，疾恶太深，闻人之善或未全信，闻人之恶以为必然。虽有独见之明，犹恐理或未尽。何则？君子扬人之善，小人讦[①]人之恶，闻恶必信，则小人之道长矣，闻善或疑，则君子之道消矣。为国家者，急于进君子而退小人，乃使君子道消，小人道长，则君臣失序，上下否隔，乱亡不恤，将何以治乎？且世俗常人，心无远虑，情在告讦，好言朋党。夫以善相成谓之同德，以恶相济谓之朋党，今则清浊共流，善恶无别，以告讦为诚直，以同德为朋党。以之为朋党，则谓事无可信；以之为诚直，则谓言皆可取。此君恩所以不结于下，臣忠所以不达于上。大臣不能辩正，小臣莫之敢论，远近承风，混然成俗，非国家之福，非为治之道。适足以长奸邪，乱视听，使人君不知所信，臣下不得相安。若不远虑，深绝其源，则后患未之息也。今之幸而未败者，由乎君有远虑，虽失之于始，必得之于终故也。若时逢少隳[2]，往而不返，虽欲悔之，必无所及。既不可以传诸后嗣，复何以垂法将来？且夫进善黜恶，施于人者也；以古作鉴，施于己者也。鉴貌在乎止水，鉴己在乎哲人。能以古之哲王鉴于己之行事，则貌之妍丑宛然在目，事之善恶自得于心，无劳司过[3]之史，不假刍荛之议，巍巍之功日著，赫赫之名弥远。为人君者不可务乎？"

注释

①讦（jié）：攻击别人的短处。

②隳（suī）：毁坏。

③司过：掌纠察群臣过失的官吏。

译文

"陛下聪明神武，天姿英睿，心存博爱，能从各种途径选拔人才，但陛下喜好贤才却不善于选择贤才，痛恨邪恶，但还没能远离小人。并且，陛下言语毫不隐讳，疾恶如仇，听说别人的优点，有时未必全信；听到别人的缺点，就认为一定是如此。虽有独到的见解，但臣恐怕陛下有些地方还有不妥之处。为什么呢？君子愿意表扬别人的善行，小人专门攻击别人的缺点，如果一听到劣迹就确信无疑，那么就会助长小人的气焰。听到善行就怀疑，那君子会很失望。治理国家的人，急于晋用君子而斥退小人，结果反使君子扬善的途径减少，小人诋毁别人的手段增多，那么君臣之间就会失去正常的秩序、上下隔阂、国家混乱，还用什么去治理国家？况且世俗之人，缺乏深思熟虑，喜欢攻击别人的短处，好说别人结党营私。一般而言，用善相互成全称之为'同德'，用恶相互帮助称之为'朋党'。可现在清浊同流，善恶无别，把奸邪的人视为诚实正直，把同心同德的人称作朋党。被称作朋党的人，他们的言行就不被信任；被称作诚实正直的人，那么他们的一切都是可取的。这就会使陛下的恩德不能施于臣下，臣下的忠心不能传达到国君。这样，大臣们不敢矫正朝廷的偏差，小臣们又不敢随便议论，于是到处承袭了这种不良风气，浑然成为习惯，这不是国家的福祉，也不是治国的方法。只会助长奸邪，扰乱视听，使国君不知道什么可信，臣下不能相安无事。如果不深谋远虑，断绝这种风气的根源，将贻害无穷。幸运的是，如今国家还没有出现大的祸害，这完全归功于陛下的深谋远虑，国政现在虽然有所偏差，可是必然能够改正。如果现在遇到混乱的世道，不加以制止、改正，即使后悔，将来一定也来不及了。这样既不能将社稷传给后代，又拿什么作为后世的楷模呢？扬善除恶，是针对别人的；以古为鉴，是针对自己的。照容貌，要用平静的水面做镜子；省察自己的德行，要以前代的圣哲作为借鉴。如果能以古代圣明的帝王来对照自己的所作所为，那么自己容貌的美丑就宛如在眼前，自己行为的善恶也就一目了然，无须劳烦史官的评判和记载，也无须百姓们的议论，帝王自然会功勋卓著，声名远扬。做君王的能不致力于此吗？”

“臣闻道德之厚，莫尚于轩、唐，仁义之隆，莫彰于舜、禹。欲继轩、唐之风，将追舜、禹之迹，必镇之以道德，弘之以仁义，举善而任之，择善而从之。不择善任能，而委之俗吏，既无远度，必失大体。惟奉三尺之律，以绳四海之人，欲求垂拱无为，不可得也。故圣哲君临，移风易俗，不资严刑峻法，在仁义而已。故非仁无以广施，非义无以正身。惠下以仁，正身以义，则其政不严而理，其教不肃而成矣。然则仁义，理之本也；刑罚，理之末也。为理之有刑罚，犹执御之有鞭策也，人皆从化，而刑罚无所施；马尽其力，则有鞭策无所用。由此言之，刑罚不可致理，亦已明矣。故《潜夫论》[①]曰：

‘人君之理莫大于道德教化也。民有性、有情、有化、有俗。情性者，心也，本也；化俗者，行也，末也。是以上君抚世，先其本而后其末，顺其心而履其行。心情苟正，则奸慝[②]无所生，邪意无所载矣。是故上圣无不务理民心，故曰：“听讼，吾犹人也，必也使无讼乎?”道之以礼，务厚其性而明其情。民相爱，则无相伤害之意；动思义，则无畜奸邪之心。若此，非律令之所理也，此乃教化之所致也。圣人甚尊德礼而卑刑罚，故舜先敕契以敬敷五教[③]，而后任咎繇以五刑[④]也。凡立法者，非以司民短而诛过误也，乃以防奸恶而救祸患，检淫邪而内正道。民蒙善化，则人有士君子之心；被恶政，则人有怀奸乱之虑。故善化之养民，犹工之为曲豉也。六合之民，犹一荫也，黔首[⑤]之属，犹豆麦也，变化云为，在将者耳！遭良吏，则怀忠信而履仁厚；遇恶吏，则怀奸邪而行浅薄。忠厚积，则致太平；浅薄积，则致危亡。是以圣帝明王，皆敦德化而薄威刑也。德者，所以循己也，威者，所以理人也。民之生也，犹铄金在炉，方圆薄厚，随溶制耳！是故世之善恶，俗之薄厚，皆在于君。世之主诚能使六合之内、举世之人，感忠厚之情而无浅薄之恶，各奉公正之心，而无奸险之虑，则醇酽[⑥]之俗，复见于兹矣。’后王虽未能遵，专尚仁义，当慎刑恤典，哀敬无私，故管子曰：‘圣君任法不任智，任公不任私。’故王天下，理国家。”

注释

①《潜夫论》：成书于东汉中期，为东汉政论散文，作者王符。《潜夫论》是一部愤世嫉俗之作，对当时社会上各种丑恶现象及不合理的制度多有指斥，切中时弊。

②奸慝（tè）：奸诈邪恶。

③五教：五常之教，即父义、母慈、兄友、弟恭、子孝。

④五刑：古代指墨、劓、剕、宫、大辟五刑。

⑤黔首：平民百姓。

⑥醇醲（chún yàn）：酒味浓厚，这里比喻风俗淳厚。

译文

“臣听说，若论道德的崇高，没人可以超过黄帝、尧帝；若论仁义的深厚，没人可比得上舜帝、大禹，如果要继承黄帝、唐尧的风范，追上虞舜、夏禹的功绩，只有用道德来安定人民，广弘仁义，举用贤才，听从善言。如果不能选拔有才能的臣子，而把政务委托给凡庸的官吏，他们没有远见卓识，必然会使国家的大体丧失殆尽。只会用法律条文，去控制天下的百姓，要想无为而治的境界是不可能的。所以圣贤的国君治理天下，是靠移风易俗，不用严刑峻法，只是推行‘仁义’二字，没有‘仁’就无法广泛地施行恩德，离开了‘义’就无法端正自身。用‘仁’来向天下人施行恩惠，用‘义’来端正自身，这样，国家政务不用严酷的刑罚就可以达到太平，教化不必严峻就会有所成就。仁义是治国的根本，而刑罚是治国的辅助手段。为治国而用刑罚，就像赶马车用鞭子，百姓们都已服从教化，那么刑罚就没有地方可施行了；马能自觉地尽力奔跑，那么鞭子也就没有什么用处了。由此可见，刑罚不能使国家太平，这个道理是很明显的。所以王符在《潜夫论》中写道：‘帝王的治国之道没有比道德教化更重要的了。百姓有自己的本性、情感，行为、风俗。本性、情感是内心，是根本；行为、风俗是枝节。因此圣明的君主治国，先巩固根本，后做细枝末节的事，就是顺应民心，从而矫正他们的行为。百姓本性纯正，那么奸邪之念就不会产生。所以贤明的圣人，无不关注和教化民心，所以孔子说：“审理诉讼案件，我也和别人一样，一定要使诉讼不再发生。”君王用礼去教化百姓，是要使他们本性淳厚，情感纯正。百姓相互爱护，就不会彼此伤害怀疑；行动的时候想到义，就不会存有奸邪的心思 。这些都不是通过律令能够办得到的，只有依赖道德教化才能得到。圣人崇尚道德礼仪，轻视刑罚，所以舜命令契推行五教，然后才让咎繇设置了五种酷刑。立法的目的，不是为了纠察百姓的短处和错误的，而是用来防范邪恶、补救祸患、约束邪恶从而使社会纳入正道的。人们蒙受到好的教化，就会人人怀有君子之心；受到恶政的统治就会人人产生邪乱的念头。所以用好的道德来教化百姓，就像酿酒工匠手中的曲酵一样。天下的臣民，都在国君的庇荫之下，百姓的归属，就像温室里有待发酵的豆麦，他们的发展变化，全在于统治者的作为了！遇到好的官吏就心怀忠信而言行仁厚；遇到坏的官僚就心怀奸邪而言行浅薄。仁义忠信积累的厚了，就可以使国家太平；奸邪浅薄积累的过了，就会导致国家危亡。因此，圣明的君主都致力于德化而鄙视严刑峻法。道德，是用来约束自己的；权威，是用来管束别人的。人生在世就像金属在熔炉中冶炼一样，铸出来的方圆厚薄全在于所使用的模具的形状。因此，世事的善恶，风俗的厚薄都取决于一国之君。治世的君主如果真能使普天下的人民都怀有忠厚的情感而无浅薄的恶习，有奉公守善的心态而无奸邪的念头，那么淳朴的风俗就又可以出现了。’后来的帝王虽然不能遵循这种古法，只崇尚仁义，但也应当慎重地运用刑罚，实行抚恤百姓的制度，力求公正无私，所以《管子》上说：‘圣君用法度礼仪而不用酷刑奸智，任用公正无私的人而不用自私奸邪的人。’所以称王于天下，治理好国家。”

“贞观之初，志存公道，人有所犯，一一于法。纵临时处断或有轻重，但见臣下执论，无不忻然受纳。民知罪之无私，故甘心而不怨；臣下见言无忤，故尽力以效忠。顷年以来，意渐深刻，虽开三面之网，而察见川中之鱼，取舍在于爱憎，轻重由乎喜怒。爱之者，罪虽重而强为之辞；恶之者，过虽小而深探其意。法无定科，任情以轻重；人有执论，疑之以阿伪。故受罚者无所控告，当官者莫敢正言。不服其心，但穷其口，欲加之罪，其无辞乎！又五品已上有犯，悉令曹司闻奏。本欲察其情状，有所哀矜；今乃曲求小节，或重其罪，使人攻击惟恨不深。事无重条，求之法外所加，十有六七，故顷年犯者惧上闻，得付法司，以为多幸。告讦无已，穷理不息，君私于上，吏奸于下，求细过而忘大体，行一罚而起众奸，此乃背公平之道，乖泣辜之意，欲其人和讼息，不可得也。”

译文

“贞观初年，陛下心存公道，人民如果有违法乱纪的，都依法严办。即使有时断案过轻或过重的情形，只要有臣下劝谏反对，陛下也无不欣然接受意见。百姓知道陛下判罪并非出于私心，所以都甘心受罚而没有怨言；臣下看到自己直言进谏并没有触犯龙颜，于是也更加尽职尽忠。可是近年来，您处理政事慢慢变得严苛，即使仍有网开三面之心，但是仍然过分苛刻，审查如同看河水中的游鱼一样，取舍决定于自己的喜爱或憎恨，赏罚的轻重决定于自己一时的高兴或愤怒。对于自己喜爱的人，即使罪再重，也要执意为他辩护；对于厌恶的人，即使过失很小，也会特别深加追究。执法失去了准确的定罪法则，凭着自己的心情和好恶来减轻或者加重罪名；臣下如果直言进谏，就会被怀疑作假营私。因此受冤枉的人无处申诉控告，当官的人不敢正义直言。不去想如何使他们心悦诚服，反而只想让他们闭口不言，欲加之罪，又何患无辞呢？而且五品以上的官员犯罪，曹司必须上奏圣上。这样的本意是想明察真实的情况，从而酌情减刑；可是现在却是一味苛求小节，甚至有些反而加重罪行，让人攻击揭发，唯恐判罪不重。如果法律上没有重罚的规定，就在法律之外寻找理由，十有六七都是这样做的，所以近年来犯法的官员都害怕被皇帝知道，要是得知自己被交付长官司法刑狱的部门，都觉得很幸运。告发攻击的人不断，处置判决的人也不能停息，君主在上徇私，官吏则在下枉法，过于苛责细节而不顾大体，对一个人处罚，却引起了更多人作奸犯科，这是因为违背了公平的原则，背离了国君怜悯罪人的初衷，要想使百姓和睦、狱讼平息，是不可能实现的。”

“故《体论》[①]云：‘夫淫泆[②]盗窃，百姓之所恶也，我从而刑罚之，虽过乎当，百姓不以我为暴者，公也。怨旷饥寒，亦百姓之所恶也，遁而陷之法，我从而宽宥之，百姓不以我为偏者，公也。我之所重，百姓之所憎也；我之所轻，百姓之所怜也。是故赏轻而劝善，刑省而禁奸。’由此言之，公之于法，无不可也，过轻亦可。私之于法，无可也，过轻则纵奸，过重则伤善。圣人之于法也公矣，然犹惧其未也，而救之以化，此上古所务也。后之理狱者则不然：未讯罪人，则先为之意，及其讯之，则驱而致之意，谓之能；不探狱之所由，生为之分，而上求人主之微旨以为制，谓之忠。其当官也能，其事上也忠，则名利随而与之，驱而陷之，欲望道化之隆，亦难矣。”

注释

①《体论》：三国时期杜恕所撰，共四卷八篇。

②淫泆：淫乱。

译文

“所以《体论》上说：‘奸淫盗窃，是百姓所痛恨的。我顺从百姓的心意处罚他们，虽然有时处罚过重，但百姓也不会认为是残暴，这是因为我是出于公心。男女怨旷饥寒，也是百姓所痛恨的，为了逃脱这种境遇而触犯法律，我顺从民意而宽大处理，百姓也不会认为是偏私，这也是因为我是出于公心。法律重处的是百姓憎恶的事物，从轻处罚的是百姓所怜惜的。所以奖赏微薄却能鼓励善行，减轻刑罚却能禁止奸邪。’这样说来，只要秉公执法，那么就没有什么是不可以的，量刑过轻也是可以的；如果执法出于私心，是不可以的，量刑过轻就会助长奸恶，量刑过重就会伤害到善良的人。圣人实施刑法都是出于公心了，然而仍然担心有不完善的地方，于是就用教化来加以补救，这是古代圣人所做的。后世治理刑狱的人却并不这样做；还没有审讯有罪的人，就已经先主观臆断，拟定了罪行；到了审讯的时候，就想尽办法让犯人承认预先拟定的罪名，并且将这种行为称为有才能；不探究犯人犯罪的原因，却生硬地将他们分类，顺从皇帝的旨意作为处罚标准，却将这种行为称为忠心。当官就依靠有这样的才能，侍奉君主就凭借这样的忠诚，结果却名利双收，这些人再驱逐百姓陷入法网，有这样的风气存在却想要使国家的道德教化纯正、发展，恐怕是很难的。”

“凡听讼理狱，必原父子之亲，立君臣之义，权轻重之序，测浅深之量。悉其聪明，致其忠爱，疑则与众共之。疑则从轻者，所以重之也，故舜命咎繇曰：‘汝作士，惟刑之恤。’又复加之以三讯，众所善，然后断之。是以为法，参之人情。故《传》曰：‘小大之狱，虽不能察，必以情。’而世俗拘愚苛刻之吏，以为情也者取货者也，立爱憎者也，右亲戚者也，陷怨仇者也。何世俗小吏之情，与夫古人之悬远乎？有司以此情疑之群吏，人主以此情疑之有司，是君臣上下通相疑也，欲其尽忠立节，难矣。

“凡理狱之情，必本所犯之事以为主，不严讯，不旁求，不贵多端，以见聪明，故律正其举劾之法，参伍[①]其辞，所以求实也，非所以饰实也，但当参伍明听之耳，不使狱吏锻炼[②]饰理成辞于手。孔子曰：‘古之听狱，求所以生之也；今之听狱，求所以杀之也。’故析言以破律，任案以成法，执左道以必加也。又《淮南子》[③]曰：‘沣水之深十仞，金铁在焉，则形见于外。非不深且清，而鱼鳖莫之归也。’故为上者以苛为察，以功为明，以刻下为忠，以讦多为功，譬犹广革，大则大矣，裂之道也。夫赏宜从重，罚宜从轻，君居其厚，百王通制。刑之轻重，恩之厚薄，见思与见疾，其可同日言哉！且法，国之权衡也，时之准绳也。权衡所以定轻重，准绳所以正曲直，今作法贵其宽平，罪人欲其严酷，喜怒肆志，高下在心，是则舍准绳以正曲直，弃权衡而定轻重者也，不亦惑哉？诸葛孔明，小国之相，犹曰：‘吾心如秤，不能为人作轻重。’况万乘[④]之主，当可封之日，而任心弃法，取怨于人乎！”

注释

①参伍：交互错杂。

②锻炼：原指锻造或冶炼。这里比喻枉法陷害别人。

③《淮南子》：又名《淮南鸿烈》，是我国西汉时期创作的一部论文集，由西汉皇族淮南王刘安主持撰写，故而得名。该书在继承先秦道家思想的基础上，综合了诸子百家学说中的精华部分。

④万乘：兵车万乘，这里指大国的天子。

译文

“凡是审理诉讼案件，都要按照父子的亲情，依照君臣的情分，来权衡罪行的大小，决定刑罚的轻重。要充分展现自己的聪明才智，充分发扬忠君爱民之心，然后再考察实行，如遇到疑惑就要与大家一起商讨。存在疑问的就从轻量刑，这就是对刑法的慎重。所以舜告诫咎繇：‘你作为一名官吏，在量刑的时候要心存怜悯。’又规定一个案子要经过群臣、群吏、万民三次审讯，大家都认可了，才能定罪。可见，律令必然也掺杂人情。所以《左传》说：‘大小案子，虽然不能一一明察，但肯定要有体恤人情的因素在里面。’但是，那些世俗苛刻、不知变通的官吏，用人情来获取财物，根据个人爱憎去断案，袒护亲戚，陷害仇人。为什么世俗小人的人情和古人宽大为怀的情感有着如此巨大的差别呢？主管部门因为这样的人情而怀疑官吏，天子又因为这样的人情而怀疑主管部门。这样，君臣之间、上下之间就互相怀疑，想要群臣树立节操，尽忠为国，那就太难了。

“凡是审理案件，必须以犯罪的事实为主，不严刑逼供，不节外生枝，不以牵连的头绪多来显示审判者的聪明。所以法律规定了举证和检举弹劾的制度，反复比对供词，是为了求得事实的真相，而不是要掩饰事实的真相。多方调查，听取意见，是为了不使狱吏通过伪造判案文书而徇私枉法、掩盖事实。孔子说：‘古代圣贤审理案件，是为被告的人寻找存活的理由，现在判案，是千方百计地要将人置于死地。’所以，就会利用分析语言来破坏法律，用案件的判例来代替法律，施展邪门歪道来设法加罪于人。《淮南子》上写道：‘沣水有十仞深，可是把金铁放在里面，在外面也看得清。如果水不清或者很浅，鱼鳖也不会在里面生存。’所以，执政的人，把苛刻当做明察，把求功当做明智，把刻薄百姓当作忠心，把诽谤他人当作功劳，这就像一张大的皮革，虽然很大，但是容易破裂。赏赐应该从重，处罚应该从轻，君王应宽厚为怀，这是历代帝王通行的治国之道。刑罚的轻重，恩遇的厚薄，被人称颂还是嫉恨，这两种做法的效果，怎可同日而语呢？况且法律，是国家的天平，时事的准绳。天平是用来确定轻重的，准绳是用来测定曲直的。现在制定法律贵在宽大公平，而判人之罪却极为严酷，甚至法律的轻重全由个人的喜怒而定，法律的高下全依赖于个人的内心。这就等于舍掉准绳来端正曲直，抛开权衡来确定轻重，怎能不令人迷惑呢？诸葛亮只是小国蜀国的丞相，他说：‘我的心就像是一杆秤，不能因个人的爱憎而使标准有别。’更何况大国的君主呢？在太平盛世，怎能随意放弃法律的公平，而让老百姓心生怨恨呢？”

“又时有小事，不欲人闻，则暴作威怒，以弭谤议。若所为是也，闻于外其何伤？若所为非也，虽掩之何益？故谚曰：‘欲人不知，莫若不为；欲人不闻，莫若勿言。’为之而欲人不知，言之而欲人不闻，此犹捕雀而掩目，盗钟而掩耳者，只以取诮，将何益乎？臣又闻之，无常乱之国，无不可理之民者。夫君之善恶由乎化之薄厚，故禹、汤以之理，桀、纣以之乱；文、武以之安，幽、厉以之危。是以古之哲王，尽己而不以尤人，求身而不以责下。故曰：‘禹、汤罪己，其兴也勃焉；桀、纣罪人，其亡也忽焉。’为之无已，深乖恻隐之情，实启奸邪之路。温舒恨于曩日[①]，臣亦欲惜不用，非所不闻也。臣闻尧有敢谏之鼓，舜有诽谤之木，汤有司过之史，武有戒慎之铭。此则听之于无形，求之于未有，虚心以待下，庶下情之达上，上下无私，君臣合德者也。魏武帝云：‘有德之君乐闻逆耳之言，犯颜之诤，亲忠臣，厚谏士，斥谗慝，远佞人者，诚欲全身保国，远避灭亡者也。’凡百君子，膺期统运，纵未能上下无私，君臣合德，可不全身保国，远避灭亡乎？然自古圣哲之君，功成事立，未有不资同心，予违汝弼[②]者也。”

注释

①曩（nǎng）日：以前，过往。

②予违汝弼：我违背了纲纪法制，你来匡正辅弼。

译文

“陛下有时做的一些小事，不想让别人知道，就突然发威作怒，以此来阻止别人议论。如果事情做得对，就是传到外面，让老百姓知道又何妨呢？如果做得不对，就是极力掩盖，又有什么用？所以谚语说：‘若要人不知，除非已莫为；若要人不闻，除非已莫言。’自己做了却不想被人知道，自己说了却不想让人听见，这就像遮住眼睛捕捉麻雀，掩住耳朵去偷铃，只会被别人讥笑讽刺，又有什么好处呢？臣又听说，没有长时间混乱的国家，没有不能治理的百姓，国民的善恶是取决于国家教化的厚薄，所以夏朝和商朝在大禹、汤时就天下太平，在桀、纣时就天下大乱；周代在文王、武王时国泰民安，在幽王、厉王时遭到危亡。所以古代圣明的帝王，尽力苛责自己却不埋怨别人，严于律己却不责备臣下。所以说：‘大禹、汤责备自己，国家就会兴旺发达；桀、纣怪罪别人，国家就会迅速灭亡。’苛责过多，与恻隐之心相违背，其实是为奸邪开辟了方便之门。汉代酷吏王温舒之前被人所痛恨，臣对此人深感惋惜，国君的恩泽不能收纳人心，单凭使用刑罚，我从来没听到过这样的事。我听说过尧专门设置了进谏用的锣鼓，大禹树立了提意见用的木头，商汤有专门处罚官吏过错的史官，周武王有告诫自己要谨慎的铭文，这些都是在事情没有发生的时候倾听意见，在还没有发生过失的时候求取谏言的表现，虚心对待臣下，希望下情能够上达，上下无私，君臣就能同心同德。魏文帝曹操说：‘有德的君王喜欢听到逆耳的忠言，喜欢听犯颜直谏的话，他们亲近忠臣，厚待进谏的臣子，斥退奸佞小人，是希望保全自身和国家，避免灭亡的灾害。’凡是承受天命君临天下的国君，纵使做不到君臣同德、上下无私，难道不想保全自己和国家，避免亡国和杀身之祸吗？自古以来的明主贤君，能够功成名就、建立伟业的，没有不靠君臣上下同心同德，都是国君有过失，臣下来辅弼和匡正。”

“昔在贞观之初，侧身励行[①]，谦以受物。盖闻善必改，时有小过，引纳忠规，每听直言，喜形颜色。故凡在忠烈，咸竭其辞。自顷年海内无虞，远夷慑服，志意盈满，事异厥初。高谈疾邪，而喜闻顺旨之说；空论忠谠，而不悦逆耳之言。私嬖[②]之径渐开，至公之道日塞，往来行路，咸知之矣。邦之兴衰，实由斯道。为人上者，可不勉乎？臣数年以来，每奉明旨，深惧群臣莫肯尽言。臣切思之，自比来人或上书，事有得失，惟见述其所短，未有称其所长。又天居自高，龙鳞难犯，在于造次，不敢尽言，时有所陈，不能尽意，更思重竭，其道无因。且所言当理，未必加于宠秩，意或乖忤，将有耻辱随之，莫能尽节，实由于此。虽左右近侍，朝夕阶墀[③]，事或犯颜，咸怀顾望，况疏远不接，将何以极其忠款哉？又时或宣言云：‘臣下见事，只可来道，何因所言，即望我用？’此乃拒谏之辞，诚非纳忠之意。何以言之？犯主严颜，献可替否，所以成主之美，匡主之过。若主听则惑，事有不行，使其尽忠谠之言，竭股肱之力，犹恐临时恐惧，莫肯效其诚款。若如明诏所道，便是许其面从，而又责其尽言，进退将何所据？欲必使乎

致谏，在乎好之而已。故齐桓好服紫[④]，而合境无异色；楚王好细腰，而后宫多饿死。夫以耳目之玩，人犹死而不违，况圣明之君求忠正之士，千里斯应，信不为难。若徒有其言，而内无其实，欲其必至，不可得也。”

注释

①侧身励行：倾斜身体，忧惧不安，谨慎小心，砥砺言行。

②私嬖（bì）：营私偏爱。

③阶墀（chí）：台阶。这里指宫殿。

④齐桓好服紫：此句是比喻上行下效。

译文

“以前在贞观初年，陛下兢兢业业身体力行，虚心接受意见。听到好的批评意见一定接纳改正，即使偶尔有小过失，都可以接纳忠言规谏。每当听到直言良谏，都会喜形于色。因此只要是忠烈之士，都竭诚进谏。但近年来，四海升平，外族降服，四夷来朝，陛下志得意满，处理事务就跟以前不同了。尽管口中高谈阔论自己如何痛恨奸佞的行为，实际上却只喜欢听顺从自己的话；奢言倡导直言敢谏的行为，却厌恶逆耳忠言。偏爱和私心渐起，至公之道日渐阻塞，路上来往的普通百姓，都知道了这种变化。自古国家的兴盛与衰亡，无不因此而起。作为至高无上的君主，怎能不深思自勉呢？臣近几年来，每次接到陛下圣明的旨意，都非常担忧群臣不能竭尽忠诚直言进谏。臣认真思考了这个问题，发现近来臣下有时上书，如果说的事情有所得失，就只看到陛下批评他的缺点，而不见表扬他的长处。再加上您的地位至高无上，龙鳞难犯，臣下在仓促之间，也不敢轻率进言，即使有时进谏，也不能全部表达出来，事后反复思考再想进言，却找不到机会了。而且就算臣下所说的都合情合理，也未必能加官晋爵得到荣宠；但是如果有违背陛下旨意的言语，就会有耻辱的事情随之而来。群臣不能克尽节操，可能就是因此而起。即使陛下左右的侍从，与您朝夕相处，但遇到触犯龙颜之事，都心怀顾虑。更何况那些关系疏远无从接近陛下的臣民，又怎么能向陛下进献忠诚恳切的意见呢？此外，陛下曾经公开宣称：‘臣下有什么意见，只管前来进谏，但为什么任何意见，我都一定要采纳呢？’这其实是拒绝进谏的言辞，而非诚心接纳忠言的意思。为什么这样说呢？臣下冒犯圣国君的威严，进献忠言，实际上是成就君王的美名，纠正君王的过失。如果君主听到后心存疑惑，事情不能实行，即使让臣下竭尽忠诚地进谏，竭尽全力地辅佐，臣下仍然会担心临事恐惧，所以不敢竭诚尽忠。如果像陛下公开所讲的那样，表面上是让臣下进谏，实际上又指责直言忠谏，这样不是让臣下进退无所适从吗？要想使臣下大胆进谏，关键在于君主是否真正喜欢这样做。因此过去齐桓公喜欢穿紫色的衣服，结果国境之内再没有其他颜色的服饰。楚王喜欢细腰的美女，结果后宫佳丽很多都因节食而饿死了。因为国君娱目悦耳的爱好，人们饿死都不敢违反，何况是明君征召天下忠诚中正之士，那些忠诚中正之士不远千里来应招，相信必定不是难事。如果只是一句空话，而内心没有切实实行的打算，希望忠诚贤明的人一定前来，是万万办不到的。”

太宗手诏曰：

“省前后讽谕，皆切至之意，固所望于卿也。朕昔在衡门[①]，尚惟童幼，未渐师保之训，罕闻先达之言。值隋主分崩，万邦涂炭，惵惵[②]黔黎，庇身无所。朕自二九之年，有怀拯溺，发愤投袂，便提干戈，蒙犯霜露，东西征伐，日不暇给，居无宁岁。降苍昊之灵，禀庙堂之略，义旗所指，触向平夷。弱水、流沙，并通輶轩之使；被发左衽，皆为衣冠之域。正朔所班，无远不届。及恭承宝历，寅奉帝图，垂拱无为，氛埃靖息[3]，于兹十有余年，斯盖股肱罄帷幄之谋，爪牙竭熊罴之力，协德同心，以致于此。自惟寡薄，厚享斯休，每以抚大神器，忧深责重，常惧万机多旷，四聪不达，战战兢兢，坐以待旦。询于公卿，以至隶皂，推以赤心。庶几明赖，一动以钟石；淳风至德，永传于竹帛。克播鸿名，常为称首。朕以虚薄，多惭往代，若不任舟楫，岂得济彼巨川？不藉盐梅，安得调夫五味？”赐绢三百匹。

注释

①衡门：横木为门，表示屋舍简陋。

②惵惵（dié dié）：恐惧的样子。

③氛埃靖息：天下太平。

译文

唐太宗看了魏徵的奏疏，亲自写诏书答复说：

“我仔细看了你前后几次讽喻的奏疏，都情真意切，这正是我对你所寄予厚望的地方。我当年住在简陋的屋舍，年幼时，没有得到名师的训诫，更很少听到先辈的教诲。正遇到隋炀帝荒淫无道，隋代分崩离析，生灵涂炭，老百姓惶惶不可终日，流离失所。我十八岁，就怀有拯济天下之心，投身军旅，手持刀枪，不畏寒暑，东征西讨，劳碌终日，没有一天过得安宁。幸而苍天护佑，能秉承祖宗的韬略，使义军所到之处，都能所向披靡。弱水、流沙这些偏远蛮夷之地都派遣使者来进贡；风俗大相径庭的异族，也都身穿华夏的服装。国家颁布的法律，也没有不能到达的地方。我继承帝位，承接先帝留下的基业，崇尚无为而治，四海升平，尘埃不起，已经十几年了。这全都仰仗众位大臣运筹帷幄，善战武将竭尽骁勇，同心同德，才取得了今天辉煌的业绩。可是我寡德少能，却享受着如此洪福，因此一想到肩负天下重任，就忧患责任深重，总是担心政治得失，不能兼听四方民众的疾苦，因此常战战兢兢，夜不能睡，直到天亮。我常常询问公卿大臣，甚至是下臣小吏，对人推心置腹，以希望自己能够耳聪目明，做出一番能够垂范后世的功德，将其刻于钟鼎或碑石之上；让大唐的德行和风范，能够永垂史册。能传播美名，常被后人称赞。我才德微薄，不敢与前世圣君明主相比，如果不能依靠你们这样的‘船’和‘桨’的辅佐，我怎么能够渡过‘滔滔大河’，建立起宏功伟业呢？如果不依赖你们这样的‘盐’和‘梅’，我怎能调味道鲜美的五味呢？”因此，赐给他绢三百匹以示嘉奖。

诚信第十七

导读

《诚信》篇是主要讲“诚信”对于治理国家的重要作用。恪守信用，是一种美德，在我们这个拥有五千年文明的古国，诚信精神更是被一直传诵着。诚信，是我们安身、立业、治国的根本。孔子讲，“民无信而不立”，一个民族要振兴，一个国家要富强，就要遵循诚信的准则。公元前359年，商鞅立法欲以诚信富国强兵。“南门立木”的典故由此上演：商鞅在南门立了一块三丈高的木头，告之谁把此木移到北门，奖赏十金。当时社会信用匮乏，众人以为游戏一场，无人当真。商鞅把赏金提到五十金，有人抱着试试的心理移木到北门，果得赏金。“北门移木”后，国家信用深深植根于社会，社会信用由此孕育发展，秦国于是政行令通。而周幽王烽火戏诸侯，因为失了诚信，丢掉了自己性命，也险些丢掉了国家。正如魏徵所言："不信之言，无诚之令，为上则败德，为下则危身"，就是说，诚信不仅是治理国家的根本大纲，而且是臣下和百姓安身立命的保证。《诚信》篇着重讲述了君臣之间要以诚相待的道理，要想使"君能尽礼，臣能竭忠，必在于内外无私，上下相信"。然而要做到这一点就必须善待君子，远离小人，只有通过赏罚分明的手段来杜绝奸佞的小人，任用具有信义的君子，才能使群臣尽忠，万民归心，天下太平，实现无为而治。在具体的施政过程中，作者所强调"令出必信"，实际上推动了贞观年间以信立法的政治文明建设；在君臣关系上，作者强调"君臣互信"，上下相信、和谐共治，促成了贞观政治清明的形成；"用人以信"的提出，则为贞观之治时期人才的选拔和任用制度的形成提供了重要保证。

贞观初，有上书请去佞臣者，太宗谓曰："朕之所任，皆以为贤，卿知佞者谁耶？"对曰："臣居草泽，不的知佞者，请陛下佯怒以试群臣，若能不畏雷霆，直言进谏，则是正人，顺情阿旨，则是佞人。"太宗谓封德彝曰："流水清浊，在其源也。君者政源，人庶犹水，君自为诈，欲臣下行直，是犹源浊而望水清，理不可得。朕常以魏武帝多诡诈，深鄙其为人，如此，岂可堪为教令？"谓上书人曰："朕欲使大信行于天下，不欲以诈道训俗，卿言虽善，朕所不取也。"

译文

贞观初年，有人上书请求斥退皇帝身边那些奸佞小人，唐太宗对上书的人说："我任用的人，都认为他是贤臣，你知道佞臣是谁吗？"那人回答说："我居住在民间，的确不知道谁是佞臣。请陛下假装发怒，来试一试身边的大臣们，如果谁不怕雷霆之怒，仍能直言进谏，那就是正直的人。如果谁一味奉迎陛下，不分对与错地迎合皇上的意见，那就是佞邪的人。”唐太宗对封德彝说：“流水是否清浊，关键在于源头。君主是施政的源头，臣民就好比流水，君主自行欺诈妄为，却要臣下行为正直，那就好比是水源浑浊而希望流水清澈一样，没有这样的道理。我常常认为魏武帝曹操言行多诡诈，所以很看不起他的为人，现在如果让我也这么做，那还怎么去实施教化、践行法令呢？”于是，唐太宗又对上书的人说：“我要使宏大的诚信行于天下，不想用欺诈的行为损坏社会风气，你的话虽然很好，但我不能采纳。”

贞观十年，魏徵上疏曰：

“臣闻为国之基，必资于德礼，君之所保，惟在于诚信。诚信立则下无二心，德礼形则远人斯格[①]。然则德礼诚信，国之大纲，在于君臣父子，不可斯须而废也。故孔子曰：‘君使臣以礼，臣事君以忠。’又曰：‘自古皆有死，民无信不立。’文子曰：‘同言而信，信在言前；同令而行，诚在令外。’然而言而不信，言无信也；令而不从，令无诚也。不信之言，无诚之令，为上则败德，为下则危身，虽在颠沛之中，君子之所不为也。

“自王道休明，十有余载，威加海外，万国来庭，仓廪日积，土地日广，然而道德未益厚，仁义未益博者，何哉？由乎待下之情未尽于诚信，虽有善始之勤，未睹克终之美故也。昔贞观之始，乃闻善惊叹，暨八九年间，犹悦以从谏。自兹厥后，渐恶直言，虽或勉强有所容，非复曩[②]时之豁如。謇谔[③]之辈，稍避龙鳞；便佞之徒，肆其巧辩。谓同心者为擅权，谓忠谠者为诽谤。谓之为朋党，虽忠信而可疑；谓之为至公，虽矫伪而无咎。强直者畏擅权之议，忠谠者虑诽谤之尤。正臣不得尽其言，大臣莫能与之争。荧惑视听，郁于大道，妨政损德，其在此乎？故孔子曰‘恶利口之覆邦家者’，盖为此也。”

注释

①格：来，至。意为信服，归顺。

②曩（nǎng）：过去的。

③謇谔：正直敢言。

译文

贞观十年，魏徵上疏说：

“臣听说国家的基础，在于道德和礼教；国君地位的保障，在于诚实信用。诚信树立后，臣子们就不会产生二心。仁德礼仪形成后，边远的人民也会来归顺。由此可见，德、礼、诚、信是国家的纲领，贯穿在君臣、父子关系中，片刻不能偏废。所以孔子说：‘君王以礼对待臣子，臣子以忠心侍奉君王。’还说：‘自古人生终有一死，如果百姓不讲诚信，国家就无法存立。’文子说：‘说同样的话却能被别人相信，是因为说话之前已经取信于人；颁布同样的诏令却能得到执行，是因为命令之外早已有诚意存在。’说话不诚实，是言而无信，接受了命令却不执行，是没有诚意。不诚实的话，没诚意的政令，对国君而言，就会败坏名声，对百姓而言，就会危及生命。因此，即使在颠沛流离的困境之中，君子也不会做有失诚信的事情。

“自从陛下实行王道，盛世清明，已有十多年了，神威遍及四方，各国使者前来朝拜，国库日益充实，国土日渐宽广。然而，道德却没有更加深厚，仁义也没有更加广博，这是为什么呢？因为朝廷对待臣下和百姓的态度还不够诚信，虽然陛下开始就勤于政务，有一个良好的开端，但却没能看到坚持到底的那种美德的缘故。贞观初年，陛下听到良言善行就很惊喜赞叹，而随后的八九年间，仍然乐于接受意见。可是，从那之后，陛下您渐渐讨厌直言劝谏，有时即使勉强接受，也不像早年那般豁达大度了。因此，忠正的大臣，逐渐为了避免触犯您不敢直言；而那些奸邪之人，正好大肆发挥他们巧舌如簧的本领。他们诬陷与朝廷同心同德的人是滥用职权，中伤直言进谏的人是在诽谤朝政。说一个人结党营私，即使他忠诚正直也会让人觉得可疑；说一个人大公无私，即使他弄虚作假也不会遭受责备。所以刚强正直的人害怕蒙上独断专权的罪名，忠诚正直的人担心落得诽谤朝廷的恶名。于是正直的忠臣不能完全陈述自己的想法，朝中重臣也不能与他们争辩是非。圣上被迷惑视听，治理国家的正道被阻塞，妨碍朝政，损害道德，其原因就在这里吧？因此孔子说：‘我厌恶那些巧舌如簧毁灭家国的人。’大概就是说的这种情况吧。”

“且君子小人，貌同心异。君子掩人之恶，扬人之善，临难无苟免，杀身以成仁。小人不耻不仁，不畏不义，惟利之所在，危人自安。夫苟在危人，则何所不至？今欲将求致理，必委之于君子；事有得失，或访之于小人。其待君子也则敬而疏，遇小人也必轻而狎。狎则言无不尽，疏则情不上通。是则毁誉在于小人，刑罚加于君子，实兴丧之所在，可不慎哉！此乃孙卿所谓‘使智者谋之，与愚者论之，使修洁之士行之，与污鄙之人疑之，欲其成功，可得乎哉？’夫中智之人，岂无小惠？然才非经国，虑不及远，虽竭力尽诚，犹未免于倾败；况内怀奸利，承颜顺旨，其为祸患，不亦深乎？夫立直木而疑影之不直，虽竭精神，劳思虑，其不得亦已明矣。”

译文

"况且君子和小人，外表一致但内心不一样。君子宽容别人的缺点，赞扬别人的优点，危难之时绝不苟且偷生，即使牺牲生命也要成就仁义的美德。小人不知羞耻，不讲仁德，不知敬畏，不守信义，只知唯利是图，危害别人的方式来保全自己。如果是心存危害别人的念头，那么他还有什么事情做不出来。现在，朝廷要想治理好国家，就必须把重任委托给君子，可是如果政务有所得失，有时也要向小人咨询情况。如果对待君子，尊敬却要疏远，那对待小人，必然会因轻浮而显亲昵。亲近小人，那么小人就会有说不完的话；疏远君子，那么就会使下情得不到上达。这样，对人诋毁赞誉的权利实际掌握在小人手中，而受到刑罚处置的总是君子，这关系到国家的安危，陛下能不慎重对待吗？诚如荀子所说的：'让聪明的人去谋划，却和愚蠢的人来讨论决定；让品行高洁的人去执行，却和卑鄙的人去怀疑他，要想事情成功，怎么可能呢？'具有中等智力的人，怎能没有一点小的能力。可是他们非治国之才，缺乏深谋远虑，即使竭尽全力，国家仍然难免倾覆败亡的危险。更何况心怀奸邪私利，处处阿谀逢迎的小人，这些所造成的祸患，难道不更严重吗？竖立直木，却怀疑它的影子不直，即使耗尽精神，劳尽心思，那得不到想要的结果，是很明白的事。"

"夫君能尽礼，臣得竭忠，必在于内外无私，上下相信。上不信，则无以使下，下不信，则无以事上，信之为道大矣。昔齐桓公问于管仲曰：'吾欲使酒腐于爵，肉腐于俎，得无害霸乎？'管仲曰：'此极非其善者，然亦无害于霸也。'桓公曰：'如何而害霸乎？'管仲曰：'不能知人，害霸也；知而不能任，害霸也；任而不能信，害霸也；既信而又使小人参之，害霸也。’晋中行穆伯[1]攻鼓，经年而弗能下，馈间伦曰：‘鼓之啬夫[2]，间伦知之。请无疲士大夫，而鼓可得。’穆伯不应，左右曰：‘不折一戟，不伤一卒，而鼓可得，君奚为不取？’穆伯曰：‘间伦之为人也，佞而不仁，若使间伦下之，吾可以不赏之乎？若赏之，是赏佞人也。佞人得志，是使晋国之士舍仁而为佞。虽得鼓，将何用之？’夫穆伯，列国之大夫，管仲，霸者之良佐，犹能慎于信任、远避佞人也如此，况乎为四海之大君，应千龄之上圣，而可使巍巍至德之盛，将有所间乎？”

注释

①中行穆伯：春秋时晋国六卿之一。

②啬（sè）夫：掌诉讼赋税的地方官。

译文

“君王能对臣子尽到礼仪，臣下能为国君竭诚尽忠，关键在于内外无私，君臣之间相互信任。国君不信任臣下就不能任用臣下，臣下不信任国君就不能侍奉国君，信任对于治理国家至关重要。过去，齐桓公对管仲说：‘我想使酒在酒器中变坏，肉在砧板上腐烂，这样做会不会有害于我的霸业？’管仲说：‘这当然不是极好的事情，但对霸业也没有什么危害。’齐桓公问：‘那么什么会危害国家霸业呢？’管仲说：‘不能识别人才有损于霸业；知道是人才而不能恰当地任用有损于霸业；任用了又不肯信任有损于霸业；信任而又让小人从中干涉有损于霸业。’晋国的中行穆伯攻打鼓这个地方，一年都攻克不下，馈间伦说：‘鼓这个地方的官员，我是了解的。请不必劳烦士大夫，鼓自然唾手可得。’穆伯没理他，左右的官员说：‘不折一戈，不伤一兵，而鼓就可以得到，为什么不听取馈间伦的意见呢？’穆伯说：‘馈间伦的为人，奸诈不仁义。如果用他的计策夺取了鼓地，我可以不赏赐他吗？如果赏赐了他，不是在赏赐奸邪小人吗？如果让小人得志，那就是让晋国的人放弃仁义而宣扬奸邪。即使得到了鼓地，又有什么用呢？’穆伯，是战国时的大夫；管仲，是霸主的得力助手，他们都能如此谨慎地坚守信用，疏远小人，更何况陛下是统领天下的圣君，千古惟有的明主，怎能使巍巍盛德的传承有所间断呢？”

“若欲令君子小人是非不杂，必怀之以德，待之以信，厉之以义，节之以礼，然后善善而恶恶，审罚而明赏。则小人绝其私佞，君子自强不息，无为之治，何远之有？善善而不能进，恶恶而不能去，罚不及于有罪，赏不加于有功，则危亡之期，或未可保，永锡祚胤[①]，将何望哉！”

太宗览疏叹曰：“若不遇公，何由得闻此语！”

注释

①祚胤：福运延续到子孙后代。

译文

“要使君子小人是非分明，君王必须用仁德来安抚他们，用诚信来对待他们，用道义来勉励他们，用礼仪来节制他们，然后才能表扬善行，摒除恶行，谨慎地处罚，明白地赏赐。如果这样做，小人就无法施展他们的奸佞，君子就会自强不息，推行无为而治的治国方针哪里还会遥远？如果表扬善行却不能任用善人，摒弃劣迹却不能杜绝恶人，有罪的人得不到惩罚，有功劳的人得不到奖赏，那么国家危亡的日子，也许保不久就要到来，永远使子孙后代享受国运昌盛、太平，还有什么指望呢？”

唐太宗看了奏疏，感叹道：“如果不遇到魏徵，我怎么可能听到这样的话呢？”

太宗尝谓长孙无忌等曰："朕即位之初，有上书者非一，或言人主必须威权独任，不得委任群下；或欲耀兵振武，慑服四夷。惟有魏徵劝朕'偃革兴文，布德施惠，中国既安，远人自服'。朕从此语，天下大宁，绝域君长，皆来朝贡，九夷重译，相望于道。凡此等事，皆魏徵之力也。朕任用岂不得人?"徵拜谢曰："陛下圣德自天，留心政术。实以庸短，承受不暇，岂有益于圣明?"

译文

唐太宗对长孙无忌等大臣说："我刚即位的时候，有许多人上书建议，他们有的要我独揽大权，不要委任臣下；有的要我炫耀武力，以使四方民族因害怕而臣服。只有魏徵劝我'减少武功，提倡文治，广施恩惠，中国安定了，四方远人自然会臣服'。我听从了他的建议，终于获得天下太平，边远地区的君主和首领都前来朝贡，其他民族甚至不惜克服多次翻译的困难派人前来，络绎不绝。这一切都是魏徵的功劳。我任用他，难道是用人不当吗?"魏徵拜谢说："这是因为陛下天生圣德，留心治国的方法，臣平庸短浅，秉承圣意尚且力不从心，怎么能谈得上对陛下有所益处呢?"

贞观十七年，太宗谓侍臣曰："《传》称'去食存信'，孔子曰：'民无信不立。'昔项羽既入咸阳，已制天下，向能力行仁信，谁夺耶?"房玄龄对曰："仁、义、礼、智、信，谓之五常，废一不可。能勤行之，甚有裨益。殷纣狎侮五常，武王夺之；项氏以无信为汉高祖所夺，诚如圣旨。"

译文

贞观十七年，唐太宗对侍从的大臣们说：“《左传》上说：‘宁可舍弃粮食也要保持诚信’，孔子说：‘人没有诚信就不能安身立命。’从前，楚霸王项羽攻入咸阳，已经控制了天下，如果他能够努力推行仁信的政策，那么谁能和他争夺天下呢?”房玄龄回答说：“仁、义、礼、智、信，称为五常，废弃任何一项都不行，如果能够认真推行这五常，对国家是大有益处的。殷纣王轻视并违背五常，被周武王灭掉，项羽因为没有，被汉高祖夺了天下。陛下所言极是。”

卷六

俭约第十八

导读

“成由俭，败由奢”，一个人对待物质生活的态度，直接关系到他事业的成功与失败。在古代，历朝明君更是把奢侈纵欲看作是王朝败亡的重要原因。《俭约》篇则记录了唐太宗以古为鉴、厉行节俭的言行。古代君王，凡是欲壑难填、骄奢淫逸之辈大都很快丧身亡国，不能统治长久，其中一个重要因素就是君王为了一己之私而奢侈浪费，把太多的赋税和劳役强加于百姓身上，致使天怨民愤，最终造成天下大乱，王朝衰败。唐太宗以古代帝王奢靡亡国的惨痛经历为教训，在奢侈浪费的时候，时常警醒自己：要克欲节俭，顺应民心。在宫殿营造的问题上，更是以身作则，果断停工，为臣下和天下百姓树立良好的榜样。在丧葬礼仪奢华浪费的问题上，唐太宗也是认识深刻，认为奢侈豪华的丧葬风俗不仅不利于国家的礼仪教化，更是对死者毫无益处，应当严厉革除。正是唐太宗这种“以欲从人”、俭约自持和摈除旧习的做法，才能使贞观年间的社会形成了简朴节约的风尚，使国家物资富饶，百姓无饥寒之苦。对于这种俭约的精神，我们当下之人尤为值得学习，它不仅事关乎我们自身品德修养的小节，更是关乎整个社会道德风气的大事。

贞观元年，太宗谓侍臣曰：“自古帝王凡有兴造，必须贵顺物情。昔大禹凿九山，通九江，用人力极广，而无怨讟者，物情所欲，而众所共有故也。秦始皇营建宫室，而人多谤议者，为徇其私欲，不与众共故也。朕今欲造一殿，材木已具，远想秦皇之事，遂不复作也。古人云：'不作无益害有益。''不见可欲，使民心不乱。'固知见可欲，其心必乱矣。至如雕镂器物，珠玉服玩，若恣其骄奢，则危亡之期可立待也。自王公以下，第宅、车服、婚嫁、丧葬，准品秩不合服用者，宜一切禁断。"由是二十年间，风俗简朴，衣无锦绣，财帛富饶，无饥寒之弊。

译文

贞观元年，太宗对侍臣说："自古帝王凡是有营建宫室的事情，必须重视顺应民心。当初大禹凿九山，通九江，用的人力极多，却没有抱怨的人，那是顺应了民心，众人的想法与他一致的缘故。秦始皇营建宫室，但很多人指责批评，那是他为了满足个人的私欲，不能和民心相一致的缘故。朕现在想造一座宫殿，材木工具已经准备就绪，但想起过去秦始皇的事情，所以不再兴建了。古人曾说：'不做没有益处的事去损害有益的事。''不表现谋求私欲，就可使民心不乱'。所以可知要表现出谋求私欲，那民心必乱。就像精雕镂刻的器物，珠宝美玉奇服珍玩，如果放纵奢侈地享用，那么灭亡的日子马上就要到来了。自王公以下，住宅、车服、婚嫁、丧葬等各种事情，凡是和他的官职品级不相对应的，都应一律停止。"所以二十年来，社会风俗简朴，人们衣着不求华丽，财产富饶，没有饥寒的情况。

贞观二年，公卿奏曰："依《礼》，季夏之月，可以居台榭。今夏暑未退，秋霖[①]方始，宫中卑湿[②]，请营一阁以居之。”太宗曰：“朕有气疾，岂宜下湿？若遂来请，糜费良多。昔汉文将起露台，而惜十家之产，朕德不逮于汉帝，而所费过之，岂为人父母之道也？”固请至于再三，竟不许。

注释

①秋霖：即秋雨。

②卑湿：潮湿。

译文

贞观二年，公卿上奏说：“依《礼》中所讲的，夏季的最后一个月，可以居住在高台楼阁上，但是现在夏天暑气没有退却，秋天凉气刚刚开始，皇宫中非常潮湿，所以请求修建一座暖阁让陛下居住。”太宗说：“朕有呼吸上的疾病，怎能适宜居住在潮湿的地方？但如果同意了你们的请求，进行修建的话，会浪费许多人力财力。以前汉文帝想修建露台，因为怜惜相当于十户百姓家产的费用而放弃这个想法，朕功德不及汉文帝，而奢侈浪费却要超过他，难道是为民父母的道理吗？”公卿们再三上书请求，太宗始终没有答应。

贞观四年，太宗谓侍臣曰：“崇饰宫宇，游赏池台，帝王之所欲，百姓之所不欲。帝王所欲者放逸，百姓所不欲者劳弊。孔子云：‘有一言可以终身行之者，其恕乎！已所不欲，勿施于人。’劳弊之事，诚不可施于百姓。朕尊为帝王，富有四海，每事由己，诚能自节，若百姓不欲，必能顺其情也。”魏徵曰：“陛下本怜百姓，每节己以顺人。臣闻‘以欲从人者昌，以人乐己者亡。’隋炀帝志在无厌，惟好奢侈，所司每有供奉营造，小不称意，则有峻罚严刑。上之所好，下必有甚，竞为无限，遂至灭亡。此非书籍所传，亦陛下目所亲见。为其

无道，故天命陛下代之。陛下若以为足，今日不啻足矣；若以为不足，更万倍过此，亦不足。”太宗曰：“公所奏对甚善。非公，朕安得闻此言？”

译文

贞观四年，唐太宗对侍从的大臣说：“扩建和装饰宫殿，游览、观赏池台，是帝王希望做的事情，却是百姓不希望做的。帝王想要的骄奢淫逸，百姓不希望的是劳累疲惫。孔子说：‘有一句话，可以终身奉行，那就是仁恕！自己不想做的，就不要强加给别人。’劳累疲惫的事情，实在不可以强加在百姓身上。我身为帝王，富有四海，每件事都可以自己决定，也必定能自我节制。如果百姓不想做，就能够顺应民心。”魏徵说：“陛下本来就怜爱百姓，常常约束自己来顺应百姓。臣听说：‘能使自己的欲望顺应民心，国家就会昌盛，用众人来满足自己的享乐，国家就会灭亡。’隋炀帝思想贪得无厌，只喜欢奢侈，有关部门每次供奉物品和营造宫殿，稍不如意，就用严刑对待。上面所爱好喜欢的，下面更是有过之而无不及，上下攀比，没有节制，最终就会导致灭亡。这不仅在史书中有记载，陛下也亲眼目睹过。因为隋炀帝的荒淫无道，所以上天降命让陛下取而代之。陛下如果认为这样就满足了，那么现在的享受就如同满足了。如果陛下认为当下还没有满足，那么再超过今天的一万倍也不会满足。”太宗说：“爱卿所说的很好！不是你，朕怎么能听到这番忠言？”

贞观十六年，太宗谓侍臣曰：“朕近读《刘聪[①]传》，聪将为刘后起鹍仪殿，廷尉陈元达切谏，聪大怒，命斩之。刘后手疏启请，辞情甚切，聪怒乃解，而甚愧之。人之读书，欲广闻见以自益耳，朕见此事，可以为深诫。比者欲造一殿，仍构重阁，今于蓝田采木，并已备具，远想聪事，斯作遂止。”

注释

①刘聪（？—318）：十六国时期汉国国君。310—318 年在位。匈奴族，一名载，字玄明。在位时穷兵黩武，广建宫殿，浪费民力，激起各族人民的反抗。

译文

贞观十六年，唐太宗对侍从的大臣们说：“我近来读《刘聪传》，书中说刘聪准备给他的刘皇后建造华丽的官殿，廷尉陈元达对此痛切地陈词，竭力劝谏刘聪不要这样做，刘聪听后大怒，命令把陈元达斩首。后来，刘皇后亲手写了奏疏替陈元达求情，在文辞和道理上都很恳切，刘聪的怒气这才平息下来，而且内心感到很惭愧。人们读书，都是要增长见识，对自己有所益处，我看这件事，可以作为深刻地借鉴。近来我想营建一座宫殿，并加造层楼，现在从蓝田采办的木料，都已齐备。但遥想起刘聪这件事，我就把这项营建工程停止了。”

贞观十一年，诏曰：“朕闻死者终也，欲物之反真也；葬者藏也，欲令人之不得见也。上古垂风，未闻于封树①；后世贻则，乃备于棺椁。讥僭侈者，非爱其厚费；美俭薄者，实贵其无危。是以唐尧，圣帝也，谷林有通树之说；秦穆，明君也，橐泉②无丘陇之处。仲尼，孝子也，防③墓不坟；延陵④，慈父也，嬴、博可隐。斯皆怀无穷之虑，成独决之明，乃便体于九泉，非徇名于百代也。洎乎阖闾违礼，珠玉为凫雁；始皇无度，水银为江海；季孙擅鲁，敛以玙璠⑤；桓魋专宋，葬以石椁，莫不因多藏以速祸，由有利而招辱。玄庐⑥既发，致焚如于夜台；黄肠⑦再开，同暴骸于中野。详思曩事，岂不悲哉？

由此观之，奢侈者可以为戒，节俭者可以为师矣。朕居四海之尊，承百王之弊，未明思化，中宵战惕。虽送往之典详诸仪制，失礼之禁著在刑书，而勋戚之家多流遁于习俗，闾阎之内或侈靡而伤风，以厚葬为奉终，以高坟为行孝，遂使衣衾棺椁极雕刻之华，灵輀[8]冥器穷金玉之饰。富者越法度以相尚，贫者破资产而不逮，徒伤教义，无益泉壤，为害既深，宜为惩革。其王公以下，爰及黎庶，自今以后，送葬之具有不依令式者，仰州府县官明加检察，随状科罪。在京五品以上及勋戚家，仍录奏闻。”

注释

①封树：在坟上植树来做标记。

②橐（tuó）泉：橐泉宫，秦朝宫殿名。

③防：地名，今在山东费县。

④延陵：即季札，春秋时吴王寿梦第四子，称公子札，是一位与江阴历史渊源有关的古代贤人，因封于延陵，故称延陵季子。

⑤玙璠（yú fán）：美玉。

⑥玄庐：墓的别称。

⑦黄肠：古代天子的椁制，也赐用于大臣。椁室用黄色柏木累积而成。

⑧灵輀（ér）：丧车。

译文

贞观十一年，唐太宗下诏说：“我听说，死是人生的终结，它让人回归到自然，葬就是埋葬尸体，要让别人不能再看到自己。古代的风俗，并没有堆坟树碑。后世立下的规矩，才为死者准备棺椁。谴责和讥刺葬礼奢侈，这并非是吝惜而嫌花费太多；

赞成节俭薄葬，是看重他没有做什么有危害的事。所以，唐尧很圣明，死后葬在谷林，仅在坟边栽上树木作为标记。秦穆公是明君，去世后葬在槖泉，并没修筑高大的陵墓。孔子是孝子，他把双亲合葬在防这个地方，只有墓穴而不堆坟。延陵是慈父，在远离家乡的嬴、博一带埋葬他的儿子。这些人都心怀长远的考虑，有着独特决断的明智，是便于死者能安卧在九泉之下，而不是为了获得百年后美名。相反，吴王阖闾违背礼制，用珠玉做成野鸭大雁，作为陪葬。秦始皇荒淫无度，坟墓里有水银做的江河大海。季孙在鲁国擅政，他用玛瑙之类的美玉装殓尸体。桓魋在宋国专权，建造石椁来埋葬。这些人都是因为在墓里埋藏了大量的财物而招致了灾祸，由于墓里有利可图而遭受折辱。有的坟墓在挖掘之后，致使尸体都被焚烧在墓穴中；有的棺椁被打开，尸骸暴露在旷野。仔细思量这些事，岂不让人悲哀。由此看来，奢侈的做法可以作为我们的鉴戒，节俭的做法可以成为我们的榜样。我位居四海之尊，但也承接百王以来的弊病，还不知如何去教化百姓，所以睡到半夜都会恐惧忧虑。虽然现在丧葬的制度，在仪制中已经有详细的记载，对违礼仪的处罚，也在刑书中写明，但是许多皇亲贵族依然还在沿袭着陈旧的习俗，民间在葬礼时也有很多奢侈浪费、伤风败俗的现象。他们把厚葬当做奉老送终，把修建高大的坟墓当做孝道，于是衣衾棺椁，力求雕刻华丽，灵车冥器，也尽用金玉装饰。富贵人家超越法度，相互炫耀，贫穷之辈倾家荡产，也无法企及，这样做有伤教化礼仪，更对地下的死者没有好处，厚葬的危害已经很深了，现在应予惩治革除。凡王公以下，直至百姓，从今以后，希望各州、府、县的官员严格检查，葬礼如有不遵照律令格式的，根据情节定罪。京城里五品以上官员和功臣贵族如有违反，要写下罪状上奏朝廷。”

岑文本为中书令，宅卑湿，无帷帐之饰。有劝其营产业者，文本叹曰："吾本汉南一布衣耳，竟无汗马之劳，徒以文墨致位中书令，斯亦极矣。荷俸禄之重，为惧已多，更得言产业乎？"言者叹息而退。

译文

岑文本担任中书令要职，但他的房宅却低下潮湿，没有帷帐之类的装饰，有人劝他买房置地，岑文本叹息说："我本来只是汉水南边的一个平民百姓，并没有什么汗马功劳，只是凭借一点文墨，就当上了中书令，这已经达到了顶点。现在我享受着这么高的俸禄，已经感到很惭愧了，还能再谈什么添置产业的事吗？"听他这么说，劝他的人也叹息着离开了。

户部尚书戴胄卒，太宗以其居宅弊陋，祭享无所，令有司特为之造庙。

温彦博为尚书右仆射，家贫无正寝，及薨，殡于旁室。太宗闻而嗟叹，遽命所司为造，当厚加赙[1]赠。

注释

①赙（fù）：拿钱财帮助别人办理丧事。

译文

户部尚书戴胄去世后，唐太宗见他的居所很破败简陋，没有地方祭拜吊唁，于是下令有关部门专门为他营造祭拜之庙。

温彦博官居尚书右仆射，但是家中贫困甚至没有一个正室，他去世后，只有在旁屋祭奠。唐太宗知道后叹息不已，下令为他营造祭庙，又馈赠他家人许多钱财帮助办理丧事。

魏徵宅内，先无正堂。及遇疾，太宗时欲造小殿，而辍其材为徵营构，五日而就。遣中使赍素褥布被而赐之，以遂其所尚。

译文

魏徵的住宅里，开始时没有正堂。一次他生病，唐太宗当时正要营造一个小型的宫殿，于是停下工，用这些材料为魏徵营造正堂，五天就完工了。唐太宗还派使者赠送给魏徵喜欢的素布被褥，以成全他节俭的志向。

谦让第十九

导读

"谦让"是指人的谦虚退让。《尚书》中就讲："满招损，谦受益"，就是说骄傲自满会招致损害，谦逊虚心则会得到益处。《谦让》篇主要是告诫君主，虽然自己身处四海之尊，至高之位，但不能自高自大，要谨守谦恭礼让的品德。否则，即使自己再尊贵，再聪明，也都会使臣下不敢犯颜直谏，导致上下之间信息阻隔，君臣之间背情离德，最终落得国破家亡的下场。对于君王，行谦让之道，就是要让自己虚怀若谷，明知自己有德有才有能，但是仍然要表现出自己是无德无才无能的人。当然，这绝对不是要让自己变得奸诈虚伪，而是要时刻提醒自己：只有这样，才能够寻访到有德有才有能的贤明之士为国家所用；只有这样，才能够随时听到臣下竭诚尽忠、为国为民的真知灼见；也只有这样，才能时刻洞察自己的缺点和不足，取他人之长，补自己之短，不断提升自己。正如《易》中所言："以蒙养正，以明夷莅众"，就是说要以蒙昧的童真之心来培养自己的浩然正气，用隐藏自己聪明才智的方式去与人接触和交往。如果真能始终如一地做到这一点，常葆谦恭和戒惧之心，则自己的才能，天下无人能比；自己的功勋，天下无人能争。

贞观二年，太宗谓侍臣曰："人言作天子则得自尊崇，无所畏惧，朕则以为正合自守谦恭，常怀畏惧。昔舜诫禹曰：'汝惟不矜，天下莫与汝争能；汝惟不伐[1]，天下莫与汝争功。'又《易》曰：'人道恶盈而好谦。'凡为天子，若惟自尊崇，不守谦恭者，在身倘有不是之事，谁肯犯颜谏奏？朕每思出一言，行一事，必上畏皇天，下惧群臣。天高听卑，何得不畏？群公卿士，皆见瞻仰，何得不惧？以此思之，但知常谦常惧，犹恐不称天心及百姓意也。"魏徵曰："古人云：'靡不有初，鲜克有终。'愿陛下守此常谦常惧之道，日慎一日，则宗社永固，无倾覆矣。唐、虞所以太平，实用此法。"

注释

①伐：自我夸耀功劳。

译文

贞观二年，唐太宗对侍从的大臣们说："人们说，是天子就可以自认为尊贵崇高，无所畏惧了，我认为恰恰相反，天子更应该谦逊恭谨，经常心怀畏惧。从前，舜告诫禹说：'你只要能做到不自大，天下就没有人和你争贤能，你只要不自夸，天下就没有人和你争功劳。'《易经》上说：'君子的准则是厌恶自满而以谦逊为贵。'做为天子，如果只认为自己尊贵崇高，不保持谦逊恭谨的态度，倘若自己有过失，谁还会冒犯尊颜向他提意见呢？我常想，帝王每讲一句话，每做一件事，必定要上畏皇天、下惧群臣。苍天虽高，却能听到人世间的善恶，怎能不畏惧天呢？公卿百官，都在下面注视着我，这怎能不让人畏惧呢？如此考虑，帝王即使常怀谦逊恐惧之心，恐怕还是不能称上天之心和百姓之意啊。”魏徵说：“古人讲：‘做事情无不有个开始，但很少有人能够坚持到结束。’希望陛下保持常谦常惧的准则，一天比一天更谨慎，那么国家就会永远巩固，不会倾覆。唐尧、虞舜之世之所以天下太平，实际上就是用的这个方法。”

贞观三年，太宗问给事中孔颖达曰：“《论语》云：‘以能问于不能，以多问于寡，有若无，实若虚。’何谓也?”颖达对曰：“圣人设教，欲人谦光。己虽有能，不自矜大，仍就不能之人求访能事。己之才艺虽多，犹病以为少，仍就寡少之人更求所益。己之虽有，其状若无，己之虽实，其容若虚。非惟匹庶，帝王之德，亦当如此。夫帝王内蕴神明，外须玄默，使深不可知。故《易》称‘以蒙养正；以明夷莅众[①]’。若其位居尊极，炫耀聪明，以才陵人，饰非拒谏，则上下情隔，君臣道乖。自古灭亡，莫不由此也。”太宗曰：“《易》云：‘劳谦，君子有终，吉。’诚如卿言。”诏赐物二百段。

注释

①明夷莅众：用隐藏聪明智慧的方式来治理百姓方能更加彰显自己的聪明智慧。

译文

贞观三年，唐太宗问给事中孔颖达：“《论语》里讲：‘有才能的人向没才能的人请教，知识多的人向知识少的人请教；有才能的人好像显得没有才能，有知识的人好像显得没有知识。’这句话是什么意思呢?”孔颖达回答说：“圣人实行教化，是想要每个人都能因谦逊而愈发光辉，自己虽然有才能，但不骄傲自大，仍旧向不如自己的人请教，向他学习不知道的事情。自己虽然多才多艺，可还是害怕懂得太少，仍旧向才艺不如自己的人讨教，来求得更多的知识。自己虽然有知识，但表面上却表现得像没有知识一样，自己内心虽然已经很充实，但表面上却表现得好像很虚怀若谷。这句话不仅是对庶民百姓的要求，帝王的德行，也应当如此。帝王内心蕴藏神明般的智慧，外表必须沉默，使人感到高深莫测。所以《周易》上讲‘要表现得蒙昧无知来自养正道，用晦藏明智的方式来治理百姓’。如果帝王身居至尊之位，就炫耀自己的聪明，凭借才能欺凌别人，掩饰过错，拒绝纳谏，那么上下之间的情感就会被隔断，君臣之间的原则就会出现背离，自古以来国家灭亡，没有不是由此而造成的。”唐太宗说：“《周易》讲：‘勤劳谦逊的品质，君子如果能够保持到底，就会有好事降临。’这句话的意思和你说的是一样的啊。”于是，下诏赏赐给孔颖达绢帛二百段。

河间王孝恭[①]，武德初封为赵郡王，累授东南道行台尚书左仆射。孝恭既讨平萧铣、辅公祏，遂领江、淮及岭南、北，皆统摄之。专制一方，威名甚著，累迁礼部尚书。孝恭性惟退让，无骄矜自伐之色。时有特进江夏王道宗[②]，尤以将略驰名，兼好学，敬慕贤士，动修礼让，太宗并加亲待。诸宗室中，惟孝恭、道宗莫与为比，一代宗英云。

注释

①孝恭（591—640）：陇西成纪（今甘肃秦安）人，唐凌烟阁二十四功臣之一。唐朝名将、宗室。

②道宗：江夏王，为唐高祖李渊的堂侄，唐初名将。

译文

河间王李孝恭，在武德初年被封为赵郡王，后被加封为东南道行台尚书左仆射。在他平定了萧铣、辅公祏的势力后，长江、淮河以及岭南、岭北地区都在他的管辖之内。他控制一方，威名远扬，不久迁任礼部尚书。可是，李孝恭性格谦逊忍让，没有居功自傲的样子。当时，特进江夏王李道宗，以统兵打仗闻名，又很虚心好学，尊敬并仰慕贤士，一举一动都显礼让的品格，唐太宗很器重他们二人。在大唐宗室中，只有李孝恭、李道宗二人德才无人可比，可谓是皇族中的杰出人物。

仁恻第二十

导读

“仁恻”就是仁爱怜悯的意思。《孟子·公孙丑上》说：“恻隐之心，仁之端也”，就是说怜悯是仁爱的发端，人有了怜悯、悲悯之情，就已经具备了“仁”的基本品质。在君王治理国家的过程中，君王的“仁恻”之心更为具体地表现为是“爱民”的思想。君王欲施“仁政”，以德治国，就首先自己要具备“仁德”和“仁爱”的思想品德，也只有君王自身践行了仁爱之心，恻隐之念，才能达到以身为范，教化世人的效果。在《仁恻》篇中，唐太宗不以自己九五之尊的崇高地位自居，却以宽厚仁爱之心，悲天悯人之情，去关心、爱护臣下和百姓，充分展现了他亲民、思民、怜民、爱民的形象和情怀。固然封建社会君君、臣臣、父父、子子的伦理纲常不可僭越，但是借助仁爱与恻隐之心，君臣之间、君民之间又实现了上下一体、戮力同心的不可分割的关系。这是古代伦理智慧的闪光所在，也是我们今天处理人际关系，乃至于为人处事可资借鉴的地方。

贞观初，太宗谓侍臣曰："妇人幽闭深宫，情实可愍。隋氏末年，求采无已，至于离宫别馆，非幸御之所，多聚宫人。此皆竭人财力，朕所不取。且洒扫之余，更何所用？今将出之，任求伉俪，非独以省费，兼以息人，亦各得遂其情性。"于是后宫及掖庭前后所出三千余人。

译文

贞观初年，唐太宗对侍从的大臣们说："妇女幽居在深宫里，实在很可怜。隋代末年，隋炀帝不停地去挑选宫女，以至于离宫别馆，这些不是君主经常住宿的地方，也聚集了许多宫女。这都是耗竭百姓财力的行为，我不这样做。况且，这些宫女除了打扫宫室之外，还有什么用处呢？现在我准备放她们出去，自由地让她们选择配偶，并不是单纯地为了节省费用，还可以平息她们的怨恨，让宫女自己随其心愿。"于是，唐太宗从后宫和旁舍中先后放出宫女三千多人。

贞观二年，关中旱，大饥。太宗谓侍臣曰："水旱不调，皆为人君失德。朕德之不修，天当责朕，百姓何罪，而多遭困穷！闻有鬻男女者，朕甚愍焉。"乃遣御史大夫杜淹巡检，出御府金宝赎之，还其父母。

译文

贞观二年，关中大旱，发生了饥荒。唐太宗对侍臣说："水旱不调，都是因为君王缺乏道德造成的。我未修养德行，苍天应当惩罚我，可是老百姓有什么罪过呢，却遭此穷困的恶境！听说现在百姓中有很多卖儿卖女的人，我非常怜悯他们。"于是，派御史大夫杜淹出京巡视，用皇帝府库中的资财赎回了那些被卖的孩子，并将其送还给他们父母。

贞观七年，襄州都督张公谨卒。太宗闻而嗟悼，出次发哀。有司奏言："准阴阳书云：'日在辰，不可哭泣。'此亦流俗所忌。"太宗曰："君臣之义，同于父子，情发于中，安避辰日？"遂哭之。

译文

贞观七年，襄州都督张公谨去世，唐太宗知道后常哀伤悲叹，并出城为他发丧。有关部门上书说："按照《阴阳书》上说：'辰日这一天，不可以哭泣。'这也是民间丧俗要避讳的。"唐太宗说："君臣之间的情义，像父子一样，悲伤之情发自内心，怎么能够避讳辰日呢？"于是痛哭不已。

贞观十九年，太宗征高丽，次定州，有兵士到者，帝御州城北门楼抚慰之。有从卒一人病，不能进。诏至床前，问其所苦，仍敕州县医疗之。是以将士莫不欣然愿从。及大军回次柳城，诏集前后战亡人骸骨，设太牢①致祭，亲临，哭之尽哀，军人无不洒泣。兵士观祭者，归家以言，其父母曰："吾儿之丧，天子哭之，死无所恨。"太宗征辽东，攻白岩城，右卫大将军李思摩②为流矢所中，帝亲为吮血，将士莫不感励。

注释

①太牢：古代祭祀时牛、羊、猪三牲具备称为"太牢"。太牢之祭是古代国家规格最高的祭祀大典。

②李思摩：颉利族人。高祖时封和顺郡王，与秦王李世民结为兄弟，赐姓李，任化州都督。

译文

贞观十九年，唐太宗征战高丽，驻扎在定州，只要有行军士兵到来，唐太宗都要亲临州城的北门去安抚慰问他们。当时有一个士兵生病不能进见，唐太宗亲自写下诏书派人送到他的病床前，询问他的病情，还命令州县的官员为他好好治疗。所以将士们没有不心甘情愿随驾出征的。后来，大军回师驻扎在柳城，唐太宗下诏收集阵亡将士的遗骨，用太牢的礼仪为他们进行祭奠，而且太宗还亲自前去祭拜，痛哭失声，极尽哀恸之情，在场将士无不落泪哭泣。观看祭祀的士兵回到家乡，把这些情形告诉给死难者的父母，这些老人们说："我们的儿子战死，天子还为他们哭丧致哀，真是死而无憾啊。"唐太宗征战辽东时，攻打白岩城的时候，右卫大将军李思摩被乱箭射中，唐太宗亲自为他吸血止伤，将士们无不受到感动和激励。

慎所好第二十一

导读

《慎所好》篇的主旨就是告诫君王和臣下，要谨慎选择自己的爱好。应当说，目好五色，耳好五声，口好五味，人之所好，天性使然。但是对于一个国家的统治者来说，他的爱好就需要相当谨慎了。因为一旦国君爱好不当，轻则玩物丧志，荒废朝政；重则劳民伤财，国将不国。更为值得借鉴的是：上有所好，下必甚焉。意思是说，处于上层和高位的人喜欢或爱好什么，下面的人就一定会更强烈、更极端地喜欢和爱好什么。正所谓"上之所为，民之所归也"。老百姓的眼睛盯着上面，为上者所好所为就是下面的行动指南。君不闻，"楚王好细腰，后宫多饿死"；"齐桓公好服紫，一国尽服紫”。所以，国君的爱好，不仅关乎自身的安危，还关系到整个社会的风气和道德。因此，唐太宗说，国君所爱好的，“惟在尧、舜之道，周、孔之教”，“惟须正身修德而已”。《慎所好》篇对我们今天的启示就是，人要择其所好，就是选择正当的、健康的、积极向上的个人爱好。当然如果对于身处高位之人，就还需要正其所好，就是有了个人爱好后，要正确去处理和对待它，堵住漏洞，防止别有用心之人有可乘之机。身处高位的人必须摆正个人爱好与工作的关系，分清时间、地点和场合，不要因个人爱好而耽误工作；更要正确灵活处理对待投其所好的人，做到拒之有理、拒之有力。

贞观二年，太宗谓侍臣曰：“古人云‘君犹器也，人犹水也，方圆在于器，不在于水。’故尧、舜率天下以仁，而人从之；桀、纣率天下以暴，而人从之。下之所行，皆从上之所好。至如梁武帝父子志尚浮华，惟好释氏、老氏之教；武帝末年，频幸同泰寺，亲讲佛经，百僚皆大冠高履，乘车扈从，终日谈论苦空，未尝以军国典章为意。及侯景率兵向阙，尚书郎以下，多不解乘马，狼狈步走，死者相继于道路。武帝及简文卒被侯景幽逼而死。孝元帝[1]在于江陵，为万纽于谨所围，帝犹讲《老子》不辍，百僚皆戎服以听。俄而城陷，君臣俱被囚絷。庾信[2]亦叹其如此，及作《哀江南赋》，乃云：‘宰衡[3]以干戈为儿戏，缙绅[4]以清谈为庙略。’此事亦足为鉴戒。朕今所好者，惟在尧、舜之道，周、孔之教，以为如鸟有翼，如鱼依水，失之必死，不可暂无耳。”

注释

①孝元帝：名绎，梁武帝第七子，起兵讨侯景，即帝位。

②庾信（513—581）：字子山，南北朝时期大文学家，祖籍南阳新野（今属河南）。在北周时官至骠骑大将军、开府仪同三司，故人称“庾开府”。

③宰衡：本是汉平帝时加于王莽的称号，后泛指宰相。

④缙绅：古代官员垂绅（束腰大带）插（缙）笏（手板）。所以此后缙绅成为官僚士大夫的代称。

译文

贞观二年，太宗对侍臣说：“古人说‘国君就像容器，百姓就像水，水的形状是方或是圆在于容器，而不在于水自身’。所以尧舜以仁义治天下，人们都跟随他行仁义；桀纣以残暴治天下，人们都跟随他作恶。在下的人所做的，都是跟随上面的人所喜欢的。就像梁武帝父子崇尚浮华，只爱好佛教和道教。梁武帝晚年，经常驾临同泰寺，亲自讲解佛经，百官也都戴大帽，穿高靴，乘车跟随皇上，整天谈论苦和空等佛家教义，从不把军机国务和典章制度放在心里。等到侯景率兵攻向京城，尚书郎以下的官员，大多不会骑马，狼狈不堪地徒步逃跑，被杀死的在路上的人比比皆是。梁武帝和他儿子简文帝都被侯景囚禁逼死。梁孝元帝在江陵，被西晋的万纽于谨领兵包围了，还在不停止地讲《老子》，百官都穿着军服听讲，不久城被攻陷，君臣都被囚禁。庾信也叹息他们这种做法，后来作《哀江南赋》，说道：‘宰相把战争当做儿戏，官吏把清谈当做国家的谋略。’这事也足可作为鉴戒。我现在所喜欢的，只在于唐尧、虞舜的法则，周公、孔子的礼教，觉得就像鸟有了翅膀，鱼儿依靠水一样，失去它就得死，不能片刻没有。”

贞观二年，太宗谓侍臣曰：“神仙事本是虚妄，空有其名。秦始皇非分爱好，为方士[①]所诈，乃遣童男童女数千人，随其入海求神仙。方士避秦苛虐，因留不归，始皇犹海侧踟蹰[②]以待之，还至沙丘而死。汉武帝为求神仙，乃将女嫁道术之人，事既无验，便行诛戮。据此二事，神仙不烦妄求也。”

注释

①方士：古代称从事炼丹、求取仙人以求长生不老的人为方士。

②踟蹰（chí zhú）：徘徊。

译文

贞观二年，唐太宗对侍从的大臣们说：“神仙本来是荒诞虚妄的，空有其名。秦始皇为了追求自己的非分爱好，结果他被方士欺骗，竟派童男童女几千人，跟随方士入海去求神仙，方士逃避秦朝的苛政暴虐，因此留居海上不再回来，始皇却在海边徘徊等待他们，结果在返回的路上走到沙丘这个地方就死了。汉武帝为了求得神仙，竟将女儿嫁给卖弄道术的人，后来求仙的事情没有灵验，就把方士杀掉。从这两件事情来看，神仙是用不着费力求取的。”

贞观四年，太宗曰：“隋炀帝性好猜防，专信邪道，大忌胡人[①]，乃至谓胡床为交床，胡瓜为黄瓜，筑长城以避胡。终被宇文化及使令狐行达[②]杀之。又诛戮李金才[③]，及诸李殆尽，卒何所益？且君天下者，惟须正身修德而已，此外虚事，不足在怀。”

注释

①胡人：古人对北方边地或西域各民族的称呼。

②令狐行达：其奉宇文化及之命杀死了隋炀帝。

③李金才：隋朝右骁卫大将军，因家族强盛而被隋炀帝嫉妒，后被诛族。

译文

贞观四年，唐太宗说："隋炀帝生性多疑，多加防范，一味迷信邪门歪道，最忌讳胡人，乃至于把胡床称作交床，把胡瓜称作黄瓜，还修筑长城抵御胡人。后来终于被大臣宇文化以及他派遣的令孤行达杀死。后来他又杀死了将军李金才，李氏家族也几乎被杀尽，但最终有什么益处呢？统治天下的国君，只需端正自身、修养品德就好了，其他都是虚妄浮夸的事情，不值得放在心上。"

贞观七年，工部尚书[①]段纶奏进巧人杨思齐至。太宗令试，纶遣造傀儡戏具。太宗谓纶曰："所进巧匠，将供国事，卿令先造此物，是岂百工相戒无作奇巧之意耶？"乃诏削纶阶级，并禁断此戏。

注释

①工部尚书：工部长官。工部是尚书省六部之一，掌管全国水土工程。

译文

贞观七年，工部尚书段纶上奏说要引荐能工巧匠杨思齐入朝。唐太宗下令试试他的本领，段纶就让杨思齐做木偶戏的戏具。唐太宗对段纶说："你所推荐的能工巧匠，必须要能服务国家，你让他做这些东西，哪里是让各行各业的工匠相互戒除，不作奇异技巧的意思？”于是下诏将段纶降职，并且禁止了这种戏剧。

慎言语第二十二

导读

“一言以兴邦，一言以丧邦。”这句话非常形象地表述了古代君王谨言慎行在治理天下中的重要作用。《慎言语》篇正是以古代君王言语上的得失为经验教训，劝诫君王平时说话要谨慎，时刻意识到自己的言语将会对臣下和百姓乃至于国家兴亡产生极大的影响。不过，“慎言语”绝对不是不言语或者少言语的意思，言语的说与不说，说多与说少，取决以它们是否真正的有益于国事民生。正如唐太宗说的，“欲出一言，即思此一言于百姓有利益否，所以不敢多言”。的确，如果国君说出来的话是正确的，有益于国事民生，而且上行下效，这难道不是兴邦兴国的好事吗？如果说出来的话是错误的，有害于国事民生，还要求臣下照着去做，没有人敢于违抗，不就接近于丧邦的大灾祸了吗？其实，从表面上看，“慎言语”是要求君王治国要谨慎说话，三思而后行，实质上是要求和提倡君臣上下都能兢兢业业，奋发图强，时刻保持如履薄冰，如临深渊的警醒状态，不要有一念之放肆，不要有一言之疏忽，不要有一事之过失。如果要有言语，则须言之有物，利国利民，还要身体力行，有效推行。

贞观二年，太宗谓侍臣曰：“朕每日坐朝，欲出一言，即思此一言于百姓有利益否，所以不敢多言。”给事中兼知起居事杜正伦进曰：“君举必书，言存左史①。臣职当兼修起居注[2]，不敢不尽愚直。陛下若一言乖于道理，则千载累于圣德，非止当今损于百姓，愿陛下慎之。”太宗大悦，赐彩百段。

注释

①左史：周朝的史官有左史和右史之分，左史记行，右史记言。这里泛指记录君王言行的史官。

②起居注：我国古代记录帝王的言行录。

译文

贞观二年，唐太宗对侍从的大臣们说：“我每天坐朝理政，每讲一句话，都要想想这句话是否对百姓有好处，所以我不敢多说。”给事中兼起居注史官杜正伦进言说：“君主的一言一行一定要被书写下来，所说的话会被记录在左史那里。我的职务是兼修起居注，所以不敢不尽忠职守。陛下如果有一句话违背了道理，那么，即使在千年之后都会损害陛下的圣明的品德，所以这不止对当今的百姓造成损害。希望陛下慎重。”唐太宗听后非常高兴，赏赐他彩色绢帛一百段。

贞观八年，太宗谓侍臣曰：“言语者，君子之枢机，谈何容易？凡在众庶，一言不善，则人记之，成其耻累，况是万乘之主？不可出言有所乖失。其所亏损至大，岂同匹夫？我常以此为戒。隋炀帝初幸甘泉宫，泉石称意，而怪无萤火，敕云：‘捉取多少于宫中照夜。’所司遽遣数千人采拾，送五百舆于宫侧，小事尚尔，况其大乎？”魏徵对曰：“人君居四海之尊，若有亏失，古人以为如日月之蚀，人皆见之，实如陛下所戒慎。”

译文

贞观八年，唐太宗对侍从的大臣们说："言语是表现君子德行的关键，谈何容易？庶民百姓，一句话讲得不好，就会被别人记住，成为一种耻辱并遭连累，更何况是一位大国的君主呢？君主说话绝不能有所闪失。因为那造成的损害是极大的，岂能和普通人相比？我常以此为戒。隋炀帝刚到甘泉宫的时候，那里秀丽的山水泉石让他称心如意，但他却责怪没有萤火虫，便下令说：'捕捉一些萤火虫到宫里来以供晚上照明用。'于是，主管部门马上派几千人去捕捉，后来从各地送来五百车萤火虫被放到宫殿两侧。小事尚且如此，更何况大事呢？"魏徵回答说："人君位居天下最尊贵的地位，言语行为如果有所闪失，古人认为那就如同日食和月食中的亏损一样，人人都能看见。确实要像陛下这样谨慎和警惕啊。"

贞观十六年，太宗每与公卿言及古道，必诘难往复。散骑常侍刘洎上书谏曰："帝王之与凡庶，圣哲之与庸愚，上下相悬，拟伦斯绝[①]。是知以至愚而对至圣，以极卑而对极尊，徒思自强，不可得也。陛下降恩旨，假慈颜，凝旒[②]以听其言，虚襟以纳其说，犹恐群下未敢对扬，况动神机，纵天辩，饰辞以折其理，援古以排其议，欲令凡庶何阶应答？臣闻皇天以无言为贵，圣人以不言为德，老子称'大辩若讷'，庄生称'至道无文'，此皆不欲烦也。是以齐侯读书，轮扁窃议，汉皇慕古，长孺陈讥，此亦不欲劳也。且多记则损心，多语则损气，心气内损，形神外劳，初虽不觉，后必为累。须为社稷自爱，岂为性好自伤乎？窃以今日升平，皆陛下力行所至。欲其长久，匪由辩博，但当忘彼爱憎，慎兹取舍，每事敦朴，无非至

公，若贞观之初，则可矣。至如秦政强辩，失人心于自矜，魏文宏材，亏众望于虚说。此才辩之累，皎然可知。伏愿略兹雄辩，浩然养气，简彼缃图[③]，淡焉怡悦，固万寿于南岳，齐百姓于东户[④]，则天下幸甚，皇恩斯毕。”太宗手诏答曰：“非虑无以临下，非言无以述虑。比有谈论，遂至烦多。轻物骄人，恐由兹道。形神心气，非此为劳。今闻谠言，虚怀以改。”

注释

①拟伦斯绝：无法比拟。拟伦，比拟。

②凝旒（liú）：指皇帝头上戴的冕旒静止不动。这里形容帝王态度肃穆专注。旒，古代帝王礼帽前后下垂的玉串。

③缃图：古籍。

④东户：即东户季子，传说中的上古君主。

译文

贞观十六年，唐太宗每次和各位公卿大臣谈到古代的治国之道，一定要反复提出难题诘问他们。散骑常侍刘洎也上书劝说：“帝王和平民，圣哲和愚夫，上下之间的差别有如天壤之别，不可相提并论。因此，我们可以知道，拿极愚昧的人与极圣明的人相比，拿极卑贱的人与极尊贵的人相比，纵然前者想要努力自强，来超过后者，那都是不可能的。陛下降下圣旨，以慈悲的面容，肃穆专著的神情来倾听臣下的言论，虚心接受臣下的意见，但还是担心臣下不敢当面直言，更何况陛下动用自己神奇的思维，雄才般的口辩，精妙的文辞修饰来反驳臣下所说的道理，引经据典地来否定臣下的议论，这还让臣下如何应对呢？臣听说苍天把不说话看做尊贵，圣人把不说话看做美德。老子认为‘真正善辩的人如同言语迟钝一样’，庄子认为‘天道无须用文采修饰’，这都是不希望多说话的意思。所以齐桓公读书，轮扁私下议论、反对；汉武帝仰慕古风尊崇儒学，汲黯予以讥讽，这都是不希望他们过分劳神。而且多记事就会损伤心神，多说话就会损伤元气。在内损伤心思、元气，在外损伤形体、精神，即使起初察觉不到，将来一定会留下祸患。应该为国家爱惜自己，岂能为兴趣损伤自己呢？如今天下升平，都是陛下努力治理国家才实现的。想要它长久保持下去，不是靠雄辩博论能办到的；只能忘掉那些爱憎之情，谨慎进行这方面的取舍，做每件事都朴实无华，无不遵奉一心为公的大道，像贞观初年一样就行了。正如秦始皇嬴政强言善辩，由于自傲而失去人心；魏文帝曹丕富有辩才，由于言语空洞而失去声望。这是口才和雄辩带来的损害，这是非常清楚而明白的。臣竭诚希望陛下减少这种雄辩，而要修养浩然正气。少看些古代书籍，而要恬淡愉悦。自己就能像南山一样长寿，把国家治理得像东户时代一样太平，那么天下就特别幸运了，皇恩也就能遍及天下了。”太宗亲笔，写诏书批复说：“不思考就不能治理天下，不说话就不能阐述自己的想法。近来和臣下谈论过于频繁。轻视别人的傲慢态度，恐怕因此产生。身体、精神、心思和元气，确实不应该为此劳损。如今听到你忠诚正直的言论，我一定虚心改正。”

杜谗邪第二十三

导读

“杜谗邪”，指杜绝谗言和邪佞小人。谗言和小人相伴而生，他们是蒙蔽君王耳目视听，扰乱君王决策和用人的重要因素。所以，历代王朝的贤明君主都把“纳忠谏，杜谗言；亲贤臣，远小人”作为自己修身治国的不二法则。《杜谗邪》篇通过前朝君王听信谗言、任用奸邪的反面事例说明谗言是国家祸乱的根源，如果谗言得逞，就会使忠良蒙冤，国政败坏，百姓遭殃。因此，君王应该以此为教训，增强杜绝谗言和小人的意识。文章主要阐述了作为君王应当如何来杜绝谗言和奸邪小人。首先，君王要善于任用忠心耿直的贤臣。不仅要勇于接受他们的直言劝谏，还要信任他们，不要因为琐碎小事而对他们妄加猜忌和怀疑。朝廷中有了这样忠正贤良的人，那些本来打算罗织谗言的小人，也会望而却步。其次，对于宠臣和身边的亲近之人，君王要特别谨慎地辨别他们所说的话。正是由于他们和君王之间关系密切，所以他们的话也最能影响君王，良言固然获益良多，但谗言也危害更大。因此，君王要坚持“兼听则明，偏信则暗”的信息采纳和处理原则，增强辨别忠谏和谗言的能力。第三，君王要谨记，只有君臣同心同德，方能成就创世大业的道理。“进贤良，斥小人”是君臣共治的前提，牢记这一点，君王就不容易被谗言所迷惑，就会对忠正贤良的臣子们信任有加，不会被奸邪的小人所离间。有了君王的信任，臣下才会尽忠竭虑，有效地辅佐君王，成就太平盛世。

贞观初，太宗谓侍臣曰：“朕观前代，谗佞之徒，皆国之蟊贼也。或巧言令色，朋党比周。若暗主庸君，莫不以之迷惑，忠臣孝子所以泣血衔冤。故丛兰欲茂，秋风败之；王者欲明，谗人蔽之。此事著于史籍，不能具道。至如齐、隋间谗谮事，耳目所接者，略与公等言之。斛律明月[①]，齐朝良将，威震敌国，周家每岁斫汾河冰，虑齐兵之西渡。及明月被祖孝徵[②]谗构伏诛，周人始有吞齐之意。高颎有经国大才，为隋文帝赞成霸业，知国政者二十余载，天下赖以安宁。文帝惟妇言是听，特令摈斥。及为炀帝所杀，刑政由是衰坏。又隋太子勇[③]抚军监国，凡二十年间，固亦早有定分。杨素欺主罔上，贼害良善，使父子之道一朝灭于天性，逆乱之源，自此开矣。隋文既混淆嫡庶，竟祸及其身，社稷寻亦覆败。古人云‘世乱则谗胜’，诚非妄言。朕每防微杜渐，用绝谗构之端，犹恐心力所不至，或不能觉悟。前史云：‘猛兽处山林，藜藿[④]为之不采；直臣立朝廷，奸邪为之寝谋。’此实朕所望于群公也。”魏徵曰：“《礼》云：‘戒慎乎其所不睹，恐惧乎其所不闻。’《诗》云‘恺悌君子，无信谗言。谗言罔极，交乱四国。’又孔子曰：‘恶利口之覆邦家’，盖为此也。臣尝观自古有国有家者，若曲受谗谮，妄害忠良，必宗庙丘墟，市朝霜露矣。愿陛下深慎之！”

注释

①斛律明月：斛律，复姓；明月是字，名光。北齐朝兼行将相，善骑射，长期从事对北周的战争，为邻敌所惧。

②祖孝征：北齐大臣，曾散布谣言，谗杀斛律明月等贤臣。

③隋太子勇：杨勇，隋文帝长子。

④藜藿（lí huò）：藜和藿都是一种可食用的野菜。

译文

贞观初年，唐太宗对侍臣说：“我看前代那些进谗言的邪佞小人，都是危害国家的败类。他们巧言令色，结党营私。如果君主昏庸无能，就会被他们所迷惑，忠义之臣就会受到排挤打击，蒙受不白之冤。所以兰花想要长得繁茂，却被秋风摧折；国君希望自己英明，却被献媚的小人迷惑。这样的事情在史书中不胜枚举。正如齐代、隋代年间诽谤、诬陷忠良的事例，我曾耳闻目睹，简略地说给你们听听。斛律明月，是齐朝的良将，他的声威震动敌国。北周的人每年都要砸碎汾河上的冰，就是因为害怕北

齐的兵马西渡过来进攻。等到斛律明月被祖孝征的谗言加害致死后，北周于是才产生了吞并北齐的想法。隋代的高颎有治国的雄才大略，辅佐隋文帝杨坚成就了帝业，执掌国家政务二十多年，天下靠他得以安宁。后来隋文帝听信妇人的谗言，特意摒弃冷落他，等到他被隋炀帝杀害后，隋朝的国政和法制也就开始衰败了。另外，隋太子杨勇领军监国，长达二十年之久，本来早已确定储君的名分。可是，杨素欺瞒君主，残害忠良，到处散布谣言，使他们父子之间的亲情泯灭于瞬间，叛逆祸乱的根源也就由此开始了。隋文帝混淆了嫡子与庶子的名分，结果招来了杀身之祸，不久国家就灭亡了。古人说：'世道混乱，那么谗言就会大行其道。'这话的确不是妄说乱言。我常防微杜渐，用来杜绝谗言的根源，但仍恐怕心有余而力不足，或者自己不能觉悟未察觉的问题。史书说：'猛兽盘踞山林之中，藜藿之类的野菜就不会被人采摘；忠正的臣子处于朝廷之上，奸邪小人因此就会停止谋划他们的阴谋诡计。'这句话其实就是我对你们的期望啊。"魏徵说："《礼记》上写道：'对自己不能亲见的事情要谨慎，对自己不能耳闻的事情要警觉。'《诗经》说：'平易近人的君子，不听信谗言。只会搅乱天下四方。'另外孔子说：'厌恶那些用谗言利嘴使国家覆灭的人'，大概说的就是这个道理。臣曾观察自古以来的统治国家的人，如果被谗言蒙蔽，枉杀忠良，就必定使宗庙变为废墟，闹市变得冷落，最终国破家亡。因此，希望陛下要特别谨慎。"

贞观七年，太宗幸蒲州①。刺史赵元楷课父老服黄纱单衣，迎谒路左，盛饰廨宇，修营楼雉②以求媚；又潜饲羊百余口、鱼数千头，将馈贵戚。太宗知，召而数之曰："朕巡省河、洛，经历数州，凡有所须，皆资官物。卿为饲羊养鱼，雕饰院宇，此乃亡隋弊俗，今不可复行。当识朕心，改旧态也。”以元楷在隋邪佞，故太宗发此言以戒之。元楷惭惧，数日不食而卒。

注释

①蒲州：今山西永济一带。

②雉：即雉堞，城墙上的垛口，用于瞭望和射箭。

译文

贞观七年，唐太宗巡幸蒲州。蒲州刺史赵元楷为此规定当地百姓一律穿上黄纱单衣，在路边迎接拜谒，并大肆装饰官署，修建城楼、垛口用来献媚讨好皇帝。他还暗地饲养了几百头羊、几千条鱼，准备馈送皇亲国戚。唐太宗知道这事后，把他召来训斥道：“我巡察黄河，洛水一带，历经许多州县，大凡有什么需要，都由国库供给。但你却为此养羊养鱼，雕饰庭院楼宇，这是过去灭亡的隋朝所留下的坏习气，如今不能再这么做了。你应该能体会我的用心，改掉这套旧的陋习。”因为过去赵元楷在隋朝时就有奸邪谄佞的恶名，所以唐太宗就讲这番话来警戒他。赵元楷听后既羞愧又害怕，几天吃不下东西，很快就死了。

贞观十年，太宗谓侍臣曰：“太子保傅，古难其选。成王幼小，以周、召为保傅，左右皆贤，足以长仁，致理太平，称为圣主。及秦之胡亥，始皇所爱，赵高作傅，教以刑法。及其篡也，诛功臣，杀亲戚，酷烈不已，旋踵亦亡。以此而言，人之善恶，诚由近习。朕弱冠[①]交游，惟柴绍、窦诞等，为人既非三益[②]，及朕居兹宝位，经理天下，虽不及尧、舜之明，庶免乎孙皓、高纬之暴。以此而言，复不由染，何也?”魏徵曰：“中人可与为善，可与为恶，然上智之人自无所染。陛下受命自天，平定寇乱，救万民之命，理致升平，岂绍、诞之徒能累圣德？但经云：‘放郑声，远佞人。’近习之间，尤宜深慎。”太宗曰：“善。”

注释

①弱冠：古代指男子二十岁左右的年龄。

②三益：孔子认为有益的朋友有三种，即正直的人、诚实的人、见识广的人。

译文

贞观十年，唐太宗对身边的大臣说：“太子的老师，自古以来就很难选择。周成王年幼时，以周公、召公为老师，他们都很贤明，足以增长国君的仁德，使天下获得太平，使国君配得上圣主的名声。到了秦朝的胡亥，秦始皇很宠爱他，让赵高做他的师傅，教授他刑法制度。等到胡亥篡位后，他就诛杀功臣，杀害亲戚，极其残暴，不久就败亡了。由此看来，一个人是善是恶，的确受他所亲近的人的影响。我二十左右就开始结交名士，只有柴绍、窦诞等人，他们算不上正直、宽厚、见多识广。但到我继位以来，治理国家虽然赶不上尧、舜的圣明，但也不像三国吴主孙皓，北齐后主高纬那样的暴虐。由此看来，我又没有受到亲近的人的影响，这是为什么呢？”魏徵说：“中等智慧的人可以做善事，也可以做恶事，然而拥有上等智慧的人是不会受到外人熏染的。陛下顺应天意，平定贼乱，拯救万民，使天下太平，柴绍、窦诞这些人怎么能影响陛下的圣德呢？但是经书上说：‘拒绝郑国的靡靡之音，远离奸佞的小人。’对这些亲近的事和人，尤其应该十分谨慎。”唐太宗说：“你说的对啊。”

尚书左仆射杜如晦奏言：“监察御史陈师合上《拔士论》，谓人之思虑有限，一人不可总知数职，以论臣等。”太宗谓戴胄曰："朕以至公治天下，今任玄龄、如晦，非为勋旧，以其有才行也。此人妄事毁谤，止欲离间我君臣。昔蜀后主昏弱，齐文宣狂悖，然国称治者，以任诸葛亮、杨遵彦不猜之故也。朕今任如晦等，亦复如法。"于是，流陈师合于岭外。

译文

尚书左仆射杜如晦上奏说："监察御史陈师合上奏《拔士论》，说一个人的思考能力有限，不可以身兼数职，这是在议论我们这些大臣。"太宗对戴胄说："我用极为公正的原则来治理天下，现在重用房玄龄、杜如晦，并非因为他们是旧时的功臣，而是因为他们德才兼备的缘故。陈师合这个人妄加生事，诽谤朝政，只是想离间我们君臣之间的关系。过去，蜀国后主刘禅昏庸懦弱，齐文宣王狂妄无理，然而国家却治理得井然有序，就是因为他们任用了诸葛亮、杨遵彦这些良才而不加猜忌的缘故。我现在任用杜如晦等大臣，也按照这种做法。"于是，把陈师合流放到了岭南地区。

贞观中，太宗谓房玄龄、杜如晦曰："朕闻自古帝王上合天心，以致太平者，皆股肱之力。朕比开直言之路者，庶知冤屈，欲闻谏诤。所有上封事人，多告讦[①]百官，细无可采。朕历选前王，但有君疑于臣，则下不能上达，欲求尽忠极虑，何可得哉？而无识之人，务行谗毁，交乱君臣，殊非益国。自今以后，有上书讦人小恶者，当以谗人之罪罪之。"

注释

①讦（jié）：揭发别人的隐私或攻击别人的短处。

译文

贞观年间，唐太宗对房玄龄、杜如晦说：“我听说，自古以来的帝王，能够顺从天意，使天下获得太平，都必须依赖于大臣的辅佐。我希望众大臣广开言路，就是要了解百姓的冤屈，听到臣下的规谏。但是现在所有上书奏事的人，大都是告发或攻击官员的，意见琐碎繁多，不足以采纳。我观察前朝历代国君，只要君王怀疑臣下，那么下面的意见就不会传达到朝廷上面，想要臣民们尽忠竭虑，怎么可能呢？而没有见识的小人，专门从事诽谤和诋毁，破坏君臣之间的关系，特别对国家没有益处。从今以后，凡有人上书揭发别人细小过失的，应当以诽谤之罪来处罚他。”

魏徵为秘书监，有告徵谋反者。太宗曰：“魏徵，昔吾之雠，只以忠于所事，吾遂拔而用之，何乃妄生谗构？”竟不问徵，遽斩所告者。

译文

魏徵做秘书监的时候，有人告发他谋反。唐太宗说：“魏徵过去是我的敌人，但因为他尽忠职守，于是我就提拔任用他，怎么能妄加罗织谗言来诬陷他？”结果唐太宗没责问魏徵，反而斩杀了诬告的人。

贞观十六年，太宗谓谏议大夫褚遂良曰：“卿知起居，比来记我行事善恶？”遂良曰：“史官之设，君举必书。善既必书，过亦无隐。”太宗曰：“朕今勤行三事，亦望史官不书吾恶。一则鉴前代成败事，以为元龟[①]；二则进用善人，共成政道；三则斥弃群小，不听谗言。吾能守之，终不转也。”

注释

①元龟：比喻可资借鉴的往事。

译文

贞观十六年，唐太宗对谏议大夫褚遂良说："你负责撰写起居注的工作，近来你们记录我所做的事情是善还是恶呢?"褚遂良说："史官的设置，就是把君主的一举一动都记录下来。善的事情当然必须记，过失的事情也一定不加隐瞒。"唐太宗说："我现在正在努力做三件事，也是希望史官能不再记录我的过失。一是明察前朝治国的成败得失，作为借鉴；二是任用贤人，共同完成治理国家的大业；三是斥退小人，不听信谗言。这三点我会坚持下去，始终不会改变。"

悔过第二十四

导读

《悔过》篇主要记录了唐太宗悔改过错的言行，体现了君王应当"善于知错、敢于认错、勇于改错"的修身和治国原则。古人讲，"每日三省吾身"，君王日理万机，难免出现疏漏和错误，除了依靠臣下的直言进谏来纠正自己的过失之外，最重要就是自我的反省和反思，而"悔过"所首先体现的就是这种省察自身、自我寻错的知错意识。其次，敢于认错体现了君王对所知错误的坦然面对，是自己绝不逃避，痛定思痛的，决心悔改的心态表现。古人曾说，"人非圣贤，孰能无过！知错能改，善莫大焉"，而敢于认错正体现了这种知错愿改的坚定决心。有了敢于认错的环节，改错则成为水到渠成的事情。唐太宗身为一国之君，知错即改，反映了他勇于否定自己，追求自我完善的品格和修养。古

代君王尚能如此，况如我辈平常之人！

贞观二年，太宗谓房玄龄曰："为人大须学问。朕往为群凶未定[①]，东西征讨，躬亲戎事，不暇读书。比来四海安静，身处殿堂，不能自执书卷，使人读而听之。君臣父子，政教之道，共在书内。古人云：'不学，墙面[②]，莅事惟烦。'不徒言也。却思少小时行事，大觉非也。"

注释

①群凶未定：指唐朝的敌对各派势力尚未平定。

②墙面：面对墙壁，目无所见。比喻不学无术或一无所知。

译文

贞观二年，唐太宗对房玄龄说："做人非常需要学问。我当年因为各路顽敌没有平定，东征西讨，亲自带兵打仗，没有时间读书。近来四海安宁，身为国君，即使自己不能手拿书卷阅览，也要叫人读给我听。君臣父子的伦常、政治教化的种种道理，都在书里。古人说：'不学习，就像面对着墙壁，一无所知，遇到事情就没有解决的能力。'这确实不是句空话，我现在想起年轻时所做的事情，觉得很不对。"

贞观中，太子承乾多不修法度，魏王泰尤以才能为太宗所重，特诏泰移居武德殿。魏徵上疏谏曰："魏王既是陛下爱子，须使知定分，常保安全，每事抑其骄奢，不处嫌疑之地也。今移居此殿，使在东宫之西，海陵昔居，时人以为不可。虽时移事异，犹恐人之多言。又王之本心，亦不宁息。既能以宠为惧，伏愿成人之美。"太宗曰："我几不思量，甚大错误。"遂遣泰归于本第。

译文

贞观年间，太子李承乾常常不遵守法令制度，而魏王李泰因为出众的才华深得唐太宗器重，并特意下诏让李泰搬到武德殿居住。魏徵上书劝谏说："魏王既然是陛下的爱子，应当知道自己的名分和地位，以便能长久地保全自己，遇事应该控制骄傲奢侈的习气，不应住在受人嫌疑的地方。现在他搬到武德殿来居住，就在太子东宫的西边，过去海陵王李元吉住在那里，当时的人都认为不合适。现在形势虽然变了，情况不同，恐怕还是会引来很多的议论。何况魏王的内心，也不会平静，既然魏王能明白受到父王的宠爱而应该经常保持畏惧之心，那就希望陛下能成全他的美德?"唐太宗说："我没仔细考虑就这么做了，差点酿成大错。"于是就让李泰回到原来的府第居住。

贞观十七年，太宗谓侍臣曰："人情之至痛者，莫过乎丧亲也。故孔子云：'三年之丧，天下之通丧，自天子达于庶人也。'又曰：'何必高宗？古之人皆然。'近代帝王遂行不逮汉文以日易月[①]之制，甚乖于礼典。朕昨见徐幹《中论·复三年丧》篇，义理甚深，恨不早见此书。所行大疏略，但知自咎自责，追悔何及!"因悲泣久之。

注释

①以日易月：古人服丧三年，即三十六个月，汉文帝改为三十六天。

②徐幹（171—218）：字伟长，北海郡（今山东潍坊西南）人。汉魏文学家，建安七子之一。代表作有《中论》《答刘桢》《玄猿赋》。

译文

贞观十七年，唐太宗对侍臣说："人情之中最让人哀痛的，莫过于失去亲人。所以孔子说：'父母死后，服丧三年，是天下的通行的丧期，从天子到平民莫不如此。'他又说：'岂止是商代的国君武丁这么做呢？古代的人都是这样做的。'可是，近代的帝王实行的丧期不及前人，汉文帝以日代月的短期服丧礼仪，大大违背了古代的礼义典范。我昨天看到徐幹写的《中论·复三年丧》篇，觉得他论述的道理非常深刻，只可惜没早点看到这部书。我当年所行的丧礼太简单了，现在只能检讨和责备自己，后悔已经来不及了。"因为这件事，太宗悲泣了很久。

贞观十八年，太宗谓侍臣曰："夫人臣之对帝王，多承意顺旨，甘言取容。朕今欲闻己过，卿等皆可直言。"散骑常侍刘洎对曰："陛下每与公卿论事，及有上书者，以其不称旨，或面加诘难，无不惭退，恐非诱进直言之道。"太宗曰："朕亦悔有此问难，当即改之。"

译文

贞观十八年，唐太宗对侍臣说："凡是臣下对于帝王，常常只顺从他的旨意，用好听的话来博得他的欢心。但现在我要听听自己的过失，你们尽管坦率地直接指出。"散骑常侍刘洎说："陛下每次和大臣们共商国事，以及有人上书奏事的时候，因为他们的意见不符合您的心意，有时您就当面加以责难，结果他们无不难堪地予以退下。臣认为，这样恐怕不是鼓励臣下们直言进谏的方法。"唐太宗说："我也后悔有这样的追问和责难，我会立即改正。"

奢纵第二十五

导读

《奢纵》篇主要讲述了君王只有克制奢侈放纵的欲望，才能保证国家长治久安的道理。作为国君，要使基业稳固并相传万世，首先要让自己的恩泽留于后世，其中自己要做的有两件事：一是“节俭于身”；二是“恩加于人”。“节俭于身”就是要求君王要克行节俭的作风，不放纵自己的私欲。这样一来，不仅国君可以树立节俭的榜样，有利于国家的道德教化，还可以少征赋税，少发劳役，让百姓安居乐业。“恩加于人”就是要君王时刻意识到，“自古以来，国之兴亡不由蓄积多少，惟在百姓苦乐”，即民生问题是关系国家存亡的关键所在。所以君王在位之时，要少敛资财，多行节俭和修养生息的政策，只有体恤和爱戴百姓方能使百姓人心归附，使恩德泽被后世，国家长治久安。在《奢纵》篇中侍御史马周还提出了一个相当有见地的主张，即“凡修政教，当修之于可修之时，若事变一起，而后悔之，则无益也。”其意思就是说，作为国家的执政者，要在恰当的时期实施政治和教化政策，不要等到问题出现了才予以应对，那就用处不大了。这种重视国家当下治理的眼光体现了古代政治家注重当前的施政力度和施政效果的预防性理念。简单说就是，国家治理的理想状态不是应对性的或是亡羊补牢式的，而是有预见性的，防患于未然的当下性治理。

贞观十一年，侍御史马周上疏陈时政曰：

“臣历睹前代，自夏、殷、周及汉氏之有天下，传祚相继，多者八百余年，少者犹四五百年，皆为积德累业，恩结于人

心。岂无僻王[①]？赖前哲以免尔！自魏、晋以还，降及周、隋，多者不过五六十年，少者才二三十年而亡。良由创业之君不务广恩化，当时仅能自守，后无遗德可思。故传嗣之主政教少衰，一夫大呼而天下土崩矣。今陛下虽以大功定天下，而积德日浅，固当崇禹、汤、文、武之道，广施德化，使恩有余地，为子孙立万代之基。岂欲但令政教无失，以持当年而已！且自古明王圣主虽因人设教，宽猛[②]随时，而大要以节俭于身、恩加于人二者是务。故其下爱之如父母，仰之如日月，敬之如神明，畏之如雷霆。此其所以卜祚[③]遐长而祸乱不作也。

"今百姓承丧乱之后，比于隋时才十分之一，而供官徭役，道路相继，兄去弟还，首尾不绝。远者往来五六千里，春秋冬夏，略无休时。陛下虽每有恩诏，令其减省，而有司作既不废，自然须人，徒行文书，役之如故。臣每访问，四五年来，百姓颇有怨嗟之言，以陛下不存养之。昔唐尧茅茨土阶，夏禹恶衣菲食。如此之事，臣知不复可行于今。汉文帝惜百金之费，辍露台之役，集上书囊以为殿帷，所幸夫人衣不曳地。至景帝以锦绣綦组妨害女工，特诏除之，所以百姓安乐。至孝武帝，虽穷奢极侈，而承文、景遗德，故人心不动。向使高祖之后即有武帝，天下必不能全。此于时代差近，事迹可见。今京师及益州诸处营造供奉器物，并诸王妃主服饰，议者皆不以为俭。臣闻昧旦[④]丕显，后世犹怠，作法于理，其弊犹乱。陛下少处民间，知百姓辛苦，前代成败，目所亲见，尚犹如此，而皇太子生长深宫，不更外事，即万岁之后，固圣虑所当忧也。"

注释

①僻王：邪僻不正、昏庸的君王。

②宽猛：宽大与严厉。

③卜祚：这里指帝位。

④昧旦：拂晓、黎明。

译文

贞观十一年，侍御史马周上疏，陈述时政得失说：

“臣历观前朝历史，从夏、商、周到汉代，帝位交接更替，时间长的朝代可以延续八百多年，短的也有四五百年，这些朝代都积累德行和功业，德行深入百姓心中。难道其中没有出现过邪僻不正的国君？只不过依赖前朝国君的恩泽才免于祸患罢了。可是从魏晋以来，到北周、隋朝的时候，朝代长的不过五六十年，短的只有二三十年就灭亡了。这都是因为创业的君主没有广施恩德教化，只做到保住自己的帝位，而没有留下让后人可以怀念的恩德。所以，如果继承王位者的政教稍有衰减，只要有一人号召造反，那么国家马上就会土崩瓦解。现在，陛下虽然以巨大的功勋平定了天下，但是积累德行的时间还不长。因此，应当推行大禹、商汤、文王、武王的治国原则，广布道德教化，使国家恩德有余，为后世子孙奠定传承万代的基础。怎么只想求得政治教化没有过失，以保住今日的江山就可以了呢？况且自古以来的圣主明君虽然是以人为根据来设定教化，宽厚或严厉的政策随时代而变化，但最关键的是节俭、施恩百姓这两方面。因此百姓爱戴君王才会如同爱戴自己的父母一样，仰慕君王如同仰慕日月，尊敬君王如同尊敬神明一样，畏惧君王如同畏惧雷霆一样。这才是帝位传承久远而不发生祸乱的原因。

“如今百姓经历战乱之后，人口才相当于隋朝的十分之一。然而，如今为官府服徭役的人，在路上络绎不绝，兄长去了，弟弟才回来，前后相继不断。路程远的来回有五六千里路，春夏秋冬，几乎没有休息的时间。虽然陛下时常降下仁德的诏书，下令减轻徭役。可是有些部门开工之后不会停止，还是需要不断征派百姓去服劳役。所以减轻劳役的文书白白下达，百姓的劳役却依然如故。臣常去访问民间疾苦，这四五年来，老百姓之中已有很多抱怨之辞了，他们认为陛下不体恤爱抚百姓。过去，唐尧住在茅草盖的房屋中，用土块砌成台阶，大禹粗衣劣食。像这样的事，臣知道已不可能在当今推行。汉文帝顾惜百两黄金的费用，停止修建露台，还收集大臣们上书用的布囊来做大殿的帷幕，并且不让他爱妃的衣裙长得拖到地上。到了汉景帝，他认为织锦刺绣会妨碍女工做其他的工作，于是下令不再使用，让老百姓安居乐业。到汉武帝时，他虽然穷奢极欲，但还是依赖于文帝、景帝所留下的恩德，所以民心没有动摇。如果汉高祖之后就是武帝即位，那么汉代的江山必定不会保全。这些情况离当今较近，事情还看得很清楚。现在，京城和益州等地正在制造供奉皇室使用的器物以及各位王爷、妃嫔的服饰，议论的人都认为这不够节俭。臣听说早晚勤奋而功业显赫的君主，后代仍然还会出现懈怠；制定合乎情理的法令，久而久之还会出现弊端和混乱。陛下年少时，生长在民间，知道百姓的辛苦。前代的成败，也是亲眼目睹，还尚且这样做。而太子生长在宫中，没经历过宫墙之外的事情，等到将来陛下万岁之后，的确是让人担忧的事情。”

“臣窃寻往代以来成败之事，但有黎庶怨叛，聚为盗贼，其国无不即灭，人主虽欲改悔，未有重能安全者。凡修政教，当修之于可修之时，若事变一起，而后悔之，则无益也。故人主每见前代之亡，则知其政教之所由丧，而皆不知其身之有失。是以殷纣笑夏桀之亡，而幽、厉亦笑殷纣之灭。隋帝大业之初，又笑周、齐之失国，然今之视炀帝，亦犹炀帝之视周、齐也。故京房[①]谓汉元帝云：‘臣恐后之视今，亦犹今之视古。’此言不可不戒也。

"往者贞观之初，率土霜俭，一匹绢才得粟一斗，而天下帖然。百姓知陛下甚忧怜之，故人人自安，曾无谤怨讟。自五六年来，频岁丰稔，一匹绢得十余石粟，而百姓皆以陛下不忧怜之，咸有怨言。又今所营为者，颇多不急之务故也。自古以来，国之兴亡不由蓄积多少，惟在百姓苦乐。且以近事验之，隋家贮洛口仓[②]，而李密因之；东京[③]积布帛，王世充据之；西京府库亦为国家之用，至今未尽。向使洛口、东都无粟帛，即世充、李密未必能聚大众。但贮积者固是国之常事，要当人有余力而后收之。若人劳而强敛之，竟以资寇，积之无益也。然俭以息人，贞观之初，陛下已躬为之，故今行之不难也。为之一日，则天下知之，式歌且舞矣。若人既劳矣，而用之不息，倘中国被水旱之灾，边方有风尘之警，狂狡[④]因之窃发，则有不可测之事，非徒圣躬旰食[⑤]晏寝而已。若以陛下之圣明，诚欲励精为政，不烦远求上古之术，但及贞观之初，则天下幸甚。"

太宗曰："近令造小随身器物，不意百姓遂有嗟怨，此则朕之过误。"乃命停之。

注释

①京房：西汉学者，本姓李，字君明，东郡顿丘（今河南清丰西南）人。他开创了今文《易》学"京氏学"。

②洛口仓：古粮仓名，又称兴洛仓。

③东京：隋朝以洛阳为东都，称东京；以长安为首都，称西京。

④狂狡：狂妄狡诈的人。

⑤旰（gàn）：指忙于政事不能按时吃饭。

译文

“臣私下考察前朝以来国家成败的事情，发现只要百姓心生怨恨背叛，聚众做盗贼之事，国家没有不迅速灭亡的，君王即使悔改，也没有能重新获得安定的。如今，修整政治教化，应当在能够修整的时候进行修整，如果一旦发生变故后才后悔，就毫无用处了。所以后代君主每当看到前代的灭亡，才知道前朝政治教化失败的原因，却都不知道自己身上所存在的过失。因此，商纣王嘲笑夏桀的灭亡，周幽王、周厉王嘲笑商纣王的灭亡。隋代大业初年，又讥笑北周、北齐丧失国家。现在，我们也这样来看隋炀帝，也犹如隋炀帝看北周、北齐一样。所以，京房对汉元帝说：‘臣忧虑后人看待我们今天的态度，也像是我们今天看待前朝的眼光一样。’这句话不可不引以为戒。

“从前贞观初年，全国因为严霜而使庄稼歉收，一匹绢只能换得粟一斗，但天下平静安乐。百姓知道陛下非常关心爱怜他们，所以人人自安，没有一点怨言。近五六年来，连年丰收，一匹绢可以换十几石粟，然而百姓却认为陛下不关心爱怜他们，都有怨言，这是由于当前营造和兴建的事务，许多都是无关紧要的缘故。从古以来，国家兴亡不是由于财务积蓄的多少，而只在于百姓的苦乐。就近代的事情来考察，隋朝在洛口储藏的粮食，却被李密所用；在东京堆积的布帛，结果被王世充占有；西京府库的财物也被大唐所用，至今还未用完。当时如果洛口、东京没有粮食布匹，那王世充、李密就不可能召集起大批的队伍。当然贮积钱粮财物本是国家的常事，但要等百姓衣食有余，然后再去征收。如果百姓劳苦而强行征收，最后还是帮助了贼寇，所积聚的财物也就没有任何好处了。不过，用节俭来让百姓休养生息，在贞观初年，陛下已经亲自实行过，所以如今重新实行不会困难。只要实行一天，天下都会知道，百姓就会载歌载舞表示欢迎。如果百姓已经劳苦不堪，还要继续劳役他们，一旦中国受水旱之灾，边境有战乱的预警，狂妄狡诈的人就会乘机反叛，就将有不可预测的事情发生，那就不仅仅是陛下晚点进餐或者迟些睡觉的事情了。如果以陛下之圣明，真要励精图治，不用远求上古的治国办法，只要赶得上贞观初年那样，那么天下就很幸运了。”

唐太宗说：“最近命令营造一些随身的小器物，没想到百姓会有这样的怨言和不满，这是我的过错。”于是命令停止制造。

贪鄙第二十六

导读

古人说：“贪如火，不遏则燎原；欲如水，不遏则滔天。”对于一国之君和国家官员来讲，贪财好利无异于丧身亡国。腐败是每一个朝代、每一个国家所必须面临的政治命题，腐败问题解决不好，则意味着国家和社会将逐渐丧失公正和公平，公民将逐渐丧失对国家政权和国家制度的信任和希望。要遏制腐败，要惩治腐败就首先要抑制人心之中的贪婪欲望，倡导重德轻利、重义轻利的价值观念，克服财利的诱惑，树立廉洁清正的品德和观念。唐太宗以古往今来君王和臣下贪财好利而亡身丧国的教训来告诫当下的臣子，不要因小失大，因贪恋身外之物而丢弃了自己的性命，而要时常敬畏天地，推贤进善，遵守法度，效忠君王，有利百姓。这样，才能长居高位，尽享福禄，常保富贵。

贞观初，太宗谓侍臣曰：“人有明珠，莫不贵重。若以弹雀，岂非可惜？况人之性命甚于明珠，见金钱财帛不惧刑网，径即受纳，乃是不惜性命。明珠是身外之物，尚不可弹雀，何况性命之重，乃以博财物耶？群臣若能备尽忠直，益国利人，则官爵立至。皆不能以此道求荣，遂妄受财物，赃贿既露，其身亦殒，实可为笑。帝王亦然。恣情放逸，劳役无度，信任群小，疏远忠正，有一于此，岂不灭亡？隋炀帝奢侈自贤，身死匹夫之手，亦为可笑。”

译文

贞观初年，太宗皇帝对侍臣们说：“人们手中有一颗明珠，没有不视之宝贵的，如果拿去弹射鸟雀，岂不可惜？何况人的性命比明珠珍贵，如果见到金银钱帛不惧怕法律的惩罚，就立即直接收受，这就是不爱惜性命。明珠是身外之物，尚且不能拿去弹射鸟雀，何况性命比明珠更加珍贵，怎么能用它来换取财物呢？群臣如果能够全力竭尽忠诚正直，有益于国家，有利于百姓，那么官职爵位立即就可以获得。如果不能用这种方法来求取荣华富贵，就随便收受财物，贿赂一旦暴露，自身也会因此殒命，这确实十分可笑。帝王也是这样，任性放纵，无限度地征用劳役，信任小人，疏远忠诚正直的人，只要犯有其中一项错误，怎能不灭亡？隋炀帝奢侈却自认为是贤能，自身死在一介匹夫手里，也是很可笑的。”

贞观二年，太宗谓侍臣曰：“朕尝谓贪人不解爱财也。至如内外官五品以上，禄秩[①]优厚，一年所得，其数自多。若受人财贿，不过数万。一朝彰露，禄秩削夺，此岂是解爱财物？规小得而大失者也。昔公仪休性嗜鱼，而不受人鱼，其鱼长存。且为主贪，必丧其国；为臣贪，必亡其身。《诗》云：‘大风有隧，贪人败类。’固非谬言也。昔秦惠王欲伐蜀，不知其径，乃刻五石牛，置金其后，蜀人见之，以为牛能便金。

蜀王使五丁力士拖牛入蜀，道成。秦师随而伐之，蜀国遂亡。汉大司农[2]田延年赃贿三千万，事觉自死。如此之流，何可胜记！朕今以蜀王为元龟，卿等亦须以延年为覆辙也。”

注释

①禄秩：官吏的俸禄。

②大司农：官名。汉武帝时置大司农，掌钱谷之事。

译文

贞观二年，唐太宗对侍臣说：“我曾经说过，贪婪的人不知道如何爱惜财物。比如当下五品以上的内、外朝官员，他们的官阶和俸禄都很优厚，一年所得的财物，数量自然很多。如果接受别人的贿赂，数目不过几万。然而，一旦丑行暴露，就会被革去官职和俸禄，这样做，哪里是懂得爱惜钱财呢？他们是谋划小的所得，失去大的利益。过去，鲁国的丞相公仪休很喜欢吃鱼，但从不接受别人赠送的鱼，因此他得以长久地吃到鱼。如果国君贪婪，必定亡国，臣下贪婪，必定丧命。《诗经》上写道：‘大风因隧道而成，贪心的人败坏家族。’这的确不是荒谬的话！过去，秦惠王要攻打蜀国，但不熟悉蜀国的道路，于是，他叫人刻了五斗石牛，并把金子放在石牛的屁股后面。蜀国人看见了，以为石牛可以拉出金子来。蜀王便叫五个大力士把石牛拖回蜀国，由此道路也就形成了。于是，秦国大军尾随其后攻打蜀国，蜀国就灭亡了。汉代大司农田延年接受贿赂三千万，事发他自杀身亡，像这样的例子，不胜枚举。我现在以蜀王作为我的借鉴，你们也要把田延年当做前车之鉴。”

贞观四年，太宗谓公卿曰：“朕终日孜孜，非但忧怜百姓，亦欲使卿等长守富贵。天非不高，地非不厚，朕常兢兢业业，

以畏天地。卿等若能小心奉法，常如朕畏天地，非但百姓安宁，自身常得欢乐。古人云：‘贤者多财损其志，愚者多财生其过。’此言可为深诫。若徇私贪浊，非止坏公法，损百姓，纵事未发闻，中心岂不常惧？恐惧既多，亦有因而致死。大丈夫岂得苟贪财物，以害及身命，使子孙每怀愧耻耶？卿等宜深思此言。”

译文

贞观四年，太宗对公卿说：“我整天孜孜不倦，不但忧念爱惜百姓，也想让你们能够长守富贵。天并非不高，地并非不厚，我兢兢业业，以此作为对天地的敬畏。你们若能小心谨慎地遵守法令，总是像我一样地敬畏天地，不但百姓安宁，自己也可常得快乐。古人说：‘贤者多财就会损害他的志向，愚者多财就会造成他们的过错。’这话可以深以为戒。如果徇私贪污，不但破坏国法，伤害百姓，即使事情没有败露，心中怎能不常怀恐惧？恐惧多了，也会因此而导致死亡。大丈夫岂能为了贪求财物，而害了自己的身家性命，使子孙总是蒙受惭愧和羞耻呢？你们应当深刻地思考这些话。”

贞观六年，右卫将军陈万福自九成宫赴京，违法取驿家[①]麸数石。太宗赐其麸，令自负出以耻之。

注释

①麸（fū）：即麦皮。

译文

贞观六年，右卫将军陈万福从九成宫去京城，他在沿途驿站违法拿取得几担麦麸。唐太宗知道后，就把这些麦麸赐给他，让他自己背出宫，以此来羞辱他。

贞观十年，治书侍御史权万纪上言："宣、饶二州诸山大有银坑，采之极是利益，每岁可得钱数百万贯。"太宗曰："朕贵为天子，是事无所少乏。惟须纳嘉言，进善事，有益于百姓者。且国家剩得数百万贯钱，何如得一有才行人？不见卿推贤进善之事，又不能按举不法，震肃权豪，惟道税鬻[1]银坑以为利益。昔尧、舜抵璧于山林，投珠于渊谷，由是崇名美号，见称千载。后汉桓、灵二帝好利贱义，为近代庸暗之主。卿遂欲将我比桓、灵耶?"是日敕放[2]令万纪还第。

注释

①税鬻：指出租、出售。

②敕放：诏令削职。

译文

贞观十年，治书侍御史权万纪上书说："宣州、饶州的群山里埋藏许多银矿，如果开采它们，可获得极大的收益，每年可向朝廷上缴银钱数百万贯。"唐太宗说："我贵为天子，金钱上的事一点也不缺少，现在，我需要听从好的建议，推行善事，做有益于老百姓的事。况且国家增加数百万的收益，怎能比得上一个有才德的人？看不到你推举贤能，进纳善事，又不能检举违法的行为，震慑权贵豪门，只会说出征收银矿赋税来获取利益的事。从前，尧舜把美玉扔进山林，把宝珠沉没于深渊，由此赢得了高尚的美名，流芳千古。后汉时，桓帝、灵帝重利轻义，是近世有名的昏庸之君。你是想要把我与桓帝、灵帝相比吗?"当天，太宗就下令将权万纪削官为民。

贞观十六年，太宗谓侍臣曰："古人云'鸟栖于林，犹恐

其不高，复巢于木末；鱼藏于水，犹恐其不深，复穴于窟下。然而为人所获者，皆由贪饵故也。’今人臣受任，居高位，食厚禄，当须履忠正，蹈公清，则无灾害，长守富贵矣。古人云：‘祸福无门，惟人所召。’然陷其身者，皆为贪冒财利，与夫鱼鸟何以异哉？卿等宜思此语为鉴诫。”

译文

贞观十六年，太宗对侍臣说：“古人说：‘飞鸟栖息于树林，仍担心树木不高，所以筑巢于树木的顶端；鱼藏于水中，仍担心水不深，所以穴居于水底洞穴中。然而能被人们所捕获的，都是因为贪食诱饵的缘故。’现在大臣受任命，居高位，食厚禄，应当要履行忠诚正直，遵循清廉无私的原则，这样才能没有灾祸，长守富贵啊！古人说：‘灾祸和幸福不是注定的，都是人们自己造成的。’那些以身试法的，都是因为贪图财利，这与那些鱼鸟有什么不同呢？你们应当好好想想这些话，作为借鉴和告诫。”

卷七

崇儒学第二十七

导读

自汉代董仲舒“罢黜百家，独尊儒术”以来，以孔孟思想为核心的儒家思想就成为封建王朝的统治思想，备受历代帝王的推崇。从外在来看，儒学讲究以“礼”“仁”治国，强调政治教化、道德教化在国家治理中的作用；从内部来看，儒家主张个人要以“仁、义、礼、智、信”为“修身”原则，强调内在的自律和完善来实现个人的价值。就当时来看，儒学所宣扬的这些礼仪规范和道德准则无论是对于个人的品德修养，还是对于社会的和谐稳定都有着积极而重要的作用。贞观时期，唐太宗十分重视儒学的发展，也正是看到了儒学所具有的特殊功能。因此，唐太宗一方面大兴儒学，设置弘文馆，诏定孔子、颜回为先圣先师，恩赐历代大儒，编订《五经正义》，进一步巩固了儒家的主流思想地位；另一方面，唐太宗把人才的选拔与儒学发展联系了起来，认为“为政之要，惟在得人。用非其才，必难致治。今所任用，必须以德行、学识为本”。那什么样的人才是具有德行和学识呢？其实就是能掌握儒学，践行儒学精神的知识分子。所以，在《崇儒学》篇里，前段阐述了太宗如何推崇和重视儒学的发展，而后段则阐述了国家发展需要德、学双全的人才，强调学习对于人的发展所具有的重要作用。今天来看，传统儒学中固然掺杂有封建思想的糟粕，以及不适应时代发展的部分，但其中所蕴含的修德修身、为人处世、治国治家的道理仍然值得我们研究和学习、继承和发扬。

太宗初践阼，即于正殿之左置弘文馆[1]，精选天下文儒，令以本官兼署学士，给以五品珍膳，更日宿直，以听朝之隙引入内殿，讨论坟典[2]，商略政事，或至夜分乃罢。又诏勋贤三品以上子孙为弘文学生。

注释

①弘文馆：唐武德四年置修文馆于门下省。太宗即位后，改为弘文馆。聚书二十余万卷。置学士，掌校正图籍，教授生徒，并参议政事。

②坟典："三坟五典"，泛指古籍。

译文

唐太宗登基初年，就在正殿左侧设置了弘文馆，精心挑选天下通晓儒学的人士，让他们保留现任的官职，并兼任弘文馆学士，供给他们五品官员才能享用的精美的膳食，按日在宫中轮换值班。在皇上上朝听政的间隙时间，就把他们引进内殿，讨论古代典籍，商议谋划政事，有时到半夜才停歇。后来，他又下诏让三品以上的有功勋且贤能的人的子孙充任弘文馆学生。

贞观二年，诏停周公为先圣，始立孔子庙堂于国学，稽式旧典，以仲尼为先圣，颜子为先师，两边俎豆干戚之容，始备于兹矣。是岁大收天下儒士，赐帛给传，令诣京师，擢以不次，布在廊庙者甚众。学生通一大经以上，咸得署吏。国学增筑学舍四百余间，国子、太学、四门、广文亦增置生员，其书、算各置博士、学生，以备众艺。太宗又数幸国学，令祭酒、司业、博士讲论，毕，各赐以束帛。四方儒生负书而至者，盖以千数。俄而吐蕃及高昌、高丽、新罗等诸夷酋长，亦遣子弟请入于学。于是国学之内，鼓箧升讲筵者，几至万人，儒学之兴，古昔未有也。

译文

贞观二年，唐太宗下令停止尊崇周公为先圣，开始在国子监里建立奉祀孔子的庙堂，查考典籍并依照过去的规定，尊崇孔子为先圣，颜子为先师。在孔子庙堂里，供台两边祭祀用的俎豆、干戚等礼具和乐舞之具也开始齐备。这一年，唐太宗还招纳大批天下儒士，赏赐给他们布帛，供给车马食宿，下令让他们到京师来，并不按平常的等级次序授予他们高低不等的官职，因此在朝廷上任官的很多。太学生如果读通一大经以上的经书，就可以入朝做官。在这之后，国子监增益学舍四百多间，国子学、太学、四门学、广文馆也增加了学生的名额。另外，书学、算学分别设置了博士，招收学生，使国学的各种科目都设置齐备。唐太宗还几次亲临国子监，命祭酒、司业、博士讲说经术，讲完后每人赐给五匹配帛。这就使全国各地的儒生纷纷携经书前往京城，人数达数千之多。不久，吐蕃和高昌、高丽、新罗等族的首领，也派他们的子弟到长安求学。于是，在国子监之内，前来讲学和求学的人，几乎有上万人，儒学的兴盛，是自古以来未曾有过的。

贞观十四年诏曰："梁皇侃、褚仲都，周熊安生、沈重，陈沈文阿、周弘正、张讥，隋何妥、刘炫，并前代名儒，经术可纪，加以所在学徒，多行其讲疏，宜加优赏，以劝后生，可访其子孙见在者，录姓名奏闻。"二十一年诏曰："左丘明、卜子夏、公羊高、穀梁赤、伏胜、高堂生、戴圣、毛苌、孔安

国、刘向、郑众、杜子春、马融、卢植、郑玄、服虔、何休、王肃、王弼、杜预、范宁等二十有一人，并用其书，垂于国胄[1]，既行其道，理合褒崇。自今有事于太学，可并配享尼父[2]庙堂。”其尊儒重道如此。

注释

①国胄：帝王和贵族的子弟。

②尼父：对孔子的尊称。

译文

贞观十四年，唐太宗下诏说：“梁代的皇侃、褚仲都，北周的熊安生、沈重，陈代的沈文阿、周弘正、张讥，隋代的何妥、刘炫，都是前代著名的儒家，他们的经术儒学值得学习，加上现在在学的儒生，多数还奉行和学习他们的经义和学说，所以应该对他们加以优厚的赏赐，来鼓励后学之人，还应当寻访他们的后代子孙，请有关部门把他们的姓名记录下来，上奏朝廷。”贞观二十一年，唐太宗又下诏说：“左丘明、卜子夏、公羊高、穀梁赤、伏胜、高堂生、戴圣、毛苌、孔安国、刘向、郑众、杜子春、马融、卢植、郑玄、服虔、何休、王肃、王弼、杜预、范宁等二十一人，他们所注解经书的著作都被采用，以流传给皇室和贵族的子弟。既然遵循他们的学说和阐发的道理，理应给予他们褒扬和尊崇。从现在起，太学里凡举行祭祀大典的时候，可使他们配享孔子庙堂。”太宗就是这样尊儒重道的。

贞观二年，太宗谓侍臣曰：“为政之要，惟在得人。用非其才，必难致治。今所任用，必须以德行、学识为本。”谏议大夫王珪曰：“人臣若无学业，不能识前言往行，岂堪大任？汉昭帝[1]时，有人诈称卫太子[2]，聚观者数万人，众皆致惑。

隽不疑[3]断以蒯聩[4]之事。昭帝曰：‘公卿大臣，当用经术明于古义者，此则固非刀笔俗吏所可比拟。’”上曰：“信如卿言。”

注释

①汉昭帝：名弗陵，汉武帝的幼子。

②卫太子：名据，汉武帝时被立为太子，卫皇后所生。

③隽不疑：字曼倩，渤海人，昭帝时为京兆尹。

④蒯（kuǎi）聩：春秋时卫灵公的法定继承人，之后逃亡国外，灵公死后，孙辄继位，蒯聩要回国争夺帝位，孙辄拒而不纳。《春秋》载此事，认为孙辄做得对。

译文

贞观二年，唐太宗对侍从的大臣们说：“治国的关键，在于使用合适的人才；用人不当，就必然难以治理好国家。如今任用人才，必须以德行、学识作为选拔人才的根本。”谏议大夫王珪说：“臣下如果没有学问，不能了解前人的言行，怎能担当大任呢？汉昭帝时，有人冒充卫太子刘据，聚集围观的人达到好几万，在场的人被其所迷惑。后来，大臣隽不疑用古代蒯聩的先例辨清了真假。对此，汉昭帝说：‘公卿大臣，应当由通晓经术儒学、懂得古义的人来担任，这本不是平庸官吏所能相比的。’”太宗说：“确实像你所说的那样。”

贞观四年，太宗以经籍去圣久远，文字讹谬，诏前中书侍郎颜师古[1]于秘书省考定五经。及功毕，复诏尚书左仆射房玄龄集诸儒重加详议。时诸儒传习师说，舛谬已久，皆共非之，异端蜂起。而师古辄引晋、宋以来古本，随方晓答，援据详明，皆出其意表，诸儒莫不叹服。太宗称善者久之，赐帛五百匹，加授通直散骑常侍，颁其所定书于天下，令学者习焉。太宗又以文学多门，章句繁杂，诏师古与国子祭酒孔颖达等诸儒，撰定五经疏义，凡一百八十卷，名曰《五经正义》，付国学施行。

注释

①颜师古（581—645）：字籀，以字行，祖籍琅邪临沂（今属山东）人。后迁为京兆万年（今陕西西安市）人，唐初儒家学者，经学家。

译文

贞观四年，唐太宗认为儒学经典书籍距离圣人的时代很远了，出现了很多文字上的讹误，于是太宗下令前中书侍郎颜师古在秘书省考订“五经”。考订完毕之后，又下令尚书左仆射房玄龄召集许多儒生再次详细讨论、审定。当时，这些儒生大多承袭自己老师的学说，许多错误已经相传很久，他们都不同意颜师古的考订，一时之间，各种异说蜂起。但是，颜师古引用晋、宋以来的古本，对他们提出的疑义逐一引经解答，详细地加以说明，都出乎他们的意料之外，使得这些儒生无不叹服。唐太宗对颜师古的学识也大为称赞，赏赐给他帛五百匹，加授他为通直散骑常侍，还将他考订的经书颁行天下，让读书人都来学习。后来，唐太宗因儒家流派很多，解释经书的著作又很繁杂，下令颜师古和国子祭酒孔颖达等大儒，撰写“五经”注释，共一百八十卷，名《五经正义》，交付国子监作教材使用。

太宗尝谓中书令岑文本曰：“夫人虽禀定性，必须博学以成其道，亦犹蜃性含水，待月光而水垂；木性怀火，待燧动而焰发；人性含灵，待学成而为美。是以苏秦刺股[①]，董生[②]垂帷。不勤道艺，则其名不立。”文本对曰：“夫人性相近，情则迁移，必须以学饬情，以成其性。《礼》云：‘玉不琢不成器，人不学不知道。’所以古人勤于学问，谓之懿德。”

注释

①苏秦刺股：相传苏秦读书刻苦，欲睡时就用锥子刺自己的大腿。

②董生（前179—前104）：即董仲舒，广川（今河北景县西南）人，西汉哲学家，今文经学大师。

译文

唐太宗曾对中书令岑文本说：“人虽然秉有一定的天性，但必须博学才能有所成就。就好比蛤蜊的本性含有水的因素，但要见到月光才能喷吐出水珠；木的本性含有火，但要燧石敲打才能生发出火焰。人的本性含有灵气，可是要通过学习，才能完善其美好。所以历史上有苏秦刺股读书，董仲舒放下帷帐讲学的美谈。不勤奋地学习道德和技艺就不会树立起他们的名声。”岑文本回答说：“人的本性都很相近，情趣却可以随时变化，必须用学习来修养情趣，完善人的本性。《礼记》说：‘玉石不经雕琢就不会成为器具，人不学习就不会懂得道理。’所以古人以勤于学习为美德。”

文史第二十八

导读

“以史为鉴”历来是中国封建统治者所重视的治国方略，规模巨大、卷帙浩繁的二十四史，不仅反映了我国古代重视史学发展的文化传统，还反映了我国历代王朝重视总结历史经验和教训，善于从过去汲取力量和智慧，服务当代发展的治国理念。

《文史》篇正是从唐太宗阅读和借鉴前代史书和当朝国史的角度出发，阐述了统治者十分重视史书的编写，强调前代和当代史书的编纂都要客观、真实，有利于借鉴和劝诫。太宗认为，无论是前代史书还是当朝国史的编写，都应该秉承有益于后人的原则。因此，在史书的编纂过程中，不管是当朝皇帝还是执笔大臣，都应采取公正严谨的态度，不沉湎于“粉饰太平”的颂扬之词，而应客观、真实地记录历史事实。这样，后世才能从中汲取到治理国家的宝贵经验和教训，有利于惩恶劝善，有利于反身自省。所以唐太宗要求史官能如实地记录自己的言行，做到秉笔直书，开诚布公。尤其是对于“玄武门之变”，唐太宗亦能坦然面对，特别要求史官去隐晦之词，直书其事，体现了一代明君应有的气度。

贞观初，太宗谓监修国史房玄龄曰：“比见前、后《汉史》载录扬雄[①]《甘泉》《羽猎》，司马相如[②]《子虚》《上林》，班固[③]《两都》等赋，此既文体浮华，无益劝诫，何假书之史策？其有上书论事，词理切直，可裨于政理者，朕从与不从皆须备载。”

注释

①扬雄（前53—18）：字子云，蜀郡成都人。西汉文学家、哲学家、语言学家。

②司马相如（前179—前118）：字长卿，蜀郡成都人。西汉辞赋家。

③班固（32—92）：字孟坚，扶风安陵（今陕西咸阳东北）人。东汉史学家、文学家。

译文

贞观初年，唐太宗对监修国史的房玄龄说："近来我看《汉书》《后汉书》上记录有扬雄的《甘泉赋》《羽猎赋》，司马相如的《子虚赋》《上林赋》，班固的《两都赋》，这些文章文辞浮华，无益于对人的勉励和劝诫，为什么还要收录在史书上呢？今后，如果有人上书议政，只要言辞直率，道理中肯，有利于治国理政，不管我采纳与否，都必须详加记载。"

贞观十一年，著作佐郎邓隆表请编次太宗文章为集。太宗谓曰："朕若制事出令，有益于人者，史则书之，足为不朽。若事不师古，乱政害物，虽有词藻，终贻后代笑，非所须也。只如梁武帝父子及陈后主①、隋炀帝，亦大有文集，而所为多不法，宗社皆须臾倾覆。凡人主惟在德行，何必要事文章耶？"竟不许。

注释

①陈后主（553—604）：陈叔宝，字元秀。南朝陈的最后一个皇帝。在位时，生活腐化堕落，后被隋兵俘虏，病死洛阳。

译文

贞观十一年，著作佐郎邓隆上书请求把唐太宗的文章编成文集。唐太宗对他说："我颁布的政策和诏书，如果有益于百姓的，史书都已记载，足以流传千古。如果处理的事情不遵循古训，扰乱了政务，对百姓有害，即使辞藻华丽，也终将被后人耻笑，这不是我所需要的。像梁武帝父子、陈后主、隋炀帝，他们都有文集传世，可是他们的行为大都不合法度，国家在很短的时间里就灭亡了。凡是国家君主，关键在于他的道德和品行，何必一定要有文章流传后世呢？"太宗最终没有允许编文集的事。

贞观十三年，褚遂良为谏议大夫，兼知起居注。太宗问曰："卿比知起居，书何等事？大抵于人君得观见否？朕欲见此注记者，将却观所为得失以自警戒耳。"遂良曰："今之起居，古之左、右史，以记人君言行，善恶毕书，庶几人主不为非法，不闻帝王躬自观史。"太宗曰："朕有不善，卿必记耶？"遂良曰："臣闻守道不如守官，臣职当载笔，何不书之？"黄门侍郎刘洎进曰："人君有过失，如日月之蚀，人皆见之。设令遂良不记，天下之人皆记之矣。"

译文

贞观十三年，褚遂良担任谏议大夫，兼任撰写帝王言行的官职。一次，唐太宗问他："你近来编纂起居注，都写些什么呢？可不可以让君王自己看一看？我想看看起居注，是想回顾一下自己所作所为的得失，以求警戒自己。"褚遂良说："现在的起居注，就是古代左史和右史，用来记录帝王的言行，无论好坏全部记录下来，以期望帝王不做对国家不利的事情，我却没听说过帝王要自己看起居注的。"唐太宗说："我有不好的言行，你们一定会记录下来了吗？"褚遂良说："臣听说坚守道义不如尽忠职守，臣的职责是秉笔直书历史，怎么可以不记录下来呢？"黄门侍郎刘洎进言说："帝王如有过失，就像日月有日食、月食一样，人人都看得见。即使褚遂良不记录，天下老百姓都会记住的。"

贞观十四年，太宗谓房玄龄曰："朕每观前代史书，彰善瘅恶[①]，足为将来规诫。不知自古当代国史，何因不令帝王亲见之？"对曰："国史既善恶必书，庶几人主不为非法。止应畏有忤旨，故不得见也。"太宗曰："朕意殊不同古人。今欲自看国史者，盖有善事，固不须论；若有不善，亦欲以为鉴诫，使得自修改耳。卿可撰录进来。”玄龄等遂删略国史为编年体，撰高祖、太宗实录各二十卷，表上之。太宗见六月四日事②，语多微文，乃谓玄龄曰：“昔周公诛管、蔡而周室安，季友鸩叔牙③而鲁国宁。朕之所为，义同此类，盖所以安社稷，利万民耳。史官执笔，何烦有隐？宜即改削浮词，直书其事。”侍中魏徵奏曰：“臣闻人主位居尊极，无所忌惮。惟有国史，用为惩恶劝善，书不以实，后嗣何观？陛下今遣史官正其辞，雅合至公之道。”

注释

①彰善瘅（dàn）恶：表彰美善，训斥丑恶。

②六月四日事：指玄武门之变。

③季友鸩叔牙：春秋时，鲁庄公有三个弟弟，长者庆父，次者叔牙，再次季友。庄公打算让自己的儿子继位，叔牙却说应让庆父继位。后来，季友奉庄公之命，让人用毒酒将叔牙杀死。

译文

贞观十四年，唐太宗对房玄龄说：“我每看前朝的史书，就能看到一些惩恶扬善的事例，它们足以规劝警戒后人。但我不知道，自古以来当朝的国史，为什么不让帝王亲自看到呢？”房玄龄回答说：“国史既然善恶必书，可以警戒帝王不做非法的事情。只是担心有些记载会与君主的意见相违背，所以不让君主本人看到。”太宗说：“我的想法不同于古人。现在我要亲自看国史，是因为如果记有好的事情，自不必说；如记有不好的事情，我可以引为鉴戒，使自己加以改正。你们把撰写抄录好的国史送过来吧。”于是，房玄龄等人就把国史加以删减，整理成按照年月顺序记事的编年体，写成《高祖实录》和《太宗实录》各二十卷，上表呈献。太宗看到六月四日所记玄武门之变时，有很多地方语言含蓄而隐晦，就对房玄龄说：“从前，周公东征诛杀管叔、蔡叔，从而使周室得以安定。季友用毒药杀死叔牙，而使鲁国得以安宁。我的所作所为，和古人的道理相同，都是为了安定国家社稷，造福百姓。史官秉笔直书，何必还要隐晦？你们应当立即改删虚浮的言辞，如实地写清事情的经过。”侍中魏徵上奏说：“臣听说君主身居至尊之位，无所顾忌惧怕。只有依靠国史，才能惩恶劝善，如果写得不真实，那么让后代看什么呢？陛下如今命令史官修正《实录》的文辞，很符合至公无私的道理。”

礼乐第二十九

导读

《礼乐》篇记载了唐太宗和群臣在如何遵守礼乐制度以及如何根据时代要求修订礼乐制度方面的讨论。“礼”是中国传统社会道德规范的体现，同时也是古代社会，尤其是封建社会政治制度在维护宗法等级制度以及与之相适应的人与人交往中的礼节仪式。儒家认为，人人遵守符合其身份和地位的行为规范，使“礼达而分定”，达到孔子所说的“君君臣臣父父子子”的境地，贵贱、尊卑、长幼、亲疏有别的理想社会秩序便可维持了，国家便可以长治久安了。反之，弃礼而不用，或不遵守符合身份、地位的行为规范，就犹如周内史过所说的：“礼不行则上下昏”。因此儒家极为重视礼在治理国家上的作用，提出礼治的口号。孔子说：“安上治民，莫善于礼。”不过，《礼乐》篇也认为，遵礼固然重要，但也不能完全拘泥于旧礼，要根据恩情的厚薄、情义的深浅予以增加或删减，以求使礼更加符合人情的需要。国家需要以“礼”来区别宗法远近等级秩序，但是同时，又要以“乐”来调和“礼”的等级差别，两者相辅相成。所以，“乐”是用来调和人与人之间关系的，它的主要目的是想使君臣和敬、长幼和顺、父子兄弟和亲，以致整个社会的和谐。因此，“乐”同样是关系到社会秩序稳定，乃至国家存亡的重要制度。但要注意的是，礼和乐不是完全对等的，即乐要从属于礼的要求，特别是两者产生矛盾的时候。

太宗初即位，谓侍臣曰：“准《礼》，名，终将讳[①]之。前古帝王，亦不生讳其名，故周文王名昌，《周诗》云：‘克昌厥后。’春秋时鲁庄公名同，十六年《经》书：‘齐侯、宋公同盟于幽。’惟近代诸帝，妄为节制，特令生避其讳，理非通允，宜有改张。”因诏曰：“依《礼》，二名义不偏讳，尼父达圣，非无前指。近世以来，曲为节制，两字兼避，废阙已多，率意而行，有违经语。今宜依据礼典，务从简约，仰效先哲，垂法将来，其官号人名，及公私文籍，有‘世’及‘民’两字不连读，并不须避。”

注释

①讳：即避讳，是封建君王为了显示其至尊地位和威严，规定人们说话中避免直呼其名或在行文中直写其名，而以别的字相代替。

译文

唐太宗刚即位的时候，曾对身边大臣们说：“根据《周礼》的规定，帝王的名字，要死后才能避讳。从前古代的帝王，也不在生前避讳他们的名字，周文王名‘昌’，但《周诗》中写了‘子孙后代繁荣昌盛’的诗句。春秋时，鲁庄公名‘同’，庄公十

六年《春秋》上记载：‘齐侯、宋公在幽地结为同盟。’只是到了近代的帝王们，才妄加许多禁忌和限制，下令生前就要对帝王的名字进行避讳。我认为这样做很没有道理，应当改变。”于是下诏说：“按照《礼记》，人名是两个字的，就不需要一一避讳。孔子是通达事理的圣人，以前不是没有指出过这种事情。近代以来，人们不合理地增加限制，人名中的两个字都要避讳，废除和空缺的字因此很多，这样轻率的任意改动，有违《礼记》的原则和规定。现在应该遵循礼法和典籍，务必遵从简约的方式，效仿先哲，规范后世。官员的称谓、姓名和公私文书典籍中，只要‘世’和‘民’两个字不连读，就不必避讳。”

贞观二年，中书舍人高季辅上疏曰：“窃见密王元晓[①]等俱是懿亲[②]，陛下友爱之怀，义高古昔，分以车服，委以藩维，须依礼仪，以副瞻望。比见帝子拜诸叔，诸叔亦即答拜，王爵既同，家人有礼，岂合如此颠倒昭穆[③]？伏愿一垂训诫，永循彝则[④]。”太宗乃诏元晓等，不得答吴王恪、魏王泰兄弟拜。

注释

①元晓：高祖第二十一子。

②懿亲：皇族至亲。

③昭穆：古时宗庙牌位按辈次排列，左为昭，右为穆。这里指辈分大小。

④彝则：日常的制度。

译文

贞观二年，中书舍人高季辅上书说：“臣私下看到，密王李元晓他们都是皇室宗亲，陛下友爱兄弟的情怀，超过古代的帝王。陛下赐给他们车马冠服，委任给他们维护边境安全的重任，所以他们做事必须遵循礼仪规范，以与众人的期望相称。臣近来看见皇子们拜见叔辈的时候，诸位叔叔也马上回拜。王爵虽然相同，但家族有家族的礼仪，岂能如此颠倒长幼的秩序呢？希望陛下一旦诏令训诫，就永远遵循日常的礼仪制度。”唐太宗于是下诏李元晓等人，不得对吴王李恪、魏王李泰兄弟回拜答礼。

贞观四年，太宗谓侍臣曰：“经闻京城士庶居父母丧者，乃有信巫书之言，辰日不哭，以此辞于吊问。拘忌辍哀，败俗伤风，极乖人理。宜令州县教导，齐之以礼典。”

译文

贞观四年，唐太宗对侍臣说：“近来听说，京城的官员和百姓在为父母服丧期间，竟然有人听信巫书上的话，在辰日这天不哭，以此来谢绝别人的哀悼慰问。拘泥于禁忌，不允许悲伤，这是伤风败俗，极其违背人情事理的做法。现在下令各州县，让他们教导百姓，一律按照正确的礼仪规范去做。”

贞观五年，太宗谓侍臣曰：佛道设教，本行善事，岂遣僧尼道士等妄自尊崇，坐受父母之拜，损害风俗，悖乱礼经？宜即禁断，仍令致拜于父母。”

译文

贞观五年，唐太宗对侍臣说：“佛教、道教设立教化，本应该广做善事，怎么能够让尼姑、道士等人妄自尊大，坐着接受父母的跪拜礼，损害民风民俗，违背礼法呢？现在，应该马上下令禁止这种行为，仍旧让他们跪拜自己的父母。”

贞观六年，太宗谓尚书左仆射房玄龄曰：“比有山东崔、

卢、李、郑四姓，虽累叶陵迟①，犹恃其旧地，好自矜大，称为士大夫。每嫁女他族，必广索聘财，以多为贵，论数定约，同于市贾，甚损风俗，有紊礼经。既轻重失宜，理须改革。”乃诏吏部尚书高士廉、御史大夫韦挺、中书侍郎岑文本、礼部侍郎令狐德棻②等，刊正姓氏，普责天下谱牒，兼据凭史传，剪其浮华，定其真伪，忠贤者褒进，悖逆者贬黜，撰为《氏族志》。士廉等及进定氏族等第，遂以崔干为第一等。太宗谓曰：“我与山东崔、卢、李、郑，旧既无嫌，为其世代衰微，全无官宦，犹自云士大夫，婚姻之际，则多索财物，或才识庸下，而偃仰自高，贩鬻松槚③，依托富贵，我不解人间何为重之？且士大夫有能立功，爵位崇重，善事君父，忠孝可称，或道义清素，学艺通博，此亦足为门户，可谓天下士大夫。今崔、卢之属，惟矜远叶衣冠，宁比当朝之贵？公卿已下，何暇多输钱物，兼与他气势，向声背实，以得为荣。我今定氏族者，诚欲崇树今朝冠冕，何因崔干犹为第一等，只看卿等不贵我官爵耶？不论数代已前，只取今日官品、人才作等级，宜一量定，用为永则。”遂以崔干为第三等。至十二年，书成，凡百卷，颁天下。又诏曰：“氏族之美，实系于冠冕，婚姻之道，莫先于仁义。自有魏失御，齐氏云亡，市朝既迁，风俗陵替，燕、赵古姓，多失衣冠之绪，齐、韩旧族，或乖礼义之风。名不著于州闾，身未免于贫贱，自号高门之胄，不敦匹嫡之仪，问名④惟在于窃赀，结褵必归于富室。乃有新官之辈，丰财之家，慕其祖宗，竞结婚姻，多纳货贿，有如贩鬻。或自贬家门，受辱于姻娅；或矜其旧望，行无礼于舅姑。积习成俗，迄今未已，既紊人伦，实亏名教。朕夙夜兢惕，忧勤政道，往代蠹害，咸已惩革，唯此弊风，未能尽变。自今以后，明加告示，使识嫁娶之序，务合礼典，称朕意焉。”

注释

①累叶陵迟：累叶，累世。陵迟，盛况渐衰。累叶陵迟在这里指家世衰落。

②令狐德棻（fēn）：宜州人，博贯文史，贞观年间任礼部侍郎。

③贩鬻（yù）松檟（jiǎ）：鬻，卖；檟，木名，即楸树，常和松树一起种在坟墓前。贩鬻松檟意思是拿着前世的声望做交易。

④问名：古代婚礼“六礼”之一。男家请媒人问女方的名字和生辰八字。这里指求亲。

译文

贞观六年，唐太宗对尚书左仆射房玄龄说：“近来，山东的崔、卢、李、郑四大姓，虽然在前几代就已衰败，但他们仍依仗旧时的名望，自高自大，号称士大夫。每当把女儿嫁给其他家族，总要大肆索取聘礼财物，一味贪图数量，根据财礼的数目决定婚约，就像集市上的商贩一样，特别败坏风俗，也搅乱了礼法。既然他们的门望与事实不符，理应加以改革。”于是下诏，命令吏部尚书高士廉、御史大夫韦挺、中书侍郎岑文本、礼部侍郎令狐德棻等人负责修改和订正全国姓氏，普查全国的氏族家谱，同时根据史书和经传，删除其中浮华不实的地方，考订真假，属于忠良贤明的，就加以褒奖和提拔，属于叛逆不忠的，就加以贬黜。依此标准，撰写了一部《氏族志》。后来，高士廉等人在唐太宗面前呈上所定的氏族等第时，仍就把崔干列为第一等。太宗说：“我和山东的崔、卢、李、郑，并无宿怨，只是因为他们世代衰微，现在已经没有一个人做官，却还自称是士大

夫，婚嫁的时候，依此大量索取财物。有的人才能见识平庸低劣，却还自以为门第高贵，自高自大，依靠炫耀祖先的名望，依附于富贵之列，我真不明白为什么社会上还会看重他们？况且如果有人能建立功业，爵位隆重，善于侍奉君主和父母，忠孝都值得称赞；或者道德仁义高尚，学问技艺通达广博，这样也足以自立门户，称得上是士大夫。如今崔、卢之类，只是自恃远祖的高官爵位，怎能和当朝的显贵相比呢？公卿以下的官吏，何必给他们多送财物，助长他们的气势，只图虚名，不顾实际，来把与他们结交当做是荣耀呢？我朝之所以重新确定氏族等级，确实想要树立当今官宦显贵的地位，为什么还把崔干列在第一等，只能认为是你们轻视我大唐的官爵啊！所以，你们不管以前几代如何，只按照今天的官品、人才来定等级，而且应该统一量定之后，把它作为永久的准则。”于是把崔干定为第三等。贞观十二年，《氏族志》全书完成，共一百卷，颁行天下。其后，唐太宗又下诏说：“氏族值得称道的地方，实际上是与官爵相联系；婚姻的准则，要以仁义为先。自从北魏失国，北齐灭亡，朝野变迁，风俗衰败。早先的燕、赵古姓，后人很多都失去了官爵；以前齐、韩时期的旧家大族，有的也已经违背礼义的风气。他们的名字已经不在乡里中出现，自身也不免贫困卑贱，却自称是高门后裔，不讲究嫁娶礼仪，求亲只为勒索财物，缔结婚约一定要寻找富贵之家。于是就有新做官的人和钱财多的人家，羡慕人家祖宗的名望，争着和他们结成姻亲，赠送大量财物，如同买卖一样。有的自愿贬低家门，受辱于姻亲，有的夸耀过去的地位，在公婆面前无礼。这种做法已经积习很久，成了风俗，至今还未停止，这既扰乱了人伦道德，也实在有损于纲常名教。我日夜谨慎战战兢兢，担忧并勤于国家政务，历代的弊端祸害，都已惩治和革除，唯有这项坏风气还没有完全改变。从今以后，要明确地告示天下，让百姓都要懂得嫁娶的规矩，务必遵循礼法，这才能符合我的心意。”

礼部尚书王珪子敬直，尚太宗女南平公主。珪曰：“《礼》有妇见舅姑之仪，自近代风俗弊薄，公主出降，此礼皆废。主上钦明，动循法制，吾受公主谒见，岂为身荣，所以成国家之美耳。”遂与其妻就位而坐，令公主亲执巾，行盥馈之道[①]，礼成而退。太宗闻而称善。是后公主下降有舅姑者，皆遣备行此礼。

注释

①盥馈之道：侍奉长者盥洗，并送膳食的礼仪。

译文

礼部尚书王珪的儿子王敬直，娶了唐太宗的女儿南平公主。王珪说：“《礼记》上规定有妇人拜见舅舅、姑母的礼仪。可近代风俗逐渐败坏，公主出嫁，这些礼节都被废弃了。陛下圣明，处处都遵循法令规范。我接受公主的拜见之礼，哪里只是自己的荣耀，其实是为了成全国家的美名啊。”于是和妻子在公婆的座位上就坐，让公主亲自拿着盥洗的帕巾，行侍奉父母的洗手进食的礼节，仪式完成后，公主才退下。唐太宗听说此事后大加赞赏。此后，凡是有公主下嫁，都要让她们施行这条礼仪。

贞观十二年，太宗谓侍臣曰：“古者诸侯入朝，有汤沐之邑，刍禾[①]百车，待以客礼。昼坐正殿，夜设庭燎，思与相见，问其劳苦。又汉家京城亦为诸郡立邸舍。顷闻考使[②]至京者，皆赁房以坐，与商人杂居，才得容身而已。既待礼之不足，必是人多怨叹，岂肯竭情于共理哉。”乃令就京城闲坊，为诸州考使各造邸第。及成，太宗亲幸观焉。

注释

①刍禾：喂马的草料。

②考使：即朝集使，是各郡每年遣使进京报告郡政和财政情况的官员。

译文

贞观十二年，唐太宗对侍臣说："古时候，诸侯入朝拜谒天子，有专门住宿和沐浴的地方，供给他们一百车草喂养马匹，享受宾客的礼遇。白天天子在正殿端坐，晚上在庭院中点燃大蜡烛，想与他们相见，慰问他们的劳苦。京城里还为各郡县来京的官员设立馆舍。最近我听说各郡每年到京城来的朝集使，都租房子居住，并与商人杂居在一起，仅有容身之地而已。既然待客之礼有所不足，恐怕会有很多人埋怨，他们还怎么会愿意为朝廷尽职尽忠呢？"于是，下令在京城有空闲的街坊中，为来京的各朝集使营造馆舍。修成之后，唐太宗还亲自前去视察。

贞观十三年，礼部尚书王珪奏言："准令，三品以上，遇亲王于路，不合下马，今皆违法申敬，有乖朝典。"太宗曰："卿辈欲自崇贵，卑我儿子耶？"魏徵对曰："汉、魏已来，亲王班[①]皆次三公下。今三品并天子六尚书九卿，为王下马，王所不宜当也。求诸故事，则无可凭，行之于今，又乖国宪，理诚不可。"帝曰："国家立太子者，拟以为君。人之修短，不在老幼。设无太子，则母弟次立。以此而言，安得轻我子耶？"徵又曰："殷人尚质，有兄终弟及之义。自周已降，立嫡必长，所以绝庶孽之窥窬，塞祸乱之源本。为国家者，所宜深慎。"太宗遂可王珪之奏。

注释

①班：官爵的排列次序。

译文

贞观十三年，礼部尚书王珪上奏说："按照律令，三品以上的官员，在道路上遇到亲王，可以不下马致礼。现在都违反法令下马表示恭敬，这违背了朝廷的典章律令。"唐太宗说："你们想抬高自己的尊贵，而贬低我的儿子们吗？"魏徵说："汉代、魏晋以来，亲王的爵位次序都低于三公。然而，现在三品官员和天子的六部尚书、九卿，都要为亲王下马致礼，这是亲王所不应该接受的礼节。这样做既无先例可循，现在施行，又违背国家的法令，在道理上实在讲不通。"唐太宗说："国家确立的太子，是准备继承王位的。一个人地位的高低，不在于年龄的长幼。如果没有太子，那么同母的弟弟就应该依次序列为太子。根据这一原则来说，你们怎么能轻视我的儿子呢？"魏徵又说："商代崇尚质朴，有兄长去世，弟弟继承的规定。从周代以来，都立长子为继承人，这样做就为了杜绝庶子们篡权夺位的非分之想，阻塞国家祸乱的根源。治理国家的人，应当对此特别谨慎。"于是，唐太宗批准了王珪的奏请。

贞观十四年，太宗谓礼官曰："同爨[①]尚有缌麻[②]之恩，而嫂叔无服，又舅之与姨，亲疏相似，而服之有殊，未为得礼，宜集学者详议。余有亲重而服轻者，亦附奏闻。"是月尚书八座[③]与礼官定议曰：

"臣窃闻之，礼所以决嫌疑、定犹豫、别同异、明是非者也，非从天下，非从地出，人情而已矣。人道所先，在乎敦睦九族。九族敦睦，由乎亲亲，以近及远。亲属有等差，故丧纪有隆杀[4]，随恩之薄厚，皆称情以立文。原夫舅之与姨，虽为同气，推之于母，轻重相悬。何则？舅为母之本宗，姨乃外戚他姓，求之母族，姨不与焉，考之经史，舅诚为重。故周王念齐，是称舅甥之国[5]；秦伯怀晋，实切《渭阳》[6]之诗。今在舅服止一时之情，为姨居丧五月，徇名丧实，逐末弃本，此古人之情或有未达，所宜损益，实在兹乎。"

注释

①同爨（cuàn）：共吃同住。

②缌（sī）麻：古时丧服名，五服中最轻的一种。其服用细麻布制成，服期三个月。

③八座：唐代六部尚书及左右仆射称为八座。

④隆杀：隆重和简省。这里指尊卑有别。

⑤舅甥之国：两国国君是舅父和外甥的关系。

⑥《渭阳》：《诗经·秦风·渭阳》主要表现外甥与舅父之间的惜别之情。

译文

贞观十四年，唐太宗对礼官说："共同生活的人去世了，还有为他披麻戴孝的恩情。可是小叔和嫂子之间却不服丧。舅父和姨母亲疏关系差不多，但服丧的礼节却有不同。这些做法都不符合礼仪规范，应该招集学者来详细商议。其他有亲情关系密切，但服丧较轻的情况，也应一起附带上奏。"当月，尚书八座和礼官商定了意见说：

"臣听说，礼是用来判断疑惑不明的事理，决定迟疑不决的行为，区别异同，明辨是非的。它不是从天而降，也不是从地下冒出来的，只是在于人情罢了。人伦关系首先在于九族和睦。九族和睦从关系亲近的人开始，由近及远。亲属关系有等级上的差别，所以丧事的礼数就应该有尊卑有别，按照恩情的厚薄，都用恰当相称的恩情来订立丧礼的条文。舅舅和姨母，虽然是同辈亲属，但从母亲的角度上来看，亲属关系就相差的很远，为什么呢？舅舅是母亲家的本宗，姨母则是外姓的亲戚，从母族中去看，姨母是不在其中的。考察经典上的记载，舅舅实在是比姨母的关系重一些。所以周王想念齐国，称齐国是舅甥之国。秦康公怀念晋文公，确实符合《渭阳》这首诗的意境。现在，舅舅去世，服丧期只有三个月，为姨母却要居丧五个月，迁就了虚名却丧失了真情，这是舍本逐末。这大概是古人对人的感情没有考虑周全，应该有所增加或删减的地方，其实就在这里。”

“《礼记》曰：‘兄弟之子犹子也，盖引而进之也。嫂叔之无服，盖推而远之也。’礼，继父同居则为之期，未尝同居则不为服。从母之夫，舅之妻，二人相为服。或曰“同爨[1]缌麻”。然则继父且非骨肉，服重由乎同爨，恩轻在乎异居。固知制服虽系于名文，盖亦缘恩之厚薄者也。或有长年之嫂，遇孩童之叔，劬劳鞠养[2]，情若所生，分饥共寒，契阔[3]偕老，譬同居之继父，方他人之同爨，情义之深浅，宁可同日而言哉？在其生也，乃爱同骨肉，于其死也，则推而远之，求之本源，深所未喻。若推而远之为是，则不可生而共居；生而共居为是，则不可死同行路。重其生而轻其死，厚其始而薄其终，称情立文，其义安在？且事嫂见称，载籍非一。郑仲虞则恩礼甚笃，颜弘都则竭诚致感，马援则见之必冠，孔伋则哭之为位，此盖并躬践教义，仁深孝友，察其所行之旨，岂非先觉者欤？但于时上无哲王，礼非下之所议，遂使深情郁于千载，至理藏于万古，其来久矣，岂不惜哉！”

注释

①同爨（cuàn）：同灶饮食。爨，灶。

②劬（qú）劳鞠养：辛勤抚养。劬劳，劳苦。鞠养，养育。

③契阔：勤苦，劳苦。

译文

“《礼记》说：‘兄弟的孩子犹如自己的孩子，这是因为亲近而接近他。嫂嫂和小叔之间不用守丧，是因为避嫌而加以疏远。’礼经上说，如果自己和继父一起生活过，就要为他居丧一年，如果没有一起生活过，就不用居丧。姨母的丈夫、舅舅的妻子，为两人服相同的丧期。有人说：‘与自己共同生活的人，应该为他守缌麻之服。’虽然继父并非骨肉之亲，对他服丧隆重是因为共同生活过，恩情浅的是因为不住在一起。因此，制定丧服制度虽然取决于亲近关系，但也随恩情厚薄而定。或者有如年长的嫂子，遇到年幼的小叔，辛勤抚养，像对待自己的亲生儿子一样，饥寒相共，劳苦到老，与一起居住的继父相比，和其他一起生活的人相比，情义的深浅，怎可相提并论呢？在嫂子生前，二人情同骨肉，嫂子死后，却推托疏远，探寻其中的根源，实在让人难以理解。如果推而疏远是对的，那生前就不应住在一起；生前住在一起，死后就不应像看待路人一样对待嫂子。重视生前的恩情而轻视死后的礼仪，厚待她活着的时候却在死后给予轻薄，量定情谊来制定礼制条文，有这样的道理吗？况且因为侍奉嫂子而被称赞的人，史书上记载的不止一个。东汉郑仲虞抚养寡居的嫂子，待她的礼节和情义都很厚重；西晋时，颜弘都侍奉双目失明的嫂子，他的真诚感动了上苍；东汉将军马援拜见嫂子时，一定要先戴好帽子；孔子的孙子孔伋痛哭着为嫂子立牌位。这些都是亲身实践礼义教化，极为仁义孝敬的实例。考察这些行为的意义，难道不是先知先觉者吗？但那时上无圣明国君，又不可在下讨论礼制，因此让这样深厚的情谊埋没了千年，最根本的道理隐藏了万代，这种事情由来已久，怎能不让人惋惜啊。”

“今陛下以为尊卑之叙，虽焕乎已备，丧纪之制，或情理未安，爰命秩宗[①]，详议损益。臣等奉遵明旨，触类傍求，采摭群经，讨论传记，或抑或引，兼名兼实，损其有余，益其不足，使无文之礼咸秩，敦睦之情毕举，变薄俗于既往，垂笃义于将来，信[②]六籍所不能谈，超百王而独得者也。

“谨按曾祖父母，旧服齐衰[③]三月，请加为齐衰五月；嫡子妇，旧服大功[④]，请加为期；众子妇，旧服小功[⑤]，今请与兄弟同为大功九月；嫂叔，旧无服，今请服小功五月。其弟妻及夫兄亦小功五月。舅，旧服缌麻，请加与从母同服小功五月。”

诏从其议。此并魏徵之词也。

注释

①秩宗：古代长官宗庙祭祀的官。

②信：通“申”，陈述，申明。

③齐衰：丧服名，“五服”中列位二等，其服以粗疏的麻布制成，衣裳分制，缘边部分缝缉整齐，故名。服期有三年、一年、五月、三月之分。

④大功：丧服名，“五服”中列位三等，服期九月。其服用熟麻布做成，质料较齐衰稍细，较小功为粗，故称大功。

⑤小功：丧服名，“五服”中列位四等，服期五月。其服用熟麻布做成，质料较大功稍细，较缌麻为粗，故称小功。

译文

“现在，陛下认为尊卑的次序虽然都制定完备了，但丧礼制度上，还有些条文不合情理，于是令大臣详加审议，增补或删减。臣等遵照陛下圣明的旨意，触类旁通，征引各种经典，探讨研究各种传记，有的舍去，有的引用，兼顾名实，删减多余，补充不足，使过去不成文的礼仪变得条理有序，使亲密和睦的感情都能表现出来，改变过去轻薄的民俗，给后世留下深厚的情义，陈述六经上没有谈到的，是陛下超越百世帝王所独获的成就。

我们谨慎地拟定：曾祖父母，过去服齐衰三个月，现在请陛下延长齐衰至五个月；嫡子的妻子，过去服大功九个月，现在请增加为齐衰一年；其他儿子的妻子服丧，原来是服小功五个月，现在请求和兄弟一样服大功九个月；嫂子、小叔，原来不服丧，现在请改为服小功五个月。弟弟的妻子和丈夫的兄弟也应服丧五个月。舅父，过去的服丧是缌麻，现在请求增加到和姨母一样，服小功五个月。”

唐太宗下诏同意了这些建议。这些建议都是魏徵撰写的。

贞观十七年十二月癸丑，太宗谓侍臣曰：“今日是朕生日。俗间以生日可为喜乐，在朕情，翻成感思。君临天下，富有四海，而追求侍养，永不可得。仲由怀负米之恨[①]，良有以也。况《诗》云：‘哀哀父母，生我劬劳。’奈何以劬劳之辰，遂为宴乐之事！甚是乖于礼度。”因而泣下久之。

注释

①仲由怀负米之恨：仲由，孔子弟子子路。子路孝顺父母，自己常吃野菜，而背米送给父母。父母死后，子路富有了，常怀悲叹，不能再为父母背米了。

译文

贞观十七年，十二月癸丑日，唐太宗对大臣们说："今天是我的生日。民间认为生日是可喜可乐的事情，但我的心情却充满感慨和思念。帝王君临天下，富有四海，可是想要奉养父母，却永远无法做到。子路怀有不能为父母背米的遗恨，实在是有道理。况且《诗经》说：'哀怜我的父母，养育我真是劳苦。'怎么可以在父母劳苦的日子里举办宴会庆贺呢？这实在是与礼仪相违。"因此，太宗哀伤地哭泣了很久。

太常少卿祖孝孙[①]奏所定新乐。太宗曰："礼乐之作，是圣人缘物设教，以为撙节[②]，治政善恶，岂此之由？"御史大夫杜淹对曰："前代兴亡，实由于乐。陈将亡也为《玉树后庭花》[③]，齐将亡也而为《伴侣曲》[④]，行路闻之，莫不悲泣，所谓亡国之音。以是观之，实由于乐。"太宗曰："不然，夫音声岂能感人？欢者闻之则悦，哀者听之则悲。悲悦在于人心，非由乐也。将亡之政，其人心苦，然苦心相感，故闻之则悲耳。何乐声哀怨，能使悦者悲乎？今《玉树》《伴侣》之曲，其声具存，朕能为公奏之，知公必不悲耳。"尚书右丞魏徵进曰："古人称：礼云，礼云，玉帛云乎哉！乐云，乐云，钟鼓云乎哉！乐在人和，不由音调。"太宗然之。

注释

①祖孝孙：隋唐时期的乐律学家。

②撙（zǔn）节：节制，抑制。

③《玉树后庭花》：陈朝后主陈叔宝的代表作，因为他贪恋曲词，不恋国事，才导致陈被隋所灭，故称词曲为亡国之音。

④《伴侣曲》：南齐东昏侯萧宝卷所作。他为政期间，荒淫

无道，不理朝政，最终国破身亡，故所作《伴侣曲》也被称之为亡国之音。

译文

太常少卿祖孝孙上奏新近制定的音乐。唐太宗说：“制作礼仪、音乐，是圣人取法天地物象而设立的教化，是用来抑制人的情感，治理朝政的好坏，怎么会跟它有关呢？”御史大夫杜淹说：“前代的兴衰存亡，的确跟音乐有关。陈后主快要亡国的时候，就创作了《玉树后庭花》；南齐快灭亡时，创作了《伴侣曲》，过路的人听到后，无不悲伤而泣，这就是所谓的亡国之音啊。由此来看，国家的存亡的确跟音乐有关。”唐太宗说：“不是这样的，声音怎么能影响人呢？快乐的人听到声音就会喜悦，哀伤的人听了就会悲伤。悲喜之情在于人心，并非是音乐造成的。即将灭亡的国家，百姓内心愁苦，由于受到愁苦心情的影响，所以听到这种哀怨的音乐就会愈加悲伤。哪里会有哀怨的音乐能使快乐的人悲伤呢？现在，《玉树后庭花》《伴侣曲》这些乐谱依然存在，我都可以为你们演奏。但是，可以肯定，你们是不会悲伤的。”尚书右丞魏徵回答说：“古人说，礼呀，礼呀，难道就是玉帛之类的器物吗？乐呀，乐呀，难道就是钟鼓之类的乐器吗？音乐的关键在于人内心的和睦，不在于音调的影响和调节。”唐太宗很赞同他的看法。

贞观七年，太常卿萧瑀奏言：“今《破陈乐舞》[①]，天下之所共传，然美盛德之形容，尚有所未尽。前后之所破刘武周[②]、薛举[③]、窦建德、王世充等，臣愿图其形状，以写战胜攻取之容。”太宗曰：“朕当四方未定，因为天下救焚拯溺，故不获已，乃行战伐之事，所以人间遂有此舞，国家因兹亦制其曲。

然雅乐[4]之容，止得陈其梗概，若委曲写之，则其状易识。朕以见在将相，多有曾经受彼驱使者，既经为一日君臣，今若重见其被擒获之势，必当有所不忍，我为此等，所以不为也。"萧瑀谢曰："此事非臣思虑所及。"

注释

①《破陈乐舞》：太宗还是秦王之时，破叛将刘武周，为庆祝胜利，军中作破阵乐和破阵舞，用乐工二十八人，披银甲，执戟而舞。陈音阵。

②刘武周：马邑人，隋时为鹰扬校尉，曾起兵附于突厥，突厥立其为定杨可汗，后被太宗击败于并州，奔突厥，为突厥所杀。

③薛举：兰州人。隋末起兵自号西秦霸王，后被太宗所降。

④雅乐：古代宫廷祭祀或典礼仪式所用的音乐和舞蹈。

译文

贞观七年，太常卿萧瑀上书说："现在《破陈乐舞》在天下广为传颂，但在赞美陛下盛世业绩和宏伟功德方面，还有不详尽的地方。陛下先后打败了刘武周、薛举、窦建德、王世充等乱世枭雄，臣希望画出他们的形象，用来表现战胜攻取的景象。"唐太宗说："我当时是因为天下还未平定，为了拯救天下百姓与水火之中，迫不得已，才去进行征战和讨伐的事情，所以民间才有了这支舞蹈，国家才制作了这首曲子。然而雅乐的表现，只能陈述历史的梗概，如果把事情原原本本写出来，那么其中的情景就容易被人所认识。我看当今朝廷的将相，很多都曾受过刘武周等人的驱使，既然曾经有过短暂的君臣关系，现在又让他们看到当时被俘虏的情景，肯定会于心不忍。考虑到这些，所以我认为不可以这样做。"萧瑀拜谢说："这件事臣根本没有考虑到。"

卷八

务农第三十

导读

《务农》篇主要记录了唐代统治者重视农业发展，并制定相关政策保证和促进农业发展的言论。中国封建社会是农业社会，男耕女织的小农经济是整个封建社会存在的经济基础，国家的兵役、赋税和徭役几乎都有赖于小农经济的稳定和发展。因此，国家农业的稳定和繁荣，不仅关系到封建国家的经济发展，还关系到国家政治的稳定和社会的安定。所以历代王朝都把“重农抑商”作为基本国策来施行。在《务农》篇中，唐太宗十分重视农业和粮食生产，认为农业的发展关乎国家的存亡，所以必须要把农业生产作为国家发展的根本任务来对待。在具体措施上，唐太宗认为：“国以人为本，人以衣食为本，凡营衣食，以不失时为本。”因此，要做到不耽误农民的耕种时间，君王首先要清心寡欲，不要频繁征战，不要大兴土木，以免破坏民力，耗费民时。其次，君王要以身作则，厉行节俭，省徭役，轻薄赋，休养生息，保证百姓有充足的农耕时间。在唐太宗看来，只要在经济上能保证百姓有时间尽力耕种，在人际关系上推行礼让，保证百姓之间长幼有别、尊卑有序，就能使天下百姓尽得富贵，君王也可以达到无为而治的目的。今天，我们国家仍然把农业看作是国民经济的基础，给予优先发展的地位，其实这跟古代王朝对农业发展的重视有很大关系。重视农业发展的背后其实是国家对民生问题的关注，民生问题解决不好，直接影响到国家政权存亡。古代如此，当今亦然。

贞观二年，太宗谓侍臣曰："凡事皆须务本。国以人为本，人以衣食为本，凡营衣食，以不失时为本。夫不失时者，在人君简静乃可致耳。若兵戈屡动，土木不息，而欲不夺农时，其可得乎？"王珪曰："昔秦皇、汉武，外则穷极兵戈，内则崇侈宫室，人力既竭，祸难遂兴。彼岂不欲安人乎？失所以安人之道也。亡隋之辙，殷鉴不远，陛下亲承其弊，知所以易之。然在初则易，终之实难。伏愿慎终如始，方尽其美。"太宗曰："公言是也。夫安人宁国，惟在于君。君无为则人乐，君多欲则人苦。朕所以抑情损欲，克己自励耳。"

译文

贞观二年，唐太宗对侍从的大臣们说："任何事情都必须掌握根本。国家以人民为根本，人民以衣食为根本，经营农桑衣食，以不失时机为根本。要不失时机，只有君王施政简约、平静不繁才能做到。假若连年打仗，营建不停，而又想不占用农时，能办得到吗？"王珪说："过去秦始皇、汉武帝，对外穷兵黩武，对内大建宫室，人力既已用尽，灾祸也就接踵而至，他们难道就不想安定百姓吗？只是失去了让百姓安定的正确方法。隋代灭亡的教训距今不远，陛下亲自承受了隋朝遗留下来的弊病，懂得怎样去改变，不过刚开始还比较容易，要坚持到底就很难。臣真希望陛下自始至终都能小心谨慎，才能达到完美的境界。"太宗说："你讲得很对。安定百姓和国家，关键在于君王，君王能与民休息，百姓就得欢乐，君王多私欲，百姓就会痛苦。这就是我不敢任情纵欲，不断克制自己，勉励自己的原因。"

贞观二年，京师旱，蝗虫大起。太宗入苑视禾，见蝗虫，掇[1]数枚而咒曰："人以谷为命，而汝食之，是害于百姓。百姓有过，在予一人，尔其有灵，但当蚀我心，无害百姓。"将吞之，左右遽谏曰："恐成疾，不可。"太宗曰："所冀移灾朕躬，何疾之避？"遂吞之。自是蝗不复为灾。

注释

①掇（duō）：拾取。

译文

贞观二年，京城大旱，蝗虫成灾。唐太宗亲自田苑中视察禾苗的生长情况，看见蝗虫猖獗，就捡起了几只并训斥说："百姓视稻谷为生命，你却把谷子吃了，这是在危害百姓啊。如果说老百姓有罪过，那么责任也只在于国君一人，如果你真的有灵性，就应当啃吃我的心脏，不要危害百姓。"说完就要把蝗虫吃掉，左右的大臣急忙制止说："吃了恐怕要生病，万万不可。"唐太宗说："我只希望把灾祸转移到我身上，有什么病需要躲避呢？"于是一口将蝗虫吞下。从此，蝗虫不再成灾。

贞观五年，有司上书言："皇太子将行冠礼[1]，宜用二月为吉，请追兵以备仪注。"太宗曰："今东作[2]方兴，恐妨农事。"令改用十月。太子少保萧瑀奏言："准阴阳家，用二月为胜。"太宗曰："阴阳拘忌，朕所不行。若动静必依阴阳，不顾理义，欲求福祐，其可得乎？若所行皆遵正道，自然常与吉会。且吉凶在人，岂假阴阳拘忌？农时甚要，不可暂失。"

注释

①冠礼：古代男子成年时（二十岁）加冠的礼节。

②东作：指春耕，也泛指农事。

译文

贞观五年，主管官署上书说："皇太子即将举行加冠礼，应当选择二月作为吉日，请陛下调集兵士以供各项礼仪准备的需要。"太宗说："如今百姓春耕刚开始，恐怕要妨碍农事。"于是下令将礼仪改在十月。太子少保萧瑀上奏说："按照阴阳家的推算，在二月里举行最好。"太宗说："阴阳禁忌，我不信奉。如果一举一动都必须依照阴阳禁忌去办，不顾天理道义，而想求得福佑吉祥，怎么可能呢？如果所做的都遵照正道，自然能经常获得吉祥。况且吉凶取决于人，怎能凭借阴阳的禁忌来决定呢？农时很重要，不能耽误片刻。"

贞观十六年，太宗以天下粟价率计斗值五钱，其尤贱处，计斗值三钱，因谓侍臣曰："国以民为本，人以食为命。若禾黍不登，则兆庶非国家所有。既属丰稔若斯，朕为亿兆人父母，唯欲躬务俭约，必不辄为奢侈。朕常欲赐天下之人，皆使富贵，今省徭赋，不夺其时，使比屋之人恣其耕稼，此则富矣。敦行礼让，使乡闾之间，少敬长，妻敬夫，此则贵矣。但令天下皆然，朕不听管弦，不从畋猎，乐在其中矣！"

译文

贞观十六年，唐太宗因为天下米价大都一斗值五个钱，更便宜的，一斗只值三个钱，于是他对侍臣们说："国家以百姓为根本，百姓又以粮食为生命。如果粮食不丰收，亿万百姓就不再为国家所有了。现在粮食如此丰足，我作为亿万百姓的衣食父母，只希望能以身作则，厉行节俭，一定不随意奢侈挥霍。我常常想赏赐天下百姓，使他们都能获得富裕和尊贵。现在我减少徭役和赋税，不占用他们农耕的时间，使家家户户的农民都能尽心耕种和收获，这样就能是使他们富裕了。还要重视推行礼仪谦让的风气，让乡里的百姓之间，年少的尊敬年长的，妻子尊敬丈夫，这样就能是使他们尊贵了。只要天下都能这样，我即使不听音乐，不去打猎，也会乐在其中啊！”

刑法第三十一

导读

要了解一个国家的法律，最重要的是看它的刑法。要了解一个国家的刑法，最重要的就是看它对待死刑的态度。贞观时期的法制至今被后人津津乐道，其中一个主要原因，就是它“宽仁慎刑”的理念和严格的死刑复核制度。早在贞观元年（627），李世民就依据“死者不可再生，用法务在宽简”的立法思想，以诏令的形式对“死刑复核”做出了严格规定：“自今以后，大辟（死刑）罪皆令中书、门下四品以上及尚书九卿议之。”这就是中国历史上著名的“三司推事、九卿议刑”的死刑复核制度。到630年，国家就出现了“断死刑，天下二十九人，几致刑措（刑罚搁置不用)”的良好治安形势。但当时的中国，仍然是君主专制的国家，无论唐太宗如何尊重法律、慎用死刑，都难免有独断专行、枉法滥杀的时候。631年发生的“张蕴古事件”就说明了这一点。为了汲取教训，杜绝此后类似错案冤案的发生，唐太宗随即下诏规定：“凡有死刑，虽令即决，皆须五覆奏。”具体而言，就是凡判处死刑的案件，即便是下令立即执行的，京畿地区内也必须在二天内五次覆奏，其他州县也至少要三次覆奏，以确保司法公正，避免滥杀无辜。不久，太宗又发现许多司法官员在审判中完全拘泥于法律条文，即使是情有可原的案子也不敢从宽处理。虽然如此执法不失严明，但李世民还是担心这样子难以避免冤案，于是他再次颁布诏令，规定“自今以后，门下省覆，有据法令合死而情可矜者，宜录奏闻”。也就是说，门下省在复核死刑案件的时候，凡是发现有依法应予处死、但确属情有可原的，应写明情况直接向皇帝奏报。贞观年间，国家对判处死刑的慎重，实质上反映了统治者以“仁政”和教化为治理国家根本的思想。这与我们今天“以德治国，以法治国”的理念有着相似的内涵。不过，当时的封建王朝想通过“施以仁政，辅以法治”的手段来治理国家，必须满足一个前提，即君王要能居安思危。正如《易》曰：“君子安不忘危，存不忘亡，治不忘乱，是以身安而国家可保也。”

贞观元年，太宗谓侍臣曰：“死者不可再生，用法务在宽简。古人云，鬻棺者欲岁之疫，非疾于人，利于棺售故耳。今法司核理一狱，必求深刻，欲成其考课①。今作何法，得使平允?”谏议大夫王珪进曰：“但选公直良善人，断狱允当者，增秩赐金，即奸伪自息。”诏从之。太宗又曰：“古者断狱，必讯于三槐、九棘②之官，今三公、九卿，即其职也。自今以后，大辟③罪皆令中书、门下四品以上及尚书九卿议之。如此，庶免冤滥。”由是至四年，断死刑，天下二十九人，几致刑措。

注释

①考课：按一定标准对管理的正进行考核，以决定其官职升降或赏罚。

②三槐、九棘：古代皇宫外朝种植三棵槐树和九棵棘树，作为臣子朝见皇帝时所居位置的标志。后泛指三公、九卿等高级官职。

③大辟：古代杀头的死刑。

译文

贞观元年，唐太宗对侍从的大臣们说："人死了不能复生，所以执法务必要宽大简约。古人说，卖棺木的人希望年年发生瘟疫，并不是对人仇恨，而是有利于棺木出售的原因。如今，执法部门审理每一件狱案，总是力求严格苛刻，以此博得好的考核成绩。现在该用什么办法，才能使案件审理得公平恰当呢？"谏议大夫王珪进言道："只要选拔正直善良的人，如果他们判断狱案准确，就增加他们的俸禄，赏赐金帛，那么奸伪邪恶自然会止息。"太宗于是下令照此办理。太宗又说："古时候判断狱案，一定要向三槐、九棘之官询问，当今的三公、九卿就相当于这样的职务。从今以后，遇有死刑，要都让中书、门下两省四品以上高官以及尚书、九卿来共同决议，这样做，才有可能避免冤狱滥刑。"由于实行了这样的措施，到贞观四年，全国被判处死刑的人只有二十九个，几乎做到刑法搁置不用了。

贞观二年，太宗谓侍臣曰："比有奴告主谋逆，此极弊法，特须禁断。假令有谋反者，必不独成，终将与人计之；众计之事，必有他人论之，岂藉奴告也？自今奴告主者，不须受，尽令斩决。"

译文

贞观二年，唐太宗对侍臣说："近来有奴仆告发主人谋反作乱，这条律令危害非常大，必须废除掉。如果真有谋反，肯定不能是一个人单独完成，一定是和别人合谋策划的。许多人策划的事情，肯定会引得别人议论，怎么偏偏由奴仆告发呢？从今以后，凡是有奴仆告发主人的案件，不要受理，全部下令将奴仆斩首处决。"

贞观五年，张蕴古①为大理丞②。相州人李好德素有风疾，言涉妖妄，诏令鞫③其狱。蕴古言："好德癫病有征，法不当坐。"太宗许将宽宥。蕴古密报其旨，仍引与博戏。治书侍御史④权万纪劾奏之。太宗大怒，令斩于东市。既而悔之，谓房玄龄曰："公等食人之禄，须忧人之忧，事无巨细，咸当留意。今不问则不言，见事都不谏诤，何所辅弼？如蕴古身为法官，与囚博戏，漏泄朕言，此亦罪状甚重。若据常律，未至极刑。朕当时盛怒，即令处置。公等竟无一言，所司又不覆奏，遂即决之，岂是道理。"因诏曰："凡有死刑，虽令即决，皆须五覆奏。"五覆奏⑤，自蕴古始也。又曰："守文定罪，或恐有冤。自今以后，门下省覆，有据法令合死而情可矜者，宜录奏闻。"

注释

①张蕴古：相州洹水人。性聪敏，博涉群书，善文章，强记忆，尤晓时务。太宗初即位，上"大宝箴"以劝谏皇帝，深得太宗赏识。

②大理丞：负责狱讼断罪的官职。

③鞫（jū）：审问。

④治书侍御史：负责弹劾官员的官职。

⑤五覆奏：唐代对罪犯执行死刑前应向皇帝五次奏报的制度。

译文

贞观五年，张蕴古任大理寺丞。相州有个名叫李好德的人，一向有疯癫病，讲了些荒谬狂妄的话，唐太宗诏令审讯这一案件。张蕴古说："李好德患疯癫病是有证据的，按照法律不应判

罪。”太宗答应对他予以从宽处理，张蕴古私下把太宗的旨意告诉李好德，并招他来与其博戏。治书侍御史权万纪弹劾张蕴古，太宗对张蕴古的行为感到十分愤怒，便下令把张蕴古在东市斩首。不久，唐太宗对自己的做法很后悔，对房玄龄说：“你们吃了君主的俸禄，就要替君主分忧，事无大小，都得留心。如今我不询问，你们就不说自己的看法，看到事情都不谏诤，这怎么能称作是辅佐呢？比如，张蕴古身为法官，和狱囚一起博戏，还泄露我的话，虽说罪状严重，但如果按正常的法律量处，还不至于判处死刑。我当时盛怒，立即下令处死，你们竟然不说一句话，主管部门又不复核上奏，就下令处决，这难道合乎道理吗？”于是下诏说：“凡有死刑，虽下令立即处决，都还得五次复核上奏。”唐代五复奏的规定，就是从张蕴古这件事情开始的。诏令中又说：“遵照律文定罪，还可能有冤情。从今以后，由门下省复审，有按照法令应当处死而情有可原的，应将案情抄录下来上奏。”

蕴古初以贞观二年，自幽州总管府记室兼直中书省，表上《大宝箴》[1]，文义甚美，可以规诫。其词曰：

“今来古往，俯察仰观，惟辟[2]作福，为君实难。宅普天之下，处王公之上，任土贡其所有，具僚和其所唱。是故恐惧之心日弛，邪僻之情转放。岂知事起乎所忽，祸生乎无妄。故以圣人受命，拯溺亨屯，归罪于己，推恩于民。大明无偏照，至公无私亲。故以一人治天下，不以天下奉一人。礼以禁其奢，乐以防其佚。左言而右事，出警而入跸。四时调其惨舒[3]，三光同其得失。故身为之度，而声为之律。勿谓无知，居高听卑；勿谓何害，积小成大。乐不可极，极乐成哀；欲不可纵，纵欲成灾。壮九重于内，所居不过容膝；彼昏不知，瑶其台而琼其室。罗八珍于前，所食不过适口；惟狂罔念，丘其糟而池其酒。勿内荒于色，勿外荒于禽；勿贵难得之货，勿听亡国之音。内荒伐人性，外荒荡人心；难得之物侈，亡国之声淫。勿谓我尊而傲贤侮士，勿谓我智而拒谏矜己。闻之夏后，据馈频起；亦有魏帝，牵裾[4]不止。安彼反侧，如春阳秋露；巍巍荡荡，推汉高大度。抚兹庶事，如履薄临深；战战栗栗，用周文小心。”

注释

①《大宝箴》："大宝"在这里代指帝位。箴，是一种用来规谏劝诫的文体。

②辟：指君主。

③惨舒：指心情的抑郁或舒畅。

④牵裾（jū）：拉起衣服。

译文

张蕴古，在贞观二年，任幽州总管府记室兼直中书省时，他向唐太宗呈上了《大宝箴》一文，文辞和意义都很好，是一篇规诫君主和朝政的好文章。文章说：

“古往今来，纵观横看，君主都要为百姓造福，做君主的确不容易。居于普天之下，位列王公之上，可以拥有全国的土地及贡赋，满朝文武也都同声附和君王的旨意。因此国君的恐惧和戒备之心日渐松弛，邪恶不正之情日渐放纵。哪里知道事变往往发生在人所忽略的时候，灾祸往往生于意料之外。所以本来让帝王承受天命，就是要拯济苍生，让困苦之人尽享通达；过错归于自己，施恩于百姓。最光明的日月不会偏照，大公无私的人不会偏私自己的亲戚；所以是君主一个人来治理天下，而不是以天下百姓来侍奉一个人。用礼教防止帝王的奢靡，制定音乐防止帝王的

放荡。左右史官，记录君主的言行，外出时戒备森严，回宫时禁止路人通行。春夏秋冬调整帝王的喜怒哀乐，日月星辰共享帝王的成败得失。因此，自己的言行就成了国家法度，声音就成了礼乐教化。不要说不知道，处在高位要了解下情；不要问什么是祸害，积累小害就能成为大的祸害。享乐不可过度，过度则转喜为悲；欲望不可放纵，放纵则成为祸患。在宫内营造九重宫殿，所居住的地方不过是可以容身的很小一部分。那些暴君不明白这些道理，竟用美玉来修筑楼台宫室。山珍海味任由享用，所吃的食物只不过是适合口味的一小部分而已。而一味放纵的暴君却过着贮酒为池、酒糟成山的生活。不要沉溺于女色和打猎，不看重奇珍异宝，不欣赏亡国的音乐。在内沉迷美色会损害健康，在外沉迷田猎会放荡人心，贪稀有的财宝就是奢侈，迷亡国的音乐就是淫靡。不要因为尊贵就自傲，轻视贤才，不要认为自己聪明就拒绝谏言，自高自大。听说夏禹在吃一次饭之间，也要频繁站起来好几次，事务十分繁忙；又听说魏文帝被谏臣辛毗拉着衣袖不放，而最终采纳了他的意见。安抚那些心怀猜忌的人，要像春天的阳光和秋天的露水那样温润；胸怀宽广，要像汉高祖那样豁达大度。处理朝政，要像脚踏薄冰、面临深渊那样谨慎，战战兢兢，就像周文王一样小心翼翼。”

“《诗》云：‘不识不知。’《书》曰：‘无偏无党。’一彼此于胸臆，捐好恶于心想。众弃而后加刑，众悦而后命赏。弱其强而治其乱，伸其屈而直其枉。故曰：如衡如石，不定物以数，物之悬者，轻重自见；如水如镜，不示物以形，物之鉴者，妍蚩[①]自露。勿浑浑而浊，勿皎皎而清；勿汶汶而暗，勿察察而明。虽冕旒蔽目而视于未形，虽黈纩[②]塞耳而听于无声。纵心乎湛然之域，游神于至道之精。扣之者，应洪纤而效响；

酌之者，随浅深而皆盈。故曰：天之清，地之宁，王之贞。四时不言而代序，万物无为而受成。岂知帝有其力，而天下和平。吾王拨乱，戡以智力；人惧其威，未怀其德。

“我皇抚运，扇以淳风；民怀其始，未保其终。爰述金镜[③]，穷神尽性。使人以心，应言以行。包括理体，抑扬辞令。天下为公，一人有庆。开罗起祝，援琴命诗。一日二日，念兹在兹。惟人所召，自天祐之。争臣司直，敢告前疑。”

太宗嘉之，赐帛三百段，仍授以大理寺丞。

注释

①妍蚩：美好和丑恶。

②黈纩（tǒu kuàng）：黄丝绵。古代帝王戴冕，两旁各挂一小团黄绵，以示不听无益之言。

③金镜：比喻明显的大道。

译文

“《诗经》写道：‘没有多少知识，不自作聪明。’《尚书》说：‘不偏私，不结党。’国君在胸中必须一律平等待人，在心里要抛弃个人的好恶。被众人指责的就加以处罚，被众人赞赏的就实行赏赐。削弱强暴势力，使混乱的局面得到治理；伸张正义使冤案得以昭雪。所以说：好比是秤和石一样，它并不确定物体的数量，但物体用秤一称，轻重自然就显示出来了；好比是水和镜子，它并不赋予物体形状，但是物体在镜子前面一照，美丑自然就显露出来了。不要认为混沌不清就是污浊；不要认为洁白无尘就是清明；不要认为昏暗不明就是愚昧；不要认为严苛细查就是精明。虽然冠冕上的珠子遮住了双目，但也要看到尚未暴露的问题，虽然棉絮塞住了耳朵，但也要听到尚未发出的声音。思想驰骋在清澈明净的世界，精神遨游在大道精华之中。敲击的乐器，随着叩打者用力大小发出不同的声音；盛酒的器具，随器具的深浅而各自盈满。所以说：'上天有道就清明，大地有道就得安宁，国君有道则天下公正。'四季默默地交替轮转，寒暑有序；万物无为而自然生长。哪里知道帝王有统治的力量，而使天下太平安定。陛下崛起于乱世，凭借智慧和武功，挫败群雄。现在，百姓只惧怕您的神威，还没有感激您的恩德。

"陛下顺应天意，力行淳朴敦厚的风气；老百姓感怀良好的开端，但还未能保持到最终。于是要倡导道义，显示陛下无不洞察。用诚心来统治百姓，用行动实现诺言。治理国家的基本要义要掌握，语言辞令要有褒贬。天下为公，让皇帝有美好德行。像商汤那样网开三面祝告禽兽逃生以示仁慈，像舜帝那样弹琴颂诗教化百姓。一天又一天，念念不忘这些事情。福祸都是由人自我招致，上天择善保佑。谏诤之臣的职责就是直言规劝，敢于上奏之前所发生的疑虑。"

唐太宗看后非常赞许，赐给他丝帛三百段，加封他为大理寺丞。

贞观五年，诏曰："在京诸司，比来奏决死囚，虽云三覆，一日即了，都未暇审思，三奏何益？纵有追悔，又无所及。自今后，在京诸司奏决死囚，宜二日中五覆奏，天下诸州三覆奏。"又手诏敕曰："比来有司断狱，多据律文，虽情在可矜而不敢违法，守文定罪，或恐有冤。自今门下省[①]复有据法合死，而情在可矜者，宜录状奏闻。"

注释

①门下省：唐代中央政权体系中的三省之一，主要负责审查诏令内容。

译文

贞观五年，唐太宗下诏说："在京城的各执法部门，近来奏请处决死囚，虽然复奏了三次，一般来说都在一天内就决定了，都没有时间认真地思考审核，三次审理的规定不是形同虚设吗？这样做的话，即使事后有所反悔，也无可挽救了。从今以后，京城的官府判决死罪，必须在两日内经过五次上奏审核，天下各州也必须经过三次上奏审核。"不久，又亲自写诏书说："近来执法官员判处案子，大都根据法律条文办事，有时候虽情有可原但又不敢违反律令，如果死守条款来定罪，恐怕会产生很多冤假错案。从今以后，门下省如果发现根据法令该判处死罪，而情有可原的案子，应该抄录案卷上奏并再次审议。

贞观九年，盐泽道行军总管、岷州都督高甑生，坐违李靖节度，又诬告靖谋逆，减死徙边。时有上言者曰："甑生旧秦府功臣，请宽其过。"太宗曰："虽是藩邸旧劳，诚不可忘。然理国守法，事须画一，今若赦之，使开侥幸之路。且国家建义太原[①]，元[②]从及征战有功者甚众，若甑生获免，谁不觊觎？有功之人，皆须犯法。我所以必不赦者，正为此也。"

注释

①建义太原：指617年李渊在李世民支持下在太原起兵反隋。

②元：同"原"，原来。

译文

贞观九年，盐泽道行军总管、岷州都督高甑生，由于违抗李靖的调遣，还诬告李靖谋反，被判死罪，后减免死罪流放到边远地方。当时有人上书为他求情说："高甑生是当年秦王府的功臣，

请求陛下宽免他的过错。”唐太宗说：“他过去是秦王府的旧功臣，确实不应该忘记，但是治理国家、遵守法纪，必须一视同仁，今天如果赦免他，就开了侥幸免罪的先例。而且当初起兵太原，一开始就跟随并且征战有功的人非常多，如果高甑生得以免罪，那么还有谁不存在侥幸的想法呢？这样一来，有功的人就都会犯法作乱。我之所以决定不予赦免，正是为了这个缘故。”

贞观十一年，特进魏徵上疏曰：

“臣闻《书》曰：‘明德慎罚’，‘惟刑恤哉！’《礼》云：‘为上易事，为下易知，则刑不烦矣。上人疑则百姓惑，下难知则君长劳矣。’夫上易事，则下易知，君长不劳，百姓不惑。故君有一德，臣无二心，上播忠厚之诚，下竭股肱之力，然后太平之基不坠，‘康哉’之咏斯起。当今道被华戎[①]，功高宇宙，无思不服，无远不臻。然言尚于简文[②]，志在于明察，刑赏之用，有所未尽。夫刑赏之本，在乎劝善而惩恶，帝王之所以与天下为画一，不以贵贱亲疏而轻重者也。今之刑赏，未必尽然。或屈伸在乎好恶，或轻重由乎喜怒；遇喜则矜其情于法中，逢怒则求其罪于事外；所好则钻皮出其毛羽，所恶则洗垢求其瘢痕。瘢痕可求，则刑斯滥矣；毛羽可出，则赏因谬矣。刑滥则小人道长，赏谬则君子道消。小人之恶不惩，君子之善不劝，而望治安刑措[③]，非所闻也。”

注释

①华戎：原指中原的民族和边疆的少数民族。这里指天下百姓。

②简文：选择美好的言辞。

③刑措：置刑法而不用。

译文

贞观十一年，特进魏徵上书说：

“臣看见《尚书》上讲：‘崇尚道德，谨慎刑罚’，‘量刑要有怜悯和体恤的思想!’《礼记》说：‘君上明白事理，臣下就容易理解旨意，这样刑法就不会太繁琐。如果国君犹疑不定，那么老百姓就会产生疑惑，国君就要劳神费心了。’国君明白事理，则臣下就容易理解旨意，那么国君不必操劳，百姓也不会困惑。所以君有纯一的美德，臣下就无二心，君主广布忠厚、真诚，臣下就会竭力辅佐，这样太平的基业才不会毁灭，欢唱天下大治的歌声才会响起。当今陛下仁德惠及天下百姓，功勋高过宇宙，没有谁不想归服，没有什么地方不可以到达。然而语言上还崇尚美好的文辞，心思还用在考察许多繁琐的小事上，惩罚和赏赐的施行，也还有不尽人意的地方。赏罚的根本目的，在于提倡善良、铲除邪恶，因此，帝王不能按贵贱亲疏而有赏罚轻重的分别。如今的赏罚，不一定都能实现《尚书》《礼记》所提倡的那样。有的赏罚所把握的尺度出于自己的好恶，有的赏罚的轻重出于自己的喜怒；遇到自己高兴时就把感情融于法律之中，遇到自己生气时就在情理之外无端定他的罪；自己所喜欢的哪怕是钻透他的皮来也要找到光鲜的毛羽，所厌恶的即便是已经洗清掉他的污垢了还要找出其残留的痕迹。找到蛛丝马迹就滥使刑罚，找出漂亮光鲜的羽翼就荒谬地奖赏他。滥施刑罚，就会增长小人胡作非为的气焰，奖赏荒谬，就会使消减君子为德为善的正气。对小人的罪恶不予以惩罚，对君子的美善不予以奖励，还指望国家秩序井然，刑罚停而不用，这是臣没有听说过的。”

“且夫暇豫清谈，皆敦尚于孔、老；威怒所至，则取法于申、韩。直道而行，非无三黜，危人自安，盖亦多矣。故道德

之旨未弘，刻薄之风已扇。夫刻薄既扇，则下生百端；人竞趋时，则宪章不一。稽之王度，实亏君道。昔州犁上下其手[①]，楚国之法遂差；张汤轻重其心[②]，汉朝之刑以弊。以人臣之颇僻，犹莫能申其欺罔，况人君之高下，将何以措其手足乎？以睿圣之聪明，无幽微而不烛，岂神有所不达，智有所不通哉？安其所安，不以恤刑为念；乐其所乐，遂忘先笑之变。祸福相倚，吉凶同域，惟人所召，安可不思？顷者责罚稍多，威怒微厉，或以供帐不赡[③]，或以营作差违，或以物不称心，或以人不从命，皆非致治之所急，实恐骄奢之攸渐。是知'贵不与骄期而骄自至，富不与侈期而侈自来'，非徒语也。

"且我之所代，实在有隋。隋氏乱亡之源，圣明之所临照。以隋氏之府藏譬今日之资储，以隋氏之甲兵况当今之士马，以隋氏之户口校今时之百姓，度长比大，曾何等级？然隋氏以富强而丧败，动之也；我以贫穷而安宁，静之也。静之则安，动之则乱，人皆知之，非隐而难见也，非微而难察也。然鲜蹈平易之途，多遵覆车之辙，何哉？在于安不思危、治不念乱、存不虑亡之所致也。昔隋氏之未乱，自谓必无乱；隋氏之未亡，自谓必不亡，所以甲兵屡动，徭役不息。至于将受戮辱，竟未悟其灭亡之所由也，可不哀哉！"

注释

①上下其手：比喻串通作弊、徇情枉法。

②张汤轻重其心：汉张汤为廷尉，断处案件不严格执法，而是揣摩迎合皇上意志，或轻判，或重判，以讨皇上欢心。

③赡：充足。

译文

“再说平时闲谈，都是崇尚孔子、老子的学说，而在特别生气的时候，谈论刑罚赏赐，就采用申不害、韩非子的思想。做事正直的人屡遭贬黜，损人利己而求自安的人就会越来越多。所以说道德的宗旨未能光大，刻薄的风气却已兴起。刻薄的风气已经兴起，社会就滋生出许多事端，如果人人竞相趋炎附势，于是典章制度就无法统一。用古代圣王的道德风度来衡量，实在有损于君王的道德基业。过去伯州犁玩弄手法，串通作弊，楚国的法律因此而混乱；张汤依据自己的心意决定量刑的轻重，汉朝的刑法因此遭到破坏。由于臣下的邪恶，欺骗蒙蔽尚不能揭露，更何况君主任意轻重国法，百姓怎能不慌乱而无措呢？凭借皇上圣明的睿智，没有什么隐微的地方不能被察觉，难道还有考虑不周，认识不到的吗？君王要能安百姓所安，就不会再有谨慎刑罚的思虑；乐百姓所乐，就会忘记命运可能先喜后悲的变化。祸福相倚，吉凶并存，只看人是如何选择和招引的，怎么可能不认真考虑呢？近来陛下责罚的人越来越多，发怒施威也渐渐严厉，有的是因为供奉不充足，有的是因为营建的工程不称心，有的是因为进贡的物品不如意，有的是因为没有听从命令，这些都不是治理国家的当务之急，实在是担心因此滋长出骄奢放纵的行为来。所以‘尊贵之后如果不以骄傲为警戒，则骄横自然会产生；富裕之后，不以奢侈为警戒，则奢侈自然会滋生’，这话并不是一句空话啊！

“我朝所取代的是隋朝，隋朝乱亡的根源，陛下都亲眼看见了。拿隋朝库藏情况和今天的物资储备相比，拿隋朝的兵力和今天的军队相比，拿隋朝的人口和今天的百姓数量相比，无论是度量长短还是比较多少，怎能是一个等级？然而隋朝却由于富强反而败亡，原因就在于它好动，扰民不已；我朝虽然贫穷，但却能

使天下安宁，那是因为陛下休养生息，无为而治的缘故。清静无为国家就会安定，纵欲不止天下就会大乱，这个道理人人皆知，并不是隐藏的深而难以发现，并不是极为细小而难以察觉。然而却很少有人走平坦易行的道路，更多的是重蹈覆辙，这是什么原因呢？这是由于不能居安思危，不能在太平的时候提防混乱，在存在的时候不考虑危亡所导致的。过去隋朝在未动乱之前，自以为肯定不会动乱；在隋朝未灭亡之前，自以为肯定不会灭亡。所以连年发动战争，徭役不止，以至快遭杀身之祸的时候，竟然还没觉悟到自己灭亡的原因，这岂不是十分可悲吗？”

“夫鉴形之美恶，必就于止水；鉴国之安危，必取于亡国。故《诗》曰：‘殷鉴不远，在夏后之世。’又曰：‘伐柯伐柯，其则不远。’臣愿当今之动静，必思隋氏以为殷鉴，则存亡之治乱，可得而知。若能思其所以危，则安矣；思其所以乱，则治矣；思其所以亡，则存矣。知存亡之所在，节嗜欲以从人，省游畋之娱，息靡丽之作，罢不急之务，慎偏听之怒；近忠厚，远便佞，杜悦耳之邪说，甘苦口之忠言；去易进之人，贱难得之货，采尧舜之诽谤，追禹汤之罪已；惜十家之产，顺百姓之心，近取诸身，恕以待物，思劳谦以受益，不自满以招损；有动则庶类以和，出言而千里斯应，超上德于前载，树风声于后昆[①]，此圣哲之宏观，而帝王之大业，能事斯毕，在乎慎守而已。

“夫守之则易，取之实难。既能得其所以难，岂不能保其所以易？其或保之不固，则骄奢淫泆动之也。慎终如始，可不勉欤！《易》曰：‘君子安不忘危，存不忘亡，治不忘乱，是以身安而国家可保也。’诚哉斯言，不可以不深察也。伏惟陛下欲善之志，不减于昔时，闻过必改，少亏于曩日。若以当今之无事，行畴昔之恭俭，则尽善尽美矣，固无得而称焉。”

太宗深嘉而纳用。

注释

①后昆：后世。

译文

“要观察容貌的美丑，必须要在静止的水面上；要鉴察国家的安危，必须吸取亡国的教训。所以《诗经》上说：‘殷朝可以引为借鉴的历史并不遥远，就在夏朝的后世。’又说：‘用斧头砍树枝做斧柄，斧柄就在眼前。’臣希望当今所采取的政策，一定要以隋朝为借鉴。这样，国家的存亡治乱就可以知道了。如果能够思考隋朝灭亡的原因，那么国家就更安稳了；如果能够思考隋朝混乱的原因，那么国家就可以得到治理了。望陛下弄清存亡的关键，节制自身的嗜好和欲望而顺从百姓，减少游猎之乐，停止豪华奢侈的建造，取消不着急的事务，谨防因偏听所产生的愤怒；亲近忠良，远离奸邪，杜绝悦耳的邪说，采纳苦口的忠言。斥退投机取巧的人，鄙视难以得到的宝物，像尧、舜那样树立诽谤木牌来鼓励臣民进谏，像禹、汤那样凡事归罪于自己，爱惜百姓的财物，顺和百姓的心意，就近从自身做起，宽以待人，时刻想到勤劳谦虚就能得到益处，谨防骄傲自满而招来损害。这样，只要有所行为，天下百姓都会一齐响应；只要一说话，千里之外的人都会随声附和；超越前代所具有的高尚品德，为后人树立良好的风范和声誉。这就是圣人先哲的宏伟蓝图，是帝王的伟大事业，能够完全做到这些，就在于自己的谨慎自守。

“守住国家基业容易，但取得国家基业艰难。既然得到了艰难的，难道还保不住容易的？如果有人保持不牢固，那就是骄奢淫逸的缘故。要像开始那样地谨慎并坚持到最后，怎能不时刻勉励自己努力呢！《易经》上说：‘君子在安逸的时候不能忘记危险，在存在的时候不能忘记覆灭，在国家太平的时候不能忘记动乱，这样，才能自身平安，国家也就可以保住了。’这话很对，不能不去深刻思考。臣看到陛下向善的志向不减当年，但闻过必改的精神却有点不如往日。如果能利用今天天下太平的时机，厉行过去谦恭节俭的作风，那就尽善尽美了，就没有什么人能够与陛下相匹敌的了。”

太宗很赞赏魏徵的这些意见，并且予以采纳。

贞观十四年，戴州刺史贾崇以所部有犯十恶[①]者，被御史劾奏。太宗谓侍臣曰：“昔陶唐大圣，柳下惠[②]大贤，其子丹朱甚不肖，其弟盗跖[③]为臣恶。夫以圣贤之训，父子兄弟之亲，尚不能使陶染变革，去恶从善。今遣刺史，化被下人，咸归善道，岂可得也？若令缘此皆被贬降，或恐递相掩蔽，罪人斯失。诸州有犯十恶者，刺史不须从坐，但令明加纠访科罪，庶可肃清奸恶。”

注释

①十恶：大罪。古时把谋反、谋大逆、谋叛、恶逆、不道、大不敬、不孝、不敬、不义、内乱称为十恶。

②柳下惠（前720—前621）：姓展，名获，字禽，春秋时期鲁国（今山东曲阜）人，是鲁孝公的儿子公子展的后裔。“柳下”是他的食邑，“惠”则是他的谥号，所以后人称他“柳下惠”。

③盗跖（zhí）：原名柳下跖，柳下惠的弟弟。

译文

贞观十四年，戴州刺史贾崇因为其部下有人犯了十恶不赦的大罪，被御史弹劾上奏。太宗皇帝听后对身边的大臣们说："古代唐尧是大圣人，柳下惠是大贤人，但尧的儿子丹朱却非常不成才，柳下惠的弟弟盗跖也是罪大恶极。凭借圣贤教诲，父子兄弟的亲情，尚且不能熏陶和感化他们，去恶从善。现在要求一名刺史教化百姓，使他们都走上正道，这怎么可能实现呢？如果因此都给予贬官降职，恐怕今后他们都会互相隐瞒罪行，就会使罪犯逍遥法外。因此各州有犯十恶不赦大罪的人，刺史不必受牵连而受处罚，只须命令他们认真查访定罪，这样才可以肃清奸恶的人。"

贞观十六年，太宗谓大理卿孙伏伽[1]曰："夫作甲者欲其坚，恐人之伤；作箭者欲其锐，恐人不伤。何则？各有司存，利在称职故也。朕常问法官刑罚轻重，每称法网宽于往代，仍恐主狱之司，利在杀人，危人自达，以钓声价。今之所忧，正在此耳。深宜禁止，务在宽平。"

注释

①孙伏伽：贝州武城（山东武城）人士。隋末以大理寺史补万年县（今陕西西安）法曹。后降唐。历任御史、谏议大夫、大理寺卿等。

译文

贞观十六年，唐太宗对大理卿孙伏伽说："做铠甲的人千方百计使铠甲坚固，唯恐被人击伤；造箭的人希望箭头尖锐，唯恐人不受伤。为什么呢？他们只是各司其职，有利于他们能胜任所担当的职务的缘故。我常常询问执法官员关于刑罚的轻重情况，他们都说刑罚比前代宽大，但我仍然担心主管断案的部门以滥施刑罚来追求本部门的利益，用危害他人的手段来使自己显达，沽名钓誉。现在我所担心的就在于此！应严加禁止，刑罚务必宽大公平。”

赦令第三十二

导读

“赦令”原来是指古代君王发布的减免罪刑或赋役的命令。不过，本篇“赦令”包含两层含义，一是谨慎赦免罪行；二是法令简约，且要谨慎发布。古代封建帝王往往选择登基、寿诞、天灾、战乱、饥馑等大事时，大赦天下，以示厚德、仁政。但是《赦令》篇却主张君王应当谨慎赦免罪行，因为太宗认为，国家刑法的作用就是惩恶扬善，君王经常赦免则有可能使违法作乱的人常存侥幸心理，不能心存畏惧，更不利于他们改过自新。而且，赦免过多，还会使遵守法纪的君子对国家的法律产生怀疑和不满。这些都是极不利于国家的统治和社会的稳定。实际上，“谨慎赦免”的理念与《刑法》篇“宽仁慎刑”的理念是相辅相成的。宽仁慎刑已经体现了君王或国家对犯罪之人的宽大、仁慈和公正，而一旦确定罪行，就要严格执行。否则，一再赦免不仅不会体现仁慈和公正，还放纵了违法犯罪行为，减弱了刑法实施的效力。另外，李世民从安人宁国的需要出发，在立法方面确定了力求宽简的原则。他说：“国家法令，惟须简约，不可一罪作数种条。格式既多，官人不能尽记，更生奸诈。”他特别强调法律一旦制定之后，要力求稳定，不可“数变”，“不可轻出诏令”。“诏令格式，若不常定，则人心多惑，奸诈益生”，对待立法或修改法律，应持慎重态度，不能朝令夕改，轻易变更法度。

贞观七年，太宗谓侍臣曰："天下愚人者多，智人者少，智者不肯为恶，愚人好犯宪章。凡赦宥之恩，惟及不轨之辈。古语云：'小人之幸，君子之不幸。''一岁再赦，善人喑哑[①]。'凡'养稂莠者伤禾稼，惠奸宄[②]者贼良人'。昔'文王作罚，刑兹无赦。'又蜀先主尝谓诸葛亮曰：'吾周旋[③]陈元方、郑康成之间，每见启告理乱之道备矣，曾不语赦。'故诸葛亮治蜀十年不赦，而蜀大化。梁武帝每年数赦，卒至倾败。夫谋小仁者，大仁之贼。故我有天下以来，绝不放赦。今四海安宁，礼义兴行，非常之恩，弥不可数，将恐愚人常冀侥幸，惟欲犯法，不能改过。"

注释

①喑（yīn）哑：沉默不语。

②奸宄（guǐ）：指违法作乱。

③周旋：交往。

译文

贞观七年，唐太宗对侍从的大臣们说："天下愚昧的人多，聪明的人少，聪明人不会做坏事，愚昧的人却屡屡触犯法律。国家赦免宽恕的恩典，都是给那些图谋不轨的人设立的。古话说：'小人的幸运，就是君子的不幸。''一年几次赦免，善良的人就会沉默不语。'凡是'生长有稂莠杂草的地方，田中的禾苗就会受到伤害，将恩惠施予奸邪的人就会伤害善良的人'。从前'周文王制定刑罚，对触犯刑罚的一概不予赦免'。还有蜀先主刘备曾对诸葛亮说：'我曾和陈元方、郑康成往来，常听到他们讲说治乱之道，说得十分齐备，但从来没听到他们讲过赦免。'因此诸葛亮治理蜀国，十年中从未实行赦免，而蜀国获得了很好地治理。梁武帝每年几次赦免，终于导致倾覆败亡。这种谋求小的恩惠的做法，实际上是对大的仁义的损害。所以我取得天下以来，绝不颁发赦令。如今四海安宁，礼义盛行，特殊的恩典，数不胜数。只恐怕愚昧的人常寄希望于侥幸，只想犯法，而不能改正过错。”

贞观十年，太宗谓侍臣曰：“国家法令，惟须简约，不可一罪作数种条。格式既多，官人不能尽记，更生奸诈，若欲出罪即引轻条，若欲入罪即引重条。数变法者，实不益道理，宜令审细，毋使互文[①]。”

注释

①互文：指互有歧义的条文。

译文

贞观十年，唐太宗对侍臣说：“国家的法令，必须制订得简约，不能一条罪名有多条处罚的条款。格式繁多，官员就不能完全记下来，反而会生出许多奸诈的事端来。如果要开脱犯人的罪名，就会援引从轻判的条款，如果要加重罪责，就会援引从重判的条款。一再变更法令，实在无益于刑法的处理，我们应该仔细审定法令，不要使各法律条款产生歧义。

贞观十一年，太宗谓侍臣曰：“诏令格式，若不常定，则人心多惑，奸诈益生。《周易》称‘涣汗其大号’，言发号施令，若汗出于体，一出而不复也。《书》曰：‘慎乃出令，令出惟行，弗为反。’且汉祖日不暇给，萧何[①]于小吏，制法之后，犹称画一。今宜详思此义，不可轻出诏令，必须审定，以为永式。”

注释

①萧何（前257—前193）：沛县丰邑（今属江苏丰县）人。早年任秦沛县狱吏。秦末佐刘邦起义，后任汉朝丞相。

译文

贞观十一年，唐太宗对侍臣们说：“朝廷发布的诏令格式，如果不长期固定，人们就会产生许多疑惑，奸诈的行为就会发生的更多。《周易》说‘涣汗其大号’，就是说皇帝发号施令，像汗水流出身体，一旦发出就不可收回。《尚书》说‘下达命令要慎重，命令一出就要坚决执行，不可更改’。汉高祖政务繁忙，没有空闲，萧何也是由小官起家，可制定出的律令，都整齐划一。如今我们应仔细思考这个问题，不可轻易颁发诏书，必须严加审定，作为永久的准则。”

长孙皇后遇疾，渐危笃。皇太子启后曰：“医药备尽，今尊体不瘳①，请奏赦囚徒并度人入道，冀蒙福祐。”后曰：“死生有命，非人力所加。若修福可延，吾素非为恶者；若行善无效，何福可求？赦者国之大事，佛道者，上每示存异方之教耳，常恐为理体之弊。岂以吾一妇人而乱天下法？不能依汝言。”

注释

①瘳（chōu）：病愈。

译文

长孙皇后生了病，日渐危重。皇太子承乾对皇后请求说：“所有的医药都用遍了，现在母后的尊体仍不能痊愈，请允许我奏知父皇赦免囚犯，并度一些人出家供奉佛祖，以求得到神灵的保佑赐福。”长孙皇后说：“生死都是命中注定，不是人力所能改变的。如果行善修福能延长寿命，那我向来没做过什么坏事；如果平素行善都无效，那又有什么福可求呢？赦免犯人是国家的大事，而佛教，皇上经常表示那只不过是保留的一种外来宗教罢了，还经常担心它成为治理国家的弊病。现在怎能因为我一个妇人而乱了国家的法度，不能按你说的办。”

贡赋第三十三

导读

“贡赋”在此篇中主要是指臣民和藩属向君主进献的珍贵土特产品。古代帝王作为一国之君，会尽享各地特色物产和奇珍异品，但是如果过分在意这种外在的物质享受，就会助长君王贪婪奢侈的欲望，形成上下猎奇以献媚的不良风气。而更为可怕的是，国君对贡赋的过度追求，必然加重百姓的经济和劳役负担，不利于农业的发展和社会的稳定。因此说，国君个人对贡赋的态度，是影响整个封建王朝发展的大事。在《贡赋》篇中，无论是清除贡赋外求的旧弊端，还是拒绝高丽进献的白金；无论是放归鹦鹉于山林，还是送还美女于故土，都反映了唐太宗吸取前代君王奢侈、暴虐而亡国的教训，从自身做起，不贪恋贡赋，惜物、爱民、重德的思想。这在当时国势强盛的封建唐朝实属难能可贵。

贞观二年，太宗谓朝集使曰：“任土作贡，布在前典，当州所产，则充庭实①。比闻都督、刺史邀射声名，厥土所赋，或嫌其不善，逾意外求，更相仿效，遂以成俗。极为劳扰，宜改此弊，不得更然。”

注释

①庭实：列于朝堂上的贡品。

译文

贞观二年，唐太宗对从各地来朝廷进贡的使者说：“根据土地的生产情况来确定贡赋，都记载在从前的政典中，本州所产，就充当贡品。近来我听说有些都督、刺史追求声名，嫌本地的贡赋不好，就越境到外地寻求，各地相互仿效，成为习俗。这样做会劳民伤财。应该改掉这种弊病，以后不得再这么做了。”

贞观中，林邑国[①]贡白鹦鹉，性辩慧，尤善应答，屡有苦寒之言。太宗愍之，付其使，令还出于林薮。

注释

①林邑国：位于中南半岛东部之古国名，又作“临邑国”。约在今越南南部顺化等处。

译文

贞观年间，林邑国向唐太宗进奉了白鹦鹉，这只鹦鹉非常聪明，尤其善于应答，但它在应答之中，竟然经常流露出凄苦无助的言语来。唐太宗很怜悯它，把它交给使者，让使者将它放归于森林。

贞观十二年，疏勒、朱俱波、甘棠遣使贡方物，太宗谓群臣曰：“向使中国不安，日南、西域朝贡使亦何缘而至？朕何德以堪之？睹此翻怀危惧。近代平一天下，拓定边方者，惟秦皇、汉武。始皇暴虐，至子而亡。汉武骄奢，国祚几绝。朕提三尺剑以定四海，远夷率服，亿兆乂安，自谓不减二主也。然

二主末途，皆不能自保，由是每自惧危亡，必不敢懈怠。惟藉公等直言正谏，以相匡弼。若惟扬美隐恶，共进谀言，则国之危亡，可立而待也。”

译文

贞观十二年，西域的疏勒、朱俱波、甘棠国派使者向唐太宗进献土特产。唐太宗对各位大臣说：“如果中国不安定，南方的日南、西域各国的朝贡使者怎么会源源不断进入京城呢？我何德何能，能得到这样的礼遇。看到这一切反而心怀危惧之心。近代以来，能够统一天下，拓宽疆域，安定边关的，只有秦始皇和汉武帝。但秦始皇残酷暴虐，到他儿子那一代就灭亡了。汉武帝骄傲奢侈，国运几乎被断送。我挥剑平定天下，远方异族纷纷臣服，亿万百姓平安无事，自认为功业不逊于这两位帝王。但是这两个帝王晚年也都穷途末路，不能保全自己。因此，我常常为国家的危亡感到担忧，不敢有丝毫懈怠。只希望各位大臣直言进谏，来纠正过失，辅佐我治理好国家。如果只是一味地赞美功绩，隐瞒过失，大家都说阿谀奉承的言辞，那么国家的危亡，就近在咫尺了。”

贞观十八年，太宗将伐高丽，其莫离支[①]遣使贡白金。黄门侍郎褚遂良谏曰：“莫离支虐杀其主，九夷所不容，陛下以之兴兵，将事吊伐，为辽东之人报主辱之耻。古者讨弑君之贼，不受其赂。昔宋督[②]遗鲁君以郜鼎，桓公受之于大庙，臧哀伯谏曰：‘君人者将昭德塞违，今灭德立违，而置其赂器于大庙，百官象之，又何诛焉？武王克商，迁九鼎于雒邑，义士犹或非之，而况将昭违乱之赂器置诸大庙，其若之何？’夫《春秋》之书，百王取则，若受不臣之筐篚[③]，纳弑逆之朝贡，不以为愆，将何致伐？臣谓莫离支所献，自不合受。”太宗从之。

注释

①莫离支：是高句丽专制权臣盖苏文为篡夺王位而自设的一种官职。

②宋督：字华父，宋戴公之孙。

③筐篚（fěi）：盛物竹器。方曰筐，圆曰篚。这里指贿赂的礼品。

译文

贞观十八年，唐太宗将要攻打高丽，高丽官员莫离支盖苏文派使者向大唐进献白金。黄门侍郎褚遂良进谏说：“莫离支杀害了他的国君，为天下所不容，陛下因此出兵，用讨伐来吊唁他们的亡君，是为百姓洗刷国君被杀的耻辱。古人讨伐杀害君主的罪人，是不会接受罪人的贿赂的。春秋时，宋督杀了殇公后，送给鲁桓公郜国制造的鼎，鲁桓公接受了，把它放置在大庙里，鲁国大夫臧哀伯进谏说：‘国君应该弘扬道德，杜绝邪恶，可是宋督却毁灭道德，违背礼制，而把他贿赂的物品供奉在大庙之中，文武百官如果效仿，以后又能惩罚谁呢？周武王灭了商朝，把商朝的九鼎迁移到雒邑，遭到伯夷等义士的责备，更何况把犯上作乱者贿赂的器物放置在大庙里呢？真不知会产生什么样的后果。’《春秋》这本书，是历代国君取法的典籍，如果接受不义臣子的物品和杀君叛臣的贡奉，却不认为是错误的，那该用什么理由讨伐高丽呢？我认为莫离支进献的白金不可接受。”唐太宗听从了他的意见。

贞观十九年，高丽王高藏[①]及莫离支盖苏文遣使献二美女，太宗谓其使曰："朕悯此女离其父母兄弟于本国，若爱其色而伤其心，我不取也。"并却还之本国。

注释

①高藏：高句丽末代君王。

译文

贞观十九年，高丽国王高藏和莫离支盖苏文派使者向唐太宗进献了两个美女，唐太宗对使者说："我可怜这两个女子，她们离开了在本国的父母兄弟，如果因为爱她们的美色而使她们伤心，那我不会接受。"于是把二人送还故土。

辨兴亡第三十四

导读

《辨兴亡》篇主要记录了唐太宗和诸位大臣关于朝代兴亡的一些讨论。魏徵曾说："鉴形之美恶，必就于止水；鉴国之安危，必取于亡国。"就是说，要考察国家兴衰的原因，必须以灭亡的国家为借鉴。他还说："若能思其所以危，则安矣；思其所以乱，则治矣；思其所以亡，则存矣。"就是说，当朝君王必须总结前朝兴亡的经验和教训，才能避免迅速亡国的悲剧，保证国家的长治久安。关于前朝兴亡的原因和经验，《辨兴亡》篇得出了三个主要结论：其一，施政原则，要以仁义为本，而非依靠欺诈和武力。唐太宗认为，"周既克殷，务弘仁义；秦既得志，专行诈力"。其二，治理国家，要使百姓富足，积累恩德，不在于国家钱粮的充足。太宗认为，"凡理国者，务积于人，不在盈其仓库"。就是君王要把百姓的利益放在首位，百姓受恩于朝廷，必然尊君重道。而如果只考虑仓库的充实与否，以朝廷的利益为先，则只能有利于自身的奢侈，丧失民心。其三，作为国君，要行仁义，任用贤良。太宗认为，“观古人君，行仁义、任贤良则理；行暴乱、任小人则败”。

贞观初，太宗从容谓侍臣曰：“周武平纣之乱，以有天下；秦皇因周之衰，遂吞六国。其得天下不殊，祚运长短若此之相悬也?”尚书右仆射萧瑀进曰：“纣为无道，天下苦之，故八百诸侯不期而会。周室微，六国无罪，秦氏专任智力，蚕食诸侯。平定虽同，人情则异。”太宗曰：“不然，周既克殷，务弘仁义；秦既得志，专行诈力。非但取之有异，抑亦守之不同。祚之修短，意在兹乎!”

译文

贞观初年，唐太宗从容地对身边的大臣们说：“周武王平定了商纣王之乱，取得了天下；秦始皇乘周王室的衰微，就吞并了六国。他们取得天下没有什么不同，为什么国运的长短如此悬殊呢?”尚书右仆射萧瑀回答说：“商纣王暴虐无道，天下的人都受他之苦，所以八百诸侯不约而同地来与周武王会师，讨伐纣王。周朝虽然衰微，六国却无罪，秦国完全是倚仗智谋和武力，像蚕吃桑叶一样，逐渐吞并诸侯的。虽然同是平定天下，人们对待他们的态度却不同。”太宗说：“不是那样，周朝灭殷商以后，努力推行仁义；秦国达到目的以后，却一味地施行欺诈和暴力。他们不仅在取得天下的方式上有不同，而且守护天下的方式也不相同。国运之所以有长有短，道理大概就在这里吧!”

贞观二年，太宗谓黄门侍郎王珪曰：“隋开皇十四年大旱，人多饥乏。是时仓库盈溢，竟不许赈给，乃令百姓逐粮。隋文不怜百姓而惜仓库，比至末年，计天下储积，得供五六十年。炀帝恃此富饶，所以奢华无道，遂致灭亡。炀帝失国，亦此之由。凡理国者，务积于人，不在盈其仓库。古人云：‘百姓不足，君孰与足？’但使仓库可备凶年，此外何烦储蓄！后嗣若贤，自能保其天下；如其不肖，多积仓库，徒益其奢侈，危亡之本也。”

译文

贞观二年，唐太宗对黄门侍郎王珪说：“隋朝开皇十四年遇到大旱，百姓大多忍饥挨饿。当时国家粮仓贮存非常充盈，可是朝廷竟不肯用粮食赈济灾民，却让百姓到有粮食的地方去逃荒。隋文帝不怜悯百姓却吝惜仓库里粮食，到了隋朝末年，统计粮仓贮存的粮食，可以满足国家五六十年的需要。隋炀帝依仗国家如此的富庶，所以奢侈无度，荒淫无道，终于导致国破家亡。隋炀帝亡国，也是因为这个原因。凡是治理国家的人，务必要先让百姓积财粮，不在于充实粮仓。古人说：‘老百姓不富足，国君又怎么能够富足呢？’只要仓库的贮备足以对付灾年，除此之外，贮存再多的粮食又有什么用呢？国君的后代如果贤明，他自然可以保住江山，如果他昏庸，即使粮食积满仓库，也只是助长他奢侈浪费的习气而已，这是国家危亡的祸根。”

贞观五年，太宗谓侍臣曰：“天道福善祸淫，事犹影响[①]。昔启人[②]亡国来奔，隋文帝不吝粟帛，大兴士众营卫安置，乃得存立。既而强富，子孙不思念报德，才至始毕[③]，即起兵围炀帝于雁门。及隋国乱，又恃强深入，遂使昔安立其国家者，身及子孙，并为颉利[④]兄弟之所屠戮。今颉利破亡，岂非背恩忘义所至也？”群臣咸曰：“诚如圣旨。”

注释

①影响：报应、应验。

②启人：即启民可汗（？—609），东突厥可汗，名染干，也称突利可汗。

③始毕：始毕可汗（？—619），姓阿史那，名咄吉世（或咄吉），启民可汗之子。

④颉利：即颉利可汗（579—634），东突厥可汗。名咄苾，为启民可汗第三子。620 年继其兄处罗为颉利可汗。

译文

贞观五年，唐太宗对侍从的大臣们说："上天给善人降福、给坏人降祸，事情还是有应验的。当年突厥的启民可汗亡国，投奔隋朝，隋文帝不惜粮食布帛，动员了大批兵士进行守卫和安置，才使他们能够生存下来。不久突厥富强了，启民可汗的子孙却不想着报答恩德。到始毕可汗时，就起兵把隋炀帝围困在雁门关。等到隋朝大乱，又依仗兵强马壮深入内地，致使当年帮助启民可汗安家立国的隋朝官员以及他们子孙，都被颉利可汗兄弟所屠杀。如今颉利可汗破灭了，难道不是忘恩负义的报应吗？"大臣们都说："确实像陛下所说的那样。"

贞观九年，北蕃归朝人奏："突厥内大雪，人饥，羊马并死。中国人在彼者，皆入山作贼，人情大恶。"太宗谓侍臣曰："观古人君，行仁义、任贤良则理；行暴乱、任小人则败。突厥所信任者，并共公等见之，略无忠正可取者。颉利复不忧百姓，恣情所为，朕以人事观之，亦何可久矣？"魏徵进曰："昔魏文侯问李克：'诸侯谁先亡？'克曰：'吴先亡。'文侯曰：'何故？'克曰：'数战数胜，数胜则主骄，数战则民疲，不亡

何待？’颉利逢隋末中国丧乱，遂恃众内侵，今尚不息，此其必亡之道。”太宗深然之。

译文

贞观九年，北突厥归顺唐朝的人上奏说：“突厥境内降了大雪，百姓饥荒，羊和马都死了。住在那里的汉人都跑到山里做了强盗，民情非常不好。”太宗对侍臣们说：“我观察古代的君主，实行仁义、任用贤良就能使国家得以治理；施行暴政、任用小人国家就会败亡。突厥君主所信任的人，正如我们大家所看到的，大略没有忠诚正直可取的。首领颉利又不关心百姓，恣意妄为，我从人情事理来分析，他又怎么可能统治长久呢？”魏徵进言说：“从前魏文侯询问李克：‘诸侯之中谁会最先灭亡？’李克回答：‘吴国先灭亡。’魏文侯问：‘为什么呢？’李克说：‘屡战屡胜，经常的胜利会使君主骄傲，而经常发动战争就会使民生疲弊，不灭亡还等什么呢？’颉利可汗趁着隋末中原大乱，就依仗自己兵强马壮入侵中原，到今天还不想罢休，这就是他必然灭亡的原因。”太宗对此非常赞同。

贞观九年，太宗谓魏徵曰：“顷读周、齐史，末代亡国之主为恶多相类也。齐主深好奢侈，所有府库用之略尽，乃至关市无不税敛。朕常谓此犹如馋人自食其肉，肉尽必死。人君赋敛不已，百姓既弊，其君亦亡，齐主即是也。然天元、齐主若为优劣？”徵对曰：“二主亡国虽同，其行则别。齐主懦弱，政出多门，国无纲纪，遂至亡灭。天元性凶而强，威福在己，亡国之事，皆在其身。以此论之，齐主为劣。”

译文

贞观九年，唐太宗对魏徵说："近来我读北周、北齐的史书，发现末代亡国的君主，所从事的坏事多数都很类似。齐主高纬非常奢侈，府库的存贮，几乎都被他挥霍光了，以至于关口、市集，无不通过征收赋税来聚敛财富。我常说，这就像嘴馋的人吃自己身上的肉一样，肉吃完了自己也就死了。君主不停地征敛赋税，百姓疲弊以后，他们的君主也就灭亡了，齐主就是这样的人。然而后周天元皇帝与齐主相比较，谁优谁劣呢?"魏徵回答说："这两个君主虽然同样亡国，他们的行为还是有所区别。齐主懦弱，朝廷政令不一，国家没有纲纪，以至灭亡。天元帝生性凶悍好强，作威作福独断专行，国家的灭亡，都在他自身。从这方面来看，齐后主要差一些。"

卷九

征伐第三十五

导读

《征伐》篇主要讲述了唐太宗及群臣关于征战和讨伐的讨论。贞观年间，国家政治清明，人民富足安乐。究其原因，一方面在于唐太宗实行了以“仁德”和“休养生息”为核心的对内政策；另一方面则在于唐太宗实施了“敢征伐”但又“慎征伐”的对外政策。这一对外政策的实施，既有效地缓解了唐代的边疆危机，弘扬了大唐国威，又为国内农业经济的发展与社会的稳定创造了条件。所谓“敢征伐”，就是要敢于对来犯之敌进行征战，敢于对不忠之臣进行讨伐。这是抵御外族入侵，保护国内人民，巩固边疆的必然要求，容不得半点犹豫和退缩。正是凭借这种正气和勇气，太宗才能不战而退突厥百万之兵，战而能平定高丽之乱。所谓“慎征伐”，就是要谨慎地对待对外的征战和讨伐，即能用和平手段解决的问题，绝不乱兴战事，屡屡用兵，并要时刻认识到征战过度，不但会耗费国家多年积聚的人力、物力和财力，还会使百姓兵役、劳役过度，影响农业经济的发展，甚至还会使百姓对朝廷心生怨恨，影响社会的稳定。因此，唐太宗说，“兵者，凶器，不得已而用之”，于是放弃了对“高州酋帅冯盎”和“林邑蛮国”的征讨，并对北狄外族实行和亲政策，修数年之好。纵观中国古代王朝，因为君王穷兵黩武、贪恋战功而致使国家败亡的例子不胜枚举，唐太宗及其群臣能吸取前代的教训，充分分析和论证了征战在国家存亡中的作用，认识到不但要“敢征伐”“慎征伐”，还不能忘在和平时期积极备战，以应对突如其来的入侵和战乱，既客观辩证，又鉴往知来，实在难能可贵。

武德九年冬，突厥颉利、突利二可汗以其众二十万，至渭水便桥之北，遣酋帅执矢思力入朝为觇[①]，自张声势云：“二可汗总兵百万，今已至矣。”乃请返命。太宗谓曰：“我与突厥面自和亲，汝则背之，我无所愧，何辄将兵入我畿县，自夸强盛？我当先戮尔矣！”思力惧而请命。萧瑀、封德彝等请礼而遣之，太宗曰：“不然。今若放还，必谓我惧。”乃遣囚之。太宗曰：“颉利闻我国家新有内难，又闻朕初即位，所以率其兵众直至于此，谓我不敢拒之。朕若闭门自守，虏必纵兵大掠。强弱之势，在今一策。朕将独出，以示轻之，且耀军容，使知必战。事出不意，乖其本图，制服匈奴，在兹举矣。”遂单马而进，隔津[②]与语，颉利莫能测。俄而六军继至，颉利见军容大盛，又知思力就拘，由是大惧，请盟而退。

注释

①觇（chān）：窥探，侦查。

②津：渡口。

译文

武德九年冬天，突厥颉利、突利二位首领率领二十万士兵，长驱直入到渭水便桥以北。他们派主帅执矢思力入朝窥探虚实，执矢思力虚张声势地说：“二位可汗一共有兵马百万之众，现在已到来。”唐太宗说：“我已与突厥当面议定和亲，你们如今却违背协议，我无所愧疚，而你们为什么兴兵入侵我京师周边的州县，还自夸强盛？我要先杀了你。”思力吓得连忙请求饶命。萧瑀、封德彝等大臣连忙请求按固有礼节将他遣返回去。唐太宗说："不行，如果把他遣返，他们一定会认为我害怕了。"于是下令把他囚禁起来。唐太宗对大臣们说："颉利听说大唐最近国内有乱，又听说我刚刚继位。所以率军直逼长安城下，以为我不敢抵抗。我如果关闭城门自守，他们必定放纵士兵大肆掳掠。局势是强是弱，在于今日的决策。我决定单独出城，以表示对他们的轻视，并且炫耀我们的军容，让他们知道我们必将迎战。事情出乎他们的意料，就会挫败他们原来的计划，制伏匈奴，在此一举了。"于是骑马单独向前，隔着渭河渡口向他们喊话，而颉利却摸不清虚实。不久，大唐六军相继到达，颉利看到大唐兵军容强盛，又得知执矢思力被囚禁，因而非常害怕，于是请求签定盟约后，很快退兵。

贞观初，岭南诸州奏言高州酋帅冯盎、谈殿[①]阻兵反叛。诏将军蔺謩发江、岭数十州兵讨之。秘书监魏徵谏曰："中国初定，疮痍未复，岭南瘴疠，山川阻深，兵远难继，疾疫或起，若不如意，悔不可追。且冯盎若反，即须及中国未宁，交结远人，分兵断险，破掠州县，署置官司。何因告来数年，兵不出境？此则反形未成，无容动众。陛下既未遣使人就彼观察，即来朝谒，恐不见明。今若遣使，分明晓谕，必不劳师旅，自致阙庭[②]。"太宗从之，岭表悉定。侍臣奏言："冯盎、谈殿往年恒相征伐，陛下发一单使，岭外恬然。"太宗曰："初，岭南诸州盛言盎反，朕必欲讨之，魏徵频谏，以为但怀之以德，必不讨自来。既从其计，遂得岭表无事，不劳而定，胜于十万之师。"乃赐徵绢五百匹。

注释

①冯盎、谈殿：冯盎，字明达，高州人，隋亡后占据岭南二十余州，自号总管。降唐后被高祖封为越国公。谈殿，当时也占据在岭南一带。

②阙庭：皇宫，借指朝廷。

译文

贞观初年，岭南各州县上奏告发高州统帅冯盎、谈殿依仗军队进行反叛，唐太宗下诏令将军蔺謩调动江南道、岭南道等十个州县的兵马讨伐他们。秘书监魏徵进谏劝止说："中原刚刚获得太平，战争造成的疮痍还未恢复，岭南地区瘴气很多，山川险阻，兵马远行难以前后相继，疾病瘟疫经常发生，如果达不到预期目的，后悔就来不及了。并且，冯盎如果真的造反，必然会趁中原地区不安定的时候，还会勾结境外乱党，分兵据守险要之地，攻城略地，设置州府。为什么告发他们反叛都好几年了，还不见他军队攻出边境呢？这说明反叛的形势还没有形成，不必兴师动众。既然陛下还没派使者前去查明，即使他们来朝廷陈述，恐怕也无法获得真相。现在如果派人去打探，把朝廷的打算告知他们，不必动用军队，他们自己就会来归顺朝廷。"唐太宗接受了这个意见，岭南地区于是得到安定。一位侍臣上奏说："冯盎和谈殿多年来一直相互作战，陛下只派了一个使者，就使岭南地区获得了太平。"唐太宗也说："当初岭南各州都盛传冯盎要叛乱，我决心讨伐他们。是魏徵频频上书劝谏我，认为只要用仁德来安抚他们，不必讨伐，他必定会亲自来归顺朝廷。我听从了他的建议，于是岭南获得安宁，不需要兵马就安定了那里，其效果真是胜过十万大军的威力。"于是赏赐魏徵绢五百匹。

贞观四年，有司上言："林邑蛮国，表疏不顺，请发兵讨击之。"太宗曰："兵者凶器，不得已而用之。故汉光武云：'每一发兵，不觉头须为白。'自古以来穷兵极武，未有不亡者也。苻坚[①]自恃兵强，欲必吞晋室，兴兵百万，一举而亡。隋主亦必欲取高丽，频年劳役，人不胜怨，遂死于匹夫之手。至如颉利，往岁数来侵我国家，部落疲于征役，遂至灭亡。朕今见此，岂得辄即发兵？但经历山险，土多瘴疠，若我兵士疾疫，虽克剪此蛮，亦何所补？言语之间，何足介意！"竟不讨之。

注释

①苻坚（338—385）：十六国时期前秦皇帝。字永固，略阳临渭（今甘肃秦安东南）人。由于连年用兵，人民负担沉重，加深了境内的阶级矛盾。383 年征调九十余万军队攻晋，在淝水大败。不久被羌族首领姚苌所杀。

译文

贞观四年，主管大臣报告说："南方的林邑是蛮夷之国，所上奏章中的言辞不恭顺，请陛下发兵讨伐他们。"唐太宗说："用兵，是一件凶险的事情。不到万不得已不要采用，所以汉光武帝说：'每一次发兵，不觉头发和胡须就会变白。'自古以来穷兵黩武的人，没有不自取灭亡的。苻坚自恃兵力强大，一心要吞并晋朝，出兵百万，结果一次战争就灭亡了。隋炀帝也一定要攻破高丽，多年征战，劳役不断，老百姓苦不堪言，于是他死于小人之手。突厥颉利，几年来他多次进犯中原，部落成员被战事弄得疲惫不堪，于是也灭亡了。我现在看到这些，哪能轻易出战呢？况且要翻越崇山峻岭，那里又瘴气弥漫，如果士兵们染上疾病和瘟疫，即使消灭了这一蛮国，又有什么好处呢？言语之间的不恭顺，又何必太在意！”于是决定不讨伐林邑。

贞观五年，康国[①]请归附。时太宗谓侍臣曰：“前代帝王，大有务广土地，以求身后之虚名，无益于身，其民甚困。假令于身有益，于百姓有损，朕必有为，况求虚名而损百姓乎？康国既来归朝，有急难不得不救；兵行万里，岂得无劳于民？若劳民求名，非朕所欲。所请归附，不须纳也。”

注释

①康国：即康居国，位于锡尔河至阿姆河之间，国王的祖先是月氏人。西汉时康居与大月氏本是两个游牧国，后来月氏人统治康居，成为隋唐时的康国。唐太宗时，曾遣使来求内附。

译文

贞观五年，康国请求归顺，当时唐太宗对侍臣们说：“前代的帝王，很多都致力于扩展疆土，以此来博得身后显赫的虚名，这样做既对自己无益，也使百姓劳顿不堪。如果是对自己有益，但对老百姓有害的事情，我绝不会做，何况是因为贪虚名而损害百姓的利益呢？康国既然归顺我朝，他们有紧急的困难我们就不得不救。但军队远行万里，怎么可能不劳役百姓呢？如果为求虚名而使百姓劳顿，这不是我想要的。所以康国归顺的要求，我就不能接受了。”

贞观十四年，兵部尚书侯君集[①]伐高昌，及师次柳谷，候骑言：“高昌王曲文泰死，克日将葬，国人咸集，以二千轻骑袭之，可尽得也。”副将薛万均、姜行本皆以为然。君集曰：“天子以高昌骄慢，使吾恭行天诛。乃于墟墓间以袭其葬，不足称武，此非问罪之师也。”遂按兵以待。葬毕，然后进军，遂平其国。

注释

①侯君集：幽州人，唐朝名将，凌烟阁二十四功臣之一。

译文

贞观十四年，兵部尚书侯君集讨伐高昌，等到部队驻扎在柳谷的时候，侦察的骑兵报告说："高昌王曲文泰病死，已经定下日期下葬，到时高昌的国民将齐聚一起，我们用两千骑兵去袭击，就可将他们全部俘获。"副将薛万均、姜行本都赞同这一计策。侯君集却说："皇上因为高昌骄傲轻慢，所以我奉天命派来讨伐他们。如果在墓地中去袭击他们的葬礼，不能表现大唐的威武，这不是讨伐罪人的正义之师。"于是按兵不动，等他们葬礼结束了才出兵征讨，不久就平定了高昌。

贞观十六年，太宗谓侍臣曰："北狄世为寇乱，今延陀[1]倔强，须早为之所。朕熟思之，惟有二策：选徒十万，击而虏之，涤除凶丑，百年无患，此一策也。若遂其来请，与之为婚媾。朕为苍生父母，苟可利之，岂惜一女！北狄风俗，多由内政，亦既生子，则我外孙，不侵中国，断可知矣。以此而言，边境足得三十年来无事。举此二策，何者为先？"司空房玄龄对曰："遭隋室大乱之后，户口太半未复，兵凶战危，圣人所慎，和亲之策，实天下幸甚。"

注释

①延陀：即薛延陀，中国古代部落名，初属突厥。唐贞观三年，太宗加封其首领为可汗。四年，助唐灭突厥。二十年，发生内乱，被唐所破。

译文

贞观十六年，唐太宗对侍臣说："北狄世代入侵和扰乱我们，现在薛延陀逐渐强大，应该早日处置他们。我仔细考虑了这个问题，只有两条对策。选派十万精兵，攻击虏获他们，铲除凶残丑恶之人，可确保百年没有祸患，这是一策。另外，如果满足他们的请求，与他们通婚，我作为天下苍生的父母，如果可以有利于百姓，我又怎会怜惜出嫁一个女儿！北狄的风俗，大多由妻室主政，如果有了儿子，就是我的外孙，他不会侵犯中原，这是肯定的。从这一点来说，可确保边境三十年太平无事。提出这两个计策，哪一个更好呢？"司空房玄龄回答说："在遭受隋末大乱以后，民间户口大半没有恢复，用兵和战争十分凶恶危险，圣明的人对此都很谨慎。和亲的策略，实在是天下的大幸啊！"

贞观十七年，太宗谓侍臣曰："盖苏文弑其主而夺其国政，诚不可忍。今日国家兵力，取之不难，朕未能即动兵众，且令契丹、靺鞨搅扰之，何如?"房玄龄对曰："臣观古之列国，无不强陵弱，众暴寡。今陛下抚养苍生，将士勇锐，力有余而不取之，所谓止戈为武者也。昔汉武帝屡伐匈奴，隋主三征辽左，人贫国败，实此之由，惟陛下详察。"太宗曰："善!"

注释

①契丹：我国古代北方少数民族，分布在辽河上游一带，唐代初年归附唐朝。

②靺鞨（mò hé）：我国古代北方少数民族，分布在松花江、牡丹江以及黑龙江下游地区。

译文

贞观十七年，唐太宗对侍臣说："盖苏文杀害了他的君主，夺取了高丽国的政权，确实令人不能容忍。现在凭借大唐的兵力去平定他们并不难，但我不能立即发兵，暂且命令契丹、靺鞨去搅乱他们，怎么样?"房玄龄说："臣观察古代的国家，无不以强凌弱，以众欺寡。现在，陛下抚爱养育天下百姓，将士骁勇精锐，兵力有余却不攻取他们，这是古人所说的：能停止战争，才是真正的武功。过去汉武帝多次征讨匈奴，隋炀帝三次攻打辽东，导致百姓贫困，国家败亡，实在是由这些战争造成的。请陛下详加考察。"太宗说："你说的对。"

贞观十八年，太宗以高丽莫离支贼杀其主，残虐其下，议将讨之。谏议大夫褚遂良进曰："陛下兵机神算，人莫能知。昔隋末乱离，克平寇难，及北狄侵边，西蕃失礼，陛下欲命将击之，群臣莫不苦谏，惟陛下明略独断，卒并诛夷。今闻陛下将伐高丽，意皆荧惑。然陛下神武英声，不比周、隋之主，兵若渡辽，事须克捷，万一不获，无以威示远方，必更发怒，再动兵众。若至于此，安危难测。"太宗然之。

译文

贞观十八年，唐太宗因为高丽国的莫离支杀害了自己的君主，残暴地对待下属，所以和众大臣商议讨伐他。谏议大夫褚遂良进谏说："陛下用兵神机妙算，常人不能了解您的谋略，过去隋末天下大乱，陛下平定了贼寇，等到北狄对边境侵犯，西边少数民族违背大唐礼仪时，陛下想要命将领打击他们，臣子们没有谁不苦苦劝阻，但只有陛下一人圣明，英名决断，最终一起诛灭了异族。现在听说陛下要讨伐高丽，大臣们心里都很疑惑。然而陛下英明神勇，是周代、隋代的君主所无法相比的。可是，士兵们一旦渡过辽河，必须速战速决，万一不能获胜，不能向远方异族显示朝廷的神威，陛下必定因此更加生气，再次兴师动众。如果到了这种地步，国家的安危就难以预料了。”太宗认为他的话很有道理。

贞观十九年，太宗将亲征高丽，开府仪同三司[①]尉迟敬德奏言：“车驾若自往辽左，皇太子又监国定州，东西二京，府库所在，虽有镇守，终是空虚，辽东路遥，恐有玄感之变。且边隅小国，不足亲劳万乘。若克胜，不足为武，倘不胜，翻为所笑。伏请委之良将，自可应时摧灭。”太宗虽不从其谏，而识者是之。

注释

①开府仪同三司：唐代文散官的最高官阶，为从一品。

译文

贞观十九年，唐太宗将出征高丽，开府仪同三司尉迟敬德上奏说：“陛下如果亲征辽东，皇太子现在又在定州监理国政，洛阳、长安二京是国库重地，虽然都兵力镇守，但终归很空虚，辽东又路途遥远，恐怕会出现隋炀帝亲征高丽时，杨玄感趁机起兵围攻东都的变故。并且，高丽是边远地区的小国，何劳陛下亲自征讨。如果取胜，也不足以显示大唐的神武，倘若不胜，反而会被人取笑。我请求陛下委派良将去征讨，自然可将他们按时消灭。”唐太宗没有采纳他的意见，但是他的建议赢得了一些有识之士的肯定。

礼部尚书江夏王道宗[①]从太宗征高丽，诏道宗与李勣为前

锋，及济辽水克盖牟城，逢贼兵大至，军中佥[2]欲深沟保险，待太宗至，徐进。道宗议曰："不可，贼赴急远来，兵实疲顿，恃众轻我，一战可摧。昔耿弇[3]不以贼遗君父，我既职在前军，当须清道以待舆驾。"李勣大然其议。乃率骁勇数百骑，直冲贼阵，左右出入，勣因合击，大破之。太宗至，深加赏劳。道宗在阵损足，帝亲为针灸，赐以御膳。

注释

①道宗：江夏王，是唐高祖李渊的堂侄。

②佥：都。

③耿弇（yǎn）：东汉武将、军事家，字伯昭，扶风茂陵人。西汉末年从刘秀大将军，多次征战，授建威大将，封好畤侯。

译文

礼部尚书江夏王道宗跟随唐太宗征伐高丽，唐太宗命王道宗和李勣为先锋。等到他们渡过辽水，攻克了盖牟城之后，恰逢敌军大量涌来，唐朝将士都想挖深沟来求得保险，等唐太宗到了，再慢慢攻打他们。王道宗建议说："不行，敌军急匆匆地远道而来，士兵绝对是疲惫不堪了，他们倚仗人马众多，肯定会轻视我们，只要一次战斗就可以摧毁他们。过去，汉代的耿弇不把敌军留给君王处置。我们既然担任先锋，就应当清除道路，来等待陛下的驾临。"李勣非常赞同他的意见。于是王道宗率领几百名骁勇善战的骑兵，径直向敌人的阵地冲去，左冲右突，李勣趁势率兵配合夹击，大败敌军。唐太宗来后，对他们大加赞赏和犒劳。王道宗在战斗中伤了脚，唐太宗亲自替他针灸治疗，还赐给他御膳。

太宗《帝范》[1]曰："夫兵甲者，国家凶器也。土地虽广，好战则民凋；中国虽安，忘战则民殆。凋非保全之术，殆非拟寇之方，不可以全除，不可以常用。故农隙讲武，习威仪也；三年治兵，辨等列也。是以勾践轼蛙[②]，卒成霸业；徐偃弃武[③]，终以丧邦。何也？越习其威，徐忘其备也。孔子曰：'以不教民战，是谓弃之。'故知弧矢之威，以利天下，此用兵之职也。"

注释

①《帝范》：贞观二十二年正月，太宗作《帝范》十二篇以赐太子。

②勾践轼蛙：轼，古代车厢扶手横木，古人立于车上，扶轼表示敬意。相传越王勾践为报仇雪耻，准备出兵伐吴，途中见怒蛙，立即致敬，认为青蛙遇见敌人尚有一腔怒气，何况复国之兵。

③徐偃弃武：徐偃王是西周徐国国君，因为对下属以仁义相待，有三十六个诸侯向他朝贡臣服。后来周穆王命造父联合楚军进攻徐国，徐偃王主张仁义不肯战，于是败逃亡国。

译文

唐太宗在他作的《帝范》一书里写道："武器、铠甲是国家的凶器。土地虽然广阔，倘若喜欢发动战争也会使民生凋敝。国家虽然安宁，但忘记战备百姓就会懈怠。民生凋敝不是保全国家的办法，懈怠更不是对付敌人的策略，武装既不可完全解除，又不可经常使用。因此百姓农闲时，应讲习武艺，是为了练习国家的武备；三年练兵，以辨别等级位次。因此，越王勾践向怒蛙致敬，是为了激励士兵的斗志，终于成就霸业。徐偃放弃武备，终于丧失国家。这是为什么呢？就是因为越王练习武备，徐偃忘记战备。孔子说：'不教人民如何作战，就等于抛弃他们。'所以掌握了弓箭的威力是为了有利于天下百姓，这就是用兵的作用。”

贞观二十二年，太宗将重讨高丽。是时，房玄龄寝疾增剧，顾谓诸子曰：“当今天下清谧，咸得其宜，惟欲东讨高丽，主为国害。吾知而不言，可谓衔恨入地。”遂上表谏曰：

“臣闻兵恶不戢[①]，武贵止戈。当今圣化所覃[②]，无远不暨。上古所不臣者，陛下皆能臣之；所不制者，皆能制之。详观古今，为中国患害，无过突厥。遂能坐运神策，不下殿堂，大小可汗，相次束手，分典禁卫，执戟行间。其后延陀鸱张[③]，寻就夷灭，铁勒慕义，请置州县，沙漠已北，万里无尘。至如高昌叛涣于流沙，吐浑首鼠于积石，偏师薄伐，俱从平荡。高丽历代逋诛，莫能讨击。陛下责其逆乱，杀主虐人，亲总六军，问罪辽碣。未经旬日，即拔辽东，前后虏获，数十万计，分配诸州，无处不满。雪往代之宿耻，掩崤陵之枯骨，比功校德，万倍前王。此圣主所自知，微臣安敢备说。”

注释

①戢：收藏，收敛。

②覃（tán）：延及，深入。

③鸱（chī）张：鸱，恶鸟，即鹞鹰。鸱张即凶暴、嚣张的意思。

译文

贞观二十二年，唐太宗要再次兴兵征讨高丽，当时大臣房玄龄卧病在家，病情越来越重，他对儿子们说：“当今天下太平无事，各方面都得到了相应的安置，而陛下却要再次向东讨伐高丽，这是国家的大害。我如果知道它的危害却不指出来，就会含恨而死。”于是上疏唐太宗说：

“臣听说战争的凶恶在于不能停歇，武力贵在能化解干戈。当今，皇上圣德教化所延伸的地方，无论多远都能到达。古代不能臣服的，陛下都能使他们归顺；古代不能制服的，陛下都能控制他们。纵观古今历史，成为中原祸患的，莫过于突厥，而陛下却能运筹帷幄，不下朝堂，就使突厥大小可汗，依次归降，充当宫禁的宿卫，持戟服役在行伍之间，后来延陀部气焰嚣张，不久就被消灭。铁勒诸部讲求信义，请求朝廷在那里设置州县。大漠以北，方圆万里没有战争的尘烟。就像高昌国在沙漠地区的叛乱，吐谷浑在积石的进退不定，陛下只派遣了一支小部队，就将他们一一平定。高丽人历代逃避征讨，没有谁能去攻击讨伐他们。陛下谴责他们谋反作乱，杀死国君，虐待百姓，亲自统率六军，进伐辽水、碣石山地区，向他们兴师问罪。不过十天，就攻克辽东，前后俘虏的敌军，达到十万之多，把他们发配到各州充军，每处都人满为患。洗刷了前代旧有的耻辱，掩埋了阵亡将士的遗骨，比较功德，衡量德行，陛下超过前代帝王万倍。这是陛下都很清楚的，小臣怎么能完全地陈述。”

“且陛下仁风被于率土，孝德彰于配天。睹夷狄之将亡，则指期数岁；授将帅之节度，则决机万里。屈指而候驿，视景而望书，符应若神，算无遗策。擢将于行伍之中，取士于凡庸之末。远夷单使，一见不忘；小臣之名，未尝再问。箭穿七札，弓贯六钧[①]。加以留情坟典，属意篇什，笔迈钟、张，词穷贾、马。文锋既振，则宫徵[②]自谐；轻翰暂飞，则花葩竞发。抚万姓以慈，遇群臣以礼。褒秋毫之善，解吞州之网。逆耳之谏必听，肤受之愬[③]斯绝。好生之德，禁障塞于江湖；恶杀之仁，息鼓刀于屠肆。凫鹤荷稻粱之惠，犬马蒙帷盖之恩。降尊吮思摩之疮，登堂临魏徵之柩。哭战亡之卒，则哀动六军；负填道之薪，则情感天地。重黔黎之大命，特尽心于庶狱。臣心识昏愦，岂足论圣功之深远，谈天德之高大哉？陛下兼众美而有之，靡不备具，微臣深为陛下惜之重之，爱之宝之。”

注释

①钧：古代重量单位，三十斤为一钧。

②宫徵（zhǐ）：古代五音中宫音与徵音的并称。这里指音调。

③肤受之愬（sù）：指谗言。愬，同“诉”。

译文

“陛下仁德散布四方，恭孝之德齐于高天。看到四邻外族将要灭亡，就能估算要几年的时间，授予将帅统兵指挥的权力，就能在万里之外决定胜局。屈指估算，就能等到驿站骑兵的到来；观察日影，就能瞻望到捷报的送传，这样的符合应验，就如同神仙一般，谋划计算从无遗漏。在士兵中提拔将士，在凡夫中选择官吏。即使是远方的一位使者，陛下也能过目不忘；而一个小臣的名字，陛下无需询问第二次就能记牢。陛下射箭能射穿七层铠甲叶，拉弓能拉满六钧重的硬弓，加之陛下喜欢阅读三坟五典等古籍，专注于诗词文章，书法超过钟繇、张芝，辞赋胜过贾谊、司马相如。陛下文辞的锋芒挥洒自如，就像音乐一样自然和谐；灵巧的手笔一旦挥动，笔墨文字就像鲜花一样竞相开放。用仁慈安抚百姓，用礼节对待群臣，能表扬细小的好事，能放宽严峻的刑罚。能倾听逆耳的忠言，杜绝一切的谗言诽谤。尊崇上天的好生之德，禁止在江湖中设置渔网；出于厌恶杀戮的仁慈，停止在肉铺中动刀宰杀。田苑中的鸭、鹤受到稻谷、高粱喂养的恩惠，猎场中的犬马受到栖居帐篷的恩典。陛下不惜屈尊，亲自为被流箭射伤的大将军李思摩吸血疗伤，亲自到魏徵的灵堂吊唁他的灵柩。为战争中牺牲的将士痛哭，哀恸之情震动六军，还亲自背柴填充道路，真情足以感动天地。陛下重视黎民的生命，特别尽心审查百姓们的狱讼案件。臣心智愚钝，有什么资格议论陛下圣明功德的深厚宏远，谈论陛下与天一样高大的仁德啊！陛下兼有众多的美德，没有哪一方面不具备。小臣深切地为陛下珍惜、重视它们，爱护、珍视它们。”

“《周易》曰：‘知进而不知退，知存而不知亡，知得而不知丧。’又曰：‘知进退存亡，而不失其正者，其惟圣人乎！’由此言之，进有退之义，存有亡之机，得有丧之理，老臣所以为陛下惜之者，盖谓此也。《老子》曰：‘知足不辱，知止不殆。’臣谓陛下威名功德，亦可足矣；拓地开疆，亦可止矣。彼高丽者，边夷贱类，不足待以仁义，不可责以常理。古来以鱼鳖畜之，宜从阔略。必欲绝其种类，深恐兽穷则搏。且陛下每决死囚，必令三覆五奏，进素食，停音乐者，盖以人命所重，感动圣慈也。况今兵士之徒，无一罪戾，无故驱之于战阵之间，委之于锋刃之下，使肝脑涂地，魂魄无归，令其老父孤儿、寡妻慈母，望辒车[①]而掩泣，抱枯骨而摧心，足变动阴阳，感伤和气，实天下之冤痛也。且兵，凶器；战，危事，不得已而用之。向使高丽违失臣节，而陛下诛之可也；侵扰百姓，而陛下灭之可也；久长能为中国患，而陛下除之可也。有一于此，虽日杀万夫，不足为愧。今无此三条，坐烦中国，内为旧主雪怨，外为新罗报仇[②]，岂非所存者小，所损者大？”

注释

①辒车：运送灵柩的车子。

②为新罗报仇：高丽莫支离曾攻打新罗。

译文

“《周易》上写道：‘知道前进而不知道后退，知道生存而不知道死亡，知道获取而不知道丧失。’还写道：‘知道前进和后退、生存和死亡的道理，而又不迷失正道的，只有圣人吧。’根据这点来讲，前进之中包含着后退的涵义，生存之中隐藏着死亡的契机，获取之中存在着丧失的可能，老臣之所以为陛下惋惜的原因，正在于此。《老子》说：‘知道满足就不会受辱，知道适可而止就不会危险。’臣认为，陛下的威名功德，可以就此满足了；疆域的开拓，也可以停止了。高丽国，是边远的低贱族类，不值得用仁义对待他们，不能用正常的道理来要求他们。自古以来，就把它当做鱼鳖来畜养，应该对它施行宽缓简略的政策。如果一定要灭绝这一族类，我非常担心，它会像野兽被逼得无路可走时那样拼死反抗。陛下每次处决死囚，必定命令反复审查多次上奏，并且吃素食、停止音乐，都是因为人命非常重要，感动了陛下的圣慈之心。况且，现在的士兵，没有一点罪过，无缘无故让他们投身战争当中，置身于锋利的刀刃之下，使他们肝脑涂地，魂魄不能回归故土，让他们的老父孤儿、寡妻慈母，凝望着运载灵柩的车子掩面而泣，伤心欲绝地抱着亲人的尸骨，这足以使阴阳发生异常的变动，动摇和损伤天地间和谐的气息，实在是天下最冤屈和悲痛的事情啊！并且，用兵是凶险的手段，战争是危险的事情，不得已才使用他们。如果高丽违背了作臣子的礼节，陛下要诛杀它是可以的；如果它侵害了百姓，陛下要灭掉它，也是可以的；如果因为它长期以来是中原的祸患，陛下要铲除它，也是可以的。如果其中有一条理由成立，哪怕一天杀一万敌人，也不必感到惭愧。可是现在三条罪状都不成立，却要给中原百姓增添无尽的痛苦和烦恼，对内是为高丽的旧主洗涮冤屈，对外而言是为新罗报仇，这难道不是得到的太少，损失的太大吗？”

"愿陛下遵皇祖老子止足之诫，以保万代巍巍之名。发霈然[①]之恩，降宽之大诏，顺阳春[②]以布泽，许高丽以自新，焚凌波之船，罢应募之众，自然华夷庆赖，远肃迩安。臣老病三公，朝夕入地，所恨竟无尘露，微增海岳。谨罄残魂余息，豫代结草之诚[③]。倘蒙录此哀鸣，即臣死骨不朽。"

太宗见表，叹曰："此人危笃如此，尚能忧我国家。"虽谏不从，终为善策。

注释

①霈（pèi）然：大雨的样子。这里比喻恩泽广大。

②阳春：比喻太平盛世。

③结草之诚：比喻感恩报德，至死不忘。

译文

"但愿陛下遵照远祖老子'知足'的训诫，用来保全万代崇高的美名。准发盛大的恩惠，颁降宽大的诏令，顺应太平盛世而布施恩泽，允许高丽改过自新。烧掉战船，停止征兵，这样各民族人民自然会庆幸，远邦才能恭顺，国内才会安宁。为臣是年老多病，且是位列三公的人，早晚将要归去，遗憾的是我没有像尘露那样一点儿的功劳，能为国家稍微增添一些贡献。臣慎重地竭尽自己残存的精神和剩余的力气，预先表达自己以死相报的真诚之心。如果承蒙陛下采纳臣临终前的这些话，即使臣死去也是不朽的。"

太宗看了这篇奏书，感叹道："此人病危到这种地步还能为国家担忧。"虽然太宗没有接纳，但还是认为这是治国的良策。

贞观二十二年，军旅亟动，宫室互兴，百姓颇有劳弊。充

容徐氏[1]上疏谏曰：

“贞观已来，二十有余载，风调雨顺，年登岁稔，人无水旱之弊，国无饥馑之灾。昔汉武帝，守文之常主，犹登刻玉之符[2]；齐桓公，小国之庸君，尚涂泥金之事[3]。望陛下推功损己，让德不居。亿兆倾心，犹阙告成之礼；云、亭[4]伫谒，未展升中之仪。此之功德，足以咀嚼百王，网罗千代者矣。然古人有云：“虽休勿休。”良有以也。守初保末，圣哲罕兼。是知业大者易骄，愿陛下难之；善始者难终，愿陛下易之。

“窃见顷年以来，力役兼总，东有辽海之军[5]，西有昆丘之役[6]，士马疲于甲胄，舟车倦于转输。且召募役戍，去留怀死生之痛，因风阻浪，人米有漂溺之危。一夫力耕，年无数十之获；一船致损，则倾覆数百之粮。是犹运有尽之农功，填无穷之巨浪；图未获之他众，丧已成之我军。虽除凶伐暴，有国常规，然黩武玩兵，先哲所戒。昔秦皇并吞六国，反速危祸之基；晋武奄有三方，翻成覆败之业。岂非矜功恃大，弃德轻邦，图利忘害，肆情纵欲？遂使悠悠六合，虽广不救其亡；嗷嗷黎庶，因弊以成其祸。是知地广非常安之术，人劳乃易乱之源。愿陛下布泽流人，矜弊恤乏，减行役之烦。增雨露之惠。”

注释

①充容徐氏：唐代嫔妃名。徐氏，即唐太宗的妃子徐惠。

②刻玉之符：即玉牒，古代帝王进行封禅大典所用的玉简文书。

③泥金之事：指封禅大典。古代封禅用的玉牒和玉简是用水银和金屑封泥。

④云、亭：指泰山下的云云山和亭亭山。古代帝王在此进行封禅大典的祭奠活动。

⑤辽海之军：指征伐高丽。

⑥昆丘之役：指西征龟兹国。昆丘，是指昆仑山。

译文

贞观二十二年，军队多次大规模行动，宫殿交替修建，老百姓十分疲劳困苦。宫中的充容徐氏上奏说：

“贞观以来，二十多年来风调雨顺，年年五谷丰收，人民没有水旱之灾，国家没有发生饥荒的灾难。过去，汉武帝只是一个遵守成法的平常国君，但后来还是能用刻玉之符到泰山举行封禅大礼；齐桓公，是一个小国的平庸国君，也能用泥金玉牒举行封禅大典。希望陛下能退让功劳并自我谦逊，礼让功德而不独自占有。虽然亿万人民倾心归服，仍缺少大功告成的礼仪；云云山和亭亭山仍然伫立着等待拜谒，而陛下仍未举行祭天的仪式。这样的功德，完全有资格品评百代帝王，也超过了千代明主。然而古人说：‘受到称赞，也不要沾沾自喜。’这确实很有道理。坚守初衷，并保持到最后，即使古来圣哲也很少有人能做到。因此，可以知道，功业盛大的人容易骄傲，希望陛下把它当做很难做的事；开始做的好的人很难坚持到底，希望陛下把它当做很容易的事。

“妾私下看见，近年来兵役、徭役同时进行，东边有征辽的战争，西边有攻打龟兹的战役，士兵、战马都疲于战争，战船兵车都厌倦了来回运输。并且招募来戍边的士兵，开赴或离开战场，都怀有生离死别的悲痛；因为狂风和浪阻，人员和粮米都有漂走或溺亡的危险。一个农夫辛勤耕种，一年不过有几十担的收成；可一旦遇到翻船的损失，顷刻间几百担粮食就会化为乌有。这就好像运送有限的收成，去填入无尽的巨浪；贪图还未获得的外族民众，反而丢失了自己已经训练好的军队。虽然铲除凶恶、讨伐残暴是国家的职责，然而轻率无度地发动战争，也是先哲们

极力避免的。过去秦始皇吞并了六国，反而成为他迅速灭亡的基础；晋武帝获取魏、蜀、吴三方的土地，反而成为它倾覆败亡的坏事。这难道不是他们骄傲于自己功业、依仗自己强大，放弃了仁德、轻视国家安危，图谋利益、忘记祸害，放纵恣情的结果吗？于是无穷久远的天地，虽然广阔也不能挽救其灭亡；饥饿哀号中的百姓，因为国家的弊端反而成为亡国的祸患。由此可知，国土广阔并不是保持国家安宁的良策，人民劳顿是国家动乱的根源。希望陛下向老百姓施加恩惠和仁义，减轻他们的劳役、兵役的负担和烦恼，增加像雨露一样的恩惠给他们。”

“妾又闻为政之本，贵在无为。窃见土木之功，不可遂兼。北阙初建，南营翠微，曾未逾时，玉华创制，非惟构架之劳，颇有功力之费。虽复茅茨示约，犹兴木石之疲，假使和雇取人，不无烦扰之弊。是以卑宫菲食[①]，圣王之所安；金屋瑶台，骄主之为丽。故有道之君，以逸逸人；无道之君，以乐乐身。愿陛下使之以时，则力不竭矣；用而息之，则心斯悦矣。

“夫珍玩技巧，为丧国之斧斤；珠玉锦绣，实迷心之酖毒。窃见服玩鲜靡，如变化于自然，职贡奇珍，若神仙之所制，虽驰华于季俗，实败素于淳风。是知漆器非延叛之方，桀造之而人叛；玉杯岂招亡之术，纣用之而国亡。方验侈丽之源，不可不遏。夫作法于俭，犹恐其奢；作法于奢，何以制后？伏惟陛下，明照未形，智周无际，穷奥秘于麟阁[②]，尽探赜[③]于儒林。千王治乱之踪，百代安危之迹，兴亡衰乱之数，得失成败之机，固亦包吞心府之中，循环目围之内，乃宸衷久察，无假一二言焉。惟知之非难，行之不易，志骄于业著，体逸于时安。伏愿抑志裁心，慎终成始，削轻过以添重德，择今是以替前非，则鸿名与日月无穷，盛业与乾坤永泰！”

太宗甚善其言，特加优赐甚厚。

注释

①菲食：粗劣的饮食。

②麟阁：麒麟阁。汉宣帝曾将功臣的画像放在麒麟阁内，来表彰他们的功绩。

③赜（zé）：幽深莫测。

译文

“妾又听说，治理国家的根本，贵在无为而治。妾私下以为，土木工程不可同时多项进行。北边的皇宫刚建好，就在南边建翠微宫，没有超过一年，又要建玉华宫，这不只是建造楼宇的辛劳，对人力、物力也很大的浪费。虽然盖了茅草屋来显示俭约，但仍然大兴土木，使人民疲惫不堪；即使是官府出钱雇用人力，也不可不避免会有烦扰百姓的弊端。所以，简陋的宫室、粗淡的茶饭是圣明的君主所安心受用的；金玉装饰的殿宇楼台，是骄逸的君主为了奢侈而造的。所以有道的君主是用休养生息来使百姓安适；昏庸无道的君主是用淫乐享受来满足自己的情欲。但愿陛下根据农时合理使用民力，那么他们的力气就不会用尽；使用他们而又能让他们得到休息，那么他们心里就会感到高兴了。

“那些珍奇的玩物和浮华的技巧就像是使国家败亡的刀斧，珠玉的摆设和华丽的服饰实在是迷乱人心的毒酒。妾发现陛下的衣服和玩物鲜艳华丽，就如同从自然中变化而来；进贡来的奇珍异宝，也犹如神仙制造的一般。虽然可以在颓废的世俗中张扬奢侈华丽，实际上却败坏了淳朴的社会风尚。由此可知，漆器并不是招致叛逆的原因，是夏桀制造了它而导致了民心离叛；玉杯也不是招致灭亡的原因，是商纣王用了它而导致了国败身亡。经验

证明，奢侈华丽是亡国的根源，不可不加以遏制。以俭朴作为法则，还唯恐太奢侈了，以奢侈作为做事的原则，那将如何制约后代呢？希望陛下洞察尚未形成的事物，智慧遍及无边的大地，在麒麟阁上探寻其成功的秘密，与儒林学士探究幽深微妙的义理。那么千王百代治乱安危的踪迹，百代安定与危险的迹象，兴衰治乱的命运，得失成败的关键，就能包容在心中，循环往复于眼前，这是陛下内心长期思考的结果，无须借助臣妾的一两句话来说明。只了解这些道理并不困难，但实行起来却很不容易。意志骄纵是因为功业显著，身体逸乐是因为时势安定。希望陛下克制内心的欲望，坚持当初的志向，改掉小的过失来增添高尚的品德，选择今天的正确来代替以前的过错。这样，陛下的英名就可以与日月一样恒久，盛大的事业就可以与天地一样永存!”

太宗非常赞赏这些意见，特别优厚的赏赐了她。

安边第三十六

导读

《安边》篇主要记载了贞观年间唐太宗和臣下就如何安定边疆、制定对少数民族政策所进行的讨论。贞观四年（630），唐朝平定突厥，突厥表示归附。唐太宗召集群臣讨论对其如何处置的问题。温彦博主张仿照“汉建武时，置降匈奴于五原塞下”的办法，把突厥集中安置在河套以南地区，“全其部落，得为捍蔽，又不离其土俗，因而抚之，一则实空虚之地，二则示无猜之心”。但温彦博的主张遭到魏徵等其他官员的激烈反对，他们认为“匈奴人面兽心，非我族类，强必寇盗，弱则卑伏，不顾恩义，其天性也”，突厥自古为患，难以管理，安置内地，等于“心腹之疾，养兽自遗患也”。此外，李大亮、褚遂良等人还认为，在边境专门设置州县，每年征发千余人戍守边关，不仅增加士兵劳苦，而且耗费中原财物，不是防卫边境的根本办法，是“散有用而事无用”。因此，他们主张仍将突厥、高昌国旧部等安置在边疆，使他们居其旧土，选其首领，复立旧国，成为捍卫唐朝边疆的有力屏障。虽然唐太宗最后采纳了温彦博的建议，但贞观十三年和贞观十六年分别发生了内地突厥旧部夜袭皇营和西突厥侵犯西州边关的事情后，唐太宗逐渐认识到了魏徵等人意见的正确性，后悔当初没能采纳他们的建议。

贞观四年，李靖击突厥颉利[①]，败之，其部落多来归降者。诏议安边之策，中书令温彦博议：“请于河南[②]处之。准汉建武时，置降匈奴于五原塞下，全其部落，得为捍蔽，又不离其土俗，因而抚之，一则实空虚之地，二则示无猜之心，是含育之道也。”太宗从之。秘书监魏徵曰：“匈奴自古至今，未有如斯之破败，此是上天剿绝，宗庙神武。且其世寇中国，万姓冤仇，陛下以其为降，不能诛灭，即宜遣发河北，居其旧土。匈奴人面兽心，非我族类，强必寇盗，弱则卑伏，不顾恩义，其天性也。秦、汉患之者若是，故时发猛将以击之，收其河南以为郡县。陛下以内地居之，且今降者几至十万，数年之后，滋息过倍，居我肘腋，甫迩王畿，心腹之疾，将为后患，尤不可处以河南也。”温彦博曰：“天子之于万物也，天覆地载，有归我者则必养之。今突厥破除，余落归附，陛下不加怜悯，弃而不纳，非天地之道，阻四夷之意，臣愚甚谓不可，宜处之河南。所谓死而生之，亡而存之，怀我厚恩，终无叛逆。”魏徵曰：“晋代有魏时，胡部落分居近郡，江统劝逐出塞外，武

帝不用其言，数年之后，遂倾瀍、洛[3]。前代覆车，殷鉴不远。陛下必用彦博言，遣居河南，所谓养兽自遗患也。”彦博又曰：“臣闻圣人之道，无所不通。突厥余魂，以命归我，收居内地，教以礼法，选其酋首，遣居宿卫，畏威怀德，何患之有？且光武居河南单于于内郡，以为汉藩翰，终于一代，不有叛逆。”又曰：“隋文帝劳兵马，费仓库，树立可汗，令复其国，后孤恩失信，围炀帝于雁门。今陛下仁厚，从其所欲，河南、河北，任情居住，各有酋长，不相统属，力散势分，安能为害？”给事中杜楚客[4]进曰：“北狄人面兽心，难以德怀，易以威服。今令其部落散处河南，逼近中华，久必为患。至如雁门[5]之役，虽是突厥背恩，自由隋主无道。中国以之丧乱，岂得云兴复亡国以致此祸？夷不乱华，前哲明训，存亡继绝，列圣通规。臣恐事不师古，难以长久。”太宗嘉其言，方务怀柔[6]，未之从也。卒用彦博策，自幽州至灵州，置顺、祐、化、长四州都督府以处之，其人居长安者近且万家。

注释

①李靖击突厥颉利：唐贞观四年（630），李靖大破颉利可汗于阴山。颉利企图逃往漠北，被李世勣所阻，部众多降，颉利西逃，于是被部下擒送唐军。

②河南：指北方河套以南地区。

③瀍（chán）、洛：指瀍河和洛河，都在河南洛阳附近。这里代指东汉都城洛阳。

④杜楚客：杜如晦的弟弟。

⑤雁门：指雁门关，在今山西代县北部，是长城重要关口之一，也是古代山西地区南北交通要冲。

⑥怀柔：用政治手段笼络其他民族或国家，使其归附自己。

译文

贞观四年，李靖攻打突厥颉利可汗，打败了他，颉利统属的部落很多都归顺了大唐，于是，唐太宗下诏讨论安定边境的政策。中书令温彦博建议说："请陛下仿照东汉建武年间的办法，把降服的匈奴安置在五原郡边塞之下，保留原有的部落编制，既可以作为中原的屏障，同时又不让他们远离本土、不改变他们的习俗，以此来安抚他们。一来可充实空虚的边塞，二来可体现朝廷对他们没有猜疑之心。这才是包容养育他们的正当办法。"太宗对听从了温彦博的建议。秘书监魏徵说："匈奴自古以来，从未遭遇过这样的惨败，这是上天要诛杀他们，也是陛下祖先神武的体现。他们世代与中原为敌，与老百姓结下了数不清的仇怨，陛下鉴于他们主动投降，因此没有将他们诛灭。依臣之见，应当把他们立即遣送回河套以北地区，让他们居住在原有的土地上。突厥人人面兽心，和我们不是同族，强大时必定会入侵劫掠，衰弱时就俯首称臣，不会顾及恩德信义，这是他们的天性。秦、汉两朝就是这样受到他们的祸害，所以当时常常派猛将去攻打他们，收归他们在黄河以南的土地，在那里设置郡县加强管理。陛下如今拿中原内地的土地给他们居住，并且现在投降的突厥人几乎达到十万之众，数年以后，滋生繁育，人口还会成倍增长，让他们居住在我们身边，离京城如此之近，会成为心腹之病，将来必定成为后患。所以千万不可把他们安置在河套以南地区。"温彦博说："天子对于万事万物，就像是上天覆盖大地，大地承载万物一样，只要归顺，就必然要收养他们。如今突厥兵败，余部前来归降，如果陛下对他们不加以怜悯，反而弃他们于不顾，这不符合天地成长的道理，阻断了四方外族的诚意。臣虽愚钝，但仍然认为不应该这样，而应把他们安置在河套以南地区。这就是常说的：让濒临死亡的人活下去，让将要灭亡的存在下来，使他

们怀有对我的深厚恩德，那将始终不会有叛逆发生。”魏徵说：“晋朝取代魏国的时候，胡人部落散居在都城附近的州郡，江统劝说晋武帝把他们逐出塞外，晋武帝没有采纳他的建议，几年之后，胡人就攻陷了都城洛阳。前朝倾覆的事例，说明亡国的鉴戒并不遥远。陛下如果一定要采纳温彦博的意见，遣送他们居住在河套以南的地区，这就是所谓的蓄养野兽却给自己留下了祸患。”温彦博又说：“臣听说，圣人的道德教化，无所不及。突厥的残余部落，把性命交给我们，我们收留他们在内地居住，用礼教法令来教化他们，选拔他们的首领，派他们在宫中担任警卫，让他们畏惧大唐的威严，感激大唐的恩德，会有什么祸患呢？汉代光武帝在位时，让突厥的南单于定居内地州郡，成为汉朝的屏障和辅助力量，历经整个汉朝，突厥都没有叛乱。”他又说：“隋文帝兴师动众，浪费府库的财物，扶持突厥可汗，让他们恢复自己的国家，后来突厥不念恩德，失去信义，把隋炀帝围困在雁门。现在，陛下仁慈宽厚，顺从他们的意愿，无论河套南北地区，任由他们选择居住。各突厥部落都有自己的酋长，他们之间互不统属，力量分散，怎么会成为祸害呢？”给事中杜楚客启奏说：“突厥人人面兽心，很难用恩德感化，却容易用武力降服。现在让他们的部落分散安置在河套以南地区，逼近中原地区，时间一长，必有祸患。像雁门关那次战役，虽然是因为突厥背信弃义，但隋炀帝昏庸无道也是重要的原因。中原的衰败灭亡，怎能说是由于替突厥复国而招致的灾祸呢？不允许四方外族扰乱中华，这是前朝圣哲们明确的训示；让快要死亡的人活下去，让行将灭绝的东西延续下去，这是古代圣贤通行的原则。臣恐怕如果不遵照古训，很难获得长久啊。”唐太宗听后很赞同他的意见，但当时正致力于采取怀柔政策，就没有采纳他的主张。最终采纳了温彦博的策略，从幽州至灵州，设置了顺、祐、化、长四州安置归顺的突厥部落，从这以后，到长安定居的突厥人达万家之多。

自突厥颉利破后，诸部落首领来降者，皆拜将军中郎将，布列朝廷，五品以上百余人，殆与朝士相半。惟拓拔[①]不至，又遣招慰之，使者相望于道。凉州都督李大亮以为于事无益，徒费中国，上疏曰："臣闻欲绥远[②]者必先安近。中国百姓，天下根本，四夷之人，犹于枝叶，扰其根本以厚枝叶，而求久安，未之有也。自古明王，化中国以信，驭夷狄以权。故《春秋》云：'戎狄豺狼，不可厌也；诸夏亲昵，不可弃也。'自陛下君临区宇，深根固本，人逸兵强，九州殷富，四夷自服。今者招致突厥，虽入提封[③]，臣愚稍觉劳费，未悟其有益也。然河西民庶，镇御藩夷，州县萧条，户口鲜少，加因隋乱，减耗尤多，突厥未平之前，尚不安业，匈奴微弱以来，始就农亩，若即劳役，恐致防损，以臣愚惑，请停招慰。且谓之荒服[④]者，故臣而不纳。是以周室爱民攘狄，竟延八百之龄；秦王轻战事胡，故四十载而绝灭。汉文养兵静守，天下安丰；孝武扬威远略，海内虚耗，虽悔轮台[⑤]，追已不及。至于隋室，早得伊吾，兼统鄯善，且既得之后，劳费日甚，虚内致外，竟损无益。远寻秦、汉，近观隋室，动静安危，昭然备矣。伊吾虽已臣附，远在藩碛，民非夏人，地多沙卤。其自竖立称藩附庸者，请羁縻[⑥]受之，使居塞外，必畏威怀德，永为藩臣，盖行虚惠而收实福矣。近日突厥倾国入朝，既不能俘之江淮，以变其俗，乃置于内地，去京不远，虽则宽仁之义，亦非久安之计也。每见一人初降，赐物五匹，袍一领，酋长悉授大官，禄厚位尊，理多糜费。以中国之租赋，供积恶之凶虏，其众益多，非中国之利也。"太宗不纳。

注释

①拓拔：即拓跋赤辞，党项首领。

②绥远：安定远方。

③提封：疆域、版图。

④荒服：古代“五服”之一。古代王畿之外每五百里为一服，最远的称“荒服”。泛指边远地区。

⑤轮台：古地名，今在新疆轮台县南。

⑥羁縻（jī mí）：笼络，怀柔。

译文

自从突厥颉利被打败之后，各部落首领前来归降的，大唐政府都授予他们将军、中郎将一类的官职，分置在朝廷中，五品以上的突厥官员就有一百多人，几乎占朝廷官员的一半。突厥各族中，只有拓跋氏没有归顺，唐太宗派人前去招安，使者往来相继，不绝于道。凉州都督李大亮认为这样做对安定边疆没有好处，只会白白地浪费朝廷的财物，于是上奏章说：“臣听说要安抚边远地区的人，首先应当安定近处的人。中原的百姓，是天下的根本，四方外族的民众，犹如树上的枝叶，如果用损害根本的办法来使枝繁叶茂，那么想要国家长治久安，这是未曾有过的事情。自古以来，贤明的君主是用信义来教化中原百姓，用权威来驾驭外族的。所以《春秋》说：‘戎、狄这些少数民族犹如豺狼虎豹，不可以满足他们的欲望；华夏各族相互亲近，不可将他们遗弃。’自从您君临天下以来，国家的根本得到巩固，人民生活安乐，武力强盛，全国殷实富足，外族自然归服。如今朝廷招安突厥，虽然让他们居住在疆域之内，以臣的愚见，实在有些劳民伤财，没有感觉到有什么益处。然而河西地区的百姓，一直在镇守边关、抵御外族，各州县十分萧条，人口稀少，加之隋末的战乱，百姓的损失尤其巨大。在突厥没有平定之前，他们一直无法安心从事生产；突厥被削弱之后，才开始进行农业生产。如果现在立即向他们摊派劳役，恐怕会对他们的生产造成妨碍和损害。按照臣的愚见，还是请求陛下停止安抚。并且古人说，对于蛮荒之地的外邦，即使前来称臣也不要接纳。所以周王室爱抚百姓，抵御外族，竟延续了八百年的政权；秦朝轻率发动战争攻击胡人，所以国家存在四十年就灭亡了；汉文帝畜养军队，平静防守，所以天下安宁富庶；汉武帝炫耀武力，对外征伐，致使国内空虚。虽然晚年有'轮台诏'，后悔连年对外用兵，但已追悔莫及；到隋代，很早就取得了西域的伊吾，又兼管鄯善。取得这些地方之后，劳资耗费一天比一天巨大，消耗国内而致力于安定边远的外地，终究只有损害而没有任何益处。如今，远有秦、汉的教训，近有隋朝的借鉴，动静安危的变化，都清晰可见。伊吾虽已经称臣归附，但它远在边关荒漠之外，百姓也不是华夏民族，土地大多是砂石盐碱。那些立邦建国自称藩属而前来归附的人，请陛下笼络并接受他们，让他们居住在塞外，这样他们必定对大唐心怀畏惧又感恩戴德，永远做大唐的臣属国。这是向他们实施虚有的恩惠而收取实在的福祉。近来突厥人口大量流入中原，既不能把他们运送到江、淮地区居住，来改变他们的风俗，就只能安排在内地，距离京城不远的地方，这虽然是宽大仁慈的义举，但也不是长治久安的计策。臣每见到一人初次来降，朝廷就赏赐给他们布五匹，袍子一件，酋长全部授予高官，俸禄优厚，地位尊贵，这必然会造成许多耗费。用中原百姓上缴的租税贡赋，来供养这些凶恶顽固的俘虏，他们的人数越来越多，并不是对中原有利啊。”唐太宗没有接受他的意见。

十三年，太宗幸九成宫。突利可汗弟中郎将阿史那结社率[①]阴结所部，并拥突利子贺罗鹘夜犯御营，事败，皆捕斩之。太宗自是不直[②]突厥，悔处其部众于中国，还其旧部于河北，建牙于故定襄城，立李思摩[③]为乙弥泥熟俟利苾可汗以主之。因谓侍臣曰“中国百姓，实天下之根本，四夷之人，乃同枝叶，扰其根本以厚枝叶，而求久安，未之有也。初不纳魏徵言，遂觉劳费日甚，几失久安之道。”

注释

①阿史那结社率：突厥可汗的弟弟，贞观四年入朝，任中郎将。

②不直：不再信任。

③李思摩：本姓阿史那氏，名思摩，突厥人，被赐姓李氏。

译文

贞观十三年，太宗驾临九成官，突利可汗的弟弟中郎将阿史那结社率暗中勾结所属部众，支持突利可汗的儿子贺罗鹘乘夜偷攻太宗的御营。事情败露后，他们都被捕获并被斩首。太宗从此不再信任突厥，并后悔把他们的部众安置在内地。于是将他们遣送回河套以北地区，让他们在原来的定襄城建立官署，任命李思摩为乙弥泥熟俟利苾为可汗，来统率他们。唐太宗对侍从的大臣们说：“中原的百姓，实在是天下的根本，四方外族，就如同枝叶一样，损伤根本来使枝繁叶茂，从而求得国家的长治久安，是曾未有过的。当初，没有采纳魏徵的建议，因而感到劳资耗费一天比一天严重。我考虑不周，几乎失去了长治久安的方略。”

贞观十四年，侯君集平高昌之后，太宗欲以其地为州县。魏徵曰：“陛下初临天下，高昌王先来朝谒，自后数有商胡称其遏绝贡献，加之不礼大国诏使，遂使王诛载加。若罪止文泰，斯亦可矣。未若因抚其民而立其子，所谓伐罪吊民，威德被于遐外，为国之善者也。今若利其土壤以为州县，常须千余人镇守，数年一易。每来往交替，死者十有三四，遣办衣资，离别亲戚。十年之后，陇右空虚，陛下终不得高昌撮谷尺布以助于中国。所谓散有用而事无用，臣未见其可。”太宗不从，竟以其地置西州[①]，仍以西州为安西都护府[②]，每岁调发千余人防遏其地。

注释

①西州：唐朝在今新疆境内设置的三州之一。

②安西都护府：是唐朝管理西域的军政机构，其统辖安西四镇，即龟兹、于阗、疏勒、碎叶，最大管辖范围曾一度完全包括天山南北，并至葱岭以西至达波斯。

译文

贞观十四年，侯君集平定高昌之后，唐太宗想在高昌设立州县。魏徵说：“陛下刚开始统治天下的时候，高昌王曲文泰最先来朝谒，但从那以后，西域胡商屡次称高昌王阻止他们来大唐朝贡，加之高昌王对我国使者不以礼相待，最终使皇上对他们的讨伐一再增加。如果朝廷只追究高昌王曲文泰一人的罪过，这也就可以了。不如借此机会安抚那里的百姓，并拥立高昌王的后代为王。这就是讨伐有罪的国君，安抚他的百姓，让国家的威名和仁德播散到遥远的外邦，这治国的良策。现在如果贪图高昌王的土地而在那里设立州县，必须常年派一千多人在那里守卫，并且几年就要更换一次。每次往来换防，死亡的就有十分之三四。还要派人置办衣物钱财，离别亲人。十年过后，甘肃以西的地区肯定会人财空虚，而陛下始终得不到高昌的一把谷子、一尺帛布来资助中原。这其实就是分散有用的资财，去从事无益的事情，我看不到它可以施行的道理。”唐太宗不听他的意见，在高昌王的土地上设置西州属地，仍然定西州为安西都护府，每年调派一千多

人马驻守该地。

黄门侍郎褚遂良亦以为不可，上疏曰："臣闻古者哲后临朝，明王创业，必先华夏而后夷狄，广诸德化，不事遐荒。是以周宣薄伐，至境而反；始皇远塞，中国分离。陛下诛灭高昌，威加西域，收其鲸鲵[①]，以为州县。然则王师初发之岁，河西供役之年，飞刍挽粟[②]，十室九空，数郡萧然，五年不复。陛下每岁遣千余人而远事屯戍，终年离别，万里思归。去者资装，自须营办，既卖菽粟，倾其机杼。经途死亡，复在言外。兼遣罪人，增其防遏，所遣之内，复有逃亡，官司捕捉，为国生事。高昌途路，沙碛千里，冬风冰冽，夏风如焚，行人遇之多死。《易》云'安不忘危，治不忘乱。'设令张掖尘飞，酒泉烽举，陛下岂能得高昌一人菽粟而及事乎？终须发陇右诸州，星驰电击。由斯而言，此河西者方于心腹，彼高昌者他人手足，岂得糜费中华，以事无用？陛下平颉利于沙塞，灭吐浑于西海，突厥余落，为立可汗，叶浑遗萌，更树君长，复立高昌，非无前例，此所谓有罪而诛之，既服而存之。宜择高昌可立者，征给首领，遣还本国，负戴洪恩，长为藩翰。中国不扰，既富且宁，传之子孙，以贻后代。"疏奏，不纳。

注释

①鲸鲵：比喻凶恶的敌人。

②飞刍挽粟。指频繁的运送粮食。刍，饲料；挽，拉车。

译文

黄门侍郎褚遂良也认为这样做不好，于是上奏章说："臣听说，古代圣哲贤明的君王统治天下，明智的帝王创建基业，必定首先考虑华夏民族，然后再考虑外族的利益，广布仁德和教化，不去征服遥远的荒服之地。因此，周宣王征伐猃狁，将他们逐出边境就撤军了；而秦始皇频频出征边塞，修筑了万里长城，但最后还是使国家分崩离析了。陛下灭掉了高昌国，威力远达西域，收服了凶恶的敌人，还在那里设立州县。然而，朝廷的军队刚发兵的时候，也是河西地区供给赋役的时间，由于频繁的运送粮草，河西地区的百姓十户人家有九户贫困，周边各郡县也都很萧条，五年之内也恢复不了。现在，陛下每年要派上千人去远方戍边守屯，他们终年离别亲人，在万里之外都会思念家乡。离家士兵所需的资费行装，还要自己筹办，卖掉了粮食，还要卖掉纺织的所有布匹。而且有的人在路途中就死去，这就更不用说了。加上要遣送罪犯，来增强那里的驻防力量。遣送的罪犯中又有逃跑的，官府还要追捕捉拿，这为国家增生了很多事端。到高昌的旅途，千里沙丘，冬天的风像冰一样寒冷凛冽，夏天的风像火一样炙热，步行的人遇到这样天气多会死去。《周易》说：‘处于安乐之中不要忘记危险，国富民安的时候不要忘记动乱的产生。’假设张掖郡战火飞扬，酒泉郡烽烟四起，陛下能指望高昌会供给一个人的粮米来支援吗？最终还要调发陇右各州军队，星驰电掣般地攻击敌人。就此而言，河西地区的百姓才是朝廷的心腹，高昌人终究是他人的手足，怎么能浪费中原的财物，去做毫无益处的事情呢？陛下在塞外沙漠平定颉利，在西海吞并吐谷浑。对残余的突厥部落，为他们新立可汗；对吐谷浑的遗民，也帮他们重新推举首领。再为高昌人树立自己首领，并不是没有先例。这就是有罪就讨伐它，既然臣服了就保存它的道理。陛下应当在高昌人中选择可以拥立的人，封他为首领，遣送他回到故国。让高昌承受大唐深厚的恩德，永远成为保卫大唐的屏障。这样，中原就不会受到干扰，老百姓就可安享富庶和安宁，如果这个安边政策传给子孙，将会使后代繁荣昌盛。”奏章呈上，但太宗没有采纳。

至十六年，西突厥遣兵寇西州，太宗谓侍臣曰：“朕闻西州有警急，虽不足为害，然岂能无忧乎？往者初平高昌，魏徵、褚遂良劝朕立曲文泰子弟，依旧为国，朕竟不用其计，今日方自悔责。昔汉高祖遭平城之围[①]而赏娄敬[②]，袁绍败于官渡而诛田丰[③]，朕恒以此二事为诫，宁得忘所言者乎！”

注释

①平城之围：即白登之围，是公元前200年汉高祖刘邦被匈奴围困于白登山（今山西省大同市东北马铺山）的事件。

②娄敬：汉高祖刘邦的重要谋士之一，对于汉初政策的制定及西汉政权的稳定起过很大作用。

③田丰：字元皓，巨鹿（今河北巨鹿一带）人。东汉末年袁绍部下谋臣，曾多次向袁绍进言而不被采纳。后因谏阻袁绍征伐曹操而被袁绍下令监禁。官渡之战后，田丰被袁绍杀害。

译文

贞观十六年，西突厥派兵进犯西州地区，唐太宗对侍臣说：“我听说西州有紧急情况，虽然还不足以构成大的危害，但怎能不忧虑呢？过去我刚刚平定高昌的时候，魏徵、褚遂良劝我立曲文泰的后代为王，使高昌仍旧作为一个国家存在，可是，我竟然没有采纳他们的意见，现在才后悔自责。过去汉高祖不听谋臣娄敬的劝谏，结果遭到平城之围，事后汉高祖又赐赏了娄敬；袁绍不听谋臣田丰的劝阻，与曹操大战于官渡，失败后却将田丰杀死。我常常以这两件事作为借鉴，怎能忘记这些劝谏过我的人呢？”

卷十

行幸第三十七

导读

由于中国古代皇帝出行时常对地方带来恩惠，因此皇帝外出巡行被称为“行幸”。《行幸》篇主要记载了唐太宗积极采纳臣下劝谏，以隋炀帝喜好巡游而终致国丧身亡为教训，进行自我警醒和勉励，减少巡游活动的言论。古代皇帝巡游，往往兴师动众，不但金銮依仗具齐，同行官员兵士众多，而且所到之处，往往要呈上锦衣美食、奇珍异宝，以表示对皇帝圣驾幸临的崇敬和感恩之情。所以，古时皇帝巡行是一件相当耗费人力、物力和财力的事情。隋炀帝爱好巡游各地，每到一处就广建宫殿，大兴民力，不仅增长了国家的骄奢淫逸之风，还使得官员竞相逢迎，搜求珍玩美食，增加了百姓的负担并干扰了正常的农业生产，结果落得天怒人怨，身死国灭的下场。隋炀帝行幸无期，巡游过度的借鉴就在眼前，而且唐太宗和诸位群臣都曾经亲身经历过这段历史，感受颇深，臣下以此来劝谏，有利于唐太宗及时纠正自己频繁出行、奢侈骄纵的错误，对力行克勤克俭的作风，珍惜民力民时，昭训子孙都有着积极的作用。

贞观初，太宗谓侍臣曰：“隋炀帝广造宫室，以肆行幸。自西京至东都，离宫别馆，相望道次，乃至并州、涿郡，无不悉然。驰道皆广数百步，种树以饰其傍。人力不堪，相聚为

贼。逮至末年，尺土一人，非复己有。以此观之，广宫室，好行幸，竟有何益？此皆朕耳所闻，目所见，深以自诫。故不敢轻用人力，惟令百姓安静，不有怨叛而已。”

译文

贞观初年，唐太宗对侍从的大臣们说：“隋炀帝大肆营建宫室，以便纵情游乐，从西京长安到东都洛阳，离宫别馆，沿路相望。以至于并州、涿郡，也无不如此。驰道有几百步宽，两边还种上树作为装饰。百姓无力承担徭役和劳役的重负，相继起来反抗。到了隋朝末年，连一尺土地、一个百姓，都不再属于他了。这样看来，多营宫室，喜爱巡游，究竟有什么好处呢？这些都是我亲耳听到，亲眼看到的事，应该深以为诫。因此，我不敢随便动用人力，只想让百姓安居乐业，不要产生怨恨和叛乱就好了。”

贞观十一年，太宗幸洛阳宫，泛舟于积翠池，顾谓侍臣曰：“此宫观台沼并炀帝所为，所谓驱役生民，穷此雕丽，复不能守此一都，以万民为虑。好行幸不息，民所不堪。昔诗人云：‘何草不黄？何日不行？’‘小东大东，杼轴其空[①]。’正谓此也。遂使天下怨叛，身死国灭，今其宫苑尽为我有。隋氏倾覆者，岂惟其君无道，亦由股肱无良。如宇文述、虞世基、裴蕴之徒，居高官，食厚禄，受人委任，惟行谄佞，蔽塞聪明，欲令其国无危，不可得也。”司空长孙无忌奏言：“隋氏之亡，其君则杜塞忠谠之言，臣则苟欲自全，左右有过，初不纠举，寇盗滋蔓，亦不实陈。据此，即不惟天道，实由君臣不相匡弼。”太宗曰：“朕与卿等承其余弊，惟须弘道移风，使万世永赖矣。”

注释

①杼轴其空：比喻搜刮非常严重。杼轴是织布机上的两个部件，这里代指织布机。

译文

贞观十一年，唐太宗巡游洛阳宫，在积翠池上乘舟游玩，他回头对身边的侍臣说："这里的宫苑、台榭、水池都曾是隋炀帝建造的，他役使人民，用尽财物修筑这些雕饰华丽的东西，却又不能镇守住这座都城，为百姓着想。他喜好不停地到各地巡游，人民实在不堪忍受。古代诗人说：'哪有野草不枯黄，哪有一天不奔忙？''东方各诸侯小国，财产都被搜罗光。'说的正是这种情形啊。隋炀帝的荒淫导致天下人的怨恨和叛乱，最后落得国破家亡，现在，他的宫殿完全归我所有了。隋代灭亡的原因，难道只是因为君王无道吗？其实也有辅佐大臣的不贤良。像宇文述、虞世基、裴蕴这些人，他们身居高位，享受着丰厚的俸禄，被皇帝委以重任，却只会花言巧语，巴结逢迎，蒙蔽和阻塞皇帝的视听，想要使朝廷不危亡，不可能有这样的道理。"司空长孙无忌上书说："隋代灭亡的原因，对其国君来说，是杜绝了忠诚正直的言论；对其臣下来讲，是只图保全自己。左右侍臣都有过失，开始不纠偏检举，叛乱滋生蔓延后，也不根据事实报告。根据这一点来说，那就不是天意要灭亡隋朝，而是君臣之间不相互匡正扶持的结果。"唐太宗说："我和你们承接隋代留下来的弊端，只有弘扬正道、移风易俗，才能使子孙万代有所依赖。"

贞观十三年，太宗谓魏徵等曰："隋炀帝承文帝余业，海内殷阜，若能常处关中，岂有倾败？遂不顾百姓，行幸无期，径往江都，不纳董纯、崔象[①]等谏诤，身戮国灭，为天下笑。

虽复帝祚长短，委以玄天，而福善祸淫，亦由人事。朕每思之，若欲君臣长久，国无危败，君有违失，臣须极言。朕闻卿等规谏，纵不能当时即从，再三思审，必择善而用之。”

注释

①董纯、崔象：董纯，字德厚，陇西成纪（今甘肃秦安北）人，隋朝重臣。崔象，即崔民象，因上书劝阻隋炀帝再次巡游江都而被杀。

译文

贞观十三年，唐太宗对魏徵等大臣说：“隋炀帝在继承隋文帝留下的基业，国内富足，如果他能长期住在关中，怎么可能遭致灭亡呢？可是后来他不顾百姓的疾苦，到各地去行幸巡游，没有归期，径直前往江都，不听从董纯、崔象等大臣的忠言劝谏，身死国亡，被天下人所耻笑。虽然帝运传承的长短，是天意决定的，但是祸福善恶，也在于人自己的行为。我经常思虑这些问题，要想君臣长久平安，国家不危亡破败，君主一旦有了过失，臣子就一定要直言进谏。我听到你们的规劝，即使当时不能立即听从，但经过我反复思考审度之后，必定会选择好的意见加以采纳。”

贞观十二年，太宗东巡狩，将入洛，次于显仁宫，宫苑官司多被责罚。侍中魏徵进言曰：“陛下今幸洛州，为是旧征行处，庶其安定，故欲加恩故老。城郭之民未蒙德惠，官司苑监多及罪辜，或以供奉之物不精，又以不为献食。此则不思止足，志在奢靡，既乖行幸本心，何以副百姓所望？隋主先命在下多作献食，献食不多，则有威罚。上之所好，下必有甚，竞为无限，遂至灭亡。此非载籍所闻，陛下目所亲见。为其无道，故天命陛下代之。当战战栗栗，每事省约，参踪前列，昭训子孙，奈何今日欲在人之下？陛下若以为足，今日不啻足矣；若以为不足，万倍于此，亦不足也。”太宗大惊曰：“非公，朕不闻此言。自今已后，庶几无如此事。”

译文

贞观十二年，唐太宗东巡，即将进入洛阳，下榻在显仁宫，宫里的各级官吏因为侍候不周，大多受到责罚。侍中魏徵向唐太宗进谏，说：“陛下如今巡幸洛阳，是因为这里曾经是陛下征战行军过的地方，如今这里已经安定，因此想给洛阳的百姓施加特别的恩惠。但如今，这里的百姓还没有感受到陛下的恩惠，主管显仁宫的各级官员却还受到了很多无辜的责罚，他们有的是因为供奉的物品不精致，有的是因为没有进献山珍美食。这是因为陛下不知满足，一心追求奢侈生活的表现。这样做就违背了巡游的初衷，又怎能满足老百姓的期望呢？过去，隋炀帝巡游，先命令属下多多进献美物，只要美食不多，就要受到责罚。上面有什么样的喜好，下面必定会加倍效仿，而且相互竞争就会没有限度，这样下去就会导致国家灭亡。这并不是在史书上可以看到的，而是陛下亲眼所见的。正因为隋炀帝昏庸无道，所以上天才授命陛下来代替他。陛下应当战战兢兢，小心谨慎，凡事俭朴节约，参照前朝的事例来教训子孙，怎么今天的想法反而在他人之下了呢？陛下如果感到满足，今天的供应无疑已经足够了。如果陛下感到不满足，即使比现在好过万倍，也还是不会满足的。”唐太宗听后大惊失色，说：“如果不是你，我绝不会听到这样的话。从今以后，再也不会有此类事情发生了。”

畋猎第三十八

导读

《畋猎》篇主要记录了诸位臣下劝谏唐太宗不要过度狩猎的的言论。由于太宗十八岁领兵反抗隋朝，在马背上夺得天下，弓马十分娴熟，野外狩猎自然也就成为他在处理朝政之余的一大爱好。但是大臣们却认为，过度狩猎却有几大弊：第一，过度狩猎容易滋长君王的骄狂放纵之心。经常驰骋于田野之间，以追踪和射杀猎物为乐，可能会使让君王玩物丧志，不仅不利于个人性情的修养，还可能荒废朝政。第二，必然侵扰百姓，干扰农时，引起百姓的不满。君王经常到田野间狩猎，必然要肃清猎场，这就会耽误农民的农耕时间，而飞马奔驰，肆意践踏，也必然会破坏农田，影响庄家的收成。第三，过度狩猎容易使君王的生命安全受到威胁，不利于国家政权的稳定和延续。君王贵为天子，个人生命安危直接关系到国家的发展和存亡，不应该经常地把自己置身于危机四伏的山林之中，因为自己的小小爱好而失去国家发展稳定的大局。面对这些意见，唐太宗都能够认真而严肃地听取和采纳，并适当加以节制，难能可贵。

秘书监虞世南以太宗颇好畋猎，上疏谏曰："臣闻秋狝冬狩[①]，盖惟恒典；射隼[②]从禽，备乎前诰。伏惟陛下因听览之余辰，顺天道以杀伐，将欲摧班碎掌，亲御皮轩，穷猛兽之窟穴，尽逸材于林薮。夷凶剪暴，以卫黎元，收革擢羽，用充军器，举旗效获，式遵前古。然黄屋之尊，金舆之贵，八方之所仰德，万国之所系心，清道而行，犹戒衔橛。斯盖重慎防微，为社稷也。是以马卿直谏于前[3]，张昭变色于后[4]，臣诚细微，敢忘斯义？且天弧星罼[5]，所殪[6]已多，颁禽赐获，皇恩亦溥。伏愿时息猎车，且韬长戟，不拒刍荛之请，降纳涓浍之流，袒裼徒搏，任之群下，则贻范百王，永光万代。”太宗深嘉其言。

注释

①秋狝（xiǎn）冬狩：秋猎为狝，冬猎为狩，秋狝冬狩泛指秋冬季外出打猎。

②隼（sǔn）：禽鸟。

③马卿直谏于前：马卿指司马相如，汉武帝时为郎。司马相如跟随武帝出去打猎，他见武帝总是喜欢亲自追逐击杀猛兽，于是上疏规谏，被武帝采纳。

④张昭变色于后：张昭字子布，彭城人，三国时为吴主孙权军师，他见孙权亲自驰马射虎，吓得面目变色，极言规谏。

⑤天弧星罼（bì）：比喻弓箭罗网密布。弧，弓；罼，捕捉禽兽的长柄网。

⑥殪（yì）：杀死。

译文

秘书监虞世南因为唐太宗喜欢打猎，就上书规劝说：“臣听说国君在秋冬两季打猎，大概是历来的传统，射杀猛兽，追捕飞禽，前人已有详备的训诫。恳切希望陛下在上朝批阅奏章的空余时间，顺应时令进行狩猎，要想猎杀猛虎野熊，就亲自驾乘狩猎之车，穷追到凶禽猛兽出没的森林洞穴之中，杀尽山林中最凶猛的野兽。铲除凶恶，消灭残暴，保卫黎民百姓；收集兽皮，拔取羽毛，用来充实军用器械；举起旌旗，向宗庙献上猎取的物品，这是遵循先古传下来的仪式。然而国君坐在黄缯做的车盖、金玉装饰的御车中，极为尊贵，全国百姓都仰慕他的仁德，万国臣民都关注着他的言行，所以出行要清理道路，还要仔细检查马嚼和车钩。这样谨小慎微的措施，是为了国家社稷着想。因此，司马相如上疏力谏汉武帝，后有张昭规劝吴主孙权。臣虽人微言轻，怎么敢忘记这样的道理？况且四处密布弓箭罗网，射杀的禽兽已经很多，陛下的恩惠也已经广为传播。希望陛能适时地停止打猎，暂时收起长戟，不拒绝微臣的请求，接纳如涓涓细流般的诚意，把脱衣露体、徒手搏斗的事让臣子去做，给后世帝王留下光辉的典范，永远光照万代。”

唐太宗听后很赞赏他的意见。

谷那律[①]为谏议大夫，尝从太宗出猎，在途遇雨，太宗问曰：“油衣[②]若为得不漏？”对曰：“能以瓦为之，必不漏矣。”意欲太宗弗数游猎，大被嘉纳。赐帛五十段，加以金带。

注释

①谷那律（？—约650），唐魏州昌乐县（今濮阳南乐县）人，贞观中任谏议大夫兼弘文馆学士。

②油衣：用桐油涂制而成的雨衣。

译文

谷那律担任谏议大夫的时候，曾跟随唐太宗外出打猎。途中遇上大雨，唐太宗问谷那律：“雨衣该怎么做才不会漏雨呢？”谷那律回答说：“如果用瓦来做，肯定不会漏雨。”言下之意是希望太宗不要频繁地游猎。唐太宗对他的回答大为赞赏，赏给他帛五十段，外加一条金带。

贞观十一年，太宗谓侍臣曰：“朕昨往怀州[①]，有上封事者云：‘何为恒差山东[2]众丁于苑内营造？即日徭役，似不下隋时。怀、洛以东，残人不堪其命，而田猎犹数，骄逸之主也。今者复来怀州田猎，忠谏不复至洛阳矣。’四时蒐田[3]，既是帝王常礼，今日怀州，秋毫不干于百姓。凡上书谏正，自有常准，臣贵有词，主贵能改。如斯诋毁，有似咒诅。”侍中魏徵奏称：“国家开直言之路，所以上封事者尤多。陛下亲自披阅，或冀臣言可取，所以侥幸之士得肆其丑。臣谏其君，甚须折衷，从容讽谏。汉元帝尝以酎[4]祭宗庙，出便门，御楼船。御史大夫薛广德[5]当乘舆免冠曰：‘宜从桥，陛下不听臣言，臣自刎，以颈血污车轮，陛下不入庙矣。’元帝不悦。光禄卿张猛进曰：‘臣闻主圣臣直，乘船危，就桥安。圣主不乘危，广德言可听。’元帝曰：‘晓人不当如是耶！’乃从桥。以此而言，张猛可谓直臣谏君也。”太宗大悦。

注释

①怀州：唐代州名。今在河南沁阳一带。

②山东：这里指华山、太行山以东地区。

③四时蒐（sōu）田：一年四季的狩猎。

④酎（zhòu）：经过两次以至多次酿造的醇酒。

⑤薛广德：字长卿，沛郡人，前汉元帝时曾为长信少府，御史大夫。

译文

贞观十一年，唐太宗对侍臣说：“我过去到怀州去，有人上书说：‘为什么总是差遣山东民夫在宫苑内进行建造？当今劳役之重，已经和隋代不相上下了。怀州、洛水以东的百姓已经苦不堪言，难以活命了，而皇上打猎还是那么频繁，真是一个骄奢的君王啊。今天皇上又到怀州来打猎，看来忠谏直言不会再跟到洛

阳了。'一年四季出行打猎，本来是古代帝王正常的礼制。我这次到怀州，丝毫没有侵扰百姓。凡是上书提出意见的，自然符合常理，臣子贵在能直言相谏，君王贵在闻过能改。但如今这样的诋毁，像是在诅咒我啊。"侍中魏徵说："因为朝廷开辟了直言进谏的道路，所以上书提意见的人众多。陛下亲自批阅奏书，是希望臣子的言论有可取之处，有些心怀侥幸的人就得以放肆，揭露短处。臣子向国君提意见，必须言语调和适中，委婉地讽谏。汉元帝曾经准备用醇酒祭祀宗庙，想从便门出去，再乘楼船到宗庙。御史大夫薛广德挡住去路，站在汉文帝乘坐的马车前，摘下官帽，说：'陛下应当从桥上经过，如果陛下不听臣的建议，臣就自尽，让我颈中的鲜血沾染车轮，使陛下不能进入宗庙祭祀。'汉文帝很不高兴。光禄卿张猛说：'臣听说如果君王圣明，那么臣子就会直言进谏。乘船的确有危险，从桥上过才会安全。圣明的君王不会冒无谓的危险，薛广德的意见是可以采纳的。'汉文帝于是就从桥上经过。从这点看，张猛真可算是一位敢于直谏的大臣。"唐太宗听后非常高兴。

贞观十四年，太宗幸同州沙苑，亲格猛兽，复晨出夜还。特进魏徵奏言："臣闻《书》美文王不敢盘于游田，《传》述《虞箴》称夷、羿以为戒。昔汉文临峻坂欲驰下，袁盎[①]揽辔曰：'圣主不乘危，不侥幸，今陛下骋六飞，驰不测之山，如有马惊车败，陛下纵欲自轻，奈高庙何?'孝武好格猛兽，相如进谏：'力称乌获[②]，捷言庆忌[③]，人诚有之，兽亦宜然。猝遇逸材[④]之兽，骇不存之地，虽乌获、逢蒙[⑤]之伎不得用，而枯木朽株尽为难矣。虽万全而无患，然而本非天子所宜。'孝元帝郊泰畤[⑥]，因留射猎，薛广德称：'窃见关东困极，百姓离灾。今日撞亡秦之钟，歌郑、卫之乐，士卒暴露，从官劳倦，欲安宗庙社稷，何凭河暴虎⑦，未之戒也’？臣窃思此数帝，心岂木石，独不好驰骋之乐？而割情屈己，从臣下之言者，志存为国，不为身也。臣伏闻车驾近出，亲格猛兽，晨往夜还。以万乘之尊，暗行荒野，践深林，涉丰草，甚非万全之计。愿陛下割私情之娱，罢格兽之乐，上为宗庙社稷，下慰群僚兆庶。”太宗曰：“昨日之事偶属尘昏，非故然也，自今深用为诫。”

注释

①袁盎：西汉大臣。汉文帝时因为犯言直谏而被调任陇西都尉。

②乌获：战国时秦国力士。

③庆忌：春秋时吴王僚之子，以勇武见称，

④逸材：指兽畜健壮有力。

⑤逢蒙：古时善射者，相传学射于羿。

⑥泰畤：古代祭祀天神之坛。

⑦凭河暴虎：比喻冒险行事，有勇无谋。凭，从水中走过去；暴虎，空手打虎。

译文

贞观十四年，唐太宗驾临同州沙苑打猎，他亲自射杀猛兽，经常清晨出去，深夜归来。特进魏徵上书说：“臣听说，《尚书》上赞美周文王不沉溺于打猎，《左传》记述《虞箴》里的话说，要把喜好打猎的后羿作为借鉴。过去汉文帝面临陡坡，想驱车飞驰而下，大臣袁盎紧紧抓住汉文帝的缰绳说：‘圣明的君主不乘坐危险的车子，现在陛下骑驱赶六马之车，奔驰在无法预料结果的山上。如果发生马惊车翻的情况，陛下纵然轻视自己的生命，但如何向列祖列宗交待?’汉武帝也喜好猎杀猛兽，司马相如进谏说：‘论力气人们称赞乌获，论敏捷人们称赞庆忌，人中的确有这样的英才，可野兽中也必然会有这样异常凶猛的种类。如果突然遇到凶猛的野兽，即使有乌获、逄蒙那样的绝技也无法施展，而那些朽木枯枝也够让人为难的。即使万无一失，没有祸患，也原本不是帝王该做的事。’汉元帝到南郊去祭祀天神，顺便留下来打猎，薛广德上书说：‘臣看到关东一带非常贫困，那里的百姓正遭受灾难。这个时候陛下留在这里打猎，是在自撞使秦国覆没的丧钟，歌唱郑国、卫国的靡靡之音啊。这样做将使士兵暴露在荒野之中，随行的官员也会劳顿不堪，要想安定宗庙社稷，为什么不以凭河暴虎的行为作为鉴戒呢？’臣私下考虑这几位帝王，他们都心非木石，难道就偏偏不喜欢驰骋打猎的乐趣吗？而他们能割舍自己的喜好、委屈自己，听从臣下的劝阻，在于心中存有保全国家的意愿，而不是为了自身。臣听说陛下最近驾车出行，亲自捕杀猛兽，晨出夜归。以帝王尊贵的身份，夜晚在荒野中奔波，穿行于深密的丛林，出没于茂密的丛草，恐怕不是万全之策。希望陛下舍弃娱乐的私情，停止与猛兽格斗的游乐，上为国家社稷着想，在下安抚百官和人民。”唐太宗说：“昨天打猎的事纯属偶然间的糊涂，不是有心那样做的，从今后我要牢记此事并以此为诫。”

贞观十四年，冬十月，太宗将幸栎阳游畋，县丞刘仁轨[①]以收获未毕，非人君顺动之时，诣行所，上表切谏。太宗遂罢猎，擢拜仁轨新安令。

注释

①刘仁轨：字正则，汴州（今河南开封附近）人。初为陈仓尉，太宗时擢升咸阳丞，累迁给事中，武后时拜仆射。

译文

贞观十四年冬十月，唐太宗准备去栎阳游猎。栎阳县丞刘仁轨因为庄稼收割还未完毕，认为这个时候君主出游打猎不适宜，便赶紧前往太宗临时停驻的地方，上书恳切地劝阻。唐太宗被他的言语所打动，就此停止打猎，并提升刘仁轨为新安县令。

灾祥第三十九

导读

《灾祥》篇主要记录了唐太宗及其臣下对祥瑞和灾难的态度和认识。汉代董仲舒之后，中国的儒家思想逐渐融入了“天人感应”的思想，即相信：天和人同类相通，相互感应，天能干预人事，人亦能感应上天。如果天子违背了天意，不仁不义，上天就会出现灾异进行谴责和警告；如果天子广施恩德，国家政通人和，上天就会降下祥瑞以示鼓励。贞观年间，唐太宗及其臣下，对祥瑞和灾难不迷信，不盲从，而是以君王的仁德、国家的治理、百姓的安乐为衡量标准，认为：“但使天下太平，家给人足，虽无祥瑞，亦可比德于尧、舜”。简而言之，天子如果能获得天下百姓爱戴，拥有民心，顺应民意，就是最大的祥瑞。对于所发生的灾难，唐太宗能够以此来作为警示，深刻反省自身执政的缺失和不足，并在灾难之后积极地加以弥补和挽救，体现了他心怀忧惧、谨慎治国的思想。所以魏徵称赞唐太宗说：“陛下因有天变，遂能戒惧，反复思量，深自克责，虽有此变，必不为灾也。”对于祥瑞，唐太宗所遵循的原则是“尽人事，而顺天命”，而对于灾难，唐太宗所遵循的原则是“应天命，而尽人事”。其实，两者的根本落脚点都是“重人事，修德政”，是把天命融于人事的所作所为之中，为人事的全力施行冠以迎合上天旨意的色彩，集中体现了贞观时期君臣上下以国计民生为重，求真务实的治国理念。

贞观六年，太宗谓侍臣曰："朕比见众议以祥瑞为美事，频有表贺庆。如朕本心，但使天下太平，家给人足，虽无祥瑞，亦可比德于尧、舜。若百姓不足，夷狄内侵，纵有芝草遍街衢，凤凰巢苑囿，亦何异于桀、纣？尝闻石勒[①]时，有郡吏燃连理木[②]，煮白雉[③]肉吃，岂得称为明主耶？又隋文帝深爱祥瑞，遣秘书监王劭著衣冠，在朝堂对考使焚香，读《皇隋感瑞经》。旧尝见传说此事，实以为可笑。夫为人君，当须至公理天下，以得万姓之欢心。若尧、舜在上，百姓敬之如天地，爱之如父母，动作兴事，人皆乐之，发号施令，人皆悦之，此是大祥瑞也。自此后诸州所有祥瑞，并不用申奏。"

注释

①石勒（274—333）：字世龙，上党武乡人，羯族。十六国时期后赵的建立者。

②连理木：枝条连生在一起的两棵树。古代以此为祥瑞之兆。

③白雉：白色羽毛的野鸡。古时以此为瑞鸟。

译文

贞观六年，唐太宗对侍臣们说："我近来听见众人议论，认为上天呈现祥瑞的征兆是好事，频频有贺表上奏。要是按照我的本意，只要天下太平，家家户户丰衣足食，即使上天没有祥瑞之兆，我的德行也可以和尧、舜相比了。如果老百姓衣食不足，外族又侵犯中原，纵然满街都长满芝草，苑囿中有凤凰前来筑巢，又和桀、纣时代有什么区别呢？我听说后赵石勒的时候，有个郡县的官员烧连理木，煮白雉肉吃，故意制造祥瑞，难道石勒就可因此被称做明君吗？另外，隋文帝最喜欢祥瑞。他派秘书监王劭穿着礼服，在朝堂上对着众位朝集使焚香朗读《皇隋感瑞经》。我过去曾听人传说此事，觉得实在可笑。身为国君应当用至公无私的心来治理好天下，以此来赢得百姓的欢心爱戴。从前尧、舜在位时，百姓像对待天地那样敬重他们，像对待父母那样爱戴他们。不管他们做什么事情，百姓都乐意参加；他们发号施令，百姓都乐意接受，这才是最大的祥瑞啊！从今以后，各州府如果出现祥瑞之类的事，就不要再上报朝廷了。”

贞观八年，陇右山崩，大蛇屡见，山东及江、淮多大水。太宗以问侍臣，秘书监虞世南对曰：“春秋时，梁山崩，晋侯召伯宗而问焉，对曰：‘国主山川，故山崩川竭，君为之不举乐，降服乘缦，祝币[①]以礼焉。’梁山，晋所主也。晋侯从之，故得无害。汉文帝元年，齐、楚地二十九山同日崩，水大出，令郡国无来献，施惠于天下，远近欢洽，亦不为灾。后汉灵帝[②]时，青蛇见御座；晋惠帝时，大蛇长三百步，见齐地，经市入朝。按蛇宜在草野，而入市朝，所以为怪耳。今蛇见山泽，盖深山大泽必有龙蛇，亦不足怪。又山东之雨，虽则其常，然阴潜过久，恐有冤狱，宜断省系囚，庶或当天意。且妖不胜德，修德可以销变。”太宗以为然，因遣使者赈恤饥馁，申理冤讼，多所原宥[③]。

注释

①祝币：祭祀时用作祭祀的玉帛。

②后汉灵帝：即刘宏（156—189），是汉章帝的玄孙，汉桓

帝的堂侄。在位时宠信宦官，杀戮忠臣，朝纲败坏。灵帝中平元年（184）爆发了张角领导的黄巾起义，东汉由此走向衰乱。

③原宥：原谅，宽宥。

译文

贞观八年，陇右一带发生山崩，大蛇时常出现。另外，华山以东及江、淮地区也常常发生洪灾。唐太宗向大臣们询问此事，秘书监虞世南说："春秋的时候，梁山崩塌，晋景公君召见大臣伯宗查问原因，大臣伯宗说：'山川是国家的主脉，如今大山崩溃，河水断流，所以国君要为此停止娱乐活动，身着素服，乘坐没有文饰的马车，摆列祭品，来礼敬神灵。'梁山，是晋国的主脉。晋国国君听从了伯宗的意见，所以晋国此后再无灾害。汉文帝元年，齐、楚之地有二十九座山在同一天崩塌，洪水涌出。汉文帝下令周围的郡国不再向朝廷进献贡品，又向老百姓施加恩惠，远近之地的百姓无不欢欣融洽，此后也没再发生灾害。后汉灵帝时，青蛇出现在御座旁；晋惠帝时，一条长三百步的大蛇在齐地出现，并经过集市进入朝堂。照理说，蛇应当出现在杂草丛生的荒野，而这条蛇却进入了集市、朝堂，所以大家都认为是怪异之事。现在蛇出现在高山深泽中，而深山大泽必定潜藏着龙蛇，这不足为怪。又如华山以东的地区普降雨水，虽是正常的现象，但阴雨天过多，恐怕民间有冤案发生，应当审查在押的囚犯，或许可以顺从天意。而且妖邪不能胜过仁德，只要修养德行就可以消除灾变。"唐太宗觉得他说的很对，于是就派使者到灾区赈济、抚恤灾民，审理冤案，赦免了很多人。

贞观八年，有彗星见于南方，长六丈，经百余日乃灭。太宗谓侍臣曰："天见彗星，由朕之不德，政有亏失，是何妖也?"虞世南对曰："昔齐景公时彗星见，公问晏子。晏子对曰：‘公穿池沼畏不深，起台榭畏不高，行刑罚畏不重，是以天见彗星，为公戒耳！’景公惧而修德，后十六日而星没。陛下若德政不修，虽麟凤数见，终是无益。但使朝无阙政[1]，百姓安乐，虽有灾变，何损于德？愿陛下勿以功高古人而自矜大，勿以太平渐久而自骄逸，若能终始如一，彗见未足为忧。”太宗曰：“吾之理国，良无景公之过。但朕年十八便为经纶王业，北剪刘武周，西平薛举，东擒窦建德、王世充，二十四而天下定，二十九而居大位，四夷降伏，海内乂安[2]。自谓古来英雄拨乱之主无见及者，颇有自矜之意，此吾之过也。上天见变，良为是乎？秦始皇平六国，隋炀帝富有四海，既骄且逸，一朝而败，吾亦何得自骄也？言念于此，不觉惕焉震惧！”魏徵进曰：“臣闻自古帝王未有无灾变者，但能修德，灾变自销。陛下因有天变，遂能戒惧，反复思量，深自克责，虽有此变，必不为灾也。”

注释

①阙政：朝政上的欠缺。

②乂安：太平，安定。

译文

贞观八年，有彗星出现在南方，光芒长六丈，经过了一百多天才消失。唐太宗对侍臣说：“天上出现了彗星，是因为我没有修养好仁德，处理政事有过失，这是什么凶兆呢？”虞世南回答说：“过去齐景公的时候也有彗星出现，就问晏子是何原因。晏子回答说：‘主公挖掘池塘唯恐不深，修筑台榭唯恐不高，实施刑罚唯恐不重，所以上天就呈现彗星，向你提出告诫。’齐景公非常畏惧，于是就修养仁德，十六天之后，彗星就消失了。陛下如果不加强德政，即使麒麟凤凰屡次出现，终究对国家是没有益

处的。只要朝廷处理政事没有过失，百姓安乐，即使有凶兆、灾难的现象，怎么会损害陛下的圣德呢？希望陛下不要因为自己功业高过古人就骄傲自大，也不要因为太平日子渐渐长久就放纵逸乐。如果能始终如一地坚持德治，即使天上出现了彗星也不必担忧。”唐太宗说：“我治理国家，确实没有犯过齐景公那样的过失。但是我十八岁就开始创建帝王的事业，北面灭掉了刘武周，西面铲平了薛举的势力，东面擒获了窦建德、王世充，二十四岁时就平定了天下，二十九岁登上帝位，四方外族臣服归顺，国内平安无事。古代以来那些自称治理乱世的君王没人能赶得上我，因而特别有一些骄傲自满的思想，这是我的过错。如今上天出现变异，当真是因为这个缘故吗？秦始皇平定六国，隋炀帝富有天下财富，但他们骄奢淫逸，很快就败亡了，我又有什么值得骄傲自满的呢？说到这些，不由得感到非常担心、害怕。”魏徵说：“臣听说自古以来的帝王没有谁不遇到过灾变，但只要能修养仁德，凶兆、灾难自然会消除。陛下因为上天出现了变异，就能警惕、惧怕，反复思考，深切自责，虽然有此凶兆，也一定不会成为灾祸。”

贞观十一年，大雨，谷水溢，冲洛城门，入洛阳宫，平地五尺，毁宫寺十九，所漂七百余家。太宗谓侍臣曰：“朕之不德，皇天降灾。将由视听弗明，刑罚失度，遂使阴阳舛谬，雨水乖常。矜物罪己，载怀忧惕。朕又何情独甘滋味？可令尚食[1]断肉料，进蔬食。文武百官各上封事，极言得失。”中书侍郎岑文本上封事曰：

“臣闻开拨乱之业，其功既难；守已成之基，其道不易。故居安思危，所以定其业也；有始有卒，所以崇其基也。今虽亿兆乂安，方隅宁谧，既承丧乱之后，又接凋弊之余，户口减损尚多，田畴垦辟犹少。覆焘[②]之恩著矣，而疮痍未复；德教之风被矣，而资产屡空。是以古人譬之种树，年祀绵远，则枝叶扶疏；若种之日浅，根本未固，虽壅之以黑坟[③]，暖之以春日，一人摇之，必致枯槁。今之百姓，颇类于此。常加含养，则日就滋息；暂有征役，则随日凋耗；凋耗既甚，则人不聊生；人不聊生，则怨气充塞；怨气充塞，则离叛之心生矣。故帝舜曰："可爱非君，可畏非民。"孔安国曰："人以君为命，故可爱。君失道，人叛之，故可畏。"仲尼曰："君犹舟也，人犹水也。水所以载舟，亦所以覆舟。"是以古之哲王虽休勿休，日慎一日者，良为此也。"

注释

①尚食：官名。负责帝王膳食。

②覆焘：施恩，加惠。

③黑坟：色黑而坟起，指土地肥沃。这里是肥土的意思。

译文

贞观十一年，天降大雨。谷水河泛滥成灾，冲进了洛阳城门，涌入洛阳宫，平地水深五尺，毁坏宫殿佛寺十九处，淹没民房七百多家。唐太宗对侍从的大臣们说："由于我没有修养好德行，所以上天才会降灾。大概是因为我视听不明、刑罚过度，才使得阴阳错乱，雨水反常。现在是应该抚恤百姓，责备自己，心怀忧惧的时候了，还有什么心情来享受这些美味呢？命令尚食管停止供应肉类食品，只进蔬菜素食。另外，让文武百官都上书奏事，畅言政事得失。"不久，中书侍郎岑文本呈上了一篇奏章说：

"臣听说开创拨乱反正的事业，成功已经非常困难；要守住已成功的基业，也是件非常不容易的事情。所以居安思危，是为了稳定基业；有始有终，是为了巩固基业。如今虽然百姓安居乐

业，边疆安定，但大唐建立在丧亡战乱之后，又经历了社会的衰败、凋敝，百姓人口减少了很多，开垦的田地特别少。皇上抚爱百姓的恩惠十分显著，但战争的创伤还未平复；朝廷的道德教化已遍及天下，但国库经常匮乏。因此古人用种树来做比喻，说种植的时间越长，树木越枝繁叶茂；如果种植的时间不够，根基就不稳固，虽然为树添上了肥沃的黑土，用春天般的阳光来温暖它，但只要有人摇动树木，树木必然会变得枯萎。现在的老百姓，就很像这种情况。如果常常给予关心养护，那么他们就会一天一天繁衍生息；一旦征调劳役，就会一天一天凋敝损耗；凋敝损耗的程度越大，就会民不聊生；民不聊生，百姓就会充满怨恨；心里充满怨恨，就会产生背叛的意图。所以舜说：'可爱并非国君，可怕的并非人民。'孔安国说：'百姓把国君看做自己的性命，所以国君可爱。国君丧失道义，百姓就会背叛他，所以百姓才会令人畏惧。'孔子说：'君王像船，百姓像水。水可以使承载船，也可以倾覆船。'所以自古以来，圣明的国君虽然受到称赞，但不沾沾自喜，而是一日比一日谨慎，确实就是这个原因。"

"伏惟陛下览古今之事，察安危之机，上以社稷为重，下以亿兆在念。明选举，慎赏罚，进贤才，退不肖。闻过即改，从谏如流。为善在于不疑，出令期于必信。颐神养性，省游畋之娱；去奢从俭，减工役之费。务静方内，而不求辟土；载櫜弓矢[①]，而不忘武备。凡此数者，虽为国之恒道，陛下之所常行。臣之愚昧，惟愿陛下思而不怠，则至道之美与三、五比隆，亿载之祚与天地长久。虽使桑榖为妖[②]，龙蛇作孽，雉雊于鼎耳，石言于晋地，犹当转祸为福，变灾为祥，况雨水之患，阴阳恒理，岂可谓天谴而系圣心哉？臣闻古人有言："农夫劳而君子养焉，愚者言而智者择焉。"辄陈狂瞽[③]，伏待斧钺。”

太宗深纳其言。

注释

①载櫜（gāo）弓矢：櫜，古代盛衣甲或弓箭之囊。载櫜弓矢指把弓箭收藏起来，引申为休战或议和。

②桑谷为妖：桑，是桑树；谷，是构树，也叫楮树。这两种树合生在朝堂之上，被认为是凶兆。

③狂瞽（gǔ）：愚妄无知。

译文

“希望陛下能纵览古今之事，考察国家处于安危的时机，上以国家利益为重，下对百姓关心，公正地选举官员，慎重地实施赏罚，提拔贤才，斥退庸人。听到自己的过失就加以改正，接受规谏要像流水一样顺畅自然。做好事要毫不犹豫，发布命令一定要有诚信。要含养精神，修养性情，减少巡游打猎的娱乐活动；去掉奢侈，一切从俭，节省大兴土木的费用。要尽力保持国内安定，不贪求开拓疆土；要把武器收藏起来，但也不可忘记军备。大凡这几件事，是治理国家恒久不变的原则，也是陛下日常所施行的。以臣的愚昧，只希望陛下能多加思考而不懈怠，那么完美的仁德就可以与三皇五帝相比，万代国运就会像天地一样长久。即使出现桑榖那样的妖孽，有龙蛇兴风作浪，野鸡飞到鼎耳上鸣叫，晋地的石头开口说话，也能转祸为福，化凶为吉，何况雨水这样的自然灾害，是阴阳变化的自然现象，怎么可以说是上天在谴责陛下，而使陛下忧心忡忡呢？古人说：‘农民劳苦，君子使他们得到休息，愚昧的人发表议论，明智的人择善而从。’臣的表述实属愚昧无知，俯首等待陛下责罚。”

唐太宗认为赞同他的话，并采纳了他的意见。

慎终第四十

导读

《慎终》篇是全书的最后部分，它回应了首篇《君道》中提出的居安思危的思想，又以“善始慎终”为画龙点睛之笔，来告诫唐太宗，一定要功成不骄，慎终如始，不存侥幸，持之以恒。贞观十二年（638），魏徵看到唐太宗逐渐怠惰，懒于政事，追求奢靡，便奏上著名的《十渐不克终疏》，列举了唐太宗从执政之初到当前，为政态度上的十个变化，以求唐太宗能以此为警醒，及时更正自己的过失，做到善始善终。面对魏徵言辞恳切、切中要害的劝谏，唐太宗不仅全然接受，还把魏徵的这道奏书抄写在屏风上，早晚恭恭敬敬地观看。正是由于唐太宗不断坚持这种慎终如始的精神，才会使贞观时期的文治和武功都达到了空前的高度，也使唐太宗本人成中国古代少有的明君圣主。其实，古代绝大多数君王之所以难以慎终，很重要的一个原因在于对事物的发展和未来缺乏预见性，在事物发展顺利特别是取得成功之后，盲目乐观，安而忘危，存而忘亡，治而忘乱。所以孟子说：“生于忧患，而死于安乐。”《吕氏春秋》也提醒人们“于安思危，于达思穷，于得思丧”。因为只有具备了“慎终”意识，才知道当下和未来的慎所当慎，才会具有预见性、超前性，才不至于“亡而不知所以亡”。慎终，是古代君王修身治国的重要理念，也为普通人为人处世应当遵循的一条重要原则。只有慎终，才能善终。只有善终，对人生来讲才是完美的一生，对一件事情来讲才是圆满的结局。否则，只能功败垂成，前功尽弃。

贞观五年，太宗谓侍臣曰："自古帝王亦不能常化，假令内安，必有外扰。当今远夷率服，百谷丰稔，盗贼不作，内外宁静。此非朕一人之力，实由公等共相匡辅。然安不忘危，治不忘乱，虽知今日无事，亦须思其终始。常得如此，始是可贵也。"魏徵对曰："自古已来，元首股肱不能备具，或时君称圣，臣即不贤，或遇贤臣，即无圣主。今陛下明，所以致治。向若直有贤臣，而君不思化，亦无所益。天下今虽太平，臣等犹未以为喜，惟愿陛下居安思危，孜孜不怠耳！"

译文

贞观五年，唐太宗对周围的侍臣们说："自古以来的帝王都不能长期消除祸患，假如国家内部安定，那么必定就会有外乱骚扰。而如今远方外族归顺我朝，天下五谷丰登，没有盗贼出现，国家内外宁静。这绝非我个人的能力所能达到的，实在是有赖于各位大臣的鼎力辅佐啊。然而居安不能忘危，太平不能忘混乱，虽然明知今日无事，也得考虑如何才能让这种情况保持始终。要经常这样反省思索，才是难能可贵。"魏徵回答说："自古以来，君主和臣下不可能共同完美。有时君主圣明，而臣下不贤良；有时大臣贤良，却没有圣明的君主。如今陛下圣明，所以天下太平，假如当初大唐只有贤臣，而君主不想广施教化和仁义，也不会有什么益处。如今国家太平，但是臣等还不能以此为欣喜，也希望陛下能居安思危，孜孜不倦，不要懈怠！"

贞观六年，太宗谓侍臣曰："自古人君为善者，多不能坚守其事。汉高祖泗上一亭长耳，初能拯危诛暴，以成帝业，然更延十数年，纵逸之败，亦不可保。何以知之？孝惠为嫡嗣之重，温恭仁孝，而高帝惑于爱姬之子，欲行废立，萧何、韩信功业既高，萧既妄系[①]，韩亦滥黜[②]，自余功臣黥布[③]之辈惧而不安，至于反逆。君臣父子之间悖谬若此，岂非难保之明验也？朕所以不敢恃天下之安，每思危亡以自戒惧，用保其终。”

注释

①萧既妄系：汉相萧何，因为民请命，惹怒汉高祖，所以被抓入狱。

②韩亦滥黜：大将军韩信，曾辅佐汉高祖夺取天下。因有人告发韩信图谋欲反，高祖将其由楚王贬为淮阴侯。

③黥布：即英布，原是汉朝淮南王，韩信等被杀之后，他惊惧不安，举兵谋反，事败被杀。

译文

贞观六年，唐太宗对侍从的大臣们说：“从古以来，君主想做好事的，往往不能坚持到底。汉高祖本是泗水亭的一个亭长罢了，起初他能够拯救危难，诛灭暴秦，因此成就了帝王大业，但如果他在位的时间再延长十几年，国家肯定会因他的放纵逸乐而陷于衰败，不能保住他当初创下的功业。为什么知道这些呢？汉惠帝刘盈本来处于嫡长子的重要地位，他温恭仁孝，但汉高祖却因为爱姬的儿子刘如意而犹豫不决，准备废黜皇储另立太子；萧何、韩信的功劳很大，可是萧何后来曾被无端捆绑入狱，韩信也无缘无故地遭到贬黜，其余的功臣像黥布等人恐惧不安，终于谋反叛逆。汉初君臣父子之间的关系悖逆荒谬到这种地步，难道不是难以保全功业的明证吗？所以我不敢依仗天下安定，而是经常思考危险败亡来警戒自己，来保证自己善始善终。”

贞观九年，太宗谓公卿曰：“朕端拱无为，四夷咸服，岂朕一人之所致，实赖诸公之力耳！当思善始令终，永固鸿业，子子孙孙，递相辅翼。使丰功厚利施于来叶，令数百年后读我国史，鸿勋茂业粲然可观，岂惟称隆周、炎汉及建武、永平故事而已哉！”房玄龄因进曰：“陛下㧑挹[①]之志，推功群下，致理升平，本关圣德，臣下何力之有？惟愿陛下有始有卒，则天下永赖。”太宗又曰：“朕观古先拨乱之主皆年逾四十，惟光武年三十三。但朕年十八便举兵，年二十四定天下，年二十九升为天子，此则武胜于古也。少从戎旅，不暇读书，贞观以来，手不释卷，知风化之本，见政理之源。行之数年，天下大治而风移俗变，子孝臣忠，此又文过于古也。昔周、秦以降，戎狄内侵，今戎狄稽颡[②]，皆为臣妾，此又怀远胜古也。此三者，朕何德以堪之？既有此功业，何得不善始慎终耶！”

注释

①㧑挹（huī yì）：谦让。

②稽颡（sǎng）：归顺，降服。

译文

贞观九年，唐太宗对各位公卿大臣说：“我推行清净无为的政策，使四方外族都臣服归顺，这哪是我个人能力所办到的，实在是有赖于各位大臣的辅佐啊！现在我们应当思考如何善始善终，永远巩固宏伟的基业，使我们的子子孙孙，一代一代相互辅佐。让我们大唐的丰功伟业、恩德福祉流芳百世，使数百年之后读到大唐历史的人们，感受到我们伟大的功勋和繁荣的事业是多么的光辉灿烂，不止是称颂西周、西汉以及光武、明帝的故事而已。”房玄龄说：“陛下秉承谦让之心，把功劳推让给群臣，今天国家获得治理，天下太平，根本的还是在于陛下的圣德，我们臣下有什么功劳呢？只希望陛下能有始有终，那么天下的老百姓就

有了永远的依靠。”唐太宗又说：“我观察古代平定乱世的君主，年龄一般都超过四十岁，只有光武帝是三十三岁。但是我十八岁就起兵创业，二十四岁就平定了天下，二十九岁就升为天子，这是当今武功胜过古人。我年轻时就从军，没有时间读书，所以贞观以来，我手不释卷，理解了教育和感化的根本，找到了处理政务的关键。依此施行了数年，天下终于获得了治理，民风习俗得到了改变，子孝臣忠，这是文治又胜过古人。过去周代、秦朝以来，戎狄等外族时常侵犯中原，现在他们都已归顺了朝廷，成为了臣属，这是安定外邦胜过了古人。这三方面，我有什么才德能够承受的起？既然已经取得了这样的功业，怎能不善始慎终呢？”

贞观十二年，太宗谓侍臣曰：“朕读书见前王善事，皆力行而不倦，其所任用公辈数人，诚以为贤。然致理比于三、五之代，犹为不逮，何也？”魏徵对曰：“今四夷宾服，天下无事，诚旷古所未有。然自古帝王初即位者，皆欲励精为政，比迹于尧、舜；及其安乐也，则骄奢放逸，莫能终其善。人臣初见任用者，皆欲匡主济时，追纵于稷、契；及其富贵也，则思苟全官爵，莫能尽其忠节。若使君臣常无懈怠，各保其终，则天下无忧不理，自可超迈前古也。”太宗曰：“诚如卿言。”

译文

贞观十二年，唐太宗对侍臣说：“我在读书时发现，以前的君王做善事，都身体力行，不知疲倦。他们所任用的大臣，也都很贤德。然而和三皇五帝的时代相比，还是无法企及，这是为什么呢？”魏徵回答说：“现在四方外族归顺，天下太平无事，的确是自古以来都没有过的盛事。然而，自古以来的帝王，刚刚即位的时候，都励精图治，勤于政务，可以与尧、舜相比；可是等到天下太平了，就开始放纵自己，骄奢淫逸，没有谁能做到善终。凡是刚刚得到任用的臣子，都想辅佐国君，济世救民。等到他们荣华富贵了，就只想着保全自己的官爵职位，没有谁能够做到尽忠职守了。如果君臣双方都能不懈怠，各自坚持到底，那么天下就不用担心治理不好，自然可以超越古人。”唐太宗说：“正如你所说。”

贞观十三年，魏徵恐太宗不能克终俭约，近岁颇好奢纵，上疏谏曰：

“臣观自古帝王受图定鼎，皆欲传之万代，贻厥孙谋。故其垂拱岩廊，布政天下。其语道也，必先淳朴而抑浮华；其论人也，必贵忠良而鄙邪佞；言制度也，则绝奢靡而崇俭约；谈物产也，则重谷帛而贱珍奇。然受命之初，皆遵之以成治；稍安之后，多反之而败俗。其故何哉？岂不以居万乘之尊，有四海之富，出言而莫己逆，所为而人必从，公道溺于私情，礼节亏于嗜欲故也？语曰：‘非知之难，行之为难；非行之难，终之斯难。’所言信矣。

“伏惟陛下年甫弱冠，大拯横流[①]，削平区宇，肇开帝业。贞观之初，时方克壮，抑损嗜欲，躬行节俭，内外康宁，遂臻至治。论功则汤、武不足方，语德则尧、舜未为远。臣自擢居左右，十有余年，每侍帷幄，屡奉明旨。常许仁义之道，守之而不失；俭约之志，终始而不渝。一言兴邦，斯之谓也。德音在耳，敢忘之乎？而顷年以来，稍乖曩志[②]，敦朴之理，渐不克终。谨以所闻，列之于左。”

注释

①横流：水流四窜。比喻世道混乱。

②曩志：以往的志向。

译文

贞观十三年，魏徵担心唐太宗不能将简朴节约的作风坚持到底，近年来很爱奢侈放纵，于是向唐太宗呈上了一篇规劝的奏章：

“臣发现，自古以来的帝王奉上天旨意创立王朝，都希望将帝业传至千秋万代，为子孙们进行谋划。所以他们崇尚无为而治，广布德政于天下。他们对语言的要求是崇尚朴实而弃绝浮华；论人，则重用忠臣良将，鄙视奸佞小人；制度上，杜绝奢侈崇尚俭约；谈物产，重视谷物棉帛，轻视奇珍异宝。但在他们受命登基之初，都能遵守这些条款，来实现国家的政治清明；稍微安定之后，大多数人就违背了这些原则，进而伤风败俗。这是什么原因呢？这难道不是因为君王是万民之尊，富有天下，他说的话没有谁敢违抗，他做的事别人都会依从，从而使公道被个人感情所淹没，礼仪法度被欲望所损害的缘故吗？古语说：‘知道并不困难，困难的是实行；实行也不困难，困难的是能坚持到底。’说得很有道理。

“陛下二十岁就在乱世中拯救了天下，平定了国内战乱，创下了帝王的基业。贞观初年，正当陛下年轻力壮的时候，就能克服自己的嗜好和私欲，亲自实行节俭，使内外祥和安乐，于是形成了大治的局面。论功业，就是商汤、周武王都无法与您相比；若论仁德，您与古代尧、舜等明君也相差不远。臣自从被擢升为陛下的左右侍臣，已有十多年，常常在宫廷中侍奉君主，屡次奉行陛下英名的旨意。陛下时常赞许仁义的治国方略，坚持奉行并毫不放弃；厉行俭朴节俭的心志，始终不渝。一句话可以使国家兴盛起来，说的就是这个道理。陛下的仁德之言至今仍在我耳边时时响起，臣怎敢忘记呢？但是近几年来，陛下稍稍偏离了以往的志向，敦厚淳朴的风气没能自始至终地坚持下来。现在臣谨把自己所听说到的，列举在下面。”

“陛下贞观之初，无为无欲，清静之化，远被遐荒。考之于今，其风渐坠，听言则远超于上圣，论事则未逾于中主。何以言之？汉文、晋武俱非上哲，汉文辞千里之马，晋武焚雉头之裘。今则求骏马于万里，市珍奇于域外，取怪于道路，见轻于戎狄，此其渐不克终一也。

“昔子贡问理人于孔子，孔子曰：‘懔[1]乎若朽索之驭六马。’子贡曰：‘何其畏哉？’子曰：‘不以道之，则吾仇也，若何其无畏？’故《书》曰：‘民惟邦本，本固邦宁。’为人上者，奈何不敬？陛下贞观之始，视人如伤，恤其勤劳，爱民犹子，每存简约，无所营为。顷年以来，意在奢纵，忽忘卑俭，轻用人力，乃云：‘百姓无事则骄逸，劳役则易使。’自古以来，未有由百姓逸乐而致倾败者也，何有逆畏其骄逸而故欲劳役者哉？恐非兴邦之至言，岂安人之长算？此其渐不克终二也。”

注释

①懔（lǐn）：恐惧。

译文

“陛下在贞观初期，实行无为无欲、清静祥和的政治教化政策，覆盖到了边远的蛮荒之地。但考察当下，这种风气正在慢慢消失，听陛下的言论似乎已远远超过古代的明君圣主；论陛下的

作为，却连一般平庸的君主都不如。为什么这样说呢？汉文帝、晋武帝都不是英明圣哲的国君，但汉文帝曾拒绝别人进献的千里马，晋武帝曾烧掉了用雉头毛制成的裘衣。而今天，陛下却派人到千里之外去寻找骏马，到域外去搜求奇珍异宝，招致道路行人的见怪，并被外族所轻视。这是陛下不能坚持到底的表现之一。

“过去子贡向孔子请教如何管理百姓，孔子说：‘要像用朽烂的绳索驾驭六匹马拉的车子那样小心谨慎。’子贡问：‘为什么要这么担心呢？’孔子说：‘不用仁义道德来引导百姓，这是我所痛恨的，如果这样治国，怎能无所畏惧呢？’所以《尚书》说：‘百姓是国家的根本，根本牢固国家才会安宁。’统治国家的君主怎么可以不敬畏老百姓呢？陛下在贞观初期，对待百姓就像对待自己的伤口一样，体恤他们的艰辛，爱民如子。凡事崇尚俭朴节约，不随便营造宫室。然而近些年来，陛下开始放纵奢侈，忘记了谦逊节俭的美德，轻易地征用劳役，还说：‘老百姓没有事情做就会懒惰放肆，经常役使就容易驾驭他们。’古往今来，从来没有因为老百姓安乐悠闲而导致亡国的事例，哪有害怕他们安逸而故意向他们施加劳役的道理呢？恐怕这不是国家长治久安的至理名言。这是陛下渐渐不能坚持到底的表现之二。”

“陛下贞观之初，损己以利物，至于今日，纵欲以劳人，卑俭之迹岁改，骄侈之情日异。虽忧人之言不绝于口，而乐身之事实切于心。或时欲有所营，虑人致谏，乃云：‘若不为此，不便我身。’人臣之情，何可复争？此直意在杜谏者之口，岂曰择善而行者乎？此其渐不克终三也。

“立身成败，在于所染，兰芷鲍鱼，与之俱化[①]，慎乎所习，不可不思。陛下贞观之初，砥砺名节，不私于物，惟善是与，亲爱君子，疏斥小人。今则不然，轻亵小人，礼重君子。

重君子也，敬而远之；轻小人也，狎而近之。近之则不见其非，远之则莫知其是。莫知其是，则不间而自疏；不见其非，则有时而自昵。昵近小人，非致理之道；疏远君子，岂兴邦之义？此其渐不克终四也。”

注释

①兰芷鲍鱼，与之俱化：兰芷，香草；鲍鱼，盐渍之鱼，味咸臭。《说苑·杂言》：“与善人居，如入兰芷之室，久而不闻其香，则与之化矣。与恶人居，如入鲍鱼之肆，久而不闻其臭，亦与之化矣。”意思是说长期与什么人在一起，就会受到影响，变成什么人。

译文

“陛下在贞观初期，减少自己的需要以有利于百姓。到了现在，放纵自己的欲望而劳役百姓，谦逊节俭的风气一年年地在改变，而骄纵奢侈的性情在日渐发展。虽然牵挂老百姓的话语还不绝于口，但享乐的事情却时时萦绕于心。有时候，陛下想营造宫室，又担心有人提意见，就说：‘如果不修宫殿，我的生活就会不方便。’有碍于君臣之间的情谊，臣子怎么可能再进谏呢？陛下此言意在杜绝进谏大臣之口，哪里谈得上是择善而从呢？这是陛下不能坚持到底的表现之三。

“君子立身的成功与失败，在于所处环境的影响，把像兰芷一样品节高尚的人和像鲍鱼一样行为丑恶的人放在一起，时间久了也会受到恶劣的影响。所以要谨慎对待所习染的环境，不可不深思。陛下在贞观初期，励精图治，注重名节，对人不偏私，只要是有道德的人就与他交往，亲近爱护君子，疏远贬斥小人。现在却不那样了，而是轻信小人，礼节性地尊重君子。名义上是尊重君子，实际上是敬而远之；名义上是轻信小人，实际上是亲近他们。亲近小人就看不到他们的错误，疏远君子就不知道他们的正确。不知道君子的正确，不用有意离间就是会自然疏远君子；看不到小人的错误，那么就会不时地主动亲近他们。亲近小人，决不是治理国家的办法；疏远君子，怎能就是振兴国家方略？这是陛下不能坚持到底的表现之四。”

“《书》曰：‘不作无益害有益，功乃成；不贵异物贱用物，人乃足。犬马非其土性不畜，珍禽奇兽弗育于国。’陛下贞观之初，动遵尧、舜，捐金抵璧，反朴还淳。顷年以来，好尚奇异，难得之货，无远不臻，珍玩之作，无时能止。上好奢靡而望下敦朴，未之有也。末作[①]滋兴，而求丰实，其不可得亦已明矣。此其终不克终五也。

“贞观之初，求贤如渴，善人所举，信而任之，取其所长，恒恐不及。近岁以来，由心好恶，或众善举而用之，或一人毁而弃之，或积年任而用之，或一朝疑而远之。夫行有素履，事有成迹，所毁之人，未必可信于所举，积年之行，不应顿失于一朝。君子之怀，蹈仁义而弘大德；小人之性，好谗佞以为身谋。陛下不审察其根源，而轻为之臧否[②]，是使守道者日疏，干求[③]者日进。所以人思苟免，莫能尽力。此其渐不克终六也。”

注释

①末作：指手工业和商业。封建社会实行“重农抑商”政策，把从事农业看做是国家的根本，把从事工商业看做是细枝末节。

②臧否：褒贬，好坏。

③干求：钻营巧取。

译文

“《尚书》说：‘不做徒劳无益的事来妨碍有益的事，大功才会告成；不看重奇珍异宝而轻贱日常用品，人民才会富足。狗、马不是本地生长的就不要饲养，而珍禽异兽也不要养育在国内。’陛下在贞观初期，动则仿效尧、舜，弃绝金银珠宝，返璞归真。可是近年来，却喜欢奇异的珍宝，寻找罕见的货物，无论地方多么偏远都要运送过来；珍奇玩物的制作，更是没有停止的时间。国君喜欢奢靡，却希望百姓保持俭朴淳朴的作风，这是没有过的事情。大举兴办手工业和商业，却希望农民丰足厚实，很显然这是办不到的。这是陛下不能坚持到底的表现之五。

“贞观初期，陛下求贤若渴，只要有道德的人推举的人才，都能够信任并加以任用，让他们发挥长处，唯恐不能才尽其用。但近年来，完全凭借自己心中的喜好和厌恶来用人，有的是因为许多人共同推荐而任用他，有的则因为一个人的诋毁就罢免他；有的积累多年信任才任用他，有的则因为一时的怀疑就疏远他们。一个人的品行在平时可以表现出来，做事有成绩可以检验。诋毁别人的人，不一定比所举荐的人可信；积累多年的品行，不应该在一朝一夕之间就被否定。君子的胸怀，是为了实行仁义和弘扬道德；小人的本性，喜好花言巧语、攻击别人而为自己谋取私利。陛下不明察事情的根源，就轻易地给予赞扬或贬斥，这样做，会使奉行道义的人日渐被疏远，而让那些钻营巧取的人逐渐得到任用。所以人人都在考虑如何才能保全性命和官职，没有谁再愿意为国尽心竭力。这是陛下不能坚持到底的表现之六。”

“陛下初登大位，高居深视，事惟清静，心无嗜欲，内除毕弋之物[①]，外绝畋猎之源。数载之后，不能固志，虽无十旬[②]之逸，或过三驱之礼。遂使盘游之娱，见讥于百姓，鹰犬

之贡，远及于四夷。或时教习之处，道路遥远，侵晨而出，入夜方还。以驰骋为欢，莫虑不虞之变，事之不测，其可救乎？此其渐不克终七也。

“孔子曰：‘君使臣以礼，臣事君以忠。’然则君之待臣，义不可薄。陛下初践大位，敬以接下，君恩下流，臣情上达，咸思竭力，心无所隐。顷年来，多所忽略。或外官[3]充使，奏事入朝，思睹阙庭，将陈所见，欲言则颜色不接，欲请又恩礼不加，间因所短，诘其细过，虽有聪辩之略，莫能申其忠款。而望上下同心，君臣交泰，不亦难乎？此其渐不克终八也。”

注释

①毕弋之物：捕鸟狩猎的器具。毕，捕兽用的网；弋，射鸟用的箭。

②十旬：十天。

③外官：地方官。

译文

“陛下当初刚即位的时候，高瞻远瞩，凡事只求清静，内心没有嗜欲杂念。在内，丢掉打猎的网、箭等工具，在外禁绝狩猎游玩的源头。几年之后，就不再坚持最初的志向了，虽然没有狩猎十旬不归的事情，但有时也超过了天子一年三次田猎的礼制。于是游猎的娱乐活动遭到了百姓的讥讽，所进贡的猎鹰和猎犬，遍及四方外族。有时教习打猎的地方路途遥远，陛下天刚亮就出发，深夜才回，还把驰骋车马当做欢乐，不考虑有难以预料的事故发生，如果真有不测，还可能来得及挽救吗？这是陛下不能坚持到底的表现之七。

“孔子说：‘君主使用臣下应该以礼相待，臣下侍奉君主应当尽职尽忠。’所以，君主对待臣下，不能够薄情寡义。陛下初登皇位的时候，能够用恭敬的态度接待臣下，君主的恩德由上传达到下，臣下的忠义之情能由下贯通到上，君臣都在考虑如何尽心竭力，心中没有任何隐瞒和保留。然而近年来，君臣之义很多地方都被忽略，有京城外的官员，以使节身份入朝奏事，想拜见陛下，陈述所见民情，但想说话的时候，陛下不能和颜悦色的倾听，想提出请求时，又得不到恩准和礼节上的对待。有时还因为臣下有些缺点，就责备他们细小的过错，这样，即使臣下有能言善辩的才能，也无法陈述他的忠诚，而希望君臣上下同心，相互融洽，不是很困难吗？这是陛下不能坚持到底的表现之八。”

“‘傲不可长，欲不可纵，乐不可极，志不可满。’四者，前王所以致福，通贤以为深诫。陛下贞观之初，孜孜不怠，屈已从人，恒若不足。顷年以来，微有矜放，恃功业之大，意蔑前王，负圣智之明，心轻当代，此傲之长也。欲有所为，皆取遂意，纵或抑情从谏，终是不能忘怀，此欲之纵也。志在嬉游，情无厌倦，虽未全妨政事，不复专心治道，此乐将极也。率土乂安，四夷款服，仍远劳士马，问罪遐裔，此志将满也。亲狎者阿旨而不肯言，疏远者畏威而莫敢谏，积而不已，将亏圣德。此其渐不克终九也。

“昔陶唐、成汤之时，非无灾患，而称其圣德者，以其有始有终，无为无欲，遇灾则极其忧勤，时安则不骄不逸故也。贞观之初，频年霜旱，畿内户口并就关外，携负老幼，来往数年，曾无一户逃亡、一人怨苦，此诚由识陛下矜育之怀，所以至死无携贰[①]。顷年已来，疲于徭役，关中之人，劳弊尤甚。杂匠之徒，下日悉留和雇[②]；正兵[③]之辈，上番[④]多别驱使。和市[⑤]之物不绝于乡闾，递送之夫相继于道路。既有所弊，易为

惊扰，脱因[6]水旱，谷麦不收，恐百姓之心，不能如前日之宁帖。此其渐不克终十也。”

注释

①携贰：亲附的人渐生离心，叛离。

②和雇：唐朝时官府出钱雇佣劳动力。

③正兵：唐代实行府兵制，正兵即指府兵。

④上番：指调到京城服役。

⑤和市：古时官府向百姓议价购买东西，后来演变成低价摊派，剥削百姓的手段。

⑥脱因：或许因为。

译文

“‘骄傲不可以滋长，欲望不可以放纵，快乐不可以过度，心志不可以满’。这四句话所包含的道理，为前朝的君王带来了福祉，让通达的贤才深以为戒。陛下在贞观初年，对政务孜孜不倦，委屈自己来顺从别人。可是近年来，稍微有些骄傲放纵，依仗宏大的功业，心中蔑视以往的君王，自认为英明圣哲，内心轻视当代才俊，这是骄傲滋生的表现。想要做什么，随心所欲，有时即使克制自己的私欲接受了臣子的劝谏，也始终耿耿于怀，这是欲望放纵的表现。心志放在嬉戏游乐上，心情从无厌倦，虽然没有完全妨碍政务，但却不再专心治理国家，这是逸乐过度的表现。现在天下安定，外族归顺，仍然让士兵辛劳远行，不断讨伐边远地区的异族，这是志得意满的表现。长此以往，将使亲近的人只会迎合陛下的旨意而不肯直谏，而被疏远的人，会因为害怕触犯龙颜而不敢进谏。这样势必会削减陛下的圣德。这是陛下不能坚持到底的表现之九。

“过去陶唐、成汤的时代并非没有灾害，之所以称颂他们圣贤仁德，是因为他们做事都能够有始有终，无为而治，没有私欲，遇到灾祸，他们就特别忧虑、勤劳。时世安定的时候，他们也不骄奢，不放纵。贞观初年，中原连年遭受霜灾、旱灾，京郊的老百姓纷纷迁居关外，他们扶老携幼举家迁徙，往来数年，却没有一家一户逃亡，没有谁抱怨痛苦。这都是因为百姓知道陛下有体恤百姓的胸怀，所以即使死去也没有二心。可是近年来，老百姓被繁重的徭役弄得疲惫不堪，关中的百姓劳苦地特别严重。各种工匠，结束服役的期限后，又被迫留下来继续接受官府的雇用；正在服役的士兵，大多被调往京城服役；强行摊派屡屡出现在乡间，送货的民夫在道路相继不断。既然已经出现了弊端，老百姓就容易受到干扰，万一再遇上水旱灾害，谷物绝收，恐怕百姓就不在像过去那样安定舒适了。这是陛下不能坚持到底的表现之十。”

“臣闻‘祸福无门，唯人所召。’‘人无衅[①]焉，妖不妄作。’伏惟陛下统天御宇十有三年，道洽寰中，威加海外，年谷丰稔，礼教聿兴，比屋喻于可封[②]，菽粟同于水火。暨乎今岁，天灾流行。炎气致旱，乃远被于郡国；凶丑作孽，忽近起于毂下[③]。夫天何言哉？垂象示诫，斯诚陛下惊惧之辰，忧勤之日也。若见诫而惧，择善而从，同周文之小心，追殷汤之罪己，前王所以致礼者，勤而行之，今时所以败德者，思而改之，与物更新，易人视听，则宝祚无疆，普天幸甚，何祸败之有乎？然则社稷安危，国家治乱，在于一人而已。当今太平之基，既崇极天之峻；九仞之积，犹亏一篑[④]之功。千载休期，时难再得，明主可为而不为，微臣所以郁结而长叹者也。

“臣诚愚鄙，不达事机，略举所见十条，辄以上闻圣听。

伏愿陛下采臣狂瞽之言[5]，参以刍荛之议，冀千虑一得，衮职[6]有补，则死日生年，甘从斧钺。”

疏奏，太宗谓徵曰：“人臣事主，顺旨甚易，忤情尤难。公作朕耳目股肱，常论思献纳。朕今闻过能改，庶几克终善事。若违此言，更何颜与公相见？复欲何方以理天下？自得公疏，反复研寻，深觉词强理直，遂列为屏障，朝夕瞻仰。又寻付史司，冀千载之下识君臣之义。”乃赐徵黄金十斤，厩马二匹。

注释

①衅：缝隙，破绽。引申为事端。

②比屋喻于可封：在唐、虞时代，贤人很多，差不多每家都有可受封爵的德行。后比喻社会安定，民俗淳朴。也形容教育感化的成就。

③毂下：旧指京城。

④篑：盛土的筐子。

⑤狂瞽（gǔ）之言：不明事理，虚妄的言论。

⑥衮职：古代帝王的职事。后借指帝王。

译文

“臣听说‘祸福的降临没有定数，都是人们自己招来的’。人如果没有疏漏和事端，怪异的事情平白无故地出现。陛下统治天下已有十三年，道义遍及全国，声威远震境外，粮食年年丰收，礼法教化十分兴盛，家家户户都因可以旌表而感到高兴，菽粟同水火一样容易得到。可是近年来，天灾流行，炎热的气候引起旱灾，遍及全国各地；凶恶的坏人犯上作乱，忽然发生在离京城这样近的地方。上天怎么会这么说呢？显现异常的天象，这是表示告诫，这实在是陛下应该警醒忧惧、勤于政务的时候了。如果陛下看见上天的警示和告诫能心生畏惧，选择好的意见加以采纳，像周文王那样小心谨慎，像商汤那样归罪自己。前代君王们之所以能实现国家的治理，是因为他们十分勤奋而且善于实行；如今之所以出现败坏仁德的行为，应该深切反省并加以改正。与天下万物一同更新，改变人们对朝廷的印象和看法，那么帝位就可以长久的流传，天下百姓也会非常幸运，怎么还会有灾祸和败亡的事情呢？社稷的安危，国家治乱，全在于陛下一人而已。当今太平的基业，已经像上天一样高大。这就像堆积九仞高的大山，还差一筐土就能完成了。这是千载难逢的良机，时机很难再得，圣明的君主能够做到而不去做，这就是微臣心怀郁结而长声叹息的原因。

“臣确实愚昧浅陋，不通事理，大致列举所看到的十个方面，就呈上让陛下知晓。但愿陛下采纳臣下虚妄的言论，参考这些浅薄的议论，希望愚者千虑一得，能对圣上的缺失有所补益，这样为臣虽死犹生，甘受刑罚。”

奏章呈送上去，唐太宗对魏徵说：“臣下侍奉君主，只顺从旨意是很容易的，违背君王的心意可就太难了。你作为我的辅佐大臣，能常常论述自己的观点献给我采纳。现在我知道了自己的过错，并加以改正，也许能做到善始善终。如果违背了你的话，我又有何颜面再见到你？又将用什么方法来治理天下呢？自从我得到你的奏疏之后，反复研读思考，觉得它言辞有力，道理正确，所以我将它贴在屏风上，早晚都能够恭敬认真地观看。又把奏疏抄录下来交付给编写史书的官员，希望千年之后，人们都能够知道我们君臣之间的情义。”事后，唐太宗赏赐给魏徵黄金十斤，宫中好马二匹。

贞观十四年，太宗谓侍臣曰：“平定天下，朕虽有其事，

守之失图，功业亦复难保。秦始皇初亦平六国，据有四海，及末年不能善守，实可为诫。公等宜念公忘私，则荣名高位，可以克终其美。”魏徵对曰：“臣闻之，战胜易，守胜难。陛下深思远虑，安不忘危，功业既彰，德教复洽，恒以此为政，宗社无由倾败矣。”

译文

贞观十四年，唐太宗对周围侍臣们说：“平定天下，我虽然已经做到了，可是如果守天下时出现失误，功业也难以保住。秦始皇当初也曾平定六国，据有四海，到他晚年却不能很好地守住江山，这实在可以作为鉴戒。各位大臣，你们应该公而忘私，那么已经获得的荣耀名声和至高地位，就能完整地保持到最后。”魏徵说：“臣听说夺取胜利容易，保持胜利困难。陛下深思远虑，安不忘危，功业已经非常显赫，德行教化又和谐融洽，如果能这样长期地处理政务，国家就不会有倾覆的危险了。”

贞观十六年，太宗问魏徵曰：“观近古帝王有传位十代者，有一代两代者，亦有身得身失者。朕所以常怀忧惧，或恐抚养生民不得其所，或恐心生骄逸，喜怒过度。然不自知，卿可为朕言之，当以为楷则。”徵对曰：“嗜欲喜怒之情，贤愚皆同。贤者能节之，不使过度，愚者纵之，多至失所。陛下圣德玄远，居安思危，伏愿陛下常能自制，以保克终之美，则万代永赖。”

译文

贞观十六年，唐太宗问魏徵：“我观察自古以来的帝王，有传位十代的，也有传位一代两代的，也有自己取得天下又自己丢失的。我之所以常常感到忧虑、恐惧，有时是因为害怕抚养的百姓还未能得到应有的安置，有时又害怕自己心生骄傲放纵的情绪，喜怒过度。然而自己又不能觉察到，请你为我指出来，我将把它们当做行为的准则。”魏徵说：“嗜欲喜怒的情感，贤良的人和愚昧的人都是一样的。只是贤者能够有所控制，凡事不过度，愚者却恣意放纵，结果达到不可收拾的地步。陛下圣德高远，能够居安思危，衷心希望陛下能自我克制，来保全善始善终的美德，那么千秋万代的功业就有了依靠。”